커뮤니케이션 이론

APPLYING COMMUNICATION THEORY
for PROFESSIONAL LIFE

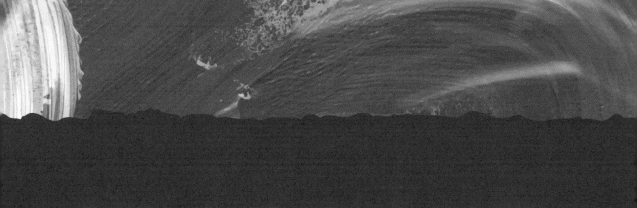

커뮤니케이션 이론

APPLYING COMMUNICATION THEORY
for PROFESSIONAL LIFE

Marianne Dainton & Elaine D. Zelly 저
권상희·차현주 역

컴원미디어

머리말

이 책은 학부 및 석사 과정의 상위 수준 학생들을 위한 커뮤니케이션 이론 교재로 활용하기 위해 기획된 책이다. 학부 및 석사 과정의 상위 수준 학생들을 대상으로 하지만, 이 책은 학생들이 커뮤니케이션이나 커뮤니케이션 이론에 대한 사전 지식이나 배경을 가지고 있다고 가정하지 않는다. 오히려 이 책은 커뮤니케이션 관련하여 직업을 구하는(또는 현재 일하고 있는) 학생들에게 직업생활에 적용할 수 있는 실용적인 자료를 제공하기 위해 실제적으로 소개하는 역할을 하기 위한 것이다.

직업을 추구하는 학생들에게 커뮤니케이션 이론을 가르치는 교수자들의 주된 난제는 주제가 추상적이라는 것이다. 많은 학생들은 직업 현장에서 커뮤니케이션 이론을 실제적으로 접목하는 데 상당히 어려움을 겪는다. 이 책을 쓰는 목적은 커뮤니케이션 이론들을 실제적으로 설명하고 학생들에게 이론이 어떻게 직업 생활에서 적용될 수 있는지를 안내함으로써 커뮤니케이션 이론을 구체화하는 것이다. 이 책의 이전 판에 대한 반응은 압도적으로 호의적이었으며, 우리의 목표를 달성한 것에 대해 감사하게 생각한다.

이번 제4판에서는 사례연구에 대한 주요 변화가 있었다. 현재 모든 사례연구에는 사례 및 이와 관련된 윤리적 문제에 대한 구체적인 질문이 포함되어 있다. 1장과 2장에서는 시뮬레이션된 '엔터테인먼트로서의 교육이론(Education as Entertainment Theory)'에는 활용 가능한 앱 및 기타 새로운 미디어 형태의 교육 콘텐츠가 포함되도록 개정했다. 개인차와 커뮤니케이션에 대한 사회적 접근에 초점을 맞춘 4장의 사례연구는 이전의 대인 커뮤니케이션에 사용되었던 사례연구를 수정한 것이다. 또한 다음과 같은 4개의 새로운 사례연구가 포함되어 있다. 3장에는 'You're Fired(당신은 해고)'라는 사례가 포함되고, 5장에는 'Bad Move(나쁜 움직임)'라는 사례가 포함되고, 7장에는 'Million-Dollar Manipulation(백만 달러 조작)'라는 사례가 포함되어 있다. 11장은 'The (New) Media Culture Wars(새로운 미디어 문화 전쟁)'라는 사례가 추가되었다.

관련성에 따라 이론에 대한 수정사항이 통합되었으며 이러한 이론을 사용하는 새로운 연구가 각 장의 '요약 및 연구 적용' 편에 포함되었다. 대중문화 참고 자료도 업데이트되었으며, 미국에서 점점 더 다양해지는 정치적 수사를 반영하기 위해 수많은 정치적 사례가 추가되었다. 마지막으로 이 책을 채택한 교수진의 피드백 덕분에 각 장의 학습 목표를 간명화 하였다.

교수자와 학생들에게 상기시켜주는 의미에서, 이 교재는 모든 커뮤니케이션 이론에 대한 포괄적인 조사를 제공하기 위한 것이 아니며, 특정한 커뮤니케이션 맥락(상황)에만 초점을 둔 것도 아니다. 대신 우리는 커뮤니케이션 실무자에게 분명히 적용될 수 있는 대표적인 이론을 택했다. 마지막으로, 커뮤니케이션 분야에서 개발된 이론에만 국한하지 않았다. 왜냐하면 우리는 커뮤니케이션 분야에서 개발되었는지 여부와 관계없이 커뮤니케이션을 다루는 모든 이론이 커뮤니케이션 전문가에게 중요한 도구라고 믿기 때문이다.

감사의 말

Acknowledgments

우리는 이 판에 대해 검토자들뿐만 아니라 우리에게 칭찬과 추천서를 이메일로 보내주신 교수진들에게 감사를 드린다. 우리는 이분들의 지원과 피드백에 매우 감사하며, 보내주신 권장사항에 대해 합당한 조치가 취해지길 바란다.

우리는 이번 사례와 이전 사례에서 일부 사례의 토대가 된 직장생활 이야기를 해주신 여러 대학원생에게도 감사드린다. 특히, Tiffany Mercer-Robbins, Michele Langley, Vincent Haas, Maryam Ashfar, Janet Donovan, Lauren Zane-Virostek, Cristina Tosti 및 Julie Pompizzi(사례 연구에 나열된 모든 이름과 조직은 가명임)에게 감사를 드린다.

또한 우리는 La Salle University의 학생들과 동료들에게도 감사드린다. 이 학생들은 계속해서 'so what' 질문으로 우리에게 지적인 도전을 하였으며, 이 학생들 중 대부분이 우리의 대답에 설득되어 기쁘다. 커뮤니케이션학과의 동료들도 인정받을 만하다. 그들은 뛰어난 교수자 역할 모델뿐만 아니라 열정적으로 우리의 작업을 계속 환영하고 우리에게 절실히 필요한 사회적 지원을 제공한다. 특히 Katie Neary Dunleavy의 조언과 지원에 감사드린다.

우리는 가족과 친구들의 지속적인 지원에 대해서도 당연히 감사한다. Marianne과 Elaine은 남편 Scott와 Bryan가 사운딩 보드 역할을 하며 기업 세계에서 통찰력을 제공한 것에 대해 감사를 표한다. 그들의 경험 중 적지 않은 것들이 이 본문에 실렸다.

Brief Contents

목차

Contents

Chapter 1 ───────────────────

커뮤니케이션 이론 소개(Introduction to Communication Theory)

Chapter 2 ───────────────────

이론의 발달(Theory Development)

Chapter 3

인지와 자아 커뮤니케이션(Cognition and Intrapersonal Communication)

Chapter 4

개인과 사회의 커뮤니케이션 접근법(Individual and Social Approaches)

Chapter 5 ━━

대인 커뮤니케이션(Interpersonal Communication)

Chapter 6 ━━

문화(Culture)

Chapter 7

설득(Persuasion)

Chapter 8

집단 커뮤니케이션(Group Communication)

Chapter 11

매스 커뮤니케이션(Mass Communication)

Chapter 12

커뮤니케이터는 무엇을 해야 하나(What Should a Communicator Do?)

CHAPTER ONE

커뮤니케이션 이론 소개
(Introduction to Communication Theory)

학습목표 ···

이 장을 읽고 나면 다음과 같은 일을 할 수 있을 것이다.

1. 커뮤니케이션의 정의를 분석하여 정의의 관찰 수준, 의도성 및 규범적 판단을 명확히 할 수 있다.
2. 커뮤니케이션이 이루어지는 다양한 맥락을 인식할 수 있다.
3. 커뮤니케이션 이론에서 개념과 모델을 구별할 수 있다.
4. 상식(commonsense), 직무(work), 학술(scholarly) 이론을 구분할 수 있다.
5. 커뮤니케이션 이론의 상대적인 유용성을 판단하기 위해 이론을 평가하는 기준을 사용할 수 있다.

···

거의 60만 개의 웹페이지가 "소통이 쉽다."(계속해서 검색해!)라고 설명하고 있으며, 같은 문구로 유튜브 조회수가 700만 건을 넘는다. 만약 커뮤니케이션 과정을 마스터하는 데 4분짜리 비디오를 보는 것으로 충분하다면, 우리 모두는 메시지를 이해하는 데 있어 거장이 될 것이다. 불행히도, 대중문화의 많은 부분이 커뮤니케이션 과정과 관련된 문제들을 최소화하는 경향이 있다. 그렇다. 21세기에는 토크쇼, 데이트 앱, 조언 칼럼 및 조직 성과에 관한 리뷰의 내용만 읽어 보아도 커뮤니케이션 능력이 개인적, 직업적 삶을 좌우할 수 있다는 사실을 인식할 수 있다. 기업들은 뛰어난 커뮤니케이션 능력을 가진 사람들을 채용하고 승진시키고 싶어 한다(Beaton, 2017). 이혼은 배우자들이 "더 이상 소통하지 않는다."고 믿기 때문에 발생한다(Dutihl, 2012). 커뮤니케이션은 행복한 장기적 관계를 보장하고 조직의 성공을 보장할 수 있는 마법의 활력소로 인식된다. 그러나 커뮤니케이션을 현대적 성공의 정수이라고 칭송함에도 불구하고, 그 성공의 비결은 기껏해야 현대 정보 환경에서 표면적으로 다뤄지고 있다. 분명히 대중문화는 커뮤니케이션에 대해 역설적인 견해를 가지고 있다. 그것은 간단하면서도 마법적인 효과로 손쉬운 동시에 강력한 효과를 낼 수 있다.

우리는 커뮤니케이션 과정이 복잡하다고 믿는다. '좋은' 커뮤니케이션은 상황에 따라 다른 사람들에게 다른 것을 의미한다. 따라서 단순히 특정 기술을 채택한다고 성공이 보장되는 것은 아니다. 진정으로 훌륭한 의사소통자는 커뮤니케이션의 기본 원리를 이해하고 상황에 따라 특정 커뮤니케이션 기술을 적절하고 효과적으로 발휘할 수 있는 사람이다. 이 책은 그러한 결정을 위한 토대를 제공하고자 한다. 우리는 당신의 사생활과 직장 생활에 적용될 수 있는 커뮤니케이션 이론에 초점을 맞춘다. 이러한 이론(기본적인 가정과 예측 포함)을 이해하면 당신을 보다 유능한 커뮤니케이터(의사소통자)가 될 수 있다.

커뮤니케이션(Communication)이란 무엇인가?

이 책은 커뮤니케이션 이론에 관한 것이므로 커뮤니케이션(Communication)이라는 용어를 명확히 하는 것이 중요하다. 커뮤니케이션의 일상적인 관점은 학자들의 커뮤니케이션 관점과 사뭇 다르다. 예를 들면, 비즈니스 세계에서는 커뮤니케이션이 정보와 동의어라는 것이 일반적인 견해이다. 그러므로 커뮤니케이션 과정은 한 사람에서 다른 사람으로의 정보의 흐름이다(Axley, 1984). 커뮤니케이션은 계획, 통제 및 관리와 같은 여러 활동 중에서 단순히 하나의 활동으로 간주된다(Deetz, 1994). 그것은 우리가 조직에서 하는 일이다.

반면에 커뮤니케이션 학자들은 커뮤니케이션을 단순한 정보의 흐름 이상으로 인식한다. 짧은 유튜브 동영상이 왜 소통이 '쉬운'지 시청자들에게 설명할 수 있는 단순화된 세상에서, 우리는 여러분에게 커뮤니케이션(Communication) 용어에 대한 한 문장의 정의를 쉽게 제공할 수 있다. 그 간단한 정의를 바탕으로 우리 모두는 그 용어의 의미를 이해하고, 그 용어를 정확히 같은 방식으로 사용할 것이다. 그러나 커뮤니케이션 과정의 영역과 범위, 발신자 또는 수신자 지향을 취해야 하는지, 커뮤니케이션(의사소통)으로 간주하기 위해 메시지 교환이 성공해야 하는지에 대해서는 학자들의 의견이 엇갈리고 있다.

Dance의 커뮤니케이션 정의

기본적으로, 커뮤니케이션은 메시지를 보내고, 받고, 해석하는 복잡한 과정이다. 그러나 그 이상으로 커뮤니케이션의 개념은 간단히 설명하기가 쉽지 않다. 1976년 댄스(Frank E. X. Dance)와 카알 라슨(Carl E. Larson)은 여러 영역에서 제시된 '커뮤니케이션'을 광범위하게 조사하여 126 종류의 상이한 개념으로 사용되는 커뮤니케이션 용어의 정의를 밝혔다. 표 1.1은 '커뮤니케이션'의 다양한 정의이다.

댄스(Dance, 1970)는 커뮤니케이션에 대한 다양한 정의를 살펴보면서 결정적으로 개념상 구별되는 준거로 커뮤니케이션의 세 가지 형태(차원)를 발견했다. 구체적으로 댄스(1970)는 첫번째로, '관찰 수준(level of observation)'의 정도에 따라 정의가 달라진다는 것이다. 이는 정의에 포함되거나 포함되지 않는 것의 범위 즉, 추상성의 정도이다. 예를 들면, 댄스(1967, Dance & Larson, 1976, 부록 A 참고)는 커뮤니케이션을 '언어적 기호를 통해 반응을 유도하는 것'으로 정의했다. 이 정의가 커뮤니케이션으로 간주되기 위해서는 다음과 같이 두 가지 요건으로 한정되어야 한다. 첫 번째 요건은 상대방의 반응을 이끌어내야만 커뮤니케이션이다. 동료에게 특정 양식을 작성하도록 지시하는 예를 생각해 보자. 만약 그 동료가 어떤 식으로든 반응하지 않는다면, 이 정의에 따르면, 커뮤니케이션은 이루어지지 않은 것이다. 두 번째 요건은 언어적 기호를 통해 이루어져야만 커뮤니케이션이다. 그래서 만약 당신이 그녀에게 보고서를 작성하라고 요청했을 때 동료가 당신에게 '알겠다'는 제스처를 취하면, 그것은 순전히 비언어적이었기 때문에, 당신의 요청에 대한 그녀의 반응은 커뮤니케이션으로 간주되지 않을 것이다. 이러한 제한을 두는 커뮤니케이션 정의는 비교적 협의의 '관찰 수준'으로 한정적이다. 이는 단지 특정 유형의 메시지만이 커뮤니케이션으로 '카운트'된다. 이러한 유형의 정의는 커뮤니케이션으로 간주되기 위한 요건을 충족하지 않는 메시지는 커뮤니케이션(의사소통)보다는 정보제공(informative) 메시지임을 제안할 수 있다.

그러나 다른 정의들은 커뮤니케이션(의사소통)으로 간주될 수 있는 행동에 대해 광의의 '관찰 수준'으로 매우 포괄적이다. 예를 들어, 댄스와 카알 라슨(1976)에 의해 확인된 또 다른 정의는 커뮤니케이션은 '한 마음이 다른 마음에 영향을 미칠 수 있는 모든 절차'라고 말한다(Weaver, 1949, Dance & Larson, 부록 A에서 인용). 이 정의는 마음이 인간인지 동물인지 심지어 외계인인지(그런 것이 있다면)에 대해 어떤 표시도 주지 않는다는 점에 주목하라. 더 중요한 것은, 모든 행동이 커뮤니케이션(의사소통)으로 간주될 수 있다는 것을 암시한다. 이러한 커뮤니케이션 정의는 광의의 관찰수준으로 포괄적이다. 따라서 이론을 구분하는 첫 번째 방법은 커뮤니케이션으로 '중요한' 것을 고려하는 것이다.

댄스(1970)는 두 번째로 '의도성'(intentionality)을 취하는 입장에 따라 정의가 달라진다는 것이다. 일부 정의는 커뮤니케이션이 발생하기 위해서는 메시지 교환이 의도적으로 이루어져야 함을 명시적으로 나타낸다. 다음은 의도성을 수반하는 정의의 한 예이다. 예를 들어, 밀러(Miller, 1966)는 '커뮤니케이션은 정보원(source)이 수신자의 행위에 영향을 미치려는 의식적인 의도로 메시지를 수신자에게 전달하는 상황'으로 정의했다(Dance & Larson, 1976, 부록 A에서 인용). 이와 같은 커뮤니케이션 정의는 정보원(source) 지향을 취한다. 예를 들어, 만약 당신이 발표를 하는 동안 당신의 상사가 하품을 한다면, 이 정의는 당신의 상사가 의도적으로 하품을 하지 않았다면(즉, 당신이 그녀를 지루하게 한다고 했다기 보다는 피곤에 대한 생리적 반응으로 하품을 한 경우) 하품을 커뮤니케이션으로 간주하지 않을 것이다.

그러나 다른 커뮤니케이션이 정의는 수신자(reciver) 지향을 취한다. 이러한 정의는 **'의사소통을 하지 않을 수 없다'**라는 개념으로 받아들여진다. 당신이 말하거나 행동하는 모든 것은 당신이 메시지를 보낼 의도가 있었든 없었든 간에 잠재적으로 커뮤니케이션을 할 수 있다(Watzlawick, Bavelas, & Jackson, 1967 참고). 예를 들어, 뤼슈와 베이트슨(Ruesch & Batson, 1961; Dance & Larson, 1976, 부록 A)은 "의사소통이 메시지의 언어로(verbal), 명시적으로(explicit), 의도적인(intentional) 전달만을 의미하지는 않는다. 커뮤니케이션의 개념은 사람들이 서로 영향을 미치는 모든 과정을 포함할 것이다."라고 말한다. 이 경우, (수신자로서) 상사의 하품을 지루함의 메시지로 해석한다면, 상사가 그 메시지를 보낼 의도가 있었는지 여부에 관계없이 그것은 커뮤니케이션으로 간주되어야 한다.

댄스(1970)는 마지막 세 번째로 '규범적인 판단'(normative judgment)에 따라 정의가 달라진다는 것으로 이는 커뮤니케이션 성공이나 정확성의 지표에 초점을 맞추고 있다. 일부 정의는 사람들이 서로 오해하더라도 여전히 커뮤니케이션(의사소통)이 이루어졌음을 암시한다. 예를 들어, 베렐슨과 슈타이너(Berelson & Steiner, 1964)는 커뮤니케이션이 "기호, 단어, 그림, 수치, 그래프 등을 사용하여 정보, 아이디어, 감정, 기술 등을 전달하는 것"이라고 말한다. 그것은 커뮤니케이션이라는 전달 과정이다(Dance & Larson, 1976, 부록 A에서 인용). 이 때, 중요한 것은 전달이지 이해가 아니다. 그래서 학생이 교사가 무슨 말을 하는지 전혀 모른다면, 이 정의에 따르면 커뮤니케이션은 여전히 이루어졌으며, 그다지 효과적인 의사소통이 아닐 수 있다. 이와 같은 정의는 비평가적(nonevaluative)이라고 한다.

다른 정의는 의사소통 후에 수신자와 정보원이 동일한 이해를 공유하는 상황에서만 커뮤니케이션으로 한정한다. 평가적인 것으로 확인된 이러한 정의는 커뮤니케이션으로 간주되기 위해서는 공유된 이해를 요구한다. 성공하지 못한 메시지는 커뮤니케이션으로 간주되지 않는다. 예를 들면, 고데(Gode, 1959; Dance & Larson, 1976, 부록 A에서 인용)는 커뮤니케이션을 "한 사람이나 일부의 독점을 공유하게 하는 과정"이라고 정의한다. 이 정의는 메시지가 공통의 이해로 이어지지 않은 경우에는 커뮤니케이션이 일어나지 않았음을 나타낸다. 앞에서 설명한 학생과 교사의 상호작용의 예에서 학생이 교사를 이해하지 못한다면, 이 정의에 따르면, 교사는 의사소통을 하지 않은 것이다. 그녀 또는 그는 강의, 조롱, 발표를 했을 수 있지만, 의사소통을 하지 않았다.

표 1.1 정의를 구분하는 방식		
정의의 차이	입장	취해진
관찰수준: 커뮤니케이션으로 간주되는 항목에 제한이 있는가?	**좁게** Yes	**넓게** No
의도성: 의식적으로 그리고 의도적으로 보낸 메시지만 취급하는가?	**정보원(Source)** Yes	**수신자** No
규범적 판단: 메시지가 성공적으로 수신되어야 커뮤니케이션으로 간주되는가?	**평가적** Yes	**비평가적** No

지금쯤이면 의사소통의 본질이 지닌 복잡성을 이해하게 될 것이다. 이 책 전반에 걸쳐, 서로 다른 이론가들이 커뮤니케이션에 대해 서로 다른 정의를 사용할 것이다. 정의의

이러한 변화는 명확할 때도 있지만, 그렇지 않을 때도 있다. 예를 들어, 시스템 이론(9장 참조)은 커뮤니케이션의 특성을 설명하는 데 많은 시간을 할애한다. 그렇게 함으로써, 이 이론은 광범위한 관찰 수준, 수신자 지향을 취하며, 비평가적이라는 것이 명백해진다. 그러나 다른 이론들은 단지 의사소통이 의미하는 바를 암시할 뿐이다. 풀과 동료들은 적응적 구조화 접근법(8장 참조)에서 의사소통에 대한 정의를 명확히 하지 않는다. 그러나 이 이론은 기든스(Giddens, 1976)의 사회학적 접근법에 기반을 두고 있기 때문에, 우리는 그들이 커뮤니케이션을 "사회적 현실을 창조하는 방법이자 경험의 이해와 연결의 기초"로 정의하는 기든스와 유사한 방식으로 정의한다고 가정할 수 있다(Giddens, 1976, Putnam, 1983, p. 51 인용). 이와 같이 이 이론도 광의의 관찰수준으로 포괄적인 입장을 취하지만, 의도적 행위(발신자 지향)에 더 초점을 맞추고 이해의 개념을 강조함으로써 본질적으로 더 평가적이다.

커뮤니케이션 맥락(Contexts of Communication)

비록 커뮤니케이션을 간단히 단일 정의로 내리는 것은 주저하지만, 우리는 커뮤니케이션의 몇가지 특정 맥락을 파악할 수 있다. 사실, 우리는 이 특정 맥락을 중심으로 이 책을 구성했다. 이러한 특정 맥락에 대해 구체적을 살펴보면 다음과 같다. 첫 번째 맥락은 인지적 맥락으로 이는 우리의 생각이 커뮤니케이션 방식에 영향을 미친다. 두 번째 맥락은 개인차 맥락이다. 여기서 우리는 본성 대 양육에 관한 논쟁을 고려한다. 이를 통해 개인차와 사회적 역할이 커뮤니케이션 과정에서 어떻게 역할을 하는지를 지속적으로 고려할 것이다. 세 번째 맥락은 대인관계 맥락으로 이는 서로 가장 자주 관계를 맺는 두 개인 간의 상호작용을 나타낸다. 네 번째 맥락은 문화 간(intercultural) 맥락으로, 이는 두 사람이 서로 다른 문화권 출신일 때 대인 커뮤니케이션에 중점을 둔다. 다섯 번째 맥락은 설득적 맥락으로 이는 의사소통을 위한 설정에 특별히 초점을 맞추는 것이 아니라 특정한 의사소통 유형, 즉 설득적 맥락에 초점을 맞춘 것이다. 독자들은 설득이 실제로 한 사람의 마음속에서부터 대중매체에 이르기까지 다양한 상황에서 이루어진다는 것을 알아야 한다. 여섯 번째와 일곱 번째 맥락은 집단 및 조직 맥락으로 이는 직업의 세계와 밀접하게 연관된 것이다. 여덟 번째 맥락은 매개(mediated) 맥락으로 이는 기술이 우리의 대인관계, 그룹 및 조직 커뮤니케이션에 미치는 영향과 관련된 매개 맥락이다. 마지막 아홉 번째 맥락은 매스 커뮤니케이션 맥락으로, 이는 매스 매개(mass-mediated) 메시지의 영향에 중점을 둔다. 표 1.2는 이러한 맥락과 각 맥락과 관련된 것으로 이 책에서 다루는 이론의 개요를 제공한다.

표 1.2 커뮤니케이션 맥락	
맥락	**이론들**
인지적	귀인이론(Attribution Theory) 불확실성 감소이론(Uncertainty Reduction Theory) 기대위반이론(Expectancy Violations Theory) 인지부조화 이론(Cognitive Dissonance Theory)
개인 및 사회적	젠더(Gender)의 사회적 역할이론(Social Role Theory of Gender) 정서 지능(Emotional Intelligence) 메시지디자인논리(Message Design Logics) 직장 세대에 대한 상호작용 관점
대인관계적	공손이론(Politeness Theory) 사회교환이론(Social Exchange Theory) 변증법적(Dialectical) 관점 커뮤니케이션 프라이버시 관리이론
다른 문화간	Hofstede의 문화적 차원(Cultural Dimensions) 커뮤니케이션 수용이론(Accommodation Theory) 불안·불확실성 관리이론(Anxiety·Uncertainty Management Theory) 체면협상이론(Face Negotiation Theory)
설득적	정교화 가능성 모델(Elaboration Likelihood Model) 합리적 행동이론(Theory of Reasoned Action)·계획적 행동이론(Theory of Planned Behavior) 접종이론(Inoculation Theory) **내러티브** 패러다임(Narrative paradigm)

집단적	기능 집단 의사결정(Functional group decision making) 집단 사고(Group think) 적응적 구조화 이론(Adaptive Structuration Theory) 상징적 수렴이론(Symbolic Convergence Theory)
조직적	조직 문화(Organizational Culture) 조직 동화(Organizational Assimilation) 조직 동일시(Organizational Identification) 및 통제(Control) 조직이론(Organizational Theory)
간접적	혁신 확산(Diffusion of Innovations) 소셜 네트워크 분석(Social Network Analysis) 매체풍부성이론(Media Richness Theory) 이용과 충족이론(Uses and Gratifications Theory)
매스 커뮤니케이션	의제설정이론(Agenda-setting theory) 배양이론(Cultivation theory) 사회인지 이론(Social Cognitive Theory) 인코딩·디코딩 이론(Encoding·Decoding Theory)

커뮤니케이션 역량(Communication Competence)

우리가 커뮤니케이션 이론을 공부하는 목표 중 하나는 당신을 더 나은 의사소통자로 만드는 것이라고 믿기 때문에 커뮤니케이션 역량의 본질을 보다 명확하게 표현해야 한다. 연구에 따르면, 커뮤니케이션 역량은 효과성(effectiveness)과 적절성(appropriateness) 사이의 성공적인 균형이 이루어지는 것으로 주로 설명된다(Spitzberg & Cupach, 1989).

효과성(*effectiveness*)은 상호작용에서 목표를 달성하는 정도를 나타낸다. 봉급은 올랐는가? 당신은 부하 직원에게 적시성이 중요하다고 설득할 수 있는가? 배우자에게 화장실을 청소하도록 설득했는가?

적절성(*Appropriateness*)은 특정 상황에 대한 사회적 기대를 충족시키는 것을 말한다. **당신은 고용주와 임금을 논의할 때 확실히 임금 인상을 요구하였는가 아니면 미온적으로 하**

였는가? 직원들의 지각에 대해 이야기할 때 당신은 고집스러웠는가 아니면 **조심스러웠는가?** 배우자와의 상호작용이 눈에 띄는 행동이었나, 아니면 바닥에 더러운 수건을 수동적으로 쌓아놓는가? 많은 경우, 사람은 적절하지 않아도 효과적이다; 이력서에 거짓말을 한 구직자가 부적격인 직업을 얻는 것을 생각해보라. 그 사람은 그 직장을 얻는데 아주 효과적일 수 있지만, 그런 속임수가 적절한가?

반면에 사람들은 목표를 달성하지 못할 정도로 적절할 때가 많다. 직장에서 추가 업무를 맡고 싶지 않지만 갈등을 일으킬까 봐 아무 말도 하지 않는 사람은 적절성(appropriateness)을 위해 효과성(effectiveness)을 희생하는 것일 수도 있다. 핵심은 커뮤니케이션에 대한 의사소통 결정에 직면했을 때, 유능한 의사소통자는 효과적이면서 적절한 방법을 고려한다는 것이다. 우리는 이 책에 설명한 이론들이 당신이 무엇을 해야 하는지와 그것을 어떻게 해야 하는지에 대한 지표를 제공함으로써 당신의 커뮤니케이션(의사소통) 목표를 달성하는 데 도움이 될 것이라고 믿는다.

개념, 모델 및 이론

이론(theory)이라는 용어는 종종 학생들에게 위협적이다. 우리는 당신이 이 책을 다 읽을 때쯤이면 이론적인 배경지식을 습득하는 것이 당신이 예상했던 것보다 쉽다는 것을 알게 되기를 바란다. 현실은 당신이 평생 커뮤니케이션 이론을 가지고 일해 왔다는 것이다. 비록 그렇게 이름표를 붙이지 않았더라도 말이다. 이론(theory)은 단순히 커뮤니케이션 과정에 대한 추상적인 이해를 제공한다(Miller, 2002). 이론은 추상적인 이해로서 모든 사건을 이해할 수 있는 수단을 제공함으로써 단일 사건을 설명하는 것 이상으로 나아간다. 예를 들어, 고객 서비스 이론은 오늘 아침 케이블 회사에서 받은 열악한 고객 서비스를 이해하는데 도움이 될 수 있다. 마찬가지로, 이와 같은 이론은 지난주에 단골 레스토랑에서 만났던 좋은 고객 서비스를 이해하는데 도움을 줄 수 있다. 전문적 맥락에서, 이론은 고객 서비스 인력을 교육하고 개발하는 데 도움이 될 수 있다.

가장 기본적인 수준에서, 이론은 우리에게 세상을 보는 렌즈를 제공한다. 이론을 안경이라고 생각해 보라. 교정 렌즈를 착용하면 착용자가 더 명확하게 관찰할 수 있도록 해주지만, 예상치 못한 방식으로 시력에 영향을 주기도 한다. 예를 들어, 특히 프레임 범위를 벗어나 주변을 둘러보려고 할 때, 당신이 보는 것의 범위를 제한할 수 있다. 마찬가지로, 렌즈는 또한 물체를 실제보다 더 크거나 작게 보이게 하면서 여러분이 보는 것들을 왜곡시킬 수 있다. 여러분은 여러분의 라이프 스타일에 가장 잘 맞는 안경을 고를 때까지 많은 안경을 써볼 수 있다. 이론은 비슷한 방식으로 작용한다. 이론은 커뮤니케이션의 한 측면을 밝혀줄 수 있기 때문에 과정(process)을 훨씬 더 명확하게 이해할 수 있다. 이론은 또한 당신의 이해에서 사물을 숨기거나 사물의 상대적인 중요성을 왜곡시킬 수 있다.

우리는 커뮤니케이션 이론을 커뮤니케이션 과정의 본질에 대한 체계적인 요약이라고 간주한다. 확실히 이론은 요약하는 것 이상을 할 수 있다. 이론의 다른 기능은 특정 개념에 주의를 집중하고 관찰을 명확히 하고, 의사소통 행동을 예측하며 개인적 및 사회적 변화를 일으키는 것이다(Littlejohn, 1989). 그러나 우리는 이러한 모든 기능이 커뮤니케이션 과정의 체계적인 요약이 이론으로 간주되는 데 필요하다고 생각하지 않는다.

적어도 두 개의 다른 용어와 유사하지만, 이론은 추상적인 개념(concept)과 다르다는 것을 구별해야 한다. 첫째, 개념(concept)이란 합의된 현실의 측면을 나타낸다. 예를 들어 시간(time)은 사랑(love), 쓴맛(bitter)과 마찬가지로 개념이다. 이 모든 개념들은 추상적이며, 이는 다양한 개별적인 경험이나 사물에 적용할 수 있고 다른 방식으로 이해할 수 있다. 즉, 여러분은 엄마를 사랑하는 것과는 다른 방식으로 고양이를 사랑할 수 있다. 여러분은 별로 좋아하지 않는 수업에서는 시간이 오래 걸린다고 생각할 수 있지만 주말 동안 시간이 더 빨리 흐른다고 생각할 수 있다. 그리고 여러분은 오렌지색을 싫어할 수도 있고, 특정 음식의 쓴맛을 좋아할 수도 있다. 그러나 이러한 개념자체가 이론이 아니다; 개념은 무언가를 정의하거나 분류하려는 노력을 나타내지만, 우리가 특정한 방식으로 그것을 경험하는 방법이나 이유에 대한 통찰력을 제공하지는 않는다. 일반적으로 이론은 하나 이상의 개념을 예측하거나 이해하는 방법을 제공한다. 따라서 앞에서 설명한 커뮤니케이션의 정의는 개념이지만, 그 정의를 사용하여 커뮤니케이션 과정을 설명하는 방법은 이론이다.

이론과 혼동할 수 있는 두 번째 용어는 모델(model)이다. 모델이란 용어가 여러분에게 혼란을 주는 이유는, 모델이라는 용어는 적어도 네 가지 방식으로 사용되기 때문이다 (Gabrenya, 2003; Goldfarb & Ratner, 2008): 이론의 동의어로서, *이론(theory)의 전신*으로서(모델이 개발되고 결국 이론이 된다), 이론의 물리적 표현으로서 (즉, 제3장의 기대위반이론에 나타나는 것과 같은 도표), 또는 구체적– 예측의 적용– 종종 수학적 적용 (예: 연구자는 향후 몇 년 동안 수요가 많을 직업 범주를 예측하기 위한 수학적 모델을 개발할 수 있다.) 모델을 이해하는 이러한 다양한 방식 때문에 커뮤니케이션 과정의 체계적인 요약에 대해 말할 때 *이론(theory)*이라는 용어가 선호된다.

이론의 세 가지 유형

이론의 중요성은 커뮤니케이션, 비즈니스, 그리고 다른 직업에 종사하는 사람들에게 중심 관심사이다. 이론에 대한 정의는 커뮤니케이션 전략이 당신의 직장에서 대개 이런 식으로 작용한다고 말할 때, 또는 특정한 접근방식이 일반적으로 당신의 상사와의 관계에 효과적이라고 말할 때, 또는 특정 유형의 커뮤니케이션이 특정 미디어 조직에 일반적이라고 말할 때 본질적으로 이론적인 설명을 제공한다. 우리들 대부분은 이러한 유형의 요약진술을 정기적으로 하게 된다. 이러한 종류의 이론화(theorizing)와 이 책에서 제공하는 이론의 차이점은 정의에서 체계적이라는 용어에 초점을 맞추고 있다. 표 1.3은 세 가지 유형의 이론에 대한 개요를 보여준다.

표의 첫 번째 요약진술은 상식이론(commonsense theory) 또는 상용이론(theory-in-use)으로 알려진 것을 설명한다. 이러한 유형의 이론은 종종 개인의 개인적인 경험에 의해 만들어지거나 가족, 친구 또는 동료들로부터 전해지는 유용한 힌트로부터 발전된다. 상식이론은 종종 어떻게 의사소통을 할지에 대한 우리의 결정의 기초가 되기 때문에 유용하다. 그러나 가끔은 상식이론이 역효과가 날 때도 있다. 예를 들어, 속임수에 관한 상식을 생각해 보자. 대부분의 사람들은 거짓말쟁이가 속이고 있는 사람을 눈으로 보지 않는다고 믿지만, 연구는 그렇지 않다는 것을 밝혀냈다. 현실을 직시하자: 만약 우리가 속임수를 쓴다면, 거짓말쟁이가 눈을 마주치지 않는다고 믿기 때문에 우리는 눈을 마주치는 것을 유지하기 위해 매우 열심히 노력할 것이다! 이 경우, 상식이론은 현상에 대한 연구에 의해 뒷받침되지 않는다.

표 1.3 이론의 세 가지 유형	
이론의 종류	**예시**
상식이론 (Commonsense theory)	• 절대 같이 일하는 사람과 데이트 하지 않는다-그것은 항상 나쁘게 끝날 것이다. • 삐꺽 거리는 바퀴가 기름을 얻는다. • 무능한 사람일수록 더 높게 승진한다. • 인지부조화 이론
직무이론 (Working theory)	연설을 하기 전에 청중 분석을 해야 한다. 보도 자료를 발행하려면 뉴스 가치가 있고 저널리즘 스타일로 작성되어야 한다.
학술이론 (Scholarly theory)	기대 위반의 효과는 위반자의 보상 가치에 따라 다르다(기대위반이론). 언론은 우리에게 무엇을 생각해야 할지 말하지 않고 무엇을 생각해야 하는지 말한다(의제설정이론).

두 번째 유형의 이론은 직무이론(working theory)으로 알려져 있다. 직무이론은 특정 직업에서 특정한 일을 하기 위하여 가장 좋은 기술에 대해 일반화한 것이다. 기자들은 스토리 구성의 '역전 피라미드'를 사용하여 작업한다(최소한의 중요한 정보). 영화제작자들은 관객들에게 특별한 감정을 불러일으키기 위해 특정한 카메라 촬영을 사용하여

작용하기 때문에 영화제작자가 관객들이 촬영물에서 대상을 특별히 강조하기를 원할 때 클로즈업(close-up)이 사용된다. 예를 들어 지아네티(Giannetti, 1982)는 히치콕의 〈악명〉에서 여주인공이 자신이 커피에 중독되고 있다는 것을 깨닫고, 관객들은 커피잔을 클로즈업하여 이러한 깨달음을 '보는' 장면을 묘사한다. 직무이론은 상식이론보다 더 체계적이다. 왜냐하면 직무이론은 특정 직업에서 특정한 일을 하기 위한 합의된 가장 좋은 방법을 나타내기 때문이다. 사실, 이러한 이론들은 학술이론에 기초하는 것이 당연하다. 그러나 직무이론은 체계적인 표현보다는 행동지침을 더 잘 나타낸다. 이러한 유형의 이론은 일반적으로 내용별 과정(홍보, 미디어 제작, 대중 연설)에서 학습된다.

이 책에서 우리가 중점적으로 다루는 이론의 유형은 학술이론(scholarly theory)이다. 학생들은 종종 이론이 학술적인 것으로 분류되기 때문에 비즈니스와 직업에 종사하는 사람들에게 유용하지 않다고 가정한다. 대신 학술적이라는 용어는 그 이론이 체계적인 연구를 거쳤음을 나타낸다. 따라서 학술이론은 상식이론이나 직무이론보다는 커뮤니케이션에 대해 보다 철저하고 정확하며 추상적인 설명을 제공한다. 단점은 학술이론이 일반적으로 상식이론이나 직무이론 보다 더 복잡하고 이해하기 어렵다는 점이다. 그러나 여러분이 진정으로 커뮤니케이션(의사소통) 과정에 대한 이해도를 높이는데 전념한다면, 학술이론이 이를 위한 강력한 토대를 제공할 것이다.

이론 평가

앞에서 우리는 모든 이론에는 강점과 약점을 가지고 있다고 언급했다. 그것들은 현실의 특정한 측면을 드러내고 다른 측면은 숨긴다. 학생들과 학자들이 직면하고 있는 중요한 과제는 그들이 이용할 수 있는 이론들을 평가하는 것이다. 우리는 '좋은' 대 '나쁜'의 관점에서 평가를 말하는 것이 아니라 이론의 유용성(usefulness)을 평가하는 것이다. 여러분 각자는 이 본문에 제시된 이론 중 일부가 다른 이론보다 더 유용하다는 것을 알게 될 것이다. 그러한 결정은 적어도 부분적으로는 당신의 직업뿐만 아니라 당신의 배경과 경험에서 기인할 수 있다. 우리는 여러분에게 각 이론의 유용성뿐 아니라 사람들의 개인 및 직업생활을 위한 이론의 유용성까지 고려하도록 도전하고 싶다.

여러 출판된 표준을 사용하여 이론을 평가할 수 있다(예: Griffin, Ledbetter, Sparks, 2015; West & Turner, 2017). 모두가 주어진 이론의 상대적 유용성을 비교하기 위한 적절하고 효과적인 도구들이다. 그러나 이 텍스트는 실무 전문가(또는 자신이 선택한 직업에 곧 종사하기를 원하는 전문가)를 대상으로 하기 때문에, 우리는 표 1.4에 요약된 다음의 다섯가지 기준이 커뮤니케이션, 비즈니스 및 관련 직업에서 커뮤니케이션 이론의 상대적 유용성을 평가하는 방법을 가장 잘 포착하고 있다고 믿는다. 우리가 그 이론의 상대적 유용성에 대해 이야기하고 있는 것을 주목하라. 우리는 좋고 나쁨, 약함 또는 강함 중 어느 하나를 말하는 것이 아니다. 대신, 이러한 구분은 한 쪽 끝에서는 매우 유용하지만 다른 쪽 끝에서는 특별히 유용하지 않은 것 까지 계속해서 살펴보기를 바란다.

이론을 평가하는 첫 번째 방법은 정확성(accuracy)이다. 간단히 말해서, 최고의 이론 은 커뮤니케이션이 실제로 작동하는 방식을 정확하게 요약한다. 그러나 우리가 학술적 이론을 언급하고 있다는 것을 상기하라. 따라서 우리는 이론이 여러분 자신의 개인적인 경험을 정확하게 반영하는지 여부에 대한 측면에서 정확성을 의미하는 것은 아니다. 그 대신 정확성이라는 용어를 사용할 때는 체계적인 연구가 이론에서 제공하는 설명을 지지한다는 것을 시사한다. 따라서 이 기준으로 질(quality)을 평가할 때는 이 이론을 사용한 리서치 연구들을 살펴보고 그 연구들이 이를 뒷받침하는 것인지 여부를 확인해야 한다.

이론을 평가하는 두 번째 방법은 실용성(practicality)이다. 가장 좋은 이론은 실제 커뮤니케이션 문제를 해결하는데 사용될 수 있다; 사실, 르윈(Lewin, 1951)은 "좋은 이론 만큼 실용적인 것은 없다(p. 169)."고 말했다. 분명히 몇몇 심오한 이론은 실제로 대부분의 사람들이 일상적으로 사용하지 않음에도 불구하고 우리가 세상을 이해하는 방식을 변화시켰다(예컨대, 아인슈타인의 상대성 이론이나 다윈의 진화론). 그러나 커뮤니케이션 이론에서는, 정확하지만 실생활에 사용되지 않는 이론은 실제 유용성이 큰 이론만큼 좋은 것이 아니다. 예를 들어, 직장 동료와의 상호작용에서 더 나은 커뮤니케이션을 할 수 있도록 도와줄 수 있는 이론은 개인이 일상적인 커뮤니케이션에서 사용할 수 없는 추상적인 이론보다 낮다. 따라서 실용성이 없는 이론보다 실제 적용이 많이 될 수 있는 이론이 낮다. 이 기준을 평가할 때, 이론이 연구 문헌에서 어떻게 사용되어 왔는지 뿐만 아니라 그 이론이 전문적인 실무(practice)로 도약했는지도 살펴봐야 한다.

간결성(Succinctness)은 좋은 비즈니스나 전문 커뮤니케이션 이론을 평가하는 세 번째 방법이다. 간결성은 이론의 설명(explanation)이나 기술(description)이 충분히 간결한지 여부를 나타낸다. 중요한 것은, 간결성은 이론이 반드시 이해하기 쉽거나 몇 가지 짧은 단계만 있다는 것을 의미하지 않는다는 것이다. 세상이 복잡하기 때문에, 그것을 설명하려는 이론들도 종종 상당히 복잡하다. 대신, 간결성이란 이론이 적절한 수(가능한 적은 수)의 개념 또는 단계를 거쳐 공식화 되었는가이다 . '곰 세 마리'라는 비유가 여기서 작동한다. 추가 단계가 있거나 실제 경험을 이해하는 데 도움이 되지 않는 변수를 포함된 이론은 지나치게 복잡한 것으로 여겨질 것이다. 단계가 충분하지 않거나, 심층적으로 파고들지 않거나, 실제 문제를 이해하기에 충분한 변수가 없는 이론은 너무 단순하다. 현상을 완전히 이해하는 데 꼭 필요한 그 이상도 이하도 아닌 이론이 옳은 것으로 여겨진다. 이것이 적절하게 간결한 것이다. 간결성으로 생각하는 가장 좋은 방법은 이론에 의해 얼마나 많은 커뮤니케이션(의사소통) 상황이 설명되는가에 비례하여 그것을 설명하기 위해 얼마나 많은 개념들이 사용되고 있는지를 비교하는 것이다. 상황이 클수록 필요한 단계나 개념의 수가 적을수록 이론이 간결해진다.

이론을 평가하는 네 번째 방법은 일관성(consistency)을 고려하는 것이다. 가장 유용한 이론은 내적 일관성과 외적 일관성을 모두 가지고 있다. 내적 일관성(internal consistency)은 이론의 아이디어가 서로 논리적으로 구축되어 있음을 의미한다. 팀원들 간의 협력이 성공을 보장한다는 이론과 다른 관점에서 경쟁은 협력보다 더 효과적이라는 이론은 논리적 모순을 가진다. 마찬가지로 '건너뛰기(skip)' 단계의 이론들은 내적 일관성이 거의 없다. 나이는 질투의 경험과 관련이 있고, 질투의 표현은 관계의 미래에 영향을 미친다고 예측하지만, 질투의 경험이 질투의 표현과 어떠한 관련이 있는지에 대해서는 논리적 간극(logical gap)이 있음을 알려주는 이론이 없다. 따라서 내적 일관성이 높지 않다.

반면에 외적 일관성(external consistency)은 널리 알려진 다른 이론과의 일관성을 가리킨다. 우리가 널리 알려진 이론이 사실이라고 가정한다면, 지지되는 이론과 이와 일치하지 않는 평가중에 있는 이론은 또한 논리적인 문제가 제기된다. 이와 같이 일관성의 개념은 내적 일관성이든 외적 일관성이든 이론의 논리와 관련되어 있다. 가장 유용한 이론은 논리구조가 강력한 이론이다.

마지막 평가 영역은 민감성(acuity)이다. 민감성은 이론이 다른 복잡한 문제에 대한 통찰력을 제공하는 능력을 말한다. 앞에서 우리는 실세계가 종종 복잡하기 때문에 '간명한'(succinct)으로 평가되는 이론들이 반드시 이해하기 쉬운 것은 아니라고 말했다. 그러나 복잡한 문제를 설명하는 이론은 덜 복잡한 것을 설명하는 이론보다 더 큰 가치가 있다. 민감성을 '와'(wow) 요소로 생각해라. 만약, 이론을 이해한 후에, 여러분은 "와, 나는 결코 그것을 생각해 본 적이 없어!"라고 생각한다면, 그 이론에는 민감성(acuity)이 있는 것이다. 반면에, 당신이 "말도 안돼"라고 생각한다면, 그 이론에는 민감성을 보여주지 못한 것이다. 예를 들어 조직문화가 직원 유지에 어떤 영향을 미칠 수 있는지와 같은 복잡한(complex) 문제를 설명하는 이론은 연설에서 주의를 끄는 방법과 같이 상대적으로 간단한 문제를 설명하는 이론보다 더 유용한 이론이다. 어려운 문제들을 설명하는 이론들은 민감성(acuity)을 보여주고; 상당히 분명하고 예리하게 문제에 초점을 맞추는 이론들은 피상성을 입증한다.

표 1.4 평가 이론의 준거	
평가 영역	**무엇을 평가할 것인가**
정확성 (Accuracy)	그 이론이 말한 대로 작동한다는 것을 연구가 뒷받침해 주었는가?
실용성 (Practicality)	현실에 이론을 적용 가능한가?
간결성 (Succinctness)	이론이 적절한 수의 개념이나 단계를 거쳐 공식화되었는가?
일관성 (Consistency)	이론이 그 이론의 전제 내에서 그리고 다른 이론들과 함께 일관성을 보여주는가?
민감성 (Acuity)	이론은 다른 복잡한 경험을 어느 정도까지 명확히 하는가?

요약

이 장에서는 커뮤니케이션에 대한 대중적 인식에 대해 논의했는데, 이는 커뮤니케이션 과정이 역설적으로 단순하면서도 강력하다는 것을 시사한다. 우리는 커뮤니케이션에 대한 우리의 이해가 다양할 수 있는 세 가지 방법, 즉 관찰 수준(정의에 포함되거나 포함되지 않는 것), 의도성의 역할(화자의 의도가 필요한지 여부), 그리고 규범적 판단(상호작용이 의사소통으로 간주되기 위해 성공이 필요한지 여부)을 확인했다. 그런 다음 커뮤니케이션 역량에 관심을 돌려 유능한 의사소통자는 효과성과 적절성 간의 균형을 이룰 수 있는 사람임을 밝혔다. 다음으로 이론의 본질에 대해 논의했다. 다음으로 우리는 개념, 모델, 이론을 구분했다. 우리는 또한 상식이론과 직무이론, 그리고 학술이론의 차이점에 대해서도 논의했다. 마지막으로, 우리는 학술적인 커뮤니케이션 이론을 평가할 수 있는 수단, 즉 정확성, 실용성, 간결성, 일관성, 민감성을 제공했다.

사례 연구1 : 엔터테인먼트(Entertainment)로서의 교육

간단히 설명된 새로운 이론이 제안되었다고 상상해보라. 이것은 '실제' 이론이 아니다. 이는 단지 여러분이 이 장의 내용을 적용할 수 있도록 만들어진 것이다. 우리는 당신이 배운 개념을 사용하여 이론에 대해 비판적으로 생각하도록 도전한다.

1969년에, 교육과 엔터테인먼트를 혼합하기 위해 특별히 고안된 급진적인 새로운 어린이 프로그램이 등장했다(characterproducts. com, 2004). 거의 50년 가까이 계속 방영되고 있는 세서미 스트리트는 아동들에게 인형, 라이브 액션, 만화를 활용하여 색상 식별, ABC, 셈법 등 기본적인 기술을 가르친다. 세서미 스트리트 쇼(show) 자체가 쇼에 등장하는 자료(material)에 대한 평가를 담당하는 아동 심리학자와 함께 현대 교육 연구에 기반을 두고 있다(McMullin, 2001, 2004). 맥멀린(McMullin, 2001)에 의하면, 세서미 스트리트는 '세계에서 가장 큰 유일한 아동 교육자'라고 주장한다.

세서미 스트리트는 단순한 텔레비전 쇼 이상으로 다른 미디어 형태로도 영역을 넓혀왔다. 세서미 스트리트는 웹사이트 외에도 현재 10개의 게임 앱, 6개의 스토리 앱, 75개가 넘는 전자 책, 그리고 이혼 및 감금과 같은 사회적 이슈에 대처하는 어린이를 지원하는 '가족 도구 키트'로 등록된 5개의 앱을 제작하고 있다. 또한 유튜브에는 연간 200만 명 이상의 구독자와 10억 명 이상의 조회수를 기록하는 세서미 스트리트 채널(Folkenflik, 2016)이 있으며, 인기있는 세서미 스트리트 인형과는 차별화된 독창적인 디지털 콘텐츠를 제공하는 세서미 스튜디오라는 유튜브 채널을 비롯한 세서미 스트리트 계열 채널도 6개 있다. "이 아이디어는 스마트폰, 태블릿, 컴퓨터에서 어른과 마찬가지로 미디어를 소비하는 아이들에게 신속하고 저렴하게 새로운 콘텐츠를 제공하자는 것이다"(Folkneflik, 2016, p. 2).

세서미 스트리트 대기업의 인기와 성공에도 불구하고 엔터테인먼트로서 교육이론(EET)으로 제안하고 있어 세서미 스트리트와 같은 교육매체에는 어두운 면이 있음을 시사한다. 구체적으로 교육과 오락을 혼합한 스크린 미디어에 노출된 아동들은 '학습은 재미있다'는 생각에 너무 익숙해져 교실 환경에서 대안적 교육방법을 사용될 때는 실제로 학습 동기가 떨어진다고 주장한다. 이 이론과 관련된 다섯 가지 핵심 용어가 있다: 엔터테인먼트 교육 매체, 교육 스타일, 기대, 동기부여 및 학습이다.

엔터테인먼트 교육 매체(Entertainment-education media): 미국소아과학원(2017)에 따르면 아동들은 하루 평균 7시간을 스크린 앞에서 보낸다. 8세 미만 아동의 약 25%가 정기적으로 교육용 텔레비전을 시청하고, 약 8%가 컴퓨터로 교육용 게임을 하며, 7%는 모바일 기기에서 교육용 콘텐츠를 액세스한다(Hintz & Watella, 2012). 이러한 교육용 매체(educational media) 형태의 공통적인 목표는 아동의 관심을 유도하여 아동으로 하여금 학습할 수 있도록 하는 데 있다. 그러나 연구에 따르면, 아동 비만, 불규칙한 수면 패턴, 사회 및 행동 문제를 포함한 스크린 타임이 어린 아동에게 미치는 여러 부정적인 영향이 있는 것으로 보였다(Summers, 2014). 더욱 중요한 것은 아동의 디지털 미디어 사용이 조기 학습 및 개발의 변화와 관련되어 있다는 연구결과이다(Kates, 2016). 엔터테인먼트로서의 교육이론(EET)는 학습이 항상 재미있어야 한다는 기대 때문에 엔터테인먼트-교육 콘텐츠의 과소비가 아동의 후기 학교 성적에 부정적인 영향을 미친다고 주장한다. 이것은 두 번째 중심 아이디어인 교육 스타일로 이어진다.

수업 방식(Instructional style): 수업 방식은 교육과정에서 사용되는 기술을 말한다. Forrest (2004)에 따르면, "학습과정에 관한 연구를 검토한 결과, 교수자들은 매우 다양한 교수법을 사용하고 있으며, 학습 스타일에 상관없이 모든 학생이 필요한 지식을 얻을 수 있는 기회를 제공한다고 믿고 있다(p74).".

이 연구는 교수자중심과 학생중심 교육으로 구분한다(Andersen, Nussbaum, Pecchioni, Grant, 1999). 교수자 중심 수업은 교사가 수업의 속도와 내용을 담당하는 전통적인 모델이다. 학생중심 수업은 예를 들어 협동학습(학생들이 그룹이나 팀으로 구성되어 서로 가르치고 동기부여하는 것)과 토론식 수업(Andersen et al., 1999)과 같은 학생들의 참여를 장려한다.

엔터테인먼트로서 교육이론(EET)은 엔터테인먼트 교육 스타일에 초점을 맞춘다. 학습을 '재미있게' 만들기 위한 노력을 말한다. 엔터테인먼트 교육 스타일은 무엇보다도 음악, 역할 연기, 게임, 그리고 시각적 자극에 의존한다. 목표는 흥미를 높이고 지루함을 줄이는 것이다. 학생들이 비공식적인 방식으로 학습에 참여하도록 노력한다(Handfield-Jones, Nasmith, Steinert, Garden, 1993).

기대(Expectations): 기대는 우리가 일어날 것으로 예상하는 것이다. 엔터테인먼트로서 교육이론의 경우, 맥락 특히 학습 맥락에 기반한 기대를 말한다. 스테이턴(Staton, 1999)에 따르면, "강사와 학생 모두 *해야 할 말과 하지 말아야 할 말*, 적절한 행동과 적절하지 않은 행동, 그리고 강사와 학생이 취해야 할 역할과 하지 말아야 할 역할, 발전해야 하고 발전하지 말아야 하는 사회적 분위기의 특성에 대한 특정 기대를 교실에 가지고 온다

(p. 35)". 이 경우, 우리는 특히 즐겁게 가르치는 것에 대한 기대에 대해 이야기하고 있다.

동기(*Motivation*) : 동기는 학습에 대한 학생의 욕구를 말한다(Kerssen-Griep, Hess, Trees, 2003). 즉, 특정 과정이나 내용 영역에서 성취를 위한 추진력이다. 우리는 기대가 동기에 영향을 미치므로 기대가 충족되면 학생이 학습에 대한 동기를 더 많이 받을 것으로 가정한다. 이는 교수법이 학생의 동기에 영향을 미친다는 연구 결과에 의해 지지되고 있다(Kerssen-Griep et al., 2003).

학습(*Learning*) : 학습은 '무지에서 지식으로, 무능력에서 능력으로, 무관심에서 이해로의 점진적인 변화의 과정'으로 정의된다(Fincher, 1994, Forrest, 2004, p. 74). Rubin (1999)에 따르면 학습은 일반적으로 기술수행(예: 연설)이나 필기과제(예: 시험, 논문)와 같은 과제를 통해 측정된다.

요약하면 엔터테인먼트로서 교육이론(EET)은 엔터테인먼트 교육 매체(예: 세서미 스트리트)를 통한 유아기 경험이 엔터테인먼트 교육 스타일에 대한 개인의 기대를 증가시킨다고 제안한다. 만약 이러한 기대가 충족되면 학생들은 더 많은 동기부여가 되고, 더 많이 배울 수 있을 것이다. 만약 그 기대가 충족되지 않는다면, 학생들은 동기부여가 되지 않을 것이고 따라서 덜 배울 것이다. 이것은 위와 같이 설명될 수 있다.

고려해야할 질문들

1. '엔터테인먼트로서 교육이론(EET)'과 관련된 이론가들은 커뮤니케이션을 공식적으로 정의하지 않았다. 당신은 이 이론에서 커뮤니케이션이 어디에서 발생한다고 생각하는가(힌트: 표 1.2에 열거된 맥락을 고려) 댄스(Dance)의 커뮤니케이션에 대한 세 가지 정의를 사용하여 커뮤니케이션에 대한 이론가들의 관점이 어떻게 분류될 수 있는지를 나타내는 이론의 증거를 제공하시오.

2. 본 장에 제시된 커뮤니케이션 역량의 정의를 이용하여 '엔터테인먼트로서 교육이론' 프로세스에서 커뮤니케이션 역량이 어떤 역할을 할 수 있는가?

3. '엔터테인먼트로서 교육이론'과 관련된 개념은 무엇인가? 이러한 개념이 이론이나 모델이 아닌 이유는 무엇인가?

4. 본장에서 설명된 네가지 유형의 모델 중 이론에서 사용되는 모델은 무엇인가?

5. 엔터테인먼트로서 교육이론에 대한 초기 반응을 설명하시오. 그런 다음 '엔터테인먼트로서 교육이론(EET)'을 비판적으로 성찰하시오. 이 장에 설명된 기준을 사용하여 EET의 유용성을 평가한다면 EET는 어떻게 평가될 수 있는가?

이론의 발달
(Theory Development)

CHAPTER **TWO**

학습목표

이 장을 읽은 후 다음을 수행 할 수 있다.

1. 이론 개발 과정의 측면에서 귀납적 이론과 연역적 이론의 차이점을 설명할 수 있다.
2. 커뮤니케이션 이론가들이 사용하는 주요 연구방법(커뮤니케이션 과정에서 드러내는 것과 숨기는 것 포함)을 설명할 수 있다.
3. 특정 연구방법이 연구 질문에 답하는 데 적절한 방법인 이유를 명확하게 표현할 수 있다.
4. 커뮤니케이션 연구에 대한 인문학적 접근법과 사회과학적 접근법의 차이점을 인식할 수 있다.
5. 이론이 변화하고 성장하는 방식을 요약할 수 있다.

1장에서는 이론을 '커뮤니케이션 과정의 본질에 대한 체계적인 요약'으로 정의했다. 우리는 학술이론의 주제를 더 소개했는데, 이것은 면밀히 연구되어 왔기 때문에 다른 형태의 이론과는 다르다. 이 장의 초점은 학술이론이 만들어지고, 개발되고 수정되는 방법에 있다. 우리의 첫 번째 관심사는 연구(theory)와 이론(research)이 어떻게 관련되어 있는지의 본질이다.

이론-연구 연결(Link)

이론(theory)과 연구(research)가 어떻게 연결되어 있는지 간단하게 대답하고 싶어도, "닭이 먼저냐, 닭이 먼저냐"라는 고전적인 질문과 유사한 '이론-연구' 관계에 대한 논쟁때문에 그 연관성을 명확하게 밝힐 수 없다. 이 경우에 학자들은 이론과 연구 중 무엇이 프로세스를 시작하는지에 대해 동의하지 않는다.

어떤 학자들은 연구가 이론보다 먼저라고 주장한다. 이 접근법은 귀납이론(inductive theory)으로 알려져 있다. 현장기반 이론(grounded theory)으로도 알려진 귀납이론을 사용하는 학자들은 최고의 이론이 체계적인 연구의 결과에서 나온다고 믿는다(Glaser & Strauss, 1967). 즉, 이러한 학자들은 특정 주제를 관찰하거나 조사하며, 시간이 지남에 따라 나타나는 패턴을 바탕으로 이론을 발전시킨다. 즉, 연구가 이론보다 먼저 이루어진다. 만약 누군가가 경영 방식(management style)이 직원 성과에 미치는 영향에 대한 이론을 개발하고자 한다면, 이론을 제안하기 전에 경영 방식과 직원 성과에 대해 면밀하게 연구할 것이다. 잠정 결론이 제시될 수도 있지만, 새로운 자료를 추가하는 것이 현상이나 상황에 대한 연구자의 이해에 거의 도움이 되지 않을 때까지 자료를 계속 수집하고 분석한다.

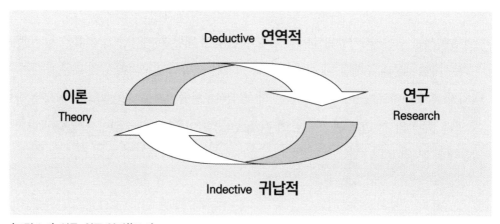

〈그림 2.1〉 이론-연구 연결((Link)

반면에 일부 학자들은 연역 이론(Deductive theory)을 믿는다. 연역이론은 일반적으로 과학적 방법과 관련이 있다(Raynolds, 1971). 연역적 접근법은 연구를 진행하기 전에 가설(hypothesis) 즉 작업 가설(working hypothesis)이 개발될 것을 요구한다. 일단 이론이 개발되면 이론가는 이론을 검증하거나 개선하기 위해(즉, 가설을 채택하거나 기각하기 위해) 자료를 수집한다. 그 다음은 이론을 뒷받침하는 증거가 압도적일 때까지 추가적인 연구를 통해 이론을 지속적으로 수정하는 것이다. 그 결과로 나온 이론은 법칙(law)으로 알려져 있다(Reynolds, 1971). 요컨대, 연역적 이론 개발은 이론에서 시작해서 자료를 살펴본다. 예를 들어, 연구자는 지원적(supportive) 경영방식이 직원 성과 향상으로 이어진다는 연구 가설에서 시작할 수 있다. 그런 다음, 이 연구자는 해당 변수에 대한 자료 수집을 통해 자신의 이론을 확인하려고 할 것이다.

앞서 언급한 바와 같이, 이 두 가지 접근법 즉 연역적과 귀납적 모두는 본질적으로 '닭이냐 달걀이냐' 논쟁에 대한 서로 다른 출발점을 나타낸다. 그러나 어느 접근법도 이론화(theorizing)또는 연구(research)에 대한 단일 주기(single cycle)를 지지하지 않는다. 대신, 두 가지 접근법은 이론들이 역동적임을 시사한다. 이론들은 자료(data)가 제시하는 대로 수정되고, 자료(data)는 그 이론을 조정하기 위해 검토된다. 그림 2.1에 제시된 모델을 고려하라. 이것이 이론과 연구 사이의 연결에 대한 가장 정확한 설명을 보여주는 예이다. 이 모델에서는 출발점이 다르지만 이론과 연구 사이의 순환적 고리의 실재(reality)가 파악된다.

연구란 무엇인가?

연구(Research)는 이론 개발의 근본적인 부분이기 때문에, 우리는 무엇이 연구로서 중요한가에 대한 질문으로 주의를 기울여야 한다. 프레이, 보탄, 크렙스(Frey, Botan, Kreps, 2002)는 연구를 '계획된 방식으로 무언가를 연구하여 다른 조사자가 원할 경우 잠재적으로 과정을 복제할 수 있도록 보고하는 것을 포함하는 훈련된 탐구'라고 설명했다(p. 13). 따라서, 개인적인 경험에 대한 성찰, 지인과의 즉석 인터뷰, 또는 커뮤니케이션 매체의 일상적인 시청 등 비공식적인 유형의 연구를 의미하는 것은 아니다. 연구를 언급할 때, 우리는 자료(데이터)의 체계적 수집과 자료분석 결과의 신중한 보고를 의미한다.

연구 보고 방식에 따라 두 가지 범주로 연구를 구분한다는 점에 유의해야 한다. 1차 연구는 연구를 수행한 사람에 의해 보고된 것이다. 그것은 일반적으로 동료 검토 학술지에 게재된다. 2차 연구는 수행한 사람이 아닌, 다른 사람에 의해 기존자료를 활용하여 보고된 것이다. 이것은 신문, 대중 잡지 혹은 무역 잡지, 핸드북과 교과서, 그리고 자주 인터넷에 보도된 연구이다. 물론 이러한 매체를 통한 연구의 보급에는 가치가 있다. 예를 들어 교과서는 수백 페이지에 달하는 연구내용을 간결하고 이해할 수 있는 방식으로 요약할 수 있다. 인터넷은 수백만의 사람들에게 도달할 수 있다. 무역 잡지는 그 연구 결과에서 가장 많은 이익을 받을 수 있는 독자들을 정확히 찾아낼 수 있다. 그러나 출처가 대중적이든 학술적이든 상관없이 1차 연구는 일반적으로 정보의 원천으로서 2차 연구보다 더 가치가 있다. 2차 연구를 통해 독자는 저자가 연구 결과를 잘못 이해했거나 부주의로 왜곡했을 가능성을 감수하게 된다. 어린 시절 게임이었던 '속닥속닥'과 유사하게, 메시지는 일반적으로 사람에서 사람으로, 또는 웹사이트에서 웹사이트로 전달될수록 더 모호해지고 덜 정확해진다. .

커뮤니케이션 연구방법

60초마다 거의 400만 개의 문자가 전송되고, 구글은 약 7천만 개의 단어를 번역하고, 페이스북 사용자는 400만 번이 넘는 게시물을 '좋아요'하며, 거의 100만 명의 100만 명의 틴더 사용자들이 왼쪽이나 오른쪽으로 손가락을 휘드른다(Diker, 2016). 그 수치들은 매일 매 분마다 나타난다. 밀레니얼 세대는 매일 약 17.8시간의 미디어를 소비하는 것으로 추정된다(Taylor, 2014). 이것은 놀라운 수치이지만, 다시 생각해보면, 이러한 미디어 형태들 중 많은 것들이 동시에 소비된다. 우리에게 정보가 넘쳐나는 것은 분명하다. 하지만 정보의 가치는 무엇일까? 명백한 가짜 뉴스(즉, 명백한 허위 사실)의 확산과 독자들의 기존 믿음에 영합하기 위한 초당파적 이야기의 확산은 정보 사용능력을 그 어느 때보다 중요하게 만든다. 비록 여러분이 평생 러서치 연구를 한 번도 하지 않았더라도, 어떤 정보가 체계적으로 수집되고 정확하게 보고되었는지 알게 되는 것은, 분명히 당신이 더 많은 정보에 입각한 개인적이고 전문적인 결정을 내리는 데 도움이 될 것이다. 이 절은 학술적 커뮤니케이션 이론의 발달에 일반적으로 사용되는 네 가지 연구방법(research methods)에 초점을 맞추고 있다. 이 연구방법에 대해 읽을 때에는 각 연구방법에 의해 드러내고 숨겨지는 정보의 유형에 특히 주의해야 한다. 이러한 접근법을 통해 당신이 더 나은 연구 소비자가 될 수 있도록 해줄 것이다

• 실험연구(Experiments)

사람들은 실험을 떠올릴 때 고등학교 화학 수업을 회상하곤 한다. 사람들은 분젠 버너나 비이커가 보이지 않는데도 커뮤니케이션 학자들도 실험을 한다는 사실에 종종 놀란다. 실험연구를 수행하는 것은 관련된 특정 장비나 기구와는 아무런 관련이 없다; 오히려 실험연구는 궁극적으로 인과관계(causation) 그리고 통제(control)와 관련이 있다. 실험연구는 연구자들이 어떤 것이 다른 것에 원인이 있는 것으로 결론내릴 수 있는 **유일한** 연구방법이라는 점에서 중요하다. 예를 들어 친절한 고객 서비스가 고객 만족도를 높이는지, 광고주의 밝은 색채 사용이 매출 증가를 높이는시 아니면 엉화 속 섹슈얼리티(sexuality)가 문란한 사회로 이어지는지 여부를 결정하는 데 관심이 있다면, 이러한 것들을 결정하는 유일한 방법은 실험연구를 통해서이다.

실험연구는 실험이 엄밀하게 통제되어 있기 때문에 연구자들이 인과관계를 결정할 수 있게 해준다. 실험연구에서 연구자는 두 가지 변수를 고려한다. 변수(variable)는 단순히 두 개 이상의 값을 갖는 모든 개념이다(Frey et al., 2002). 성별은 변수이다. 왜냐하

면 성별에는 남성과 여성이 있기 때문이다. 참고로 남성다움(maleness)은 하나의 값만 연관되어 있기 때문에 변수가 아니다. 변하지 않기 때문에 변수가 아니다. 그러나 남성성(Masculinity)은 변수로 간주된다. 매우 남성적(highly masculine)이거나 적당히 남성적(moderately masculine)이거나, 비남성적(nonmasculine)일 수 있기 때문이다.

실험연구(experimental research)에 대한 논의로 돌아가면, 실험연구는 두 가지 변수와 관련이 있다. 변수 중 하나는 추정 원인(presumed cause)이다. 이를 독립변수라고 한다. 다른 하나는 추정 결과(presumed effect)이다. 이를 종속변수라고 한다. 광고에서 밝은 색상이 매출증가를 일으키는지 여부를 살펴보려면, 독립변수가 색상(밝은 색 대 칙칙한 색)이고, 종속변수는 판매금액(더 많거나 같거나 또는 적음)이다. 연구자는 독립변수에 대한 연구 참여자의 노출(exposure)을 주의깊게 통제함으로써 인과관계를 결정한다. 이 통제는 조작(manipulation)으로 알려져 있는데, 이는 일상에서는 부정적인 의미를 내포하지만 연구세계에서는 인과관계(causality)를 정립하는 데 필수적인 용어다. 방금 설명한 광고에 대한 연구에서 연구자는 밝은 색을 사용한 광고에 일부 사람을 노출시키고, 다른 사람들은 칙칙한 색을 사용한 광고에 노출시키는 것으로 이러한 조작을 통해 매출에 미치는 영향을 관찰할 것이다.

실험연구는 실험실 실험과 현장실험 두 가지 환경에서 이루어진다. 먼저, 실험실 실험(laboratory experiment)은 통제된 환경에서 이루어지기 때문에 연구자가 조작 시 변인을 더 잘 통제할 수 있다. 커뮤니케이션 분야에서는 실험실이 거실이나 회의실을 시뮬레이션하는 경우가 많다. 그러나 일반적으로 그들은 어떤 일이 일어나는지 기록하기 위해 양방향 거울과 카메라를 벽에 장착하고 있다. 예를 들어, 존 고트만(John Gottman)은 워싱턴 대학에 작은 아파트 한 채를 가지고 있다. 그는 주말 동안 아파트로 '이주'하는 부부들을 만났고, 그 주말 동안에 그들의 모든 상호작용을 관찰한다.

다음으로, 다른 실험연구는 실험실에서 이루어지는 것이 아니라 연구참여자들의 자연환경에서 이루어지는데, 이를 현장실험(field experiments)이라고 한다. 이러한 현장

실험은 쇼핑몰, 도서관 또는 학교와 같은 공공장소에서 종종 일어나지만, 사적인 영역에서도 이루어질 수 있다. 모든 경우에 연구참여자들은 교육 및 연구 기관이 정한 윤리적 기준을 준수하기 위해 실험 연구동의서에 동의해야 한다.

• 조사연구(Surveys)

커뮤니케이션을 연구하는 가장 일반적인 방법은 조사연구를 통한 것이다. 시장 조사(market research), 청중분석(audience analysis), 그리고 조직감사(organizational audits)는 모두 조사연구를 활용한다. 실험연구와는 달리, 조사연구를 사용하면, 연구자는 한가지 원인이 다른 원인이라고 주장할 수가 없다. 조사연구의 강점은 누군가가 어떻게 생각하고 느끼며, 행동하려고 할지를 알아내는 유일한 방법이다. 다시 말해, 조사연구는 사람들의 인식(perception)을 포착한다. 사람들이 당신의 조직에 대해 어떻게 생각하는지, 사회적 이슈에 대해 어떻게 생각하는지, 혹은 당신이 만든 광고지를 보고 그들이 제품을 구매할 의사가 있는지를 알고 싶다면, 당신은 조사연구를 실시할 필요가 있다.

일반적으로 조사연구에는 두 가지 유형이 있다. 인터뷰(interview)는 참여자들에게 구두로 응답할 것을 요구한다. 인터뷰는 대인면접조사(face-to-face interview)나 전화조사로 이루어질 수도 있다. 인터뷰의 한 가지 특별한 유형의 인터뷰는 포커스 그룹(focus group)이다. 포커스 그룹은 인터뷰 진행자(조정자라고 함)가 특정 제품이나 프로그램에 대한 토론에서 소수의 사람들을 이끄는 경우이다(Frey et al., 2002). 질문지(questionnaire)는 참여자들에게 서면으로 응답할 것을 요구한다. 우편으로 배포하거나 인터넷을 통해 배포하거나 연구자가 참석한 상태에서 관리할 수 있다. 일부 연구는 질문지보다 인터뷰에 더 적합하다. 인터뷰는 연구참여자에게 질문을 주어 조사함으로써 오해를 규명할 수 있기 때문에 연구자가 보다 복잡한 질문을 할 수 있게 해준다. 그러나 질문지(설문지)는 응답자에게 더 많은 익명성을 제공하기 때문에 민감한 정보수집에 더 적합할 수 있다(Salant & Dillman, 1994).

두 가지 유형의 조사연구와 관련된 핵심개념은 질문(questioning) 및 표본추출 (sampling)이다. 첫번째, 조사연구의 목적은 매우 간단하다. 즉, 사람들의 생각, 감정, 행동을 이해하기 위해 그룹의 사람들에게 질문하는 것이다. 질문에는 두 가지 형태를 취할 수 있다. 개방형 질문(Open - ended questions)은 응답자가 원하는 만큼의(또는 거의) 정보를 제공하면서 자신의 말로 응답할 수 있게 한다. 예를 들어, 시장조사자는 연구 참여자들에게 특정 제품에 대해 무엇을 좋아하는지 설명하도록 요청할 수 있다. 아니면 조사자(interviewer)가 누군가에게 가상의 상황에 반응해달라고 요청할 수도 있다. 폐쇄형 질문(Closed - ended questions)은 응답자가 정해진 답을 사용해야 한다. 이 경우, 시장조사자는 다음과 같은 말을 할 수 있다. "제품 X는 유용한 제품입니다. 매우 그렇다, 그렇다, 보통이다, 거의 그렇지 않다, 전혀 그렇지 않다 이 중에서 알맞은 답을 고르세요." 두 가지 유형(개방형 또는 폐쇄형)의 질문 모두 다른 유형보다 더 낫다고 할 수 없다. 두 유형의 질문은 단지 다른 방법을 사용하여 분석되는 다른 종류의 데이터를 제공할 뿐이다.

조사연구와 관련된 두 번째 핵심 개념은 표본추출(sampling)이다. 연구자는 일반적으로 조사연구를 수행할 때 대규모 집단 사람들에게 관심을 갖는다. 이러한 집단은 모집단(population)으로 알려져 있으며, 이는 특정한 특성을 가진 모든 사람들을 의미한다 (Frey et al., 2002). 예를 들어, 마케팅 회사들은 가능한한 제품의 모든 소비자들을 연구하기를 원한다. 신문 출판사들은 모든 독자들로부터 정보를 수집하기를 원한다. 제약업계는 특정 질환이 있는 모든 사람들을 연구하기를 원한다. 이 집단들의 크기(size) 때문에 관심있는 모든 사람들 즉 모집단을 연구하는 것이 어렵다. 설령 모집단을 파악할 수 있다 하더라도, 항상 그렇지는 않지만, 모든 모집단을 연구하는 것은 엄청난 비용이 들 수 있다.

그 대신, 조사 연구자들은 표본(sample) 즉 관심 있는 모집단의 일부 사람들을 연구한다. 많은 수의 법칙(LLN)으로 알려진 통계학의 기본 전제에 따르면, 표본이 잘 선택되고 크기가 충분한 경우, 조사 결과가 모집단에도 적용될 가능성이 높다. 목표집단(target group)의 모든 구성원이 선정될 확률이 동일한 무작위 표집(random sampling)은 자원봉사자, 편의표집(대학생), 유의표집(연령, 성별, 인종 등 특정 요건을 충족하는 사람)[1]과 같은 비확률표집(nonrandom sampling)보다 낫다. 기본적으로 소비자의 무작위표집(random sampling)은 몇 가지 질문에 응답하기 위해 특정한 날 쇼핑몰에 사람들을 멈춰서 몇 가지 질문에 응답하게 하는 편의표집(convenience sampling)보다 소비자들의 브랜드 선호도에 대한 대표적인 정보를 제공할 가능성이 높다.

• 텍스트 분석(Textual Analysis)

커뮤니케이션 학자들이 자주 사용하는 세 번째 방법은 텍스트 분석이다. 텍스트는 문서 또는 기록된 메시지(Frey et al., 2002)이다. 웹사이트, 의료진료기록, 그리고 직원용 뉴스레터는 모두 텍스트로 간주될 수 있다. 텍스트 분석은 메시지의 내용, 특성 또는 구조를 밝히는 데 사용된다. 또한 메시지들의 강점, 약점, 효과성 또는 심지어 윤리성에 초점을 맞춰 메시지를 평가하는 데 사용할 수 있다. 따라서 텍스트 분석은 텔레비전의 폭력의 양, 의사 - 환자 인원평가 중에 권력역학이 어떻게 작용하는지 또는 심지어 기업의 강령(mission statement)을 전달하는 데 사용되는 전략을 연구할 수 있다.

커뮤니케이션 분야에서 텍스트 분석은 세 가지 뚜렷한 형태가 있다. 수사학 비평(rhetorical criticism)은 '메시지의 설득력을 기술, 분석, 해석 및 평가하는 체계적인 방법'을 의미한다(Frey et al., 2002, p. 229). 수사학 비평의 유형에는 역사 비평(역사가 메시지를 형성하는 방법), 장르 비평(정치연설이나 기업 이미지 복원 실행 같은 특정 유형의 메시지 평가), 페미니스트 비평(젠더에 대한 믿음이 메시지에 생산되고 재생산되는 방식)을 포함하여 수많은 유형이 있다.

내용분석(Content analysis)은 특정 유형의 메시지 발생을 식별, 분류 및 분석하고자 한다(Frey et al., 2002). 그것은 주로 대량 매개 메시지를 연구하기 위해 개발되었지만,

---

1) 유의 표집(Purposive Sampling) : 연구자 전문가의 판단으로 조사의 목적과 의도에 맞는 대상을 표본(sample)으로 선정하는 방법으로 판단 표집, 의도적 표집, 목적 표집이라고도 한다, 연구자가 연구문제와 모집단에 대한 지식이 충분히 많을 경우 유용하게 쓰인다.

다른 여러 분야에서도 사용된다. 예를 들어, 홍보 전문가는 종종 고객에게 제공되는 보도 유형을 평가하려고 한다. 일반적으로 내용분석에는 1) 특정 텍스트(예: 신문기사) 선정, 2)내용 범주의 개발(예: '우호적인 조직 보도', '중립적인 조직 보도', '부정적인 조직 보도'), 3)범주에 내용을 배치하는 단계, 4) 결과 분석하기 등 4단계가 포함된다.

본 연구의 예시에서, 본 연구의 결과는 특정 신문이 조직을 취재할 때 뚜렷한 편향성을 가지고 있는지를 확인할 수 있을 것이다. 이러한 유형의 연구에서 현대적인 유래는 데이터 마이닝이라고도 알려진 텍스트 마이닝이다. 데이터 마이닝은 고급 '데이터 분석 도구'를 사용하여 이전에 알려지지 않았던 유효한 패턴과 대용량 데이터 집합(data sets)에서의 관계를 발견하는 것이다(Seifert, 2007, p. 2). 인터넷에서 이용 가능한 엄청난 양의 정보를 감안할 때, 조직들은 복잡한 프로그램을 사용하여 방대한 양의 데이터를 검색하여 특정 단어 또는 아이디어의 빈도와 용도를 파악할 수 있다.

일반적으로 커뮤니케이션 학자들이 수행하는 세 번째 유형의 텍스트분석은 상호작용분석(또는 대화분석)이다. 이러한 접근법은 일반적으로 상호작용의 본질이나 구조에 특히 중점을 두고 기록된 개인 간(interpersonal) 또는 집단 커뮤니케이션(group communication) 상호작용에 촛점을 맞춘다. 이러한 유형의 연구의 강점은 대부분의 커뮤니케이션(의사소통) 경험의 일부인 자연스러운 주고 받는(give and take) 방식을 포착한다는 것이다. 수사학 비평, 내용분석, 상호작용 분석의 약점은 텍스트 자체에 집중하는 것만으로는 독자들에게 미치는 실제 효과는 판단할 수 없다는 것이다.

• 민속지학(Ethnography)

민속지학은 커뮤니케이션 학자들이 사용하는 마지막 연구 방법이다. 인류학자들이 처음 사용하는 민속지학은 일반적으로 그 문화나 맥락에 대한 의사소통 규칙과 의미를 이해하기 위해 연구자 자신이 특정 문화나 맥락에 몰입하는 것을 포함한다.즉, 그 문화나 맥락 속에서 생활하는 사람들의 관점에서 수행하는 문화 연구이다. 예를 들어, 민속지학자는 존슨 앤 존스(Johnson & Johnson) 기업 문화와 같은 조직 문화나 병원 응급실에서의 커뮤니케이션과 같은 특정한 맥락에 대해 연구할 수 있다. 이러한 유형의 연구의 핵심은 자연적(naturalistic) 그리고 출현(emergent)인데, 이는 연구대상 집단의 자연스러운 환경에서 이루어져야 하며 그 환경(문화) 속에서 발생하는 그때 그때 상황에 따라 조정된 특정 방법들이 사용되어야 한다는 것을 의미한다.

일반적으로, 민속지학을 수행하는 연구자들은 연구에서 그들이 할 역할을 결정할 필요가 있다. 완전한 참여자(the complete participant)는 사회 환경에 완전히 관여하며, 참여자들은 연구자가 자신들을 연구하고 있다는 것을 알지 못한다(Frey et al., 2002). 물론 이 접근법은 연구자가 그 환경 속에서 적응할 수 있을 만큼 충분히 알도록 요구한다. 게다가, 연구자가 극복해야 할 윤리적 장애물이 많다. 이 두 가지 과제를 결합하면, 많은 연구가 이런 방식으로 진행되는 것을 막을 수 있다. 대신에, 참여자-관찰자(participant-observer) 역할이 더 자주 선택된다. 이 경우 연구자가 문화나 맥락에 완전히 관여하게 되지만, 그 환경 속으로 진입하기 전에 자신의 연구의제(research agenda)를 고려한 것이다. 이러한 방식으로 연구자가 직접 지식을 얻을 수 있지만, 문화에 대한 폭넓은 지식이 반드시 전제조건은 아니다(Frey et al., 2002). 이 전략을 선택하는 연구자들은 또한 참여와 관찰 중 어느 것을 더 강조할지 선택할 수도 있다. 즉, 관찰자로서 참여자(the participant-as-observer)와 참여자로서 관찰자(the observer-as-participant)이다. 마지막으로, 연구자는 완전한 관찰자(the complete participant)가 되는 것을 선택할 수 있다. 완전한 관찰자는 문화나 맥락의 구성원과 상호작용하지 않는다. 즉, 연구 대상 그룹의 구성원을 인터뷰하지 않는다. 따라서 이 방법을 사용하면 데이터를 기록하는 데 가장 큰 객관성을 확보하는 반면에 동시에 관찰된 커뮤니케이션에 대한 참여자 자신의 의미에 대한 통찰력을 제한할 수 있다.

커뮤니케이션 학자들은 인과관계와 통제에 초점을 맞춘 실험연구, 질문과 표본추출에 초점을 맞춘 조사연구, 메시지의 내용, 성격 또는 구조에 초점을 맞춘 텍스트 분석, 특정 문화나 맥락에서 커뮤니케이션 규칙과 의미에 초점을 맞춘 민속지학 등 네 가지 주요 연구방법을 사용한다. 네 가지 방법 각각에 대한 강점과 약점을 표 2.1에 요약하였다.

연구방법	드러내는 것	숨기는 것
표 2.1 커뮤니케이션 연구의 네 가지 방법		
실험연구	원인과 결과	덜 통제된 환경에서 인과관계가 유지되는지 여부
조사연구	응답자의 생각, 감정 및 의도	인과관계를 설정할 수 없으며, 사람들이 실제로 무엇을 하는지 결정할 수 없음
텍스트분석	메시지의 내용, 특성 및 구조	수용자(수신자)에 대한 메시지 효과
민속지학	문화나 맥락에서 커뮤니케이션의 규칙과 의미	문화 또는 맥락에서 매우 주관적인(따라서 편향적인) 관점을 제공할 수 있음

이 책은 전문적인 영역에서 이론과 연구를 사용할 가능성이 높은 학생들을 대상으로 하기 때문에, 비록 그 연구가 학술적 이론을 개발하는 데 사용되지는 않지만, 전문직에서 일하는 사람들도 연구를 사용한다는 것을 분명히 하고 싶다(비록 직무이론을 개발하거나 다듬는 데 사용될 수도 있지만). 다양한 산업의 마케팅 및 홍보 전문가, 인사 담당자 및 관리자가 캠페인 작성과 평가, 전략적 계획 수립 및 의사결정의 일환으로 연구를 수행한다. 전문가들도 학계(academics)처럼 실험연구(일반적으로 제품 테스트), 조사연구(특히 포커스 그룹), 텍스트 분석(특히 미디어 모니터링), 그리고 일종의 민속지학(일반적으로 고객이 제품을 사용하는 방법에 대한 관찰)을 사용한다.

사회과학(Social Science)과 인문학(Humanities)

지금까지 우리는 이론의 발달에서 중심적인 역할과 이론이 만들기 전(귀납적 이론개발의 경우) 또는 그 후(연역적 이론개발의 경우)에 대한 연구가 어떻게 이루어지는지에 대해 이야기했다. 이러한 다른 접근법의 이유는 커뮤니케이션 분야 내의 철학적 분열로

거슬러 올라갈 수 있다. 커뮤니케이션은 예술과 과학으로 설명되어 왔다(Dervin, 1993). 한편으로, 우리는 아름답게 제작되고 창조적으로 디자인된 광고의 힘을 존중한다. 반면에, 우리는 그 광고를 특징으로 하는 캠페인에 대한 결정을 뒷받침할 실질적인 수치(hard numbers)를 찾는다. 비록 예술과 과학이 일상의 커뮤니케이션 실제에서 통합적으로 관련되어 있지만, 보다 이론의 추상적인 영역에서 예술과 과학은 종종 추구하는 바가 다르게 구분된다. 이 개념은 인문학의 학문적 전통(예술 포함)과 사회과학의 구별로 추적될 수 있다.

대부분의 대학생들은 이 분야 각각에 대한 일부 과정을 수강해야 하기 때문에 여러분은 인문학과 사회과학이라는 용어에 대해 몇 가지 생각을 가지고 있을 것이다. 그러나 인문학과 사회과학의 구분은 전통 그 이상에 기반을 두고 있다. 그것들은 매우 다른 철학적 믿음에 바탕을 두고 있다. 의미 해석(interpretation of meaning)은 인문학의 중심 관심사다(Littlejohn, 2002). 의미는 사회적 과정에 의해 영향을 받을 가능성이 있지만, 그 의미는 개인에게 주관적이고 고유한 것으로 추정된다. 인문학적 접근법으로 훈련된 개인에게 주관성(subjectivity)은 하나의 특징이며, 자신의 해석은 관심의 대상이다. 인문학의 핵심인 영문학 연구를 생각해 보라. 영문학자들은 연구대상의 의미를 이해하기 위해 텍스트의 해석을 연구한다.

반면에 객관성(objectivity)은 사회과학의 중심적 특징이다. 사회과학자들은 신중한 표준화(즉, 객관성)를 통해 연구자들이 모든(또는 대부분의) 사람들, 모든(또는 대부분) 시간동안 유효할 수 있는 의사소통 패턴(patterns)을 관찰할 수 있다고 믿는다. 집단, 시간 및 장소에 걸쳐 유효한 이러한 패턴을 일반화(generalizations)라고 한다. 예를 들어, 심리학은 사회과학에 뿌리를 둔 학문이다. 이와같이 심리학자들은 인간의 마음이 어떻게 기능하는지에 대한 일반적인 원리를 설명하려고 한다. 이 원칙들은 역사를 통틀어 전 세계의 모든 사람들을 설명하기 위한 것이다.

인문학과 사회과학은 관심 분야가 다르기 때문에 이론과 연구를 다르게 취급한다. 표 2.2는 그러한 구분 중 일부를 식별하고자 한다. 첫 번째 차이점은 인간의 본성과 자유의지의 정도를 이해하려는 철학적 개입(philosophical commitment)이다. 확실히, 아무도 인간이 자신이 어떻게 행동할지 선택의 여지가 없는 꼭두각시일 뿐이라고 믿지 않는다. 그러나 커뮤니케이션 이론가들은 사람들이 **행동하는 것과 커뮤니케이션에 대해 반응하는 것은 믿는 정도에 따라 다르다**는 것이다. 예를 들어, 사회과학자들은 결정론을 따르는 경향이 있으며, 이는 과거의 경험, 성격적 성향, 그리고 기타 많은 선행 조건들로 인해 사람들이 특정한 방식으로 행동하도록 야기시킨다고 믿는다. 따라서 인간 상호작용에 대한 결정론적 접근법은 일반적으로 사람들이 상황에 반응하는 경향이 있음을 제시한다. 사회과학자들은 무엇이 결혼의 실패를 야기시키는지, 혹은 특정 마케팅 캠페인의 효과와 같은 커뮤니케이션의 원인과 결과를 보는 경향이 있다.

표 2.2 커뮤니케이션에 대한 사회과학적 접근법과 인문학적 접근법 차이

주제	사회과학	인문학
인간 본성에 대한 믿음	결정론	실용주의
이론의 목표	이해 및 예측	**이해**
이론발달 과정	연역적	귀납적
연구의 초점	배타주의	전체주의
연구방법	실험연구, 정량적 설문조사 및 텍스트 분석	민속학, 정성적 설문조사 및 텍스트 분석

반대로, 대부분의 인문주의자들은 사람들이 자신의 행동을 통제하고 자신의 목표를 달성하기 위해 의사소통을 하기 위한 의식적인 선택을 한다고 믿는다. 이런 입장을 취하는 이론가들은 사람들이 실용주의자라고 불리는데, 왜냐하면 그들은 사람들이 실용적이고 자신들의 행동을 계획한다고 믿기 때문이다. 실용주의는 인간이 상황에 수동적인 반응자가 아니라 역동적인 행위자라고 믿는다. 그러면 인문주의자들은 냉담하고 폭력적인 승객 처우를 묘사하는 일련의 비디오에 대한 유나이티드 항공의 비효율적인 홍보 대응과 같은 사람들(또는 단체)의 선택에 초점을 맞추는 경향이 있다.

인문학과 사회과학을 구분하는 두 번째 방법은 왜 이론이 개발되는지에 초점을 맞추는 것이다. 예를 들어, 사회과학 이론의 목표는 의사소통 과정을 이해하고 예측하는 것이다. 사회과학은 일반화에 관심이 있기 때문에 예측하는 능력이 무엇보다 중요하다. 만약 이론가가 사회과학 이론의 핵심에 있는 일반적인 패턴을 이해한다면, 그 이론가는 한 개인이 어떻게 의사소통할 것인지를 예측할 수 있어야 한다. 그러나 인문학에 종사하는 사람들은 해석은 항상 주관적이라 믿는다. 해석은 개인마다 고유하다. 따라서 인문주의자들은 이론가들이 실제로 사람이 어떻게 행동할지 예측할 수 없다고 믿는다. 할 수 있는 일은 인간의 커뮤니케이션을 이해하려고 노력하는 것이다.

사회과학과 인문학의 구분과는 직접적으로 관련이 없지만, 우리는 일부 이론들이 단순히 예측하거나 이해하는 것 이상을 하기 위해 노력한다는 점에 주목한다. 비판적 접근법이라고 불리는 특별한 이론 집단은 사회적 변화를 통해 세상을 개선하고자 한다. 비판이론의 목표는 직업적이고 개인적인 삶에서 사람들에게 권한을 부여하는 것이다. 비판적 커뮤니케이션 이론에 대한 자세한 내용은 크레이그(Craig, 1999)를 참조하라.

사회과학과 인문학의 세 번째 차이점은 이론 개발의 과정이다. 이 장의 앞부분에서 논의한 이론-연구 연결(link)에 대한 우리의 논의를 상기하라. 연역이론은 과학적 방법에 기초하므로 이론 개발에 대한 사회과학적 접근법이 연역적(deductive)이라는 것은 놀랄 일이 아니다. 그러나 인문학자들은 자료(data)에서 출발하여 이론으로 발전시키는 경향이 있다. 예를 들어, 영문학자들은 셰익스피어의 희곡을 읽는 것부터 시작해서 그 후로 이론을 발전시키는 경향이 있다. 따라서 인문학자들은 귀납적(inductive) 이론 개발을 이용하는 경향이 있다.

마지막으로, 연구의 초점과 방법은 사회과학적과 인문학적 접근법에도 다양하다. 사회과학적 연구방법의 초점은 표준화(standardization)와 통제(control)에 있다. 이러한 목표 때문에, 사회과학자들은 결국 전체 그림이 밝혀질 것이라고 믿으면서, 한 번에 좁게 정의된 영역을 점진적으로 연구한다. 이 접근법은 배타주의(particularism)로 알려져 있다. 반면에 인문주의자들은 큰 그림을 본다고 믿는다. 그들은 퍼즐의 모든 조각들이 그 문제를 이해하는 데 기여할 것을 제안한다. 따라서 그들은 전체 상황을 연구의 초점으로 보는 전체주의(holism)를 사용한다.

초점의 다른 영역을 고려할 때, 사회과학자와 인문주의자의 마지막 차이점이 그들이 사용하는 연구방법이라는 것은 놀라운 일이 아니다. 이 장 앞부분에서는 커뮤니케이션 학자들이 사용하는 네 가지 연구방법에 대해 논의하였다. 네 가지 중 하나는 분명히 사회과학적이며, 하나는 분명히 인문주의적이다. 인과관계와 통제에 대한 고려가 있는 실험 방법은 사회과학에 유일하게 적합하다. 사회과학은 예측을 추구하며, 이를 위한 최선의 방법은 특정 원인과 결과를 뒷받침하는 연구를 하는 것이라는 것을 기억하라. 마찬가지로 민속지학은 인문학적 연구에 유일하게 적합하다. 민속지학은 맥락과 문화에서 커뮤니케이션에 대한 이해에 의존하며, 이는 커뮤니케이션적 사건의 해석을 위한 탐구에서 전체주의를 사용하는 이론에 적합하다.

조사연구와 텍스트 분석의 용도는 쉽게 분류될 수 없다. 사회과학이나 인문학과 연관되는 방법 그 자체가 아니라, 구체적인 자료분석 방식이 사회과학적인지 인문학적인지를 결정한다. 자료분석의 두 가지 방법은 양적(quantitative)과 질적(qualitative) 분석이다. 정량적 방법(quantitative methods)은 화학과 생물학과 같은 하드 과학에 사용되는 방법으로 채택된다. 따라서 양적 방법(quantitative methods)은 사회과학과 관련된다. 질적 방법(qualitative methods)은 역사적으로 인문학이 사용해온 방법이다.

정량적 방법(양적방법)은 일반적으로 자료의 소스(souce)로 숫자나 통계에 의존한다 (Reinard, 1998). 이러한 자료(data)와 통계(statistics)는 일반적으로 설명적이고 포괄적이다; 그들은 대규모 집단의 사람들에게 어떤 일이 일어날지 예측하려고 한다. 이를 위해 연구자들은 자료수집이 이루어지 전에, 관심있는 변수를 확인하고 외부 영향이 자료에 영향을 미치지 않도록 하여 연구를 통제한다. 앞에서 설명한 바와 같이, 이러한 의무는 사회과학자들이 일반화를 할 수 있게 한다.

정성적 방법(질적방법)은 통제가 요구하는 개별 해석에 대한 한계를 거부한다. 게다가, 질적 연구는 숫자의 사용을 피하고 의사소통 현상에 대한 언어적 묘사(verbal descriptions)를 사용한다. 일반적으로 자료는 확장된 인용문 또는 대화록 형태로 되어 있다. 마지막으로, 질적 연구는 일반적으로 일반화보다는 의사소통에 대한 설명이나 비판에 중점을 둔다(Reinard, 1998).

사회과학자들은 양적 조사연구나 텍스트 분석을 사용하는 경향이 있다. 예를 들어, 이전 제품 공식보다 새로운 제품 공식을 선호하는 사람이 몇 명인지 또는 관리자가 상호작용 시 특정 커뮤니케이션 전략을 얼마나 자주 사용하는지에 대한 자료를 수집한다. 인문주의자들은 질적 조사와 텍스트 분석을 사용하는 경향이 있다. 이들은 연구참여자들에게 특정 제품에 대한 자신의 말로 된 질문에 길게 응답하도록 요구하거나, 기업 브로셔에서 분명히 나타나는 다양한 커뮤니케이션 테마를 파악한다.

사회과학과 인문학의 구분에 대해 마지막 언급이 이루어져야 한다. 이 두 학문적 전통에 대해 이야기하는 목적은 커뮤니케이션이 사회과학적이면서도 인문주의적이기 때문이다. 따라서 이러한 구분을 이분법(dichotomies)으로 보지 말고 연속체(continua)로 보아야 한다. 개별 이론은 양쪽 전통에서 차용된 요소들로 다소 사회과학적이거나 인문주의적(둘 중 하나가 아님)일 수 있다.

이론의 변화와 성장

이 장의 마지막 관심사는 이론이 일단 개발되면, 계속 변화하고 성장한다는 것을 분명히 하는 것이다. 그림 2.1에서 지적했듯이, 연구자가 이론으로 시작하든, 연구로 시작하든, 이론 개발은 연구(research)와 이론(theory) 사이의 고리(loop)를 계속하면서 이론을 다듬고 수정하고 확장한다. 특히, Kaplan (1964)은 이론이 확장이나 의도에 의해 변화할 수 있다고 주장한다. 확장에 의한 성장(Growth by extension)은 이론이 더 많은 개념을 추가하고 이미 확립된 것에 기초한다는 것을 의미한다. 예를 들어 1959년 티보와 켈리(Thibaut and Kelley)는 5장에 설명되어 있는 상호의존성 이론(interdependence theory)을 창안했다. 이 이론의 핵심측면은 관계에 대해 대안의 유용성과 질에 대한 개인의 인식뿐만 아니라 만족도를 조사함으로써 관계의존성(또는 헌신이라고 함)이 결정될 수 있다는 예측이다. 존 티보트(John Tibaut)의 제자인 카릴 러스불트(Caryl Russbult, 1980)는 이 이론을 계속 연구하면서 확장된 버전을 제시했으며, 이를 투자모델(investment model)이라고 불렀다. 이 투자모델은 만족도과 대안을 보는 것으로 헌신(commitment)을 예측하는 데 충분하지 않다는 것이다; 또한 개인이 관계에 얼마나 투자했는지도 조사해야 한다는 것이다. 즉, 파트너와의 관계에서 불행하고 더 나은 파트너를 찾을 수 있다고 믿는 사람들은 많은 시간, 돈, 혹은 심지어 사랑까지 투자해왔고, 그들의 투자를 '잃어버리지' 않기 위해 그 관계에서 머물 수도 있다. 따라서 우리는 상호의존성 이론이 확장을 통해 성장했다고 결론내릴 수 있는데, 그 이유는 그 이론의 예측을 보다 확고하게 하기 위해 이론에 투자라는 새로운 개념이 추가되었기 때문이다.

반대로 의도(intension)에 의한 성장은 학자들이 이론에서 제시된 원래 개념에 대해 보다 깊고 미묘한 이해를 얻는 것을 의미한다. 예를 들어, 6장에서 설명되는 커뮤니케이션 수용이론(communication accommodation theory)은 원래 언어수용이론이라 불리는데, 이는 우리의 방언과 단어 선택이 개인이 말하는 사람에 따라 어떻게 달라지는지에 초점이 맞춰져 있었기 때문이다. 그러나 연구자들은 언어 및 비언어 커뮤니케이션의 다른 영역(예: 말하기 속도, 예의, 듣기)에서 수용이 일어난다는 것을 빠르게 깨달았다(Gallois, Ogay, Giles, 2005 참조). 그 이론은 의도에 의해 성장했다; 수용(accommodation)의 동일한 원리는 여전히 이론에 의해 인정되고, 새로운 개념이 추가되지 않았다. 대신, 추가적인 연구를 통해 학자들은 수용이 일어나는 복잡한 방법을 보다 완전하게 이해하도록 해주었고, 이론의 범위가 확장되었다.

요약

이 장에서는 이론이 어떻게 발전하고 변화하는지 살펴보았다. 우리는 이론을 만드는 두 가지 방법을 살펴보았다. 귀납적 이론개발과 연역적 이론개발이다. 우리는 이론과 연구 사이의 연결에 대해 논의했고, 1차 연구와 2차 연구를 구분했다. 또한 커뮤니케이션 학자들이 사용하는 네 가지 연구 방법인 실험연구, 조사연구, 텍스트 분석, 민속지학도 확인했다. 이 장에서는 이러한 각 방법의 핵심 요소를 설명하는 것 외에도 각 방법이 커뮤니케이션에 대해 드러내고 숨기는 것에 초점을 맞췄다. 다음으로 우리는 인간의 본성에 대한 믿음, 이론의 목표, 이론의 발전, 연구의 초점 그리고 사용된 연구방법에 대한 논의를 중심으로 이론과 연구에 대한 사회과학적 접근법과 인문학적 접근법의 차이점에 주목했다. 마지막으로 우리는 이론이 확장과 의도의 과정을 통해 어떻게 변화하는지 이야기했다.

사례 연구 2 : 엔터테인먼트로서의 교육 재고려

1장에서는 엔터테인먼트로서의 교육이론이라고 불리는 이론을 소개했다. 이 장에서는 배운 내용과 다음 추가 정보에 따라 엔터테인먼트로서 교육이론(EET)을 재고려하기 바란다. 엔터테인먼트로서 교육이론을 테스트하기 위해 설문조사를 실시하였다. 나이, 성별, 세서미 스트리트와 다른 교육 매체의 시청빈도, 수업방식, 동기, 지각된 학습을 묻는 설문지를 만들었다. 수업방식, 동기, 지각된 학습에 대한 기대에 대해 설문 응답자에게 1~5 리커트형 척도를 사용하여 네 가지 교육 스타일에 응답하도록 하였으며, 1은 "전혀 그렇지 않다"를, 5는 "항상 그렇다"를 나타낸다.

조사연구(Survey)

평균적으로 어렸을 때 교육용 텔레비전(예: 세서미 스트리트)을 보거나 교육용 미디어 (예: 컴퓨터 게임, 앱)를 얼마나 자주 사용했습니까?

(하나에 동그라미)

전혀 아니다 | 거의 아니다 | 때때로 | 매주 | 매일

당신은 어느 정도까지 대학 교수들이 다음과 같은 **교수법(teaching style)**을 사용할 것으로 예상하는가? (각 교수법에 하나씩 체크)

교수법	전혀 아니다	거의 아니다	가끔 그렇다	자주 그렇다	항상 그렇다
강의					
수업 토론					
그룹 활동					
오락 (예: 영화, 게임)					

각 교수법이 어느 정도까지 학습 동기를 부여할 것인가(**각 항목마다 한 개 체크해주세요**)?

교수법	전혀 아니다	거의 아니다	가끔 그렇다	자주 그렇다	항상 그렇다
강의					
수업 토론					
그룹 활동					
오락 (예: 영화, 게임)					

다음과 같은 교수법을 사용하여 실제로 어느 정도 학습한다고 생각하십니까**(각 항목마다 한 개 체크해주세요)?**

교수법	전혀 아니다	거의 아니다	가끔 그렇다	자주 그렇다	항상 그렇다
강의					
수업 토론					
그룹 활동					
오락 (예: 영화, 게임)					

설문지는 현재 대학생 75명과 50세 이상 성인 75명에게 배포했다. 50세 성인을 연구 대상으로 선정한 이유는 이들은 세서미 스트리트가 등장했을 때와 개인용 컴퓨터 기술이 등장하기 전에 이미 학교에 재학 중이었기 때문이다. 대학생은 여학생은 58명, 남학생은 17명이었다. 성인은 여자는 51명과 남자는 14명이었다.

연구 결과, 대학생들의 평균 교육 매체 이용 건수는 5점 만점에 3.7점으로 교육매체의 이용빈도가 높은 것으로 나타났다. 성인의 평균 교육 매체 이용량은 2.2으로 교육 매체 이용이 거의 없었다. 따라서 대학생들은 어른들이 어렸을 때보다 더 많은 교육용 매체를 소비했다.

나머지 평균 답안은 다음 차트에서 계산하며, 맨 왼쪽 열에 나열된 교수법과 나머지 열에 있는 두 그룹의 평균 기대, 동기, 학습 점수 등이 있다.

교수법	대학 기대	성인 기대	대학 동기부여	성인 동기부여	대학 배움	성인 배움
강의	4.7	4.8	2.4	3.2	4.1	4.2
토론	3.9	3.6	3.6	4.2	4.3	14.2
그룹	3.4	3.2	2.9	3.2	2.6	3.2
오락	3.2	2.9	4.4	3.2	2.6	2.8

차트에서 볼 수 있듯이, 엔터테인먼트로서 교육을 고려할 때 유일한 유의미한 차이를 보이는 것은 동기로 나타났다. 대학생들은 성인들보다 엔터테인먼트로서 교육에 의해 동기부여 되는 것으로 나타났다. 하지만, 어느 그룹도 엔터테인먼트로서 교육을 많이 기대하지 않으며, 두 그룹 모두 엔터테인먼트로서 교육 형태를 통해 많은 것을 배우지 않는 것으로 보인다. 따라서 엔터테인먼트로서 교육이론의 예측은 충분히 지지되지 않는 것으로 나타났다.

고려해야할 질문들

1. 1장에서 읽은 내용과 방금 제공된 추가 정보를 바탕으로 엔터테인먼트로서 교육이론(EET)은 귀납적 또는 연역적 이론 개발 과정을 이용하여 개발되었는가? 왜?

2. 엔터테인먼트로서 교육이론의 개발에는 어떤 유형의 연구(1차 연구 또는 2차 연구)가 사용되었는가? 이는 좋은 선택이었나?

3. 엔터테인먼트로서 교육이론은 사회과학적인가 아니면 인문학적인가? 귀하의 사례를 뒷받침할 1장 및 이 장의 내용에 대한 세부 정보를 서술하라.

4. 이론을 검증하는 데 어떤 연구 방법이 사용되었는가? 이는 가장 좋은 방법인가? 왜 혹은 왜 아닌가?

5. 연구자가 이러한 유형의 연구를 수행할 때 어떤 윤리적 과제를 고려해야 하는지에 대해 논의하라. 연구방법이 바뀌면 윤리적 문제는 어떻게 변하는가?

6. 향후 엔터테인먼트로서 교육이론이 어떤 방식으로 변화하거나 성장해야 한다고 생각하는가? 그것이 어떻게 변할 수 있는지 그리고 왜 그런 방식으로 바뀌어야 하는지를 구체적으로 설명하라.

Applying Communication Theory for
Professional Life

CHAPTER THREE

인지와 자아 커뮤니케이션
(Cognition and Intrapersonal Communication)

이 장을 읽은 후 다음을 수행 할 수 있다.

1. 켈리(Kelley)의 공변 모델(합의성, 일관성, 특이성 및 통제성 소재)을 사용하여 행동의 의도성을 예측한다.
2. 불확실성 감소를 위한 유형, 조건 및 커뮤니케이션 전략을 파악한다.
3. 기대, 위반가 및 커뮤니케이터(전달자) 보상가의 개념을 사용하여 누군가의 위반에 대해 화답할지 또는 보상할지 예측한다.
4. 믿음과 행동 사이의 부조화의 크기를 증가하거나 감소시킴으로써 어떻게 변화에 영향을 미치거나 예방할 수 있는지 설명한다.
5. 대인 커뮤니케이션에 대한 주요 이론적 접근 방식을 비교 및 대조한다.
6. 개인 간 커뮤니케이션 이론을 활용하여 전문적 상황에 대한 체계적인 이해를 제공한다.

커뮤니케이션에 대한 정보원(source) 또는 수신자 지향(receiver orientation) 여부에 상관없이 메시지는 개인의 해석이 없으면 아무런 의미가 없다. 모든 사람은 이러한 메시지들을 가장 잘 이해할 수 있는 방법을 고려하면서 모든 메시지를 내부적으로 처리해야 한다. 즉, 의미는 개인이 메시지를 인식하고 의미를 부여할 때에만 도출된다; 의미는 말이나 행동 그 자체가 아니라 말이나 행동에 대한 우리의 해석에 존재한다. 결과적으로, 커뮤니케이션은 개인 내 과정(intrapersonal process)이다.

인지 과정(Cognitive Process)

개인 내(intrapersonal) 과정으로서 커뮤니케이션의 뿌리는 20세기 심리학의 주요 논쟁 중 하나로 거슬러 올라갈 수 있다. 1900년대 초반 미국의 심리학은 행동주의에 초점을 맞췄다(Runes, 1984). 우리 대부분은 파블로프(Pavlov)의 개 타액 생성 실험연구에 익숙하다. 파블로프는 벨 소리를 음식과 연관시킴으로써 비록 음식이 존재하지 않더라도 벨 소리를 들을 때 개들이 침을 흘리게 하는 실험을 할 수 있었다. 이것은 행동주의 접근법 즉, 외적 원인(external cause)과 행동 결과(behavioral effect)에 초점을 맞춘 것이다. 와트슨(J. B. Watson)과 스키너(B. F. Skinner)와 같은 주요 심리학자들은 우리가 정신 과정을 관찰할 수 없으므로, 이러한 원인(causes)과 결과(effects)에만 초점을 맞춰야 한다고 주장했다(Runes, 1984).

그러나 1900년대 중반에 심리학자들은 인간의 행동을 이해하기 위한 인지적 접근을 주장하기 시작했다. 이러한 학자들은 외적 원인(또는 자극)과 행동 결과에 초점을 맞추기보다는 자극을 처리하고 특정한 결과를 발생시키는 데 사용되는 정신적 과정(mental processes)에 관심을 가져야 한다고 주장했다(Runes, 1984). 이 접근법의 주요 지지자는 행동주의에 대한 중요한 비판을 주도한 노암 촘스키(Noam Chomsky)였다. 인지(cognition)는 자극을 감소(reducing), 정교화(elaborating), 변형(transforming) 및 저장(storing)하는 과정을 포함한다(Neisser, 1967). 그것은 우리가 특정한 방식으로 행동하게 만드는 마음에서 일어나는 일을 말한다.

이 장에서는 커뮤니케이션의 인지적 측면과 개인 내 측면을 조사하는 네 가지 이론에 대해 설명한다. 첫째, **귀인이론은 개인이 자신과 타인의 행동에 원인이나 동기를 부여하는 과정을 설명한다.** 이 장에서 제시된 두 번째 이론인 **불확실성 감소이론**은 사람과의 초기 만남을 설명하고 예측하기 위해 노력한다. 다시 말해, 무엇이 커뮤니케이션을 시작하도록 유도하며, 새로운 상황에서 불확실성을 줄이는 방법은 무엇인가? 셋째, 기대위반이론은 앞으로 일어날 일에 대한 사람들의 기대가 위반되었을 때 사람들의 행동을 예측하고 설명하고자 한다. **넷째, 인지부조화 이론**은 설득이 어떻게 자기유도적이고 개인 내적 사건으로 이해될 수 있는지를 설명하고 예측한다.

전반적으로 이러한 이론들은 모두 고도로 개인화된 의미 생성을 위한 전제조건으로 작용하는 내적 과정을 강조하며, 각각의 관점들은 수많은 커뮤니케이션 맥락에 적용된다. 다른 사람과 비교하여 동료의 행동을 기초로 동료에 대한 판단을 내리는 것(예 : 귀인이론)부터 이직 중에 불확실성을 줄이는 최선의 방법(즉, 불확실성 감소이론)을 결정하는 데 이르기까지, 제시된 각각의 이론들은 개별적인 의미를 다양한 메시지로 전달하는 데 필요한 내적 주도(internally driven) 프로세스를 보여준다.

귀인이론(Attribution Theory)

귀인이론가들에 따르면 인간은 종종 순진한 탐정처럼 일하며, 다양한 사건, 개인적인 매너리즘, 그리고 개인의 행동에 영감을 준 것이 무엇인지를 끊임없이 이해하려고 노력한다. 범죄 현장 수사관이 용의자의 동기를 파악하기 위해 단서를 수집하는 것처럼, 당신역시 자신의 행동과 다른 사람들의 행동에 영향을 미쳤다고 믿는 것에 대한 판단을 내리는 삶을 살아간다. **행동의 이유를 제공하는 이러한 판단과 결론을 귀인이라고 한다. 따라서 귀인이론은 행동에 대한 인과적 설명(causal explanations)을 할 때 사용하는 인지 과정을 설명한다.**

• 상식심리학(Naïve Psychology)으로 귀인이론

귀인이론(Attributions)은 새로운 개념이 아니다; 연구자들은 오랫동안 사람들이 사건을 처리하고 그에 대한 설명을 이끌어내는 방식을 연구해왔다. 그러나 1950년대 중반에 하이더(Heider, 1958)는 추론(inferences)을 이끌어내는 과정(process), 즉 개인이 행동의 원인과 그 행동에 누가 책임이 있는지에 대한 판단 뿐만 아니라 그 행동의 원인에 대해 개인이 내리는 가정(assumptions)에 관심을 집중했다. 하이더에 따르면, 개인은 '상식 심리학자'처럼 행동한다는 것이다. 사람이 행동하는 것을 보면, 즉시 그 행동의 인과성(causal nature)에 대해 판단을 내린다. 특히 하이더는 개인은 문제의 행동이 성향 요인에 의한 것인지, 상황(환경) 요인에 의한 것인지 판단하려고 한다는 것을 발견했다. 성향 요인은 개인의 성격 또는 생물학적 특성과 같은 내적 또는 개인적 특징을 나타낸다. 이러한 요인은 비교적 안정적이고 각 개인에게 고유하다. 반대로, 상황 요인은 상대적으로 통제할 수 없고 당면한 환경이나 상황에 따라 결정되는 외적 요인이다. 이 외적 요인은 본질적으로 비교적 안정적인 성격 특성이 아니라, 주어진 상황의 맥락에 기반하기 때문에 내적 요인 보다 훨씬 더 크게 변한다.

예를 들어, 월례 직원회의에서 론(Ron)이 현재 판매 수치를 프레젠테이션하는 것이 혼란스럽고 뒤죽박죽인 것처럼 보일 경우, 그의 어색함은 그의 파워포인트 슬라이드가 노트북에 제대로 업로드되지 않았기 때문일 수 있다. 이 경우에 추론은, 상황(즉, 결함 있는 소프트웨어)때문에 론이 시각적 보조 도구 없이 기억으로 프레젠테이션을 할 수 밖에 없었다는 것을 암시한다. 따라서 당신은 론의 어설픈 발표를 기술적 결함 탓으로 돌릴 수 있으므로 그의 행동에 대해 상황 귀인(외적 귀인)으로 추론할 수 있다. 반면에 론의 형편 없는 프레젠테이션은 준비 부족(즉, 성격 결함) 탓으로 돌릴 수 있다. 확실히 지금쯤이면, 모든 사람들이 파워포인트에만 의존해서는 안 된다는 것을 안다. 론은 기술적 어려움에 대비해 백업 계획을 준비하고 왔어야 했다. 이런식으로 상황을 보면, 론의 발표 실패를 그의 게으른 준비 탓으로 돌릴 수 있다. 그의 개인적인 통제권 내에 있으므로 성향 귀인(내적 귀인)이 된다.

• 대응추리이론(Correspondent Inference Theory)

하이더(Heider)의 이론을 확장한 존스와 데이비스(Jones & DavisDavis, 1965)는 성향적(내적 주도) 행동의 의도(intentionality)에 대해 관심을 기울였다. 이들은 지각자(perceiver)가 행동의 원인을 성향적 요인으로 돌릴 때, 지각자는 또한 행위자의 의도에 대해서도 판단한다고 주장했다. 존스와 데이비스는 이러한 의도에 대한 판단을 대응추리(correspondent inferences)라고 했다. 즉, 사람의 행동과 그 사람의 성향 특성을 대응시키는 판단이 대응추리이다.

텍스터(Texter, 1995)는 "사람의 행동을 관찰함으로써 대응적 추론을 이끌어 내기 전에, 우리는 그 사람의 의도에 대해 결정을 내려야 한다. 그 사람이 그 행동이 어떤 영향을 미칠지 알고 의도적으로 어떤 방식으로 의도적으로 행동했는가?"(p. 55). 타인의 행동이 그가 지닌 성향 때문이라고 추론하게 되고, 타인의 행동과 성향이 비슷하게(예 : 게으름) 대응하게 할 때 , 이러한 추론은 '대응'(correspond)이라고 한다. 예를 들어, 당신은 론의 게으른 회의 준비에서 게으름이나 무관심의 성향으로 추론할 수 있다.

행위의 의도(intentionality)를 판단하는 것은 쉽지 않다; 그러나 다른 사람의 행동의 목적을 결정할 때 고려할 수 있는 몇가지 요인이 있다: 선택, 가정된 사회적 바람직성, 사회적 역할, 이전의 기대, 쾌락적 목적적합성, 개인주의이다(Jones & Davis, 1965). 구체적으로 '선택(choice)'을 시작으로 개인은 해당 행위자가 대안이 있는지 여부를 조사함으로써 행위자의 의도를 평가할 수 있다. 만약 당신이 행위자의 행동에서 대안적인 행동방침으로 지각한다면, 그 '선택된' 행동은 의도적이라고 가정할 가능성이 높다. 둘째, 행위자의 행동에서 '가정된 사회적 바람직성(assumed social desirability)'에 초점을 맞춰 의도를 평가할 수 있다. 즉, 개인이 사회적 관습에 반하는 방식으로 행동한다면, 그 행동이 단순히 사회적 바람직성을 위한 시도가 아니라, 그 사람의 본래 성향을 반영한다고 평가할 가능성이 더 높다. 셋째, 이와 유사하게, 개인의 '사회적 역할(social role)' 또는 '공적 지위'는 특히 그 사람이 규정된 역할과 반대되는 방식으로 행동할 때, 그 행동의 의도를 평가하는 데 도움을 줄 수 있다.

넷째, 개인의 지위가 의도에 대한 기대와 가정에 영향을 미치는 것처럼, '이전의 기대(prior expectations)'도 마찬가지다. 따라서 이전에 행위자를 만났거나 행위자의 배경에 대한 지식이 행위자의 의도에 대한 결정에 영향을 줄 수 있다. 다섯째, '쾌락적 목적적합성(hedonic relevance)', 즉 행위자의 행동이 직접적으로 당신에게 영향을 미친다고 믿는 정도(보상을 통해 긍정적으로 또는 처벌을 통해 부정적으로) 또한 행위자의 의도에 대한 평가를 형성한다. '쾌락적 목적적합성'을 더 크게 인식할수록 행위자의 행동을 의도적으로 볼 가능성이 크다. 마지막 여섯째로, '개인주의(personalism)'는 행위자가 당신에게 상처를 주거나 도움을 주기 위해 구체적이고 의도적으로 행동한다는 믿음을 말한다. 따라서 만약 당신이 없을 때, 행위자의 행동이 변한다고 가정한다면, 당신은 그 행동이 의도적이라고 생각할 수 있다. 특히, 이 여섯 가지 요소 각각이 행위자의 의도를 평가하는 데 도움이 될 수 있지만, 이러한 이유들 중 하나에 의존하는 것은 행위자의 성향에 대한 편향된 판단을 초래할 수 있다.

• 켈리(Kelley)의 공변 모델(Covariation Model)

아마도 귀인이론에 대한 보다 총체적인 접근인 Kelley(1967, 1973)의 공변모델은 완전한 귀인 과정의 인과성을 설명한다. 구체적으로 이 모델은 켈리가 **귀인(attribution)**을 전반적으로 설명하려고 하는 반면, 존스와 데이비스는 오로지 성향 추론의 의도(intentionality)에만 초점을 맞췄기 때문에 존스와 데이비스의 대응추리이론보다 더 큰 범위를 가진다.

켈리(Kelley, 1967, 1973)에 따르면, 개인은 합의성(consensus), 일관성(consistency), 특이성(distinctiveness), 통제성(controllability)의 네 가지 요인을 조사함으로써 타인의 행동의 원인(causality)를 판단한다. 이러한 요인 중 처음의 세 가지가 결합되면(예, 합의성, 일관성, 특이성), 지각자는 그 행동이 내적 통제(즉, 성향) 되었는지 외적 통제(즉, 상황) 되었는지를 판단할 수 있다. 즉, 개인이 해당 행동에 대해 얼마나 많은 명령을 내렸는지 지각된 통제가능성에 따라 의미를 부여한다.

첫째로, 지각자(perceiver)는 행위자의 행동이 합의를 나타내는지, 즉 같은 상황에 놓였을 때, 다른 사람들이 유사하게 반응할 것인지를 결정한다. 비슷한 행동을 하는 사람들을 더 많이 관찰할수록 합의성(consensus)에 대한 인식이 커진다. 만약 다른 영업팀원들이 웃음과 잡담으로 회의장을 떠나는 동안 레베카가 분기별 영업 회의장을 뛰쳐나와 앞을 가로막는 모든 사람에게 으르렁거린다면, 낮은 합의성이 발생한 것이다. 그러나 영업 팀의 모든 사람들이 얼굴에 인상 쓰고 기분이 좋지 않은 상태로 회의에서 나가면 높은 합의성을 형성한 것이다.

둘째로, 지각자는 행위자의 행동이 일관성을 보여주는지 여부를 판단해야 한다. 일관성(consistency)이란 해당 행위자가 시간이 지남에 따라 유사한 행동을 하는지 여부를 나타낸다. 합의성에 비해 동일한 행동에 참여하는 행위자를 더 많이 관찰할수록 일관성에 대한 인식이 커진다. 만약 레베카가 동료들에게 항상 화를 내고 무례한 것처럼 보인다면, 영업 회의 후 그녀의 화를 잘 내는 행동이 이전 행동과 매우 일치한다고 말할 수 있다. 반대로 일반적으로 레베카를 유쾌하고 열정적인 사람으로 본다면, 갑작스런 행동 변화는 일관성이 낮다고 결론내릴 것이다.

셋째로, 지각자는 행위자의 특이성(distinctiveness), 즉 상황에 따라 다르게 행동하는지 여부를 판단한다. 시간이 지남에 따라 타인과의 순응과 준수 횟수에 따라 증가하는 합의성과 일관성과는 달리, 행위자가 여러 상황에서 비슷하게 행동하면 특이성은 감소한다. 즉, 행동은 '한 상황에서나 다른 상황과는 현저하게 다른' 경우에만 특이성으로 분류된다(Texter, 1995, p. 60). 계속해서 예를 들자면, 만약 레베카가 회사의 모든 사람들, 친구, 자녀들, 그리고 이웃들에게 무례하게 말하고 적대감을 보인다면, 레베카의 공격적인 매너리즘은 그녀의 무례함이 특이하지 않기 때문에 낮은 특이성을 가진다. 반면에, 만약 레베카의 분노와 무례한 어조가 이 회의 이후에만 발생했고 다른 회의나 상황에서는 발생하지 않았다면 다음과 같이 결론내릴 것이다. 그녀의 삶의 다른 상황과는 반대로 보이기 때문에 이 행동은 특이성이 높다.

앞에서 언급한 바와 같이, 이러한 합의성, 일관성, 특이성에 대한 판단을 결합함으로써 지각자는 행위자의 행동의 통제성(controllability)을 결정할 수 있다. 예를 들어, 당신은 행위가가 행동을 통제할 수 있다고 믿을 때 내적 통제 소재(interior locus of control)를 가정한다. 또는 행동이 불가피한 것처럼 보일 때 외적 통제 소재(exterior locus of control)를 가정한다.

개별적으로 고려할 때, 단일 변수(즉, 합의성, 일관성 또는 특이성)를 사용하여 만든 예측은 불완전한 그림을 제공할 수 있다. 그러나 합의성, 일관성, 특이성에 대한 판단을 결합함으로써 8가지 가능한 조합이 도출된다. 지각자는 행위자의 행동에 대한 통제성을 내적 동기나 또는 외적 동기로 보다 정확하게 예측할 수 있게 해주는 변수들의 조합이다 (Kelly, 1973).

구체적으로는 합의성이 높고 일관성이 낮으며 특이성이 높을 때 개인에 대한 외적(또는 상황적) 귀인이 이루어진다. 예를 들어, 레베카와 그녀의 팀 전체가 판매미팅회의에서 화가 나서(높은 합의성), 레베카가 보통 회의를 씩씩거리며 떠나지 않고(낮은 일관성), 일반적으로 화를 내지 않고 사무실 주변에서 유쾌한 경우(높은 특이성), 우리는 회의(상황)에서 불쾌한 일이 일어났다고 추론할 것이다. 반대로, 합의성이 낮고 일관성이 높으며 특이성이 낮을 때 다른 사람에 대한 내적(또는 성향) 귀인으로 추론할 수 있다.

앞의 예로 돌아가 보면, 나머지 팀원들이 즐겁게 일하는 동안, 레베카만 종종 화를 내며 영업 회의를 떠나고(낮은 합일성), 종종 씩씩거리며(높은 일관성), 직장이나 가정, 교회에서 사람들에게 소리를 지른다면(낮은 특이성), 우리는 그것이 레베카의 행동에 영향을 미치는 성향이라고 추론할 수 있다. 켈리의 공변모델(covariation model) 예측에 대한 요약은 표 3.1에 있다.

재검토를 하자면 귀인이론가들은 사람들이 자신 또는 타인의 행동이 일어난 원인과 동기를 할당할 때 귀인에 대한 다양한 설명을 강조해왔다. 하이더는 인간의 행동을 성향적(내적) 및 상황적(외적) 원천의 인과적 위치를 조사한 반면, 존스와 데이비스는 성향적 행동을 이끄는 지각된 의도를 결정하는 데, 더 좁게 초점을 맞췄다. 켈리는 합의성, 일관성, 특이성의 상호작용을 분석하여 귀인이론의 범위를 확장하였다.

표 3.1 켈리의 예측에 기반한 귀인 유형	
합의성	다른 사람과 그 행위자와 같은 원인 귀속을 하는 것 "다른 사람은 **이런 방식(way)**으로 행동합니까?" **'Yes'**의 경우 외적 귀인 가능성이 높고, **'No'**의 경우 내적 귀인 가능성이 높다.
일관성	본인의 원인 귀속 방식이 다른 상황에서도 반응은 변하지 않는 것 "이전에도 이 사람이 비슷한 행동을 **여러 번(many times)** 했었습니까?" **'Yes'**의 경우 내적 귀인 가능성이 높고, **'No'**의 경우 **외적 귀인** 가능성이 높다.
특이성	대상이 되는 사항이 바뀌어도 같은 원인 귀속을 하는 것 "이 사람이 **다른 유형의 상황**에서도 유사하게 행동했는가?" **'Yes'**의 경우 내적 귀인 가능성이 높고, **'No'**의 경우 외적 귀인 가능성이 높다.

불확실성 감소이론(Uncertainty Reduction Theory)

　여기서 논의되는 두 번째 개인 내 이론(intrapersonal theory)은 **불확실성 감소이론 (URT)**이다. 버거(Berger)와 칼라브레세(Calabrese, 1975)의 불확실성 감소이론은 **사회생활이** 불확실성으로 가득 차 있다고 주장한다. 새 직장에서 첫날 무엇을 입어야 할지 모르는 것(양복을 입어야 할것인가 또는 비즈니스 캐주얼을 입어야 할것인가?) 새로운 상사를 어떻게 맞이해야 할지 막막하다(그를 메간이라고 불러야 할것인가? 스미스 씨? 스미스 부인? 스미스 박사?), 방금 다른 장소에서 전근 온 새 동료와 잘 지낼 수 있을지 궁금해서(그녀가 질문으로 나를 귀찮게 할것인가? 그가 팀원들에 대해 험담을 할것인가?)는 평균적인 근무 시간 동안 몇 가지 전형적인 걱정거리일 뿐이다. 인간의 행동에 대한 몇 가지 가정과 공리를 바탕으로 하는 **불확실성 감소이론**은 개인이 다른 사람과 상호작용할 때 의심을 최소화하기 위해 언제, 왜, 어떻게 의사 소통을 사용하는지를 설명하고 예측하려는 것이다.

확실성 감소이론에는 세 가지 가정이 있다. 첫째, 버거와 칼라브레세(Berger & Calabrese, 1975)는 커뮤니케이션의 일차적인 목표는 인간이 세계와 그 안에 있는 사람들에 대해 갖는 불확실성을 최소화하는 것이라는 것이다. 둘째, 그들은 개인은 정기적으로 불확실성을 경험하며, 불확실성을 경험하는 것은 불쾌한 경험이라는 것이다. 셋째, 버거와 칼라브레세는 커뮤니케이션이 불확실성을 줄이는 주요 수단이라고 가정했다. 중요한 것은, 주어진 24시간 내에 너무 많은 불확실성이 제시되어 있기 때문에 버거(Berger, 1979)는 개인이 이러한 모든 새로운 사람들이나 상황에 대한 불확실성을 줄일 수 없다는 것을 인정했다. 대신, 그는 사람들이 불확실성을 줄이는 데 필요한 동기가 있는지 여부에 영향을 미치는 세 가지 선행 조건이 있다고 주장했다.

• 불확실성 감소 선행조건

버거 (1979)는 개인들이 세 가지 특정 선행 조건(Antecedent Conditions) 중 한 가지 조건 하에서만 불확실성을 감소시키려는 동기가 있다고 주장했다. 첫째, 미래의 상호작용에 대한 기대(anticipation)는 당신이 다시 만날 가능성이 높은 사람에 대한 불확실성을 줄이려는 동기가 더 강하다는 것을 암시한다. 따라서 당신은 매일 이 사람과 함께 일한다는 것을 알기 때문에 새로운 사무실 동료가 팀에 합류할 때 불확실성 감소 행동을 사용하는 경향이 더 크다. 두 번째 조건인 인센티브 가치(incentive value)는 해당 개인이 당신에게 보상이나 심지어 처벌을 제공할 가능성이 있을 때 당신이 누군가에 대해 더 많이 배우도록 촉구한다는 개념을 포함된다. 즉, 이 사람이 당신에게 무엇을 해줄 수 있는가? 세 번째 선행 조건은 일탈(deviance)이다. 어떤 사람이 당신의 기대에 반하는 방식으로 이상하거나, 괴상하거나, 특이하다면, 불확실성 감소이론에서는 개인이 개인에 대한 불확실성을 줄일 가능성이 더 높을 것이라고 제안한다.

• 불확실성의 유형

불확실성을 줄이고자 유도하는 선행조건 외에도 버거와 브라닥(Berger & Bradac,

1982)에 따르면, 불확실성에는 뚜렷이 구분되는 두 가지 유형이 있다고 한다. 첫 번째 유형은 **행동적 불확실성(behavioral uncertainty)**이다. 이러한 행동적 불확실성은 주어진 상황에서 어떤 행동이 적절한지에 대한 불안감을 고려한다. 예를 들어, 새로운 회사에서 일자리를 시작할 때, 종종 '필요한 시간'에 대해 모호한 경우가 있다. 내 직급의 직원들은 오전 9시에 시작해서 오후 5시에 바로 퇴근하는가? 아니면 내가 일찍 도착해서 늦게까지 있을 것으로 예상되는가? 점심시간까지 일해야 하는가, 책상에서 식사를 해야 하는가, 아니면 동료들이 내가 점심 먹으러 나가서 교제하기를 기대할 것인가? 이는 모두 새 회사 내에서 어떻게 행동해야 할지 모르는 신입사원의 전형적인 행동적 불확실성의 예이다.

두 번째 유형은 **인지적 불확실성(cognitive uncertainty)**이다. 행동적 불확실성을 경험하는 개인은 주어진 상황에서 어떻게 행동해야 하는가에 대해 의문을 제기하는 반면, 인지적 불확실성을 경험하는 사람들은 누군가에 대해 어떻게 생각해야 할지에 대해 확신이 없다. 다시 말해서 인지적 불확실성은 타인의 태도와 믿음을 정확히 파악할 수 있는 능력에 대한 의구심을 강조한다. 평상시 금요일에 당신이 얼마나 편안해 보이는지 언급할 때, 당신은 이것이 칭찬이었는지 의아해 할 것이다. 아니면 그 말은 당신이 사무실치고는 너무 캐주얼한 옷차림을 하고 있다는 미묘한 암시였는가? 당신은 심지어 그 사람이 당신의 복장에 대해 어떻게 생각하는지 신경써야 하는가? 이 모든 질문들은 인지적 불확실성을 강조한다.

• 불확실성 감소 과정을 설명하는 공리

불확실성 감소이론에서는 개인이 모호성(ambiguity)을 줄이기 위해 커뮤니케이션을 사용하는 방법을 설명하고 예측하는 것이다. 구체적으로, 불확실성을 줄이는 과정은 이전 연구에서 확립되고 뒷받침된 8개의 공리, 즉 자명한 진리에 근거하고 있다(Berger & Calabrese, 1975). 이러한 공리는 표 3.2에 요약되어 있다.

보시다시피 이 공리들은 이치에 맞는다; 그것들은 결국 '자명한 진리'이다. 그러나 상식이론과는 달리 불확실성 감소이론의 공리(axioms)는 분류되고, 함께 짝을 지어 이론을 만들고, 시간이 지남에 따라 체계적으로 검증되어 불확실성 감소이론에 학술적 신뢰성를 제공해 왔다. 더욱이 표 3.2에 제시된 공리는 이론의 중추만을 제공한다. 즉, 우호적인 비언어적 행동을 사용하면 불확실성이 감소한다는 것은 학문적 이론을 정당화하기에 충분하지 않다. 다음으로 논의된 것은 불확실성을 줄이기 위한 커뮤니케이션 전략으로 불확실성 감소이론의 공리에 추가적인 본질을 제공한다.

표 3.2 불확실성 감소이론의 공리	
공리1	당신이 커뮤니케이션 파트너와 언어적 커뮤니케이션이 증가함에 따라, 그 사람에 대한 당신의 불확실성의 수준은 감소한다. 그 결과, 커뮤니케이션은 계속해서 증가한다.
공리2	환영하는 비언어적 표현이 증가함에 따라 불확실성은 감소하고 그 반대도 마찬가지다.
공리3	당신의 불확실성이 클수록, 당신은 더 많은 정보를 찾는 행동을 사용한다. 반대로 불확실성이 줄어들면 정보를 덜 찾게 된다.
공리4	관계에서 불확실성이 높을 때 의사소통 내용수준의 친밀도는 낮을 것이다. 반면에 불확실성의 감소는 더 큰 친밀도로 이어진다.
공리5	당신이 불확실할수록 당신은 상호적인 커뮤니케이션 전략을 더 많이 사용할 것이고 그 반대의 경우도 마찬가지다.
공리6	당신이 대상자와 공유하기 위해 유사성을 많이 지각할수록, 당신의 불확실성은 더욱 감소된다. 그 대신에 차이점을 인지하는 것은 불확실성을 증가시킨다.
공리7	불확실성이 줄어들수록 호감도 높아진다. 반대로, 만약 당신의 불확실성이 증가한다면, 그 사람에 대한 당신의 호감은 줄어들 것이다.
공리8	의사소통네트워크를 공유하거나 또는 공유된 관계는 불확실성을 줄여준다. 다른 한편으로는, 만약 공통 관계에 대한 공유가 없다면, 당신의 불확실성은 강화된다.

Source: Axioms 1 through 7 are adapted from Berger and Calabrese, 1975. Axiom 8 is adapted from Parks and Adelman, 1983.

• 불확실성 감소 전략

불확실성을 줄이기 위한 커뮤니케이션 전략을 검토할 때에는 버거와 칼라브레세 (1975)의 원래 전제를 상기하는 것이 중요하다. 불확실성 감소는 모든 사회적 관계의 중심이다. 마찬가지로 버거 (1995, 1997)는 사회적 상호작용의 대부분이 목표 지향적이라고 언급했다. 즉, 당신은 이유가 있어서 소통하고, 개인의 사회적 상호작용을 안내하는 인지 계획을 세운다.

불확실성 감소이론은 버거(1995, 1997)의 계획기반메시지(plan-based messages) 개념과 관련이 있다. 구체적으로, 사회적 현실에 대한 정보를 찾을 때, 개인은 복잡성이 다양한 계획을 수립하고 사용한다. 개인은 관계 목표에서 크게 다를 수 있으며, 불확실성에 대처하기 위해 사용할 수 있는 특정 전술의 범위를 가지고 있다. 그러나 이러한 목표의 차이에도 불구하고 가장 중요한 세 가지 전략은 대부분의 불확실성 감소 커뮤니케이션을 대표하는 것은 수동적, 능동적 및 상호작용이다.

수동적 전략을 나타내는 개인은 주변 환경을 관찰하고 다른 사람들이 어떤 태도와 믿음을 가지고 있는지 뿐만 아니라 어떤 행동이 적절한지에 대한 단서를 몰래 수집한다. 수동적인 접근은 마치 탐정을 연기하는 것과 같다. 불확실성 감소에 대한 적극적 전략은 제3자로부터 정보를 찾는 것을 포함한다. 스스로 탐정을 연기하기보다는 문제의 인물이나 상황에 대해 더 많이 알고 있는 다른 사람에게 가는 것이다. 마지막으로 상호작용 전략은 문제의 출처로 바로 찾아가 가능한 한 많은 정보를 요청하는 것이다.

예를 들어, 새로운 회사에서 새로운 위치에 있다고 상상해 보자. 2월 휴가철이 다가오면서 상사에게 선물을 줘야 할지 고민하기 시작한다. 다른 사람들이 선물을 주는지(수동적 전략), 몇몇 동료들에게 상사에게 무엇을 하는지 물어보거나(적극적 전략), 아니면 상사에게 직접 회사의 문화가 어떤지, 그리고 상사가 기대하는 것이 무엇인지 직접 물어볼 수 있다(상호작용 전략). 분명히, 어떤 계획을 정할지에 영향을 미칠 수 있는 많은 가능한 목표들이 있다. 만약 중요한 목표가 적절하고 효과적이며 감사하는 것처럼 보이는 것이라면, 적극적인 전략은 아마도 최선의 선택일 것이다. 당신의 지위에 있는 다른 사람들에게 그들이 무엇을 하는지 물어봄으로써, 당신은 상사에게 불쾌감을 주거나 당황하게 하지 않고 상사가 기대하는 것을 잘 이해할 수 있다.

• 초기 상호 작용을 넘어서

불확실성 감소이론은 원래 초기 상호작용과 관련된 모호성을 설명하고 예측하는 것과 관련이 있었다(Berger, 1979; Berger & Calabrese, 1975). 즉, 불확실성 감소이론을 이용한 연구는 언제, 왜, 어떻게 개인이 새로운 상황에서 또는 새로운 사람들을 만날 때 의심을 최소화하는지를 강조했다. 그러나 버거(Berger, 1997)는 그 이후 불확실성 감소이론에 대한 자신의 입장을 확장했지만, 새롭고 발전하는 관계는 물론 장기적이고 지속적인 관계에도 존재한다는 점에 지적했다.[2]

예를 들어, 앨런이 갑자기 해고되었을 때, 댄과 다비다는 그들 자신의 고용 안정성에 대해 불확실해진다. 긍정적인 변화 앞에서도 불확실성이 불가피하다. 당신이 승진해서 직장에서 가장 친한 친구들 중 몇 명을 관리하게 될 것이라고 상상해 보라.

동료에서 상사로 이러한 권력의 변화는 갈수록 불확실성이 커질 수 있다. 모든 관계는 변화와 성장에 의해 특징지어지며, 둘 다 불확실성의 증가를 촉진한다. 제5장에서 논의한 바와 같이, 일부 연구자들은 약간의 불확실성이 실제로 건전한 관계를 유지하는 데 필요하다고 믿는다.

검토를 위해, 불확실성 감소이론은 개인이 언제, 왜 다른 사람에 대한 불확실성을 줄이기 위해 커뮤니케이션을 사용하는지에 초점을 맞춘다. 비언어적 즉각성, 언어적 메시지, 자기 공개, 공유된 유사성, 공유된 소셜 네트워크가 증가하면 불확실성은 예측가능하게 감소한다. 사람들은 다른 사람들과 마주칠 때 불확실성을 줄이기 위해 수동적, 능동적, 상호작용적 정보탐색전략을 일상적으로 사용한다.

---

[2] however, noting that uncertainty exists in new and developing relationships as well as in long-term, ongoing relationships. 원서오류로 본 역서에서 정정하였음

기대위반이론(Expectancy Violations Theory)

주디 버군(Judee Burgoon, 1978, 1994)에 의해 창안된 기대위반이론(**Expectancy Violations Theory, EVT**)은 사람들이 자신의 개인적 공간의 위반(violation) 또는 침해(infringement)에 귀속되는 의미를 설명한다. 중요한 것은 버군의 작업 중 많은 부분이 물리적 공간(공간학 연구로 알려짐)의 비언어적 위반을 강조하는 반면, 개인적 공간(personal space)은 심리적 또는 정서적 공간을 지칭할 수도 있다. 불확실성 감소이론과 유사하게 기대위반이론은 일련의 가정과 공리에서 파생된다.

• 가정

기대위반이론은 많은 커뮤니케이션 공리를 기반으로 한다. 그러나 기대위반이론을 이해하는 데 가장 중요한 것은 인간은 개인적 공간(personal space)과 소속감(affiliation)에 대해 경쟁적인 욕구를 가지고 있다는 가정이다(Burgoon, 1978). 구체적으로, 인간은 모두 일정량의 거리나 사생활로 생각되는 개인적 공간을 필요로 한다; 또한 사람들은 다른 사람들과의 어느 정도의 친밀감이나 소속감을 원한다. 기대위반이론은 당신은 당신의 욕구들 중 하나가 충족되지 않았다고 판단하면 이를 해결하기 위해 뭔가를 시도하려고 노력할 것이라고 예측한다. 따라서 버군의 초기연구는 물리적 공간(physical space)의 영역에 초점을 맞췄다. 즉 누군가가 적절한 물리적 거리나 친밀감에 대한 당신의 기대를 위반했을 때 발생하는 일이다.

기대위반이론은 개인의 물리적 공간과 프라이버시 욕구를 설명하는 것 외에도 주어진 위반행동에 대해 개인이 어떻게 반응할 것인지에 대한 구체적인 예측을 한다. 누군가의 예상치 못한 행동에 대해 당신은 그 사람에게 화답할 것인가 아니면 돌아올 것인가? 아마도 그 사람에게 더 가까이 갈 것인가 아니면 돌아설 것인가? 아니면 그 사람의 행동과 반대로 보상하거나 대항할 것인가? 그러나 화답이나 보상에 대해 예측하기 전에, 기대위반이론의 세 가지 핵심 개념인 기대(expectancy), 위반가(violation valence) 및 커뮤니케이터 보상가(communicator reward valence)를 평가해야 한다.

• 기대위반이론의 핵심 개념

첫째, 기대(expectancy)는 '바람직한 것(what is desired)'이 아니라 개인이 주어진 상황에서 어떤일이 일어날것으로 예측하는 것을 말한다. 기대는 사회규범에 대한 생각과 비슷하며, 세 가지 주요 요소에 근거한다. 기대와 관련된 첫 번째 요인은 맥락(context)으로 해당 행동에서 맥락이 강조된다. 예를 들어 공식적인 비즈니스 미팅에서 지지를 보여주기 위해 동료와 포옹하는 것은 부적절할 수 있고 약간의 눈살을 찌푸리게 할 수도 있다. 하지만 같은 동료의 어머니 장례식에 참석하는 동안 포옹을 한다면, 그 몸짓은 완벽하게 받아들여질 수 있을 것이다. 기대와 관련된 두 번째 요인은 관계(relationship)로, 해당 인물과의 관계를 조사해야 한다. 상사의 어머니 장례식에 참석한다면 포옹은 여전히 부적절한 것으로 인식될 수 있는 반면에 장례식 역시 개인적으로 친구인 동료의 어머니를 위한 것이라면 포옹이 더 적절할 것이다. 세 번째 요인은 커뮤니케이터(전달자) 특성(communicator characteristics)으로 이는 여러분의 기대를 자극한다. 여러분은 남녀노소, 인종, 사회경제적 지위, 등의 사람들이 의사소통하는 방식에 대한 믿음을 가지고 있다.

이러한 기대는 문화적 규범에서 비롯되는 맥락, 관계, 커뮤니케이터(전달자)의 특성을 조사함으로써, 개인들은 주어진 사람이 어떻게 행동해야 하고 어떻게 행동할지에 대한 일정한 기대에 도달한다. 이러한 기대 변수 중 하나라도 변하면 다른 기대를 하게 될 수 있다. 하지만 일단 누군가의 행동이 기대를 위반하는 행동이라고 판단하면 문제의 행동을 판단하게 된다. 이 위반을 위반가(violation valence)라고 하는데 이는 예상하지 못한 행동에 대해 긍정적 또는 부정적으로 평가한다. 중요한 것은 모든 위반이 부정적으로 평가되는 것은 아니라는 점이다. 종종 사람들은 여러분이 예상하지 못했던 방식으로 행동하는 경우가 많지만, 이 놀라운 행동은 긍정적으로 여겨진다. 예를 들어, 평소 성질이

나쁜 동료는 커피와 머핀을 가지고 온다. 월요일 아침 직원회의나 습관적으로 수줍어하는 인턴은 실제로 당신과 눈을 마주치고 새로운 프로젝트에 대한 의견을 제시한다.

특히 다른 사람들의 행동은 혼란스럽고 해석하기 어려울 수 있다. 그러므로 화답(reciprocation)이나 보상(compensation)을 예측하기 전에 반드시 다루어야 하는 세 번째 요소는 문제가 되는 행동을 하는 사람을 평가하는 것이다. 위반가와 유사하게 '커뮤니케이터 보상가(communicator reward valence)'는 파트너의 보상으로도 부르며, 이는 위반(violation)을 저지른 사람에 대한 평가다. 구체적으로, 당신은 이 사람이 얼마나 보람 있거나 혹은 개인적으로 매력적이라고 생각하는가? 만약 당신이 그 위반에 관여하는 사람이 호감이 가고, 카리스마 있고, 잘생기고, 똑똑하다고 본다면, 당신은 그 사람이 긍정적인 '커뮤니케이터 보상가'를 가지고 있다고 믿을 것이다. 반대로 위반자가 무례하고, 인색하고 매력적이지 않거나 거만하다고 인식되면, 여러분은 이 사람을 부정적인 '커뮤니케이터 보상가'를 가진 사람으로 판단하게 될 것이다. 중요한 것은, 같은 행동이 긍정적인 커뮤니케이터 보상가를 가진 사람에 의해 행해진다면, 긍정적으로 해석될 수 있고, 부정적인 커뮤니케이터 보상가에 의해 행해진 사람은 부정적으로 해석될 수 있다는 것이다. 예를 들어, 어려운 고객에게 완벽한 프레젠테이션을 한다고 가정해 보자. 그 후 존경받는 동료가 축하해 주며 뜻밖의 어깨를 두드려 준다. 당신은 이 행위를 긍정적으로 평가할 것이고 지지의 표시로 판단하게 될 것이다.

한편, 항상 거드름 피우며 자신에 대한 모든 관심의 초점을 맞추려고 애쓰는, 뜻밖의 어깨를 두드리는 것은 다른 동료라고 하자. 이 두 번째 경우에, 여러분은 아마도 등을 두드리는 것을 부정적이고 거드름 피우는 것으로 볼 것이다. 따라서 행동 자체를 평가하는 것은 위반에 어떻게 반응할 것인가를 합리적으로 예측하기에는 불충분하다. 당신은 위반을 수행하는 사람의 관계(relationship)와 관점(view)을 고려할 필요가 있다.

• 기대위반 시 반응 예측

주어진 상황에 대한 기대, 위반가, 커뮤니케이터(전달자) 보상가를 평가한 후, 위반을 지각한 개인이 해당 행동에 대해 화답할 것인지 또는 보상할 것인지를 다소 구체적인 예측을 할 수 있게 된다. 이러한 예측은 그림 3.1에 설명되어 있다.

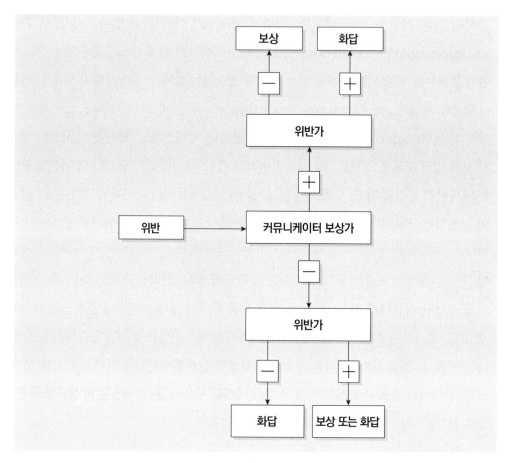

〈그림 3.1〉 기대위반이론의 예측

게레로와 부르고뉴(1996; Guerrero, Jones, & Burgoon, 2000)는 보상가(reward valence)와 위반가(violation valence)를 함께 고려할 때 예측가능한 패턴이 만들어진다는 것을 발견했다. 구체적으로 위반가를 긍정적으로 인식되고, 커뮤니케이터(전달자) 보상가도 긍정적으로 인식된다면, 이 이론은 당신이 긍정적인 행동으로 화답할 것으로 예측한다. 예를 들어, 당신이 프레젠테이션을 하고 나면 상사가 활짝 웃는다. 게레로와 부르고뉴는 답례로 미소를 지을 것으로 예측했을 것이다. 마찬가지로 위반가를 부정적으로 인식하고 커뮤니케이터(전달자) 보상가를 부정적으로 인식한다면, 그 이론은 다시 당신이 부정적인 행동으로 화답할 것으로 예측한다. 따라서 싫어하는 동료가 당신에게 투덜거리고 불쾌하게 하다면, 당신은 답례로 불쾌하게 화답할 것이다.

반대로, 만약 당신이 위반가를 부정적으로 인식하지만 커뮤니케이터 보상가를 긍정적으로 본다면, 당신은 당신의 파트너의 부정적 위반가에 대해 보상할 것이다. 예를 들어, 어느 날 당신의 상사가 시무룩해 보이고 당신 앞에 서류뭉치를 던진다. 기대위반이론에서는 투덜거리기보다는, 아마도 모든 것이 괜찮은지 물어봄으로써 상사의 부정적 위반가를 보상해 줄 것으로 예측한다(Guerrero & Burgoon, 1996). 그러나 더욱 예측하기 어려운 상황은 당신이 부정적 보상가를 가지고 있다고 여기는 사람이 긍정적인 행동으로 당신의 기대를 위반하는 상황이다. 이런 상황에서, 당신은 그 사람에게 '의문의 이득'을 줌으로써 화답할 수도 있다. 대안적으로 커뮤니케이터(전달자)에게 의심스러운 동기를 가지고 있다고 보고 그에 따른 보상을 할 수 있다. 예를 들어 싫어하는 동료가 하루 만에 와서 매우 유쾌하게한다면 그에 대한 답례로 유쾌할 수도 있겠지만 그 사람을 의심스럽게 대할 수도 있다.

증명된 바와 같이 기대위반이론은 '정상적인' 행동에 대한 개인의 기대를 위반하는 것에 광범위하게 초점을 맞추고 있다. 버건의 연구는 주로 비언어적 공간의 위반을 강조해 왔지만 행동 규범과 같은 다른 기대도 위반될 수 있다. 특히 위반이 반드시 부정적인 것만은 아니다. 기대된 행동, 커뮤니케이터(전달자)의 특성, 위반가 자체를 평가해야 한다.

인지부조화 이론(Cognitive Dissonance Theory)

이 장에 수록된 마지막 개인 내 이론(intrapersonal theory)은 인지부조화 이론이다. 설득이 어떻게 인지 사건으로 이해될 수 있는지를 이해하는 방법으로, 이는 개인은 자신의 믿음과 행동 사이에 균형을 이루기 위해 동기를 부여한다. 다른 설득 이론과 함께 7장에서 논의된 바와 같이, 종종 외부 소스(source)가 단순히 다른 사람의 태도나 믿음을 바꾸기에 충분한 정보(ammunition)를 제공해야 한다고 가정한다. 예를 들어, 공중 보건 캠페인은 흡연자를 금연하는 가장 좋은 방법은 흡연자에게 담배에 대한 태도를 바꾸기 위해 흡연과 관련된 사망률, 건강 문제, 사회적 낙인 등에 관한 정보를 주입하는 것이라고 가정한다. 흡연자의 태도가 변하면 틀림없이 담배를 끊을 것이다. 그렇지 않은가? 결국, 조기 노화와 암을 유발하고 많은 공공장소에서 금지되는 것으로 알려진 습관을 갖는 것은 이치에 맞지 않는다.

그러나 인지부조화 이론에 따르면, 이러한 사고방식은 논리적으로 보일 수 있지만, 잠재적으로 부정확할 수 있으며, 왜 건강과 사회적 위험을 인정하면서도 계속해서 그 행동에 빠져드는 흡연자들이 그렇게 많은지를 설명해줄 수 있다. 인지부조화 이론(CDT)은 설득이 단순히 다른 사람에게 새롭거나 정제된 믿음을 주입한 결과가 아니라고 설명한다. 그 대신, 인지부조화 이론은 우리의 태도와 행동 사이의 불일치가 우리의 믿음이나 행동을 변화시킴으로써 해결된 긴장감을 조성할 때 발생하는 개인내 사건에 대한 영향을 예측한다. 그 결과 변화가 일어난다.

• 스키마: 익숙함 또는 불편함 조성

페스팅거(Festinger, 1957, 1962)에 따르면, 새로운 자극이나 낯선 자극이 제시되면 개인은 스키마, 즉 새로운 정보를 구성하기 위한 인지구조를 사용한다. 본질적으로, 새로운 정보가 이해되거나 유용하기 위해서는, 새로운 자극을 이전에 이해된 경험과 연결시킬 스키마를 찾아야 한다. 예를 들어 개구리 다리를 처음 먹어볼 때, 많은 사람들이 그 음식이 '닭과 같은 맛'이라고 주장하는데, 이 경우 닭의 맛에 익숙해진 이전의 경험은 개구리 다리의 맛과 관련된 스키마 역할을 한다.

그러나 중요한 것은 새로 제시된 정보가 이전에 확립된 믿음(즉, 스키마)과 일치하지 않을 때 불균형 또는 부조화를 경험한다는 것이다(Festinger, 1957). Festinger에 따르면 인간은 모순된 믿음과 행동을 유지하는 것이 매우 불편하기 때문에 불편감을 최소화하기 위해 모든 시도를 할 것이기 때문에 매우 설득력 있는 도구가 되는 것이 바로 인지

부조화(cognitive dissonance)이다. 다시 말해서, 개인이 자신의 믿음과 일치하지 않는 방식으로 행동할 때, 부조화가 만들어지고, 부조화가 불편감을 야기한다. 인간은 불안함을 느끼는 것을 좋아하지 않기 때문에, 개인은 사고와 행동 사이의 균형을 회복하기 위해 상황을 적극적으로 바꾸려고 한다.

• 신념(믿음)과 행동의 관계

신념(믿음)과 행동 사이에는 세 가지 관계가 존재한다: 무관계(irrelevance), 조화관계(irrelevance), 부조화관계(consonance)이다. 간단히 말해서, 무관(irrelevance)은 단순히 서로 아무런 관련이 없는 믿음과 행동을 말한다. 예를 들어, 환경보전에 대한 코리의 믿음(beliefs)과 총기규제에 대한 그의 태도(position) 전혀 관련이 없다. 따라서 무관계는 조화와 부조화가 모두 없는 것이다. 둘째, 조화(consonance)는 두 개의 자극 또는 정보가 균형을 이루거나 일치할 때 발생한다. 예를 들어, 만약 코리가 재활용이 환경을 유지하기 위한 중요한 방법이라고 믿고 플라스틱 병부터 스티로폼 땅콩, 스팸 메일에 이르까지 모든 것을 재활용한다면, 코리는 그의 믿음(환경에 이로운 재활용)과 그의 행동(그는 가정 쓰레기를 열렬히 재활용함) 사이에 조화관계를 가지고 있다고 말할 수 있다. Festinger (1957년)에 따르면, 개인은 조화 관계를 선호하며, 즉 우리는 행동과 믿음 사이의 일관성을 느끼기 위해 노력한다.

반대로, 부조화(dissonant)는 두 개의 자극 또는 정보가 서로 모순될 때 발생한다 (Festinger, 1957). 앞의 사례를 계속해서, 코리가 환경은 보호받을 가치가 있는 소중한 자원이라고 믿으면서도 매일 40마일 통근을 위해 SUV를 운전한다면 부조화가 일어난다. 코리의 믿음(환경 보호)과 그의 행동(가스를 많이 쏟는 SUV 운전)은 일치하지 않는다. 인지부조화 이론은 코리가 그의 믿음을 바꾸거나(물론 환경도 중요하지만, 자동차를 운전하는 것은 아무에게도 해를 끼치지 않을 것) 그의 행동(SUV를 전기 하이브리드 자동차와 교환)을 바꾸어 이러한 부조화를 합리화하거나 증가시킬 수 있을 때까지는 이러한 부조화를 줄 것이라고 예측했다.

중요한 것은 모든 부조화가 똑같이 만들어지는 것은 아니라는 것이다. 즉, 어떤 형태의 부조화가 다른 것보다 더 큰 불편감을 초래하는 부조화의 크기가 존재한다 (Zimbardo, Ebesen, Maslach, 1977). 이 부조화의 크기는 세 가지 변수로 측정할 수 있다. 첫째, 한 사람이 경험하는 부조화 정도는 문제의 인지된 중요성(perceived importance of an issue)에 의해 영향을 받는다. 음주 운전과 비교할 때 탄산음료 캔의 재활용은 그리 중요한 문제가 아닐 수 있다. 마찬가지로, 폐허가 된 판잣집인 해변 임대료로 5,000달러를 지출하는 것은 좋아하는 축구팀이 지는 것을 보기 위해 100달러를 지출하는 것보다 훨씬 더 치명적이다. 둘째, 부조화 비율(dissonance ratio)은 느끼는 불편감에 영향을 미친다. 부조화 비율은 한마디로 일치 믿음(consonant beliefs)의 수와 관련하여 존재하는 불일치 믿음(incongruent beliefs)의 비율이다. 일관된 사고와 행동에 비해 일치하지 않는 믿음과 행동을 가지고 있으면 더 많은 불편감을 경험하게 될 것이다. 셋째, 부조화를 합리화하거나 정당화하는 능력은 또한 상반되는 믿음과 행동에 직면했을 때 경험하는 불편함의 양에 영향을 미친다. 이러한 상반된 태도와 행동을 정당화할수록 불편함을 덜 감수하게 된다.

이와 관련된 문제는 인식이다. 특히, 선택적 노출(selective exposure), 주의(attention), 해석(interpretation) 및 유지(retention)의 지각 프로세스(perceptual processes)는 부조화를 최소화하는 데 도움이 될 수 있다. 인지부조화 이론은 개인이 다양한 자극을 선택적으로 인지하여 부조화를 최소화한다고 주장한다. 예를 들어, 선택적 노출을 통해 사람은 이전에 확립된 믿음이나 행동과 일치하지 않는 정보를 적극적으로 회피한다. 따라서, 임신중절 찬성 지지자는 낙태 반대 시위를 피할 가능성이 높으며 그 반대도 마찬가지이다. 이와 유사하게, 선별적 주의는 당신이 당신의 믿음과 일치하지 않는 상황에 자신을 노출시켜야 하는 한다면, 당신의 믿음을 재확인하는 정보에만 주의를 기울이고 자신의 견해를 뒷받침하지 못하는 정보는 무시한다는 것을 암시한다. 따라서, 만약 임신중절 지지자들이 낙태에 반대하는 시위와 대면하게 된다면, 그들은 이전에 갖고 있던 믿음을 뒷받침하는 세부 사항에만 관심을 기울일 것이다. 예컨대, 낙태반대 지지자들은 종교적 '광신자'이다.

인지부조화 이론은 선택적 해석과 관련하여 개인이 모호한 정보를 신중하게 해독하여 확립된 믿음과 일치하는 것으로 인식할 것으로 예측한다. 예컨대, 오사마 빈 라덴의 추적하고 살해하는 데 사용된 '강화된 심문 기술'에 대한 노골적으로 묘사한 영화인 Zero Dark Thirty를 생각해 보자. 전쟁에서 고문 사용을 지지하는 사람들은 이 영화를 이 기법의 효과에 대한 증거를 제공하는 것으로 해석했을 가능성이 높다; 고문 사용을 지지하지 않는 사람들은 이 영화를 이러한 기법에 대한 비난으로 해석했을 것이다.

마지막으로 인지부조화 이론은 개인들이 자신의 관점을 유지하기 위해 선택적 보존을 사용하는 동시에 부조화를 일으키는 정보를 더 쉽게 무시하거나 잊어버리는 것을 유지한다. 따라서, 우리는 대학 시절 좋았던 시간을 모두 기억하고 학업 요구와 대학 등록금을 지불하기 위해 일해야 할 필요성 사이에서 균형을 맞추는 데 얼마나 많은 스트레스를 받았는지 편리하게 잊어버릴 수도 있다.

• 부조화를 통한 설득

지금쯤 인지부조화 이론은 인간이 믿음과 행동 사이의 일치를 선호한다고 가정한다는 것을 이해해야 한다. 우리의 태도에 반대되는 행동을 할 때, 우리는 부조화로 알려진 고통을 경험한다. 문제의 중요성과 불편함의 정도에 따라 우리는 믿음이나 행동을 바꾸려는 동기가 부여된다(즉 설득당한다). 인지부조화 이론은 종종 사후 결정이론으로 간주되는데, 이는 개인이 결정이 내려진 후에 또는 결정이나 행동이 괜찮았다는 행동 방침이 정립된 후에 자신을 설득하려는 시도를 의미한다(Gass & Seiter, 2003). '구매자의 후회'라는 개념은 명백한 예다. 새집, 자동차, 휴가, 또는 다른 사치품에 편안함을 느끼는 것보다 더 많은 돈을 쓴 후에, 여러분은 아마도 그 구매가 '가치 있는' 것이라고 합리화하거나 자신을 납득시켜야 할 것이다. 따라서, 당신은 구매 결정을 한 후에 생기는 부조화를 줄이려고 한다. 그러나 여전히 문제는 남는다: 커뮤니케이터들은 다른 사람들을 설득하는 도구로 인지부조화 이론을 어떻게 사용할 수 있는가?

인지부조화 이론에 따르면, 동기부여는 조화관계(consonance)를 회복하기 위해 믿음이나 행동을 바꾸려는 개인의 내적 투쟁에서 비롯된다는 것을 기억하라(Festinger, 1957). 설득자가 부조화를 만들거나 이용할 수 있는 동시에 불균형을 최소화하기 위한 해결책을 제시할 수 있다면 수신자는 이러한 제안된 새로운 행동(또는 믿음 변화)을 채택할 가능성이 크다.

'구매자의 후회'인 경우, 매도자와 부동산 중개인은 특정 선택의 지혜를 강화하여 인지부조화 이론의 원칙을 활용할 수 있다. 부동산 중개업자들은 종종 구매자들에게 숨막히는 전망, 고급 주방, 깊은 자쿠지 욕조를 갖춘 새 주택을 찾기 전에 장단점 리스트를 작성하도록 권장한다. 이러한 방식으로 구매자들은 장점 목록으로 구매 결정을 강화함으로써 입찰이 수락된 후 일반적으로 발생하는 부조화를 줄일 수 있다. 판매 계약에 있는 주택 점검 및 분양 약정서 비상 조항도 또한 예비 구매자들의 구매 결정에 대해 더 나은 느낌을 받는 데 도움이 된다.

광고주들도 수십 년 동안 인지부조화 이론의 원리를 사용하여 소비자들이 고객의 제품을 구매하도록 설득해왔다. 예를 들어, 다이어트 산업은 외모와 신체 이미지에 대한 보통 사람들의 불안감을 이용해 수십억 달러를 벌여들였다. 대부분 성인들은 그들이 매일 운동이나 신체 활동을 해야 한다는 것을 알고 있지만, 그들 대다수는 그렇지 않다. 그리고 비록 우리가 소파에서 일어나 러닝머신에 올라갈 만큼 동기가 부여되지 않았지만, 지방 차단제, 다이어트 보조제, 셀룰라이트 크림, 그리고 심지어 마른 여성들을 위한 칵테일 같은 소위 기적의 제품들을 구매함으로써 부조화를 해소하려는 동기를 부여받는다. 따라서, 이러한 제조업체들은 손쉬운 대안을 제시함으로써, 일시적인 경우라도 소비자의 믿음과 행동을 재정립함으로써 그들의 불편을 최소화하도록 돕는다.

인지부조화 이론은 조직적인 맥락에서 직원의 의무와 충성도를 높임으로써 직원 이직률을 줄이고 만족도를 높일 수 있다. 즉, "일단 우리가 시간과 에너지를 투자하거나, 사람, 아이디어, 프로젝트 또는 집단에 우리의 마음과 영혼을 쏟아부으면, 우리는 놓기가 너무 어렵다는 것을 알게 된다."(Gass & Seiter, 2003, p. 69). 만약 여러분이 이미 몇 년을 투자했거나, 경제적 부담을 극복했거나, 동료와 의미 있는 관계를 맺었다면, 여러분은 급여나 다른 불리한 상황에 관계없이 조직을 떠날 가능성이 훨씬 낮다. 그 대신, 당신은 다른 직업 기회에 대한 재고를 억누르고, 당신의 기업 충성도를 합리화하며, 심지어 당신 자신과 다른 사람들에게 그 일이 가치가 있다는 것을 증명하기 위한 당신의 노력을 강화시킬 수도 있다.

그러나 우리는 몇 마디 주의의 말씀을 드리고 싶다. 수용자의 믿음이나 행동을 바꾸기 위한 설득력 있는 전략으로 다른 사람의 불일치를 이용하려고 할 때 주의해야 한다. 가스와 사이터(Gas, Seiter, 2003)가 지적했듯이, 만약 당신이 너무 많은 부조화를 일으키면, 수용자는 당신을 좋아하지 않도록 그들의 태도를 바꾸는 것으로 단순히 균형을 만들 수도 있다. 마찬가지로 개인이 물질적 이익을 위해 소비자나 직원의 부조화를 이용하려고 음모를 꾸밀 때 윤리적 문제가 많이 발생한다. 우리는 유능한 설득자들이 각 소비자나 종업원을 존중받을 가치가 있는 개인으로 생각해야 한다고 믿는다. 만약 다른 사람의 부조화를 일으키거나 확대하는 것이 그 개인의 자긍심을 침해한다면, 그러한 기술은 피해야 한다.

인지부조화 이론은 주로 믿음과 행동의 불일치에 대한 개인의 심리적 반응에 초점을 맞춘다. 부조화는 괴로움을 낳기 때문에 인간은 가능한 한 언제나 일치나 조화의 모습을 유지하려고 한다. 이러한 부작용은 합리화 또는 선택적 인식을 통해 자신의 행동을 바꾸거나 자신의 믿음을 재정립하는 것을 의미할 수 있다. 비록 종종 사후 대응적 접근 방식이기는 하지만, 커뮤니케이터들은 설득력 있는 메시지를 보다 효과적으로 공략하기 위해 인지부조화 이론에 대한 지식을 사용할 수 있다. 수용자의 일치하지 않는 믿음과 행동 사이의 격차를 해소하는 해결책, 제품 또는 행동 과정을 제공함으로써 커뮤니케이터는 수용자가 이러한 방법을 사용하여 인지 조화를 이루도록 영향을 줄 수 있다.

요약 및 연구 적용

이 장에서는 개인이 의미를 부여하기 위해 다른 사람의 행동, 태도, 메시지를 평가하는 방식을 나타내는 인지 및 커뮤니케이션에 초점을 맞췄다.

첫째, **귀인이론**은 개인이 다른 사람들의 행동에 원인을 부여하는 방법과 이유에 초점을 맞춘다. 직장 커뮤니케이션과 관련하여, 이메일 메시지 수신자가 응답을 받지 않았을 때 어떻게 해석되는지, 그리고 응답을 제공하지 않았을 때 수신자가 자신의 행동을 어떻게 해석하는지 이해하는 데 귀인이론이 적용되었다(Easton & Bommelje, 2011). 홍보 및 위기 커뮤니케이션과 관련하여, 귀인이론은 2010년 토요타의 글로벌 제품 리콜에 대한 언론 보도에도 적용되어, 위기에 대한 언론 보도가 위기를 자초한 것임을 암시하는 것으로 나타났다. 즉, 언론이 상황에 대한 내적 귀인을 했다(Tennert, 2014년).

둘째, **불확실성 감소이론(URT)**은 개인이 누군가 또는 새로운 것을 만났을 때 불확실성을 경험한다고 말한다. 불확실성은 불편하기 때문에 사람들은 이를 줄이기 위해 커뮤니케이션 전략을 사용한다. 불확실성 감소이론의 한 가지 적용은 조직 변화 시 직원들이 불확실성을 어떻게 관리하는지 설명하는 데 유용하며, 특히 이러한 불확실성이 직원 만족도와 성과에 어떻게 영향을 미치는지에 초점을 맞춘다(Cullen, Edwards, Casper, 2014).

다음으로 **기대위반이론(EVT)**은 사람들이 그들의 기대가 위반되었을 때 화답할지 보상할지를 예측한다. 조직적 맥락에서 기대위반이론은 영국석유회사인 BP의 석유 유출 위기에 대한 다양한 반응을 설명하는 데 사용되었다; 위기 이전에 BP를 긍정적으로 본 개인은 조직에 대한 긍정적인 보상 가치가 없는 개인보다 홍보 노력에 더 긍정적인 반응했다(Kim, 2014).

마지막으로, **인지부조화 이론(CDT)**은 설득을 믿음과 행동의 불일치에 대한 인지적 반응으로 설명하는데, 여기서 개인은 자신의 믿음과 행동 사이의 일관성을 유지하는 것을 선호한다. 흥미롭게도 스토버링크, 엄프레스, 가드너, 마이너(Stoverink, Umphress, Gardner, Miner, 2014)는 감독자의 학대가 실제로 팀의 결속력을 높일 수 있다는 것을 발견했다. 그들은 리더의 무례하고 불공정한 행동이 근로자들의 자아개념을 위협할 수 있음을 발견했다. 이러한 부조화를 관리하기 위해 직원들은 팀 결속력을 높이는 방식으로 행동할 수 있다. 스티브 잡스와 같이 악명높은 지도자들이 왜 단합과 결속으로 유명한 직장을 만든 이유를 설명해준다.

사례 연구 3 : 당신은 해고야!

리사, 스티브, 첸은 의기양양했다. 불과 3개월 전, 그들의 회사인 Ryan Project Systems는 독일에 본사를 둔 컨설팅 회사인 Gierig Stratgien AG와 합병했다. 그 당시 그들은 합병에 대해 낙관적이었다. 두 회사는 규모와 사명이 같았고, 합병으로 더 강력한 세계적 진출이 가능할 것이다. 라이언은 이미 미국과 아시아 최고의 프로젝트 매니지먼트 회사 중 하나였으며, 기리그와의 합병으로 대부분의 유럽이 합병에 참여하게 되었다.

그러나 합병 직후에는 조금 덜 열성적이었다. 라이언 쪽에서는 놓아주는 사람이 많은 것 같았다. 최고 경영진은 이러한 인적 손실이 단순히 중복 직위를 줄이는 문제일 뿐이며, 첫 달에 있었던 인사 변경은 회사의 '적정 규모'였으며, 이제 조직은 세계 최고의 프로젝트 관리 기구가 될 준비가 되어 있다고 모든 직원들에게 확신시켰다. 그럼에도 스티브(노스캐롤라이나주 샬럿 소재)와 첸(대만 소재)은 거의 매일 전화 통화를 하면서 누가 나가고 누가 올라오고 있는지에 대한 최근 소문을 자주 들었다. 그들의 전화 중 한 통에서 첸은 스티브에게 "라제쉬가 풀려난다는 소문이 있다."고 말했다.

"우와! 실제로 통합을 주도한 사람 중 한 명이었어! 그가 실제로 '퇴직'을 계획하고 있다는 것을 알고 있었다고 생각하니?"라고 스티브가 물었다. "아무도 안전하지 않아." 첸이 코웃음을 쳤다. "하지만 투자 수익률에 대한 확실한 증거가 몇 가지 있어. 게다가, 리사는 합병의 양쪽에 정치적 연줄이 있어. 우릴 돌봐줄 거야 우리는 강한 팀이야."

스티브는 이것을 믿고 싶었지만, 그의 과거 경험은 그에게 경계심을 갖도록 가르쳤다. 5년 전만 해도 그는 정치 공작 때문에 포춘지 선정 500대 기업에서 일자리를 잃었다. 어느 날 그는 높은 잠재 기여자로 지목된 수행평가가 있었고, 그 다음날 그는 실직했다. 그는 운 좋게도 강한 네트워크를 가지고 있었고, 리사는 그의 능력을 알고 있었기 때문에 그녀의 그룹에서 그를 위한 자리를 만들었다.

3개월 후, 리사, 스티브, 첸은 바르셀로나에 있는 한 회사와 일주일 동안 상담을 마쳤다. 바르셀로나 그룹은 라이언 전 직원들이 전달할 수 있는 것에 감명을 받았고, 그 회의는 많은 카바와 해산물이 포함된 공동 축하 행사로 마무리되었다. 리사, 스티브, 첸은 이미 이 프로젝트가 완성됨에 따라 월례 방문을 계획하고 있었고, 합병 전에 그들의 프로젝트가 반짝반짝 빛나는 유럽의 도시들보다 미국 중서부의 지루한 도시나 오염되고 빈곤한 인도의 도시들로 그들을 데려올 가능성이 더 높다고 주장했다.

여행 후 스티브는 노스캐롤라이나로, 첸은 타이베이로, 리사는 뉴욕으로 돌아왔다. 바로 3일 후, 스티브는 리사로부터 전화를 받았다. "우리가 틀렸다."라고 리사가 말했다. 스티브가 대답했다. "어, 난 네가 무슨 말을 하는지 잘 모르겠어." "채용 탈락은 끝나지 않았다. 더 많은 머리가 굴러간다."고 담담하게 말했다. "마침내 게리 쪽에서 온 사람들 몇 명인가?" 스티브가 물었다. "심각하게, 어떻게 그들이 그렇게 큰 시장 점유율을 가지고 있는지 모르겠어. 아직까지는 그들의 과정이 인상적이지 않다."고 말했다. "아니오, 기에릭이 아니라."라고 리사가 말했다. "나." 스티브는 깜짝 놀랐다. 그들의 그룹은 막 여섯 자리 수의 계약을 체결했고, 리사는 그 회사를 위해 많은 협상을 했다. "그들이 무슨 생각을 하고 있을까?" 그는 생각에 잠겼다. 그는 리사가 대답하기 전까지 자신이 실제로 큰 소리로 말한 것을 깨닫지 못했다. "그들은 위협을 받고 있소. 우리는 그냥 그들의 영역으로 걸어가서 그들을 보여주었다. 그들은 이것을 피해가지 않을 것이다."라고 리사는 선언했다. "변호사를 만나고 있어."

스티브는 5분 후에 첸과 통화를 했다. 첸은 그때그때 바로 사임할 준비가 되어 있었다. "다음은 우리야." 그녀가 멍청하게 말했다. "아마도," 스티브가 말했다. "하지만 아닐지도 몰라. 우리는 가만히 앉아서 다음에 무슨 일이 일어날지 지켜볼 필요가 있다." 그 다음에 일어난 일은 그들의 그룹이 이제 기업 개발의 이사와 장기 기리그 직원인 콘래드 울바흐에게 보고할 것이라는 발표였다.

콘래드는 첫 번째 전화회의에서 스티브와 첸에게 현재 진행 중인 프로젝트를 상세히 기술한 보고서를 만들 것을 요청했다. 합리적인 것 같았기 때문에 그들은 공격을 계획하기 위해 빠른 전화 회의를 가졌다. 첸은 "공식 보고서를 원한다고 생각하나, 아니면 파워포인트 프리젠테이션을 원한다고 생각하나?"라고 물었다. 스티브는 "그가 보고서를 말했기 때문에 그의 말을 믿어야 할 것 같다."고 대답했다. "얼마나 세세하게?" "글쎄, 그는 기업 개발에서 온 사람이니까 아마 우리가 현장에서 무엇을 하고 있는지 잘 모를 거야. 너무 적은 것 보다는 너무 많은 세부사항을 말하는 게 낫겠어."라고 스티브가 대답했다. 첸이 동의했다. 두 사람은 각 프로젝트에 대한 세부 보고서를 제공하고, 그들의 프로세스와 일정, 예산, 그리고 현황을 명시하는 데 지칠 줄 모르고 일했다. 그들은 3일 후에 보고서를 보냈다. 그들은 그런 포괄적인 보고서를 그렇게 빨리 모아낼 수 있었다는 것에 꽤 자부심을 느꼈고 또한 그들이 저글링을 하고 있는 모든 것에 감명을 받았다. 그들은 콘래드가 그들이 있는 소중한 직원들을 위해 그들을 볼 것이라는 확신을 느꼈다.

그들은 3일 동안 아무 소식도 듣지 못했으며 콘래드로부터 엄청난 이메일을 받았다. 나는 너의 프로젝트에 대해 나에게 업데이트해 달라고 부탁했다. 이런 헛소리들을 다 헤쳐나갈 시간이 없어. 네가 지금 실제로 무엇을 하고 있는지 말해줘. 첸은 짜증이 났고, 스티브는 좌절했다. "그냥 업데이트만 원했다면 왜 보고를 요구했을까?" 두 사람은 오해를 한 점 사과하고 현재 진행 중인 각 프로젝트에 대한 중요항목이 있는 공동 이메일을 신속하게 주고 받았다. 며칠 후 그들은 또 다른 불쾌한 이메일을 받았다.

나는 그 회사가 어떤 프로젝트를 진행 중인지 알고 있다. 구체적으로 뭐 하는 거야? 너희 둘 다 할 일이 별로 없을 것 같아. "글쎄, 그건 우리가 계속 너를 위해 보고서를 써야 하기 때문이야." 스티브는 화가 나서 생각했다. 그러나 다시 그는 좋은 길로 가기로 결심했다. 그는 누구와도 함께 일할 수 있는 열심히 일하는 사람이라고 자부했다. 그는 콘래드에게 손을 뻗어 그들에게서 들어오는 "일거리가 많지 않다"는 말의 뜻을 분명히 했다. "나는 당신이 약속을 이행하지 않는다는 불평을 듣고 있다"고 콘래드는 스티브에게 말했다. 스티브는 깜짝 놀랐다. 그는 의뢰인들이 자신의 일에 열성적인 지지자라는 것을 알고 있었고, 그것을 증명할 이메일이 있었다. 그가 약속을 이행하지 않았다고 누가 말할 수 있겠는가? 힘들었지만 스티브는 자존심을 삼켰다. "그 말을 들으니 몹시 놀랍다. 내가 그들에게 손을 내밀어 문제를 해결할 수 있도록 누가 불행한지를 알려 주겠니?" 스티브가 물었다.

"너를 돌보는 것은 내 일이 아니야"라고 콘래드는 말했다. "고객들이 불만족스러워하는지조차 알 수 없다면, 나는 네가 이런 종류의 프로젝트를 이끌 수 있는 능력이 있는지 확신할 수 없다." "이런...!" 스티브는 묵묵히 생각했다. "이 사람은 자기가 무슨 말을 하는지 전혀 몰라!" 콘래드는 계속, "이걸 너에게 설명해 줄게. 당신에 대한 우리의 투자가 이치에 맞는지 내가 판단할 수 있도록 당신이 오늘 하루 어떻게 보내고 있는지 말해 주었으면 해." 스티브는 첸이 콘래드와의 통화를 끝낸 후 즉시 전화를 걸었다. 그는 그녀에게 불행한 고객들에 대한 정보가 있는지 물었다. "나는 그가 무슨 말을 하는지 전혀 모르겠다."라고 그녀가 동의했다. 그들은 나머지 통화를 지난 6개월 동안 함께 일했던 고객 개개인에 대해 논의했고, 불만족스럽다고 해석될 수 있는 사람은 아무도 생각하지 못했다.

"마르지 애덤스일까?" 스티브가 물었다. 마지는 거의 1년 전에 그의 고객 중 한 명이었다. 프로젝트가 끝난 후 마지는 스티브와 첸에게 전화를 걸어 이미 몇 번이고 되풀이해서 대답한 질문에 대한 대답을 구하는 버릇이 있었다. 스티브는 청구 가능한 시간의 일지를 만들어 콘래드의 요구에 응하기로 결정했지만, 행복한 고객들로부터 받은 모든 이메일을 정리하기도 했다. 그는 콘래드에게 다음과 같은 이메일을 보냈다.

청구 가능한 시간의 엑셀 파일을 첨부했다. 이것이 당신이 나의 활동을 추적하는 데 도움이 된다면, 나는 매주 계속 그렇게 할 수 있으면 좋겠다. 나는 또한 이전 고객들로부터 나의 업무에 대한 평가를 표현하는 이메일을 여러 번 첨부했다. 고객의 불만을 나타낼 수 있는 어떤 패턴이든 기꺼이 당신과 상의해 보겠다.

몇 주 동안 콘래드로부터 침묵이 흘렀기 때문에 스티브는 마침내 상사의 오해를 잠재운 것 같다고 생각했다. 결국, 그들이 일하는 소란스러운 환경에서, 무소식이 희소식이 아니었던가? 두 달 가까이 지나자 콘래드와의 전화 회의 요청을 받았다. 그들은 콘래드가 고객의 기대에 부응하지 못한다고 비난했던 전화 이후로 말을 하지 않았다. 통화는 금요일 오전 9시로 예정되어 있었다. 콘래드는 "스티브, 지금 인사담당자들이 우리와 통화 중이라는 것을 알려주고 싶습니다. 당신은 해고될 겁니다." 스티브는 놀라면서도 동시에 놀라지 않았다. "내 해고의 원인을 말해주겠나?" 스티브가 물었다.

콘래드는 그를 무시했다. 그는 "해고를 위한 서류작업에 대해 인사담당자가 알려줄 것"이라며 통화를 끝냈다. "정말 뻔뻔스러운 놈이야."라고 스티브는 생각했다. "이 회사는 이대로 운영한다면 파산할 것이다."

고려해야할 질문들

1. 리사, 스티브, 콘래드는 어떤 귀인을 했는가? 합의성, 일관성 및 통제가능성에 대한 정보를 포함시키시오.

2. 사건의 불확실성의 원인은 무엇인가? 스티브는 그의 불확실성을 줄이기 위해 어떤 전략을 사용했는가?

3. 기대위반이론의 각 핵심 구성 요소(기대, 위반가, 커뮤니케이터 보상가)에 대한 예를 사용하여, 기대위반이론은 콘래드에 대한 스티브의 반응을 어떻게 설명하고 있는가?

4. 사례에서 인지 부조화를 경험하는 사람은 누구인가, 그 이유는 무엇인가? 등장인물이 선택적 노출, 선택적 주의 또는 선택적 해석을 사용했다는 증거가 보이는가?

5. 이 사례에서 어떤 윤리적 문제가 발생하는가? 어떤 이론이나 이론의 조합이 어떤 비윤리적 행동을 정확히 지적하거나 다루는데 도움이 될 수 있을까?

6. 어떤 이론만으로 상황에 대한 '최상의' 설명을 제공하는 것 같은가? 당신은 왜 이렇게 믿는가. 어떤 정보가 다른 이론이나 이론을 상황을 더 잘 설명하도록 만들 수 있을까? 어떻게 여러 이론을 결합하여 상황을 더 잘 설명할 수 있는가?

Applying Communication Theory for Professional Life

CHAPTER FOUR

개인과 사회의 커뮤니케이션 접근법
(Individual and Social Approaches)

학습목표 ··

이 장을 읽은 후 다음을 수행할 수 있다.

1. 역할 일치이론의 중심이 되는 두 가지 유형의 편견 뿐만 아니라 공동체적 및 대리인적 고정 관념을 설명한다.

2. 정서 지능의 원리가 거래적 리더십과 변혁적 리더십을 구별하는 데 어떻게 도움이 되는지 설명한다.

3. 세 가지 메시지디자인논리 사이의 잘못된 커뮤니케이션 패턴을 명확히 설명한다.

4. 직장 내 세대 갈등에 상호 작용 관점의 공리를 적용한다.

5. 커뮤니케이션에 대한 개인 및 사회적 접근 방식과 관련된 원칙을 비교하고 대조한다.

6. 커뮤니케이션에 대한 개인 및 사회적 접근 방식의 원칙을 적용하여 직업적 상황에 대한 체계적인 이해를 제공한다.

··

본성 대 양육

본성(nature) 대 양육(nurture)? 철학의 근본적인 질문 중 하나는 인간이 생물학에 의해 형성되는 정도와 그들이 자라는 환경의 정도이다. 예를 들어, 어떤 사람들은 거짓말쟁이로 태어나는가? 아니면 사람들이 자라나는 방식과 그들이 사는 사회적 조건들이 기만적인 관행에 관여하는 경향을 조장하는 것인가? 커뮤니케이션 이론이 본성을 강조하는지 아니면 양육을 강조하는지에 대한 인식은 논쟁에 대한 자신의 견해와 많은 관련이 있다. 본성 논쟁의 본질적 측면에 있는 학자들은 역사적으로 커뮤니케이션 규율(communication discipline)이 논쟁의 양육 측면에 초점을 맞추고 있음을 시사한다. 즉, 커뮤니케이션 학문의 상당 부분은 사회적 규칙과 역할이 커뮤니케이션 과정에 어떤 영향을 미치는지에 초점을 두고 있다고 주장한다(Hickson & Neiva, 2002; Sherry, 2004). 반대로 환경의 역할을 확고하게 믿는 사람들은 커뮤니케이션 규율이 사회적 세계를 창조하는 상호작용 방식에 비해 개인에게 너무 많은 중점을 두기 때문에 어려움을 겪는다고 주장하는 경향이 있다(Leeds-Hurwitz, 1992).

논쟁의 '양육(nurture)' 측면에서 커뮤니케이션에 대한 사회적 접근방식은 실제 살아온 경험이 어떻게 개인에게 영향을 미치는가에 중점을 둔다. 예를 들면, 관점 접근법(standpoint approach)에서는 커뮤니케이션에 대한 기대가 사회적으로 구성된다고 주장한다. 주종(master-slave)관계를 설명하기 위해(Hegel, 1807/1966) 철학에서 먼저 개발되었고(Hartsock, 1983), 나중에 페미니스트 학문에 사용된 관점 접근법은 다른 사람의 입장에서 1마일을 걸어보지 않는 한, 다른 사람을 이해할 수 없다는 개념을 기반으로 한다. 관점(standpoint)은 세상을 보고 이해하는 입장이다; 시점, 위치, 그리고 당신이 관찰에서 가져온 경험은 당신의 관점에 영향을 미친다. 비슷한 견해와 이해를 공유하는 개인들의 집단도 또한 관점을 공유한다. 관점 접근법은 사람들의 삶의 차이가 사회적, 경제적, 상징적 힘의 불균형에서 비롯된다고 주장한다(Wood, 1993). 예를 들어, 남성과 여성은 성별 기대치(gender expectations)의 결과로 두 집단이 서로 다른 사회적, 경제적, 상징적 경험을 하기 때문에 남성과 여성은 다른 관점을 가지고 있다. 소년과 소녀는 서로 다르게 사회화되기 때문에(Maccoby, 1990; Wood, 2015), 그들은 사회적 경험에 대한 규칙, 규범, 목표 및 의미가 다르다.

반면에, 점점 더 많은 커뮤니케이션 학자들이 권력 진화 메커니즘, 특히 유전학(genetics)이 커뮤니케이션 관행에서 작용한다는 것을 인식하고 있다. 예를 들어 Beatty와 McCroskey (2001)의 공동체 생물학적 접근법(communibiological approach)은 신경과학에 기반을 두고 있다. 이 접근법은 신경생물학적 구조(neurobiological structures)가 다른 기질(temperaments)이나 특성(traits)을 생성하고, 이러한 기질과 특성이 유전적이며, 기질과 특성이 커뮤니케이션 행동의 변화를 유발한다고 주장한다. 이를 설명하기 위해, 연구에 따르면 주장성, 공감, 공격성 및 양육과 같은 특징(characteristics)은 유전학을 통해 유전되는 특성임을 시사한다(McCroskey, 2006). 그러나 맥크로스키(McCroskey)는 이러한 행동에 대한 유전적 근거가 있음에도 불구하고 우리의 사회적 환경이 어느 정도 역할을 한다고 제안한다. "아이들은 공격적이거나 공감하는 법을 배우지 않는다. 이러한 특성들과 많은 다른 특성들이 그들이 가지고 태어난 것이다. 그러나 그들이 유전적으로 근거한 기질적 요구에 어떻게 반응하는지는 다른 많은 것들에 달려있다. 아이들은 자신의 유전적으로 유도된 기질을 표현하는(또는 표현하지 않는) 문화적으로 적절한 수단을 배운다."(McCroskey, 2006, p. 34).

이 장의 이론은 커뮤니케이션 활동을 예측하거나 설명할 때 개인의 특성(individual traits)과 사회적 기대(social expectations)의 상호작용에 중점을 둔다. 첫째, 우리는 남성과 여성의 행동에 대한 인식은 항상 남성과 여성이 어떻게 행동해야 하는지에 대한 고정관념을 통해 걸러진다고 주장하는 사회적 역할이론을 고려한다. 우리는 특히 이 이론을 여성과 리더십을 조사하는 연구에 적용한다. 다음은 정서 지능(emotional intelligence, EI)으로 우리는 개인과 직업의 성공이 지능지수(intelligence quotient, IQ)에 의해 설명되는 것이 아니라, 오히려 개인이 정서적 경험에 얼마나 잘 적응하는가의 정도에 의해 설명될 수 있음을 시사하는 감성지능(EI)을 설명한다. 우리는 정서 지능을 혁신적 리더십과 연계한다. 우리가 고려하는 세 번째 이론은 '메시지디자인논리'인데, 커뮤니케이션에 대한 믿음의 변화가 다루기 복잡한 의사소통(problematic communication) 만남을 설명하는 '메시지디자인논리'를 제안한다. 마지막으로, 팔로알토그룹(Palo Alto Group)이 공식화한 상호작용적 관점(interactional perspective)을 설명한다. 이 접근법의 신조는 직장에서 서로 다른 세대의 구성원들 간의 커뮤니케이션의 어려움에 그토록 많은 초점을 두는 이유를 설명하기 위해 사용된다.

젠더의 사회적 역할이론

커뮤니케이션의 생물학적 성(sex)과 사회적 성(gender)의 차이점을 조사하는 것은 아마도 최근 수십 년 동안 가장 논란이 많고 널리 논의된 커뮤니케이션 연구 분야 중 하나 일 것이다(Canary & Hause, 1993; Wood & Dindia, 1998 참조). 남성은 한 행성에서는 남성이 살고 여성은 다른 행성에서는 산다는 생각을 주장하거나(Gray, 1992, 1997/2005 참조) 인기 있는 자기계발서들이 많음에도 불구하고, 남성과 여성은 서로를 '이해하지 못한다'고 주장하는(Tannen, 1990 참조), 실제로 널리 퍼진 성 차에 대한 이러한 고정관념적인 주장을 뒷받침하는 커뮤니케이션 이론이나 연구는 거의 없다(Anderson, 1998; Canary, Emmers-Sommer, Faulker, 1997; Canary & Hause, 1993; Crawford, 2004).

하지만 이 책들이 베스트셀러인 데는 이유가 있을 것이다. 사회적 역할이론에 따르면, 아마도 우리가 남성과 여성이 근본적으로 다르다고 믿는 이유 중 하나는 성별(sex)이 사람들을 범주로 분류하는 데 사용할 수 있는 가장 쉬운 단일 특성이기 때문이다; 심지어 그것은 인종, 나이, 또는 쉽게 관찰할 수 있는 다른 집단들을 사용하는 것보다 쉽다(Eagly & Karau, 2002). 그뿐만 아니라 성에 근거한 고정관념은 매우 낮은 의식 수준에서도 활성화될 수 있다. 제3장에 설명된 기대위반이론(EVT)과 마찬가지로 사회적 역할

이론은 행동에 대한 우리의 기대와 우리의 기대를 위반 했을 때 우리가 어떻게 대응하는지에 초점을 둔다. 그러나 기대위반이론과는 달리 사회적 역할이론은 우리의 기대를 위반하는 것은 거의 항상 부정적인 반응으로 이어진다는 것을 암시한다.

• 생물학적 성(Sex)과 사회적인 성(Gender) : 차이점은 무엇일까?

"생물학은 아니지만 여성과 남성에 대한 사회적 성(gender)에 대한 처방은 생물학적 성(sex)의 우선 순위, 행동, 태도, 감정 및 자아 개념에서 가장 큰 차이를 설명한다"(Kathryn Dindia, Wood & Dindia, 1998, p. 30 참조). 자신의 성별을 묻고 '남성' 또는 '여성' 상자가 있는 설문조사나 설문지를 얼마나 작성하였는가? 설문조사에서 알아내려는 것은 아마도 당신의 성별(sex)일 것이다. 여러분은 머리를 긁적 거리며 '무슨 차이가 있나?'라고 궁금해 할 수 있다. 그 차이는 상황에 따라 극심하거나 미미할 수 있다. 여성과 남성 사이의 메시지와 커뮤니케이션 패턴을 논의 할 때 생물학적 성(sex)과 사회적 성(gender) 사이에는 상당한 차이가 있음을 이해하는 것이 도움이 된다.

사회적 역할이론은 생물학적 성(sex)이 유전적으로 결정된다고 가정한다; 이는 남성(XY 염색체 포함) 또는 여성(XX 염색체 포함)의 생물학적 구성이다. 희귀한 유전적인 이상을 제외하면, 성은 이분법적 변수다. 당신은 둘 다(both)도 아니고, 둘다 아님(neither)도 아니다. 생물학적 성(sex)은 임신 단계에서 결정되는 생물학적 범주이지만 사회적 성(gender)은 훨씬 더 유동적이다. 사회적 성(gender)은 '여성과 남성의 속성에 대한 합의된 믿음'이다(Eagly & Karau, 2002, p. 574). 중요한 것은 모든 사회가 각각의 생물학적 성(sex)에 특정한 행동을 부여한다는 것이다; 이런 식으로 사회적 성(gender)는 생물학적 성(sex)과 관련이 있지만, 동일하지는 않다.

예를 들어, 서양 문화에서 소녀들이 일반적으로 아기 인형과 주방 세트를 받고 "설탕과 향신료 그리고 모든 것이 좋다."는 말을 듣는 반면, 소년들은 일반적으로 트럭과 장난감 총을 받고 "여자아이처럼 울지 말라."는 말을 듣는다. 성인으로서 여성은 여전히 1차

보호자가 될 것으로 기대되는 반면 남성은 1차 생계부양자가 될 것으로 예상된다. 소년과 소녀, 남성과 여성이 이러한 규정(prescriptions)을 벗어나 행동할 때, 눈썹이 치켜올라가고, 개인의 섹슈얼리티(sexuality)가 의심될 수 있으며(예: 남성 댄서가 게이라고 가정) 경계가 허물어진다.

사람들이 여성과 남성을 고정 관념으로 만드는 중심적인 방법 중 하나는 공동체적 및 대리인적 자질에 관한 것이다(Eagly, 1987). 공동체적 자질(agentic qualities)에는 애정 표현을 통해 타인에 대한 관심을 나타내고 공감, 도움, 감수성, 양육 및 온유함을 보여주는 행동을 포함된다. 반면에 대리인적 자질(agentic qualities)에는 독단적, 통제적, 자신감, 야심적 및 강압적인 것이 포함된다. 공동체적 속성은 전형적으로 여성들과 관련이 있는 반면에, 대리인적 행동은 전형적으로 남성들과 관련이 있다. 사회적 역할이론은 사람들이 성 역할(gender roles)과 개인의 성향(individual dispositions) 사이의 이러한 관련성을 가정할 것을 암시한다. 즉, 여성은 공감과 도움을 주기를 기대하는 반면, 남성은 자신감과 자기주장을 보여주기를 기대한다. 반대되는 증거에 직면할 때에도(예: 매우 지배적인 여성 또는 매우 양육적인 남성) 사람들은 사회적 역할 기대(social role expectations)를 고수한다.

• 역할일치 이론과 리더십

리더십은 가장 흔히 남성적인 용어로 가장 자주 묘사되기 때문에(즉, 리더는 야심적이고 독단적이며 직접적이어야 함), 사회적 역할이론(social role theory)은 조직 리더십의 영역에서 성차(sex differences)에 초점을 맞추도록 확장되었다. 역할일치이론(role congruity theory)이라 불리는 이 이론은 리더십 위치에 있는 여성이 두 가지 유형의 편견을 경험할 가능성이 있음을 시사한다(Eagly & Karau, 2002). 묘사적 편견(Descriptive prejudice)은 여성이 남성보다 대리인적 자질이 부족하기 때문에 리더십 잠재력이 낮다는 고정 관념을 의미한다. 규범적 편견(Prescriptive prejudice)은 명령적 편견이라고도 하는데, 이는 여성이 남성보다 덜 효과적이라고 실제 평가를 말한다. 이러한 편견들이 합쳐지면 여성들은 이중구속을 받는다. "여성들이 전통적인 성별 역할에 순응한다면, 여성들은 리더십 잠재력을 가지고 있는 것으로 보이지 않는다; 만약 여성들이 성공적인 리더들과 관련된 대리인적 특성을 채택한다면, 그들은 여성스럽지 못한 태도로 행동으로 부정적인 평가를 받는다"(Elsesser & Lever, 2011, p. 1557).

Eagly와 Karau (2002; Koenig, Eagly, Mitchell, Ristikari, 2011)는 이러한 역할 불일치(role incongruity) 때문에 여성이 남성보다 직업적인 환경에서 실제로 리더로 부상할 가능성이 낮다고 예측한다. 물론, 일각에서는 이러한 고정관념이 현실에 기반한 것이 아닌지 의문을 제기할 수도 있다. 그러나 연구는 이 경우에 그렇지 않다; 여성이 대리인적 자질을 가지고 있더라도, 남성보다 남녀 혼성 집단의 리더로 부상할 가능성이 낮다(Offor, 2012; Ritter & Yoder, 2004). 불행하게도, 이러한 부정적인 고정관념은 직장의 상황에 따라 악화될 수 있다. 가르시아-레타메로와 로페즈-자프라(Garcia-Retamero & López-Zafra, 2006)는 사람들이 전형적으로 남성 산업(예: 의류 산업과 비교했을 때 자동차 산업)에서 일하는 여성 리더에 대해 더 강한 편견을 보였으며, 나이든 사람들이 젊은 사람들보다 여성 리더에 대한 편견을더 많이 보고했다는 것을 발견했다.

연구는 역할일치이론에 의해 만들어진 예측에 대한 지지를 발견했다. 60,000명 이상의 근로자를 대상으로 한 최근연구에서는 여성 리더에 대한 강한 묘사적 편견에 대해 입증한 증거를 발견했다(Elsesser & Lever, 2011). 희소식은 실제 남성상사와 여성 상사의 역량 평가가 비슷했으며, 응답자들은 고정 관념에 반하는 스타일(예 : 민감한 남성 관리자 또는 직접적인 여성 관리자)로 행동하는 리더들이 정형적인 방식으로 행동한 리더들보다 능력이 떨어진다고 보지 않았다는 점이다. 그러나 규범적 편견은 퇴색하고 있는 것처럼 보이지만, 여성들이 남성 관리자와 더 나은 관계를 갖고 있는 것으로 보고하고, 그 반대의 경우도 마찬가지라고 보고하는 '교차 성 선호도(cross-sex preference)'가 존재할 수 있다는 것을 시사했다.

• 커뮤니케이션 실제 차이점은 어떠한가?

우리가 남성과 여성에 대해 가지고 있는 고정 관념과 이러한 고정 관념 때문에 실제 남성과 여성에 대한 평가를 넘어서, 커뮤니케이션 연구는 단지 생물학적 성(sex) 때문에 그들의 실제 커뮤니케이션 행동과 관련하여 남성과 여성이 다르다는 개념에 대한 지지를 거의 보여주지 않는다. 사실, 연구는 우리는 다르다기 보다 이성과 더 비슷하다는 것을 암시한다. 예를 들어 Canary and Hause (1993)는 커뮤니케이션의 성차(sex differences)를 조사하는 1,200 개 이상의 연구를 비교하기 위해 메타분석이라고 알려진 통계 절차를 사용했다. 결합했을 때, 그들은 생물학적 성별(sex)이 커뮤니케이션 행동에서 1% 미만의 차이를 차지한다는 것을 발견했다! 이것은 커뮤니케이션 행동에서 99%의 차이는 단순히 XX 또는 XY 염색체를 가진 것이 아닌 다른 것에 의해 생성될 가능성이 있음을 의미한다.

반면에, 성 역할(gender roles)이 커뮤니케이션 스타일에 영향을 미친다는 생각대한 지지가 있다. 생물학적 성(biological sex)과 관계없이 여성적(즉, 공동체적) 커뮤니케이션 방식을 보이는 파트너와 관계를 갖는 것은 이성관계만족도와 긍정적인 관계가 있으며(Lamke, Sollie, Durbin, & Fitzpatrick, 1994), 이성관계질투를 다루는 긍정적이고 협력적인 전략의 사용(Aylor & Dainton, 2001) 그리고 장거리 친구들의 외로움 감소와 정적인 관련이 있다(Dainton, Aylor, & Zelley, 2002). 남성성(즉, 대리인적 행동에 관여)은 보다 효과적인 정치 캠페인 광고(Wadsworth et al., 1987) 및 보다 전략적인 커뮤니케이션 사용(Aylor & Dainton, 2004)과 관련이 있다.

의사소통에서 실제 성차가 있다는 증거가 거의 없음에도 불구하고, 사회적 역할이론은 행동에 대한 사회적 기대가 고정 관념을 어떻게 초래하는지 이해하는 방법을 제공한다. 이러한 고정 관념은 남성과 여성 모두에게 영향을 끼치지만, 여성 리더에게는 특히 교활한 영향을 미쳐서 그들이 채택하는 리더십 스타일에 관계없이 부정적인 평가를 받는 이중 구속에 처하게 된다.

정서지능과 변혁적 리더십

개인과 사회적 자질(social qualities)의 상호작용에 초점을 맞춘 두 번째 이론은 정서지능(emotional intelligence, EI)이다. 1995년 다니엘 골맨(Daniel Goleman)은 사람들이 직업 성공에 대해 생각하는 방식에 혁명을 일으킨 주제에 관한 베스트셀러 책을 썼다. 골맨(Goleman)은 샐로비와 메이어(Salovey & Mayer, 1989)의 연구를 바탕으로 정서 지능 즉, 자신의 감정과 다른 사람의 감정을 모니터링하는 능력이 IQ보다 더 강력하며 "일에서 높은 수행능력자와 일반 수행능력자간의 거의 90% 차이는 정서지능 때문"(Goleman, 1998, Mayer, Salovey & Caruso, 2008, p. 504에서 인용)이라고 썼다. 정서지능에 대한 대중적 얼굴로서 골맨 자신은 타인의 욕구를 인식하는 능력과 대중 및 사회적 인식 사이의 연관성을 지지해 왔다.

그러나 정서지능의 대중 문화 버전 외에도 샐로비와 메이어는 계속해서 정서지능이론을 세밀하게 개발하고 개선해왔다. 그들은 정서지능이 개인의 문제해결 및 관계 유지의 차이를 설명하는 능력이라고 주장한다. 구체적으로, 정서지능은 자신과 타인의 감정을 모니터링하고, 그 감정을 세심하게 변별하며, 그리고 결정을 내리고 목표를 달성하기 위해 전략적으로 감정 정보를 사용하는 능력(ability)과 관련이 있다고 제안한다. 정서지능이 성격의 특성(trait)이라는 보는 다른 학자들의 견해에도 불구하고(Bar-On, 2006 참조), 샐로비와 메이어는 정서지능이 성격 유형에 근거하지 않고 다른 유형의 지능과 마찬가지로 정서지능은 나이와 경험에 따라 변화하고 발전한다고 주장한다(Caruso, Mayer, & Salovey, 2002; Mayer, Caruso, & Salovey, 1999).
샐로비와 메이어(Salovey & Mayer, 1997) 이론에 따르면 정서지능은 가장 기본적인 것부터 가장 복잡한 것까지 위계(hierarchy)적으로 배열된 네 가지 영역으로 구성되어 있다고 제안한다. 또한 각 영역 내에서는 매우 기본적인 것부터 가장 복잡한 범위까지 다양하다. 표 4.1은 가장 작은 것부터 가장 복잡한 것까지 각 영역을 설명한다.

표 4.1 정서 지능의 네 가지 구성요소	
구성 요소	**정의**
정서 인식하기	자신과 타인의 정서(감정)를 정확하게 인식하는 능력부터 진실하고 진실하지 않은 감정 표현들을 구별하는 능력에 이르기까지 다양하다.
정서에 대한 사고 촉진능력	정서를 이용하여 중요한 정보에 주의를 집중시키는 능력부터 정서를 사용하여 창의력을 높이거나 귀납적 추론을 취하는 능력에 이르기까지 다양하다.
정서의 이해와 분석능력	미묘한 정서간의 관계(예 : 부러움과 질투)를 인식하는 능력부터 정서들 간의 전환(예 : 두려움과 놀라움)을 이해하는 능력에 이르기까지 다양하다.
정서의 조절능력	유쾌하고 불쾌한 정서를 포함한 모든 정서를 받아들이는 능력에서 자신 또는 타인의 정서를 관리하는 능력에 이르기까지 다양하다.

샐로비와 메이어는 높은 정서지능이 조직 성공의 강력한 예측변수라는 골맨의 주장과 거리를 두기 위해 주의를 기울이지만, 연구는 정서지능이 조직 환경에서 개인이 수행하는 방식에 역할을 한다는 개념을 뒷받침한다(Mayer et al., 2008). ; Salovey, Caruso, & Mayer, 2004). 특히 흥미로운 연관성은 정서지능을 변혁적 리더십(transformational leadership) 스타일의 사용과 연결한다는 것이다(Gardner & Stough, 2002; Palmer, Walls, Burgess, & Stough, 2001; Sivanathan & Fekken, 2002; Wang & Huang, 2009). 베이스(Bass, 1997)가 처음 기술한 변혁적 리더십은 커뮤니케이션을 통해 직원과 조직을 변화(즉, '변혁')시키는 능력이다. 베이스는 두 가지 리더십 스타일(거래적 리더십과 변혁적 리더십)을 구별하며 둘 다 조직이 목표를 달성하는 데 도움이 될 수 있지만 변혁적 리더십(transformational leadership)은 현대 비즈니스 환경에서 우월하다고 주장한다.

거래적 리더십(Transactional leadership)은 상호교환(bilateral exchange) 과정을 통해 부하 직원으로부터 견고하고 일관된 성과를 달성하고자 한다(Bass, 1985). 구체적으로 리더는직원이 성과 기대에 충족시키는 댓가로 직원의 요구를 충족시킨다. 예를 들어, 거래적 리더의 세 가지 주요 특징이 있다. 첫째, 거래적 리더는 부하직원과 협력하여 명확하고 구체적인 목표를 개발한다. 예를 들어 관리자는 직원을 만나 다음 연도의 성과 표준을 공동으로 작성할 수 있다. 둘째, 거래적 리더는 직원의 노력에 대한 보상과 보상 약속을 교환한다. 따라서 리더는 어려운 업무를 수행한 직원에게 '직원우수상' 또는 상여금을 포상할 수 있다. 셋째, 거래적 리더는 특히 근로자의 요구를 충족되는 동시에 업무를 수행할 수 있는 경우, 근로자의 사익에 대응한다(Bass, 1985). 예를 들어, 자녀가 아프다는 전화를 받는 편부모를 생각해 보면 된다. 거래적 리더는 다른 날 늦게까지 일하거나 동료와 협상하는 것과 같이 작업을 계속 수행할 수 있도록 허용 가능한 조치가 취해질 수 있다면, 아픈 아이를 돌보기 위해 집에 가는 직원을 지원할 것이다. 거래적 리더십은 직원들에게 반응하며 명확하고 체계화된 기대를 제공한다. 그것은 관료제의 자연스러운 결과이다. 이러한 리더십 스타일은 즉각적인 요구를 최대한 신속하고 효과적으로 충족시키는 데 초점을 맞추고 있다(Bass, 1985). 부하 직원들은 계획과 의사결정에 참여하도록 존중받고 격려 받는다.

반면에 변혁적 리더십(Transformational leadership)은 조직 변화를 지원하는 특정한 태도와 행동에 기반한다(Bass, 1985). 거래적 리더십은 신뢰할 수 있고 안정적인 기능을 달성하고자 하는 반면, 변혁적 리더십은 탁월한 성과를 고무시키고자 한다 (Bryant, 2003). 변혁적 리더십의 중심에는 조직의 더 큰 이익을 향해 이동시키는 부하 직원의 아이디어와 행동을 변혁의 촉매제로 활용하는 능력이 있다.

Bass(1985)는 변혁적 리더십의 네 가지 측면을 확인했다. 첫째, 이상적 영향력 (idealized infiuence)은 변혁적 리더가 직원의 롤모델 역할을 한다는 사실을 의미한다. 카리스마와 관련하여 이상적 영향력은 조직의 모든 구성원 사이에 신뢰, 자부심 및 존경을 확립하는 것을 포함한다. 그렇게 함으로써 리더는 직원들에게 이상적인 모범으로 보여준다.

둘째, 영감적 동기부여(inspirational motivation)를 위해서는 변혁적 리더는 직원들에게 분명한 비전과 바람직한 미래를 제시해야 한다. 추종자들은 이 비전의 달성에 동기를 부여받고 그렇게 하는 것에 대한 격려와 지지를 받는다. 따라서 직원의 자기 이익은 더 큰 이익에 귀속된다.

셋째, 변혁적 리더는 지적 자극(intellectual stimulation)을 제공한다. 현상 유지는 당연한 것으로 받아들여지지 않는다. 변혁적 리더는 자신의 가정(assumptions)에 도전하고 새로운 접근법을 장려한다. 의견의 차이는 두려움없이 공개적으로 다루어진다. 리더는 자신의 실수를 기꺼이 인정하고 다른 사람의 우월한 생각을 인정한다. 추종자들은 경영의 수단으로서 전통을 거부하고 자신의 생각에 도전하도록 권장된다.

넷째, 개별적 배려(individualized consideration)는 변혁적 리더십의 특징으로 간주된다. 변혁적 리더는 개발과 멘토링 노력을 지원하면서 각자의 필요와 능력을 고려한다. 이런 식으로 추종자들의 자신감이 높아지고, 부하직원들은 단순한 존재(즉, 직업을 유지하는 것)에서 성취와 성장으로 관심을 돌릴 수 있다. 효율성(efficiency)보다 효과성(effectiveness)이 선호되고, 동등한 교환(즉, 동일한 보상을 받는 모든 사람)보다 형평성(입력에 대비 산출물 고려)이 선호된다.

거래적 리더십과 변혁적 리더십은 모두 조직 목표 달성과 관련이 있다(Bass, 1985). 더욱이 주어진 리더는 거래적이기도 하고 변혁적일수도 있다. 그러나 연구에 따르면, 변혁적 리더십은 개인 및 조직의 더 큰 성과와 관련이 있음을 일관되게 보여주었다(Bass, 1998). 변혁적 리더십과 정서지능을 연계한 연구에 따르면, 리더의 정서지능이 변혁적 리더십의 사용을 예측하고, 이는 다시 직원 만족을 예측하는 것으로 나타났다(Jimenez, 2017; Lam & O'Higgins, 2012).

정서지능(EI)이 높은 개인은 자신의 감정과 타인의 감정을 전략적으로 인식하고 관리하고 사용할 수 있기 때문에 직장에서 성공할 수 있는 능력이 있다. 정서지능이 높은 개인이 조직에 영향을 미치는 중요한 한 가지 방법은 변혁적 리더십을 통해서이다. 곧 보게 되겠지만, 다른 중요한 자질들은 긍정적인(그리고 문제가 복잡한) 상호작용을 설명할 수 있다. 세 번째 이론은 메시지디자인논리(message design logics)다.

메시지디자인논리(Message Design Logics)

모두가 자신의 몸무게를 줄이지 않는 동료나 부하에게 맞서야 하는 도전에 직면해 있다. 이러한 종류의 상황에 다룰때 커뮤니케이터(전달자)가 직면하는 딜레마는 '메시지디자인논리(MDL)' 이론으로 이해할 수 있다. 오키프(O'Keefe, 1988, 1997)에 따르면 사람들은 커뮤니케이션에 대해 다르게 생각하기 때문에 매우 다른 유형의 메시지를 구성한다. '메시지디자인논리(MDL)'는 메시지 구성에 생각을 연결하는 커뮤니케이션에 대한 당신의 믿음이다. 달리 말하면, 커뮤니케이션의 본질과 기능에 대한 사람들의 견해는 그들의 메시지에 영향을 미친다. 메시지 유형의 변화는 특히 누군가의 행동에 영향을 미치려고 하거나 어려운 동료를 다루는 것과 같은 의사소통의 어려움에 직면했을 때, 분명하게 두드러진다. O'Keefe (1997)에 따르면 사람들이 가동하는 '메시지디자인논리(MDL)'에는 세 가지 유형이 있다.

• 세 가지 메시지디자인논리

인상 관리를 설득력 있는 상호작용으로 바라보는 이전 연구(O'Keefe & Delia, 1982)와 설득력 있는 상호작용으로 여러 목표를 협상하는 방식을 살펴본 그녀의 연구를 바탕으로 오키프(O'Keefe, 1988, 1997)는 그녀의 이론으로 발전시켰다. 그녀는 귀납적 접근법(inductive approach)을 사용하여 사람들이 다른 사람들에게 영향을 미치기 위해 사용하는 기법들을 분석했다. 사용할 수 있는 수많은 전략이 있음에도 불구하고, 그녀는 개인들이 균일한 기법들에 의존하는 경향이 있음을 발견했다. 구체적으로 오키프는 표현적, 관습적, 수사적이라는 세 가지 뚜렷한 '메시지디자인논리(MDL)'를 식별했다. 각 메시지디자인논리(MDL)는 서로 다른 커뮤니케이션 목표 또는 목표 결합을 강조한다.

표현적 논리(expressive logic)는 발신자 중심 패턴이다(O'Keefe, 1988). 즉, 이러한 패턴에 의존하는 사람은 주로 자기표현을 중요시한다. 커뮤니케이션의 목표는 발신자의 생각과 감정을 전달하는 것이다. 표현적 메시지디자인논리(MDL)를 사용하는 사람들은 자신의 생각을 억누르는 데 매우 어려움을 겪다. 그것이 그들의 머릿속에 있다면 그것은 그들의 입에서 나온다. 그들은 커뮤니케이션의 개방성, 정직성 및 명확성을 높이 평가하고 커뮤니케이션에서 지나치게 전략적으로 보이는 사람들을 불신한다. 그러한 커뮤니케이터(전달자)들은 맥락이나 적절한 행동으로 간주될 수 있는 것에 거의 주의를 기울이지 않는다. 그들은 그때그때 마음속에 있는 자신의 생각을 말해야 할 진정한 의무를 느낀다. 상황이 다른 사람의 얼굴이나 자존감을 보호해야 할 때, 그들은 일반적으로 공손함에 대한 진정한 노력을 통해서라기보다는 단순히 자신의 논평(예 : 욕설을 완곡한 표현으로 대체)을 편집함으로써 이를 달성한다(공손이론에 대한 논의는 5장 참조). 예를 들어, 자기 몸무게를 줄이지 않는 동료나 직원과 마주쳤을 때, 표현적 메시지디자인논리(MDL)를 사용하는 사람은 다음과 같이 반응할 수 있다. "당신은 정말 엉망이다. 당신은 당신의 방식을 고칠 기회가 많이 주어졌지만 당신은 신경 쓰지 않는 것 같다. 당신은 늦게 와도 우리들만큼 열심히 일하지 않고… 당신은 이 일에서 벗어날 수 없을 거야. 당신은 해고야."(O'Keefe, 1988, p. 100).

이 메시지의 내용은 전적으로 발신자가 당시 느끼는 감정에 초점을 맞추고 있다는 점에 유의하라. 발신자는 자신의 언어를 편집하여 분노를 가라앉히려고 노력했겠지만 그 외에는 생각과 감정의 표현을 수정하거나 상대방의 관점을 이해하려는 노력이 거의 없다.

둘째, 관습적 논리(conventional logic)에 의존하는 사람은 커뮤니케이션을 규칙기반 게임(a rule-based game)으로 본다(O'Keefe, 1988). 따라서 관습적 메시지디자인논리(MDL)를 사용하는 사람들은 주로 적절성(appropriateness)과 관련이 있다. 이러한 개인들은 커뮤니케이션 맥락, 역할 및 관계에 대한 특정한 행동지침이 있는 것으로 본다(O'Keefe, 1997). 그들은 주어진 상황에서 '옳은' 것을 말을 하고 행동하는 것에 대해 염려한다. 옳게 소통하기 위해 그들은 공손규칙을 따른다(공손이론에 대한 자세한 내용은 5장 참조). 어려운 직원을 다루는 예시(example)를 유지하면서 관습적 메시지디자인논리(MDL)를 사용하는 사람은 다음과 같이 반응할 수 있다. "점심에서 계속 늦어지고 있군. 당신이 이 일을 맡았을 때 모든 규칙과 규정들을 당신에게 설명하였고 그 이후로 나는 당신에게 우리가 이 사무실에서 일하는 시간을 진지하게 받아들인다고 두 번이나 언급했다. 제발(please) 앞으로는 즉시 점심 마치는 즉시 돌아오도록 하라."(O'Keefe, 1988, p. 102).

이 경우 메시지 발신자는 커뮤니케이션 규칙에 대해 여러 가지 암시를 한다. 이러한 행동이 사무실의 '규칙과 규정'에 위반한다고 지적할 뿐만 아니라 화자는 공손함의 시도로 '제발'을 사용한다. 세 번째 메시지디자인논리(MDL)는 수사적(rhetorical)이다. 수사적 메시지디자인논리(MDL)를 사용하는 개인은 상황을 만들고 여러 목표를 협상하는 데 사용되는 강력한 도구로 커뮤니케이션을 본다(O'Keefe, 1988). 자기 표현(표현적 논리) 또는 사회적 적절성(관습적 논리)을 강조하는 대신 "수사적 디자인논리에 기초하여 행동하는 사람들은 수신자에게 미치는 메시지의 효과에 초점을 둔다."(Bonito & Wolski, 2002, p. 256). 이 접근 방식은 유연성뿐만 아니라 정교함과 커뮤니케이션 기법의 깊이로 유명하다. 수사적 메시지디자인논리를 사용하는 사람들은 타인의 관점을 파악하기 위해 타인의 커뮤니케이션에 세심한 주의를 기울인다. 그들은 상호작용에 관련된 모든 당사자들에게 이익이 되도록 상황을 재정의하여 문제를 예상하고 예방하려고 노력한다. 반응적이고 자기중심적인 표현적 메시지디자인논리와는 달리, 수사적 메시지디자인논리는 능동적이고 유연하며 단어가 현재와 미래에 관계적 결과를 가지고 있다는 것을 인식한다(O'Keefe, 1988). 수사적 메시지디자인논리의 예는 다음과 같다.

나는 당신이 점심 시간에 늦게 돌아오는 습관을 들이고 있다는 것을 이해한다. 사람들이 당신의 행동을 알아차리고 그것에 대해 언급하기 시작했다. 이는 사무실에 많은 문제를 일으키고 있기 때문에 제 시간에 돌아오면 더 좋을 것 같다. 당신이 늦을 필요가 있고 미리 알려줄 수 있다면, 우리가 당신을 위해 가끔 일을 해결해 줄 수 있을 것이다. (p. 103)

이 경우 관리자(manager)는 자신의 목표(직원의 지각 방지)와 직원의 목표(체면 유지 및 당황으로부터 자신을 보호하는 것)의 균형을 맞추려고 한다. 동시에, 발신자(sender)는 향후에도 부하 직원과 좋은 업무 관계를 유지하기 위해 노력한다. 이는 개인의 무능함에서 사무실 소문으로 상황 재정의(redefining the situation)함으로써 이루어진다. 또한, 발신자는 정당한 이유 때문에 가끔 지각하는 것은 괜찮다고 말함으로써 자신의 유연성(flexibility)을 인정한다. 발신자는 상대방의 상황과 지각에 대한 이해(understanding)를 보여주려고 한다. 메시지를 재구성함으로써, 수사적 커뮤니케이터(전달자)는 '연극에서 흔히 볼 수 있는 드라마'를 발견했다.

• 메시지디자인논리 기본 설정

제시된 세 가지 예시를 읽으면 사용자가 운영하는 메시지디자인논리(MDL)에 대한 통찰력을 얻을 수 있다. 아마도 이러한 메시지 중 하나는 당신이 괴롭힘으로 인식하는 상황에서 말할 수 있는 것과 유사하고 다른 메시지 유형은 백만 년 동안 결코 말하지 않을 것을 반영할 수 있다. 실제로 이 이론에 의해 강조된 도전 중 하나는 개인이 다른 메시지디자인논리(MDL)를 사용하는 다른 사람들을 다룰 때 겪는 어려움이다. O'Keefe, Lambert 및 Lambert (1997)는 두 사람이 동일한 메시지디자인논리(MDL)를 사용할 때 이 개인들은 그 문제가 의사소통 문제라는 것을 인식한다고 주장했다. 그러나 두 당사자가 서로 다른 메시지디자인논리(MDL)를 사용하는 경우 이러한 개인들은 종종 그들이 의사소통 문제가 있음을 깨닫지 못한다. 대신, 그들은 그 어려움을 인식된 나쁜 의도, 잘못된 믿음 또는 바람직하지 않은 성격 특성 탓으로 돌린다(3장에 제시된 귀인이론 참조). 예를 들어, 표현적 메시지디자인논리(MDL)를 사용하는 사람은 수사적 메시지디자인논리(MDL)를 사용하는 사람이 상황에 대한 인식을 '조작'하기 때문에 부정직한 것으로 보는 경향이 있다. 표 4.2는 서로 다른 메시지디자인논리(MDL)로 인한 일부 형태의 잘못된 의사소통을 나타낸다.

개인이 하나의 메시지디자인논리(MDL)을 다른 메시지디자인논리(MDL)보다 사용하는 것을 선호하는 경향이 있지만, 오키프와 동료들은 메시지디자인논리(MDL)는 성격의 특성과 같지 않다고 경고했다. 정서지능과 유사하게 메시지디자인논리(MDL)는 안정적인 성격 특성으로 간주되지 않는다. 대신 개인의 일생에 걸쳐 변화하고 발전할 수 있다. 실제로 O'Keefe와 Delia (1988)는 세 가지 메시지디자인논리(MDL)가 발달 과정을 반영한다는 것을 발견했다. 표현적 메시지디자인논리(MDL)는 가장 덜 발달했고, 수사적 메시지디자인논리(MDL)는 가장 발달된 패턴이다. 그러나 오키프와 동료들(O'Keefe et al.,1997)은 이러한 발달 궤도가 수사적 전략이 다른 전략들보다 우월하다는 것을 암시해서는 안된다고 경고했다. "모든 디자인논리(MDL)는 개인이 언어를 사용할 수 있는 논리적으로 일관되고 잠재적으로 만족스러운 방법을 제공한다."(p. 49). 그들은 모든 커뮤니케이터(전달자)들이 메시지디자인논리(MDL)의 다양성을 인식하고 수용해야 한다고 믿는다. 그 변화를 아는 것은 전투의 절반이다.

다시 말하지만, 오키프(1988, 1997)의 이론은 개인이 특히 갈등이나 영향력을 행사하려는 시도에 직면했을 때 세 가지 메시지디자인논리(MDL) 중 하나에 의존하는 경향이 있음을 암시한다. 표현적 메시지디자인논리(MDL) 사용자는 커뮤니케이션을 주로 자신의 고유한 느낌, 믿음 및 아이디어를 공유하는 수단으로 본다. 관습적 메시지디자인논리(MDL)에 의존하는 사람들은 커뮤니케이션을 규칙기반 게임(a rules-based game)으로 인식한다. '게임'을 하기 위해서는 적절성(appropriateness)을 위해 사회적 관습을 사용하여 운영해야 한다. 마지막으로, 수사적 메시지디자인논리(MDL)는 화자가 자기 표현을 사용하거나 적절한 사회적 관습에 의존하여 상황에 적응하는 의사소통에 대한 매우 유연한 접근 방식을 강조한다.

표 4.2 메시지디자인논리(MDL)으로 인한 잘못된 의사소통 형태

메시지 수신자			
메시지 발신자	표현적 MDL	관습적 MDL	수사적 MDL
표현적 MDL	진정한 의견 차이는 커뮤니케이터의 연결을 방해한다.	부적절 함으로 인해 당혹스럽거나·조잡하다고 인식되는 표현적 발언.	사려 깊지 않고 비협조적인 것으로 인식되는 표현적인 사람.
관습적 MDL	의식적인 메시지는 표현력이 있는 사람이 문자 그대로 가져온다(예: "곧 함께하자").	상황에 대한 각기 다른 견해는 부적절한 행동으로 인식된다.	경직성, 상호작용에 대한 지나치게 비열한 접근 방식으로 간주되는 자산에 대한 적합성.
수사적 MDL	불필요하게 정교하고 간접적인 것으로 보이는 메시지 보낸 사람이 부정직한 것으로 간주된다.	'적절한' 맥락에 초점을 맞추기 때문에 복잡한 메시지의 일관성을 보지 못한다.	목표에 대한 양립 할 수 없는 가정은 다른 사람의 의도에 대한 오해로 이어질 수 있다.

출처: O'Keefe, B. J., Lambert, B. L., Lambert, C. A. (1997). 연구 개발 부서의 갈등과 의사소통. In B. D. Sypher (Ed.), 조직 커뮤니케이션 사례 연구 2, p. 42. New York, NY: Guilford Press.

직장 세대에 대한 상호작용적 관점

1967년, 캘리포니아 팔로 알토에 있는 정신연구소의 정신과 의사 그룹은 '인간 커뮤니케이션의 실용학'이라는 책을 출판했다. 그들의 초점은 환경적 근거가 있다고 가정한 조현병의 원인을 밝히는 것이다(우리는 조현병이 연속체의 '양육' 끝보다 '자연'에 훨씬 더 가깝다는 것을 알게 되었다.). 그러나 Watzlawick, Bavelas, Jackson (1967)은 의사소통 과정에 대한 여러 공리 또는 가정에 근거한 대인 커뮤니케이션 모델을 제시했다. 상호작용적 관점이라고 불리는 Watzlawick et al.의 견해는 의사소통에 대한 우리의 가정에 큰 영향을 미쳤으며 외교 정책 문제 이해(Calhoun, 2008)에서 광고의 브랜드 관계 이해(Heath, Brandt, Nairn, 2006)에 이르기까지 모든 것에 적용되었다.

팔로 알토 그룹에 따르면 커뮤니케이션에는 5가지 공리가 있다(Watzlawick et al., 1967). 첫 번째 공리는 '사람은 의사소통을 하지 않을 수 없다'이다. 널리 잘못 해석되고 논쟁이 되고 있는 이 공리는 발신자가 그 행동을 메시지로 해석하려고 의도했는지 여부에 관계없이 모든 행동이 의사 소통할 가능성을 가지고 있음을 시사한다. 예를 들어, 이 공리에 따르면, 어떤 사람이 상대방에게 침묵으로 처리하고 있을 때, '당신에게 화가 나요'라는 메시지를 상대방은 분명히 받고 있기 때문에 '침묵 처리'는 실제로 의사소통이다. 업무 환경 내에서 만성적으로 지각하는 사람은 작업 활동에 대한 무관심을 전달하는 것으로 인식 될 수 있다. 회의 중에 휴대 전화를 받는 그룹 구성원은 팀원들에게 '나는 당신들보다 더 중요하다'는 메시지를 팀원에게 보내는 것으로 인식될 수 있다. 의도성은 커뮤니케이션 분야에서 복잡한 문제이며, 논쟁의 양측 학자들은 의도성의 역할에 대해 열정적이다(1장 참조). 이 논쟁에 대해 팔로 알토 그룹은 커뮤니케이션이 의도적일 필요가 없다는 믿음을 확고히 하고 있다.

두 번째 공리는 모든 의사소통에는 내용(content)과 관계(relationship) 수준으로 이루어진다는 것이다(Watzlawick et al., 1967). 사람들이 서로 상호작용할 때 내용 수준으로 간주되는 특정 메시지를 보낸다. 이러한 메시지는 언어적이거나 비언어적일 수 있다. 동시에 그들은 내용을 보내고 추가 정보를 보내게 된다. 관계 수준은 특히 커뮤니케이터간의 관계 측면에서 내용이 이해되는 방식으로 특징 지어진다. 예를 들어, 다음 말을 고려해보라. "피터님, 그 팜플렛을 작성하기 위해 노력할 수 있습니까?" 그리고 "피터, 브로셔 복사를 완료하십시오." 내용은 거의 동일하다. 그러나 관계 수준에서는 두 시나리오에서 상당히 다른 정보를 제공한다. 첫 번째 문장은 요청으로 이해할 수 있는 반면 두 번째 문장은 명령으로 이해할 수 있다. 그보다도 첫 번째 상황에서는 두 사람이 동등한 입장에 있고 두 사람의 관계가 존중 받고 있다는 것을 이해하게 된다. 두 번째 상황에서는 화자가 청취자보다 합법적인 우월한 지위를 가지고 있거나 화자는 동등한 지위에 대해 지배력을 행사하려고 한다. 정보의 의미는 시스템 내 모든 사람 간의 커뮤니케이션 패턴에 영향을 미칠 수 있다.

세 번째 공리는 의사소통자가 일련의 행동에 구두점(punctuation)을 찍어서 구분하는 경향에 초점을 맞추고 있다(Watzlawick et al., 1967). 구두점이라는 용어의 문법적 정의는 문장, 절 등을 구분하기 위해 표시를 사용하는 것을 의미한다. 예를 들어, 앞 문장에는 문장의 시작을 나타내는 대문자 T, 시리즈 사이의 일시 중지를 나타내는 두 개의 쉼표, 문장의 끝을 나타내는 마침표가 있다. 와츨라위크 외(Watzlawick et al., 1967)의 구두점(punctuation) 개념도 비슷하다. 그들은 상호 작용이 관련된 사람들에 의해 원인과 결과의 시작과 결말로 이해된다고 믿는다. 즉, 커뮤니케니션은 계속 이어지는 흐름으로서 시작과 끝이 따로 없지만 사람들은 커뮤니케이션을 자신들이 가지고 있는 입장과 이해관계에 따라 끊어서 이해한다. 커뮤니케이션 이론은 계속 예를 들어 내용 및 관계 수준에 사용되는 예에서 Peter는 "왜 예, 부인, 당장 부인, 무엇을 말씀하시든, 부인"이라고 비꼬는 방식으로 명령에 응답할 수 있다. 베드로는 부적절하다고 생각되는 명령을 비꼬는 원인으로 보는 반면, 명령을 내린 사람은 자신의 경솔한 태도를 애초에 요청보다는 명령을 내려야 하는 이유로 볼 수 있다. 이 공리의 요점은 커뮤니케이터가 상호작용에 원인과 결과를 할당하는 경향이 있지만, 상호작용에서 사람들은 동일한 상호 작용에서 서로 다른 원인과 결과를 갖는 것으로 볼 가능성이 있다는 것이다. 구두점은 항상 개인 인식의 문제이며 인식이 완전히 정확하거나 틀리지는 않는다. 또한 와츨라위크 외는 구두점의 차이로 인해 종종 사회 구성원 간의 충돌이 발생한다고 주장한다.

네 번째 공리는 커뮤니케이션에는 디지털(digital)과 아날로그(analogic)가 모두 수반된다는 것이다. 와츨라위크 외(Watzlawick et al., 1967)에 따르면, 몇 가지 예외를 제외하고, 아날로그 커뮤니케이션은 "사실상 모든 비언어적 의사소통"이다(p. 43). 중요한 것은 와츨라위크 외(Watzlawick et al., 1967)는 비언어적 의사소통이 움직임과 몸짓 그 이상임을 강조한다. 그것은 "자세, 제스처, 표정, 목소리 억양, 단어 자체의 순서, 리듬 그리고 어순"을 포함한다(p. 43). 예를 들어, 숫자 2를 나타내기 위해 두 손가락을 들고있는 것은 아날로그이다. 울음은 슬픔을 나타내는 아날로그이다. 눈물은 감정의 신체적 표현이다. 단어가 의미하는 대로 들리는 의성어(예 : 윙윙[웅웅]거리는 소리 또는 찰칵 소리)는 단어의 어조나 억양이 단어를 정의하는 데 도움이 되므로 아날로그 커뮤니케이션의 예로 이해될 수 있다. 요점은 아날로그 커뮤니케이션은 상징과 그 의미 사이의 직접적인 연관성 때문에 거의 오해받지 않는다는 것이다; 매우 다른 문화권의 사람들조차도 일반적으로 서로의 아날로그 커뮤니케이션을 이해할 수 있다.

디지털(digital) 커뮤니케이션은 의미(일반적으로 단어)와 임의로 연결된 언어 기호를 나타낸다(Watzlawick et al., 1967). 디지털 메시지는 아날로그 보다 더 복잡하고 유연하며 추상적이다. 디지털 메시지는 의미를 전달하기 위해 구문과 논리에 의존한다. 과거, 현재 또는 미래를 나타낼 수 있으며 이러한 상징의 의미는 문화적으로 결정된다. 연인의 키스는 아날로그 커뮤니케이션을 나타내는 반면, '사랑해'라고 말하는 것은 디지털 커뮤니케이션의 전형적인 예이다. 아날로그 커뮤니케이션처럼 보이지만 예외가 되는 규칙이 있다. 일부 제스처, 특히 상징물(사전 형식의 정의)은 디지털로 간주될 수 있다. 엄지 손가락과 집게 손가락으로 원을 그리는 OK 기호는 디지털 커뮤니케이션의 한 예이다(이 것이 문화마다 다른 의미를 갖는 이유이다). 디지털 커뮤니케이션의 문제는 서로 다른 디지털 코드(예 : 서로 다른 언어 시스템 또는 비언어적 표현에 대한 서로 다른 규칙)를 사용하는 두 사람이 디지털 코드 사용에 내재 된 뉘앙스 때문일 수 있다는 것을 이해하지 못한다는 것이다.

다섯 번째이자 마지막 공리는 커뮤니케이션에는 대칭(symmetrical) 또는 상보(complementary)의 관계가 있다는 것이다. 대칭과 상보의 관계는 힘이라는 관점에서 사용되는 관계이다. 커뮤니케이터들이 서로 비슷한 방식으로 행동할 때는 대칭(symmetrical) 패턴을 사용한다. 예를 들어, 마이크(Mike)가 당신에게 냉소적이고, 당신은 Mike에게 냉소적이다. Mike는 당신을 따르고, 당신은 마이크를 따른다. 대칭관계는 서로의 의견을 내놓고 절충하는 방식으로 관계가 이루어진다. 반면에, 커뮤니케이터(전달자)들간의 힘(power)의 차이가 많이 나서 서로 다른 방식으로 행동할 때 상보(complementary) 패턴을 사용한다. 예를 들어, 마이크가 명령하고 당신은 따른다. 마이크는 냉소적이고 당신은 우는 소리를 낸다. 상보(complementary) 방식으로 행동하는 것은 상호작용하는 사람들이 반대되는 방식으로 행동한다는 것을 의미하는 것이 아니라 단지 행동 패턴이 다르다는 점에 유의하라. 즉 상보관계는 상위의 사람이 규정하고 하위의 사람이 수용하는 관계이다. 이 공리는 통제 행동을 연구하는 데 가장 자주 사용되었다(Millar & Rogers, 1976).

이러한 공리들을 종합하면 의사소통의 오해에 대한 여러 가지 잠재적 이유에 대한 근거를 설명할 수 있다. 직장 내 의사소통의 오해를 조사하는 데 점점 더 대중화되고 있는 맥락 중 하나는 다른 세대의 구성원들의 가치, 믿음 및 행동의 차이다. 나이 든 사람이 '회비를 내지 않은' 젊은 사람에 대해 불평하는 것을 몇 번이나 들었는가? 나이든 사람이 변화에 대해 '완전히 경직되어 있다'고 불평하는 젊은 사람에 대해 몇 번이나 들었을까? Generations at Work : Managing the Clash of Boomers, Gen Xers, Gen Yers in the Workplace (Zemke, Raines, & Filipczak, 2013), The Trophy Kids Grow Up (Alsop, 2008), and Shaw's (2013) 문제 : 4세대가 서로 떨어져 있는 12개 장소에서 함께 일하는 방법은 모두 전문적인 환경에서 연령에 따른 잠재적인 변화를 강조한다. 아직까지는 직장 내 의사소통 행동의 세대 차이를 설명하는 이론은 없지만, 상호작용적 관점이 왜 다른 세대의 직원들 간에 의사소통의 오해가 발생할 수 있는지를 설명할 수 있다고 본다.

• 세대는 무엇일까?

Twenge와 Campbell (2008)은 각 세대가 특정 사건의 영향을 받는다고 주장했다. 베를린 장벽이 무너졌을 때 어디에 있었는지 기억할까? 9.11 사건이 언제 일어났을까? 주식 시장이 2008년에 폭락했을 때? 동성 결혼이 미국에서 법적 권리가 되었을 때? 이러한 문화적 시금석은 미묘한 방식으로 각 세대에 영향을 미쳤다.

일본에서 자란 사람들은 미국에서 자란 사람들과 (평균적으로) 성격과 태도가 다른 것처럼 세대마다 차이가 있다. 1990년대의 성장하는 것은 1970년대, 또는 특히 1950년대의 성장하는 것과 근본적으로 다른 경험이었다(Twenge & Campbell, 2008, p. 863).

상호작용적 관점이 어떻게 세대 간 갈등을 설명 할 수 있는 방법을 다루기 전에 우리는 미국의 세대 차이를 확인할 필요가 있다. 세대 간 차이를 식별해야 한다. 대부분의 저자는 동시대의 직장에서 4세대를 식별한다 : 재향 군인(2차세계대전 참전 용사를 의미), 베이비 붐 세대, X 세대, 밀레니얼 세대. 표 4.3은 각 그룹과 관련된 주요 특성을 나타난다.

현재까지 가장 강력한 검증은 시교차적 메타분석(Cross-temporal meta analysis)에서 비롯된 것이다. Twenge와 Campbell (2008)의 연구는 80년 동안 대학생들의 성격 특성을 조사한 수백 건의 연구를 검토했으며 샘플에 140만 명 이상의 사람들을 포함시켰다. 그들의 결과는 현 세대(Millennials)가 직장에 영향을 미치는 다섯 가지 면에서 이전 세대와 다르다는 것을 보여 주었다. 첫째, 그들은 사회적 승인에 대한 필요성이 감소한다는 것을 발견했다. 즉, 밀레니얼 세대는 단순히 규칙이 존재하기 때문에 규칙을 따를 가능성이 적다. 조직의 경우, 복장 및 커뮤니케이션 스타일에 더 많은 정보제공이 포함된다. 둘째, Twenge와 Campbell은 자존감과 나르시시즘이 동시에 증가한다고 지적했다. 결국 밀레니얼 세대는 자신이 '특별하다'고 배웠다(Twenge, 2014). 직장에서 밀레니얼 세대에게 지속적인 칭찬이 예상되며 비판은 받아들이기 힘든 경우가 많다. Twenge는 밀레니얼 세대의 관리자들에게 두 가지 칭찬할 만 한 행동 사이에 비판이 있는 '칭찬 샌드위치'(p. 273)를 사용하도록 권장한다.

셋째, 메타분석을 통해 현 세대는 외적 통제소재를 가지고 있는 것으로 판단했다 (Twenge & Campbell, 2008). 통제 소재(Locus of Control)는 사건의 원인을 자신의 노력(내부)이나 환경 또는 외부의 힘(외부)으로 설명하는 경향을 나타낸다. 밀레니얼 세대는 자신의 성공이나 실패에 대해 책임을 지지 않는 경향이 있으므로 관리자가 생산을 위해 더 열심히 밀어붙여야 한다. 흥미롭게도 현 세대는 이전 세대만큼 개인의 책임을 느끼지는 않지만 Twenge와 Campbell (2008)이 발표한 네 번째 발견에서 밀레니얼 세대가 이전 세대보다 더 높은 수준의 불안과 우울증을 겪고 있어 조직이 이전보다 더 많은 정신 건강 서비스를 제공해야 한고 결론지었다. 마지막으로, 이 연구에 따르면, 밀레니얼 세대의 여성이 더 적극적이라는 것을 발견했다. Twenge와 Campbell은 일과 삶의 균형, 즉 단순히 여성 직원들이 요구할 것이기 때문에 조직은 더 많은 일과 삶의 균형을 제공해야 한다고 결론지었다. 게다가 이러한 균형은 덜 일하는 것이 아니다. Twenge (2014)는 밀레니얼 세대를 위한 유연성에는 집이나 커피숍과 같은 원격 근무 옵션이 포함되며, 마감 시한을 맞추기만 하면 언제든지 근무 시간이 허용되어야 한다고 주장한다.

표 4.3 일반적 특징				
특징	참전 용사	베이비 붐 세대	X 세대	밀레니엄 세대
생년월일	1992~1945	1946~1964	1965~1980	1980~2000
핵심 가치	규율을 존중함	낙관주의 참여	냉소주의 비공식	선명도 유연성
일의 전망	의무	자기 성취	기업가 정신	성공을 위한 메커니즘
만족에서 비롯됨	잘하셨음	차이를 만듦	규칙 변경.	많은 인정
선호하는 보상	지연되고 내재적 (그들의 의무를 다했음 개인적인 칭찬).	주로 내재적 (자신에 대해 좋은 느낌).	외적 (시간, 돈, 자유를 통한 인식)	매우 외적 (즉각적인 칭찬, 기회 및 지위를 통한 인식)
커뮤니케이션 스타일	형식 : 편지와 메모	대면 토론, 회의	곧장: 기술에 익숙함	지속적인 연결: 기술에 대한 의존도가 높음
리더십 스타일	독재자	합의	대결	수동적 공격적
충성도	높음	높음	낮음	낮음

출처 : Busch, Venkitachalam, Richards, 2008에서 종합한 정보; McGuire, Todnem By 및 Hutchings, 2007; Smola와 Sutton, 2002; Tomkiewicz 및 Bass, 2008; Twenge와 Campbell, 2008; Twenge, Campbell, Hoffman, Lance, 2010; Westermann 및 Yamamura, 2007.

표 4.4는 상호작용적 관점에서 제안한 공리와 세대 별 변화에 대한 의미를 혼합하려고 한다. 물론 지금까지 우리는 잠재적인 불일치 영역만 밝히려고 노력했다. 상호작용적 관점은 가능한 솔루션도 제공한다. Watzlawick, Weakland 및 Fisch (1974)는 두 가지 유형의 변화가 있다고 주장한다. 1차 변화는 시스템에서 개인의 행동을 변화시키는 것을

말한다. 세대별 행동 패턴의 경우 1차 변화에는 의사소통 스타일을 수정하기 위한 훈련 및 개발, 멘토링 또는 코칭 노력이 포함될 수 있다. 그러나 Watzlawick et al. (1974)는 1차 변화가 질병을 치료하지 않고 증상을 치료하는 것과 유사하다고 경고한다. 세대 간의 의사 소통이 더 정중하고 지지적으로 들릴 수 있지만 근본적인 가치와 믿음은 여전히 상충될 것이다. 대신 그들은 2차 변화를 권장할 것이다. 2차 변화는 주로 재구성 과정을 통해 근본적인 관점의 차이를 해결하려고 한다. 재구성은 문제에 대한 대안적 관점을 의도적으로 찾는 과정이다. 흥미롭게도, 직장에서 세대 간 갈등의 경우 재구성이 일어날 수 있는 한 가지 방법은 각 세대의 구성원이 서로의 입장을 이해 하도록 하는 것이다.

가치관과 행동 방식에서 세대차이가 있다는 초기 증거가 있다. 그러나 학자들은 이러한 차이점을 기록하기 시작했다. 아직 우리는 그것들이 왜 발생했는지, 무엇을 의미하는지, 그리고 미래에 일어날 수 있는 것들을 설명하고 예측할 수 있는 구체적인 이론이 없지만, 상호작용적 관점은 그러한 차이를 관리하기 위한 몇 가지 방법뿐만 아니라 나타날 가능성이 있는 문제들을 강조한다.

표 4.4 상호작용적 관점 공리와 세대 간 갈등에 대한 함의	
공리	대인 커뮤니케이션에 대한 의미
커뮤니케이션 불가능함	세대 간에는 직장에서 갈등을 유발할 수 있지만 다른 세대의 구성원은 다른 세대의 행동을 무례하거나 부적절하다고 해석할 수 있음
내용 및 관계 수준	커뮤니케이션 내용은 문제가 되지 않을 수 있지만 메시지의 관계 차원은 직장 커뮤니케이션이 어떻게 처리되어야 하는지에 대한 의견 차이를 강조할 수 있음
구두점 문제	다른 세대의 구성원은 다른 세대에서 시작된 것으로 인식된 무례 / 부적절한 함의 원인을 볼 가능성이 높음
디지털 및 아날로그 코드	같은 단어(예 : 존경)는 세대에 따라 매우 다르게 이해될 수 있음
대칭과 상보 의사소통	직장 내에서 서로 다른 세대의 구성원이 함께 일할 때 보완 패턴이 나타날 수 있음

요약 및 연구 적용

이 장에서 우리는 개인 및 사회적 변화가 의사소통 과정에 어떻게 영향을 미치는지 밝히려는 이론을 강조했다. 첫째, 우리는 남성과 여성에 대한 적절한 행동의 가정이 직장에서 개별 남성과 여성에 대한 우리의 판단에 어떻게 영향을 미치는지 강조하는 젠더의 사회적 역할이론을 설명했다. 95개의 연구에 대한 리더십 효과에 대한 최근 메타분석에서 연구원들은 사회적 역할이론에 대한 부분적인 지원을 발견했다(Paustian-Underdahl, Walker, Woehr, 2014). 특히 남성은 남성이 지배하는 조직(정부)에서 더 효과적인 리더로 평가되는 반면, 여성은 중간 관리직 및 교육에서 더 효과적인 것으로 간주되었다. 여성은 자신을 남성보다 덜 효과적인 리더로 평가했다. 그러나 사회적 역할이론과 달리 다른 사람들이 평가했을 때 고위 경영진의 여성이 남성보다 더 효과적이라고 생각했다. 이론의 역적용에서 Wallen, Mor, Devine (2014)은 여성이 지배하는 간호 업무에서 남성에 대한 인식을 조사했다. 남자 간호사는 모순되는 기대에 직면한다. 한편으로 남성은 대리인이 될 것으로 예상되지만 간호는 일반적으로 여성과 관련된 공동 기술이 필요하다. Wallen et al. 남성 간호사가 이러한 상반되는 기대를 '양립되고 중복되는' 것으로 통합하거나 재구성 할 수 있는 능력이 자신의 성별과 직업적 정체성을 '갈등하고 분열 된' 것으로 인식 한 사람들보다 더 큰 직업 만족도와 조직적 헌신을 인식한다는 것을 발견했다(p. 311). 이 결과는 남성이 지배하는 직업의 여성과 유사하게, 성별에 대한 기대가 여성이 지배하는 직업의 남성에게 도전한다는 것을 보여준다. 둘째, 우리는 감성 지능과 변혁 적 리더십 간의 관계에 초점을 맞추었다. 180명의 관리자를 대상으로 한 최근 연구에서 Jimenez (2017)는 감성 지능이 실제로 변혁적 리더십 스타일과 양의 상관 관계가 있음을 발견했다. 그녀는 조직, 특히 조직 변화를 경험하는 사람들이 EI에 대한 관리자의 인식과 혁신적 리더십 자질을 개선함으로써 이익을 얻을 것을 권장했다.

설명된 세 번째 이론은 메시지디자인논리로, 사람들은 의사소통에 대해 서로 다른 믿음을 가지고 있기 때문에 특히 다른 방식으로 의사소통을 한다고 주장한다. Strekalova et al. (2016)은 메시지디자인논리 프레임 워크를 사용하여 공감 반응을 제공하려는 간호 학생의 시도를 분석했다. 표현적 반응은 '당신' 대명사에 초점을 맞추고 환자의 건강 문해력을 과대 평가할 가능성이 더 큰 반면, 관습적 반응을 사용하는 간호사는 더 많은 'I' 진술을 보고 했고 환자의 상태에 대해 더 많은 동정심을 나타냈다(예 : 죄송합니다.). 메시지디자인논리 접근 방식과 일치하여 수사적 메시지를 사용하는 간호사는 '나'와 '당신'의 진술을 능숙하게 결합하여 건강해지는 것이 공동 노력임을 제안했다.

마지막으로 상호작용 관점을 사용하여 직장의 세대 차이를 분석했다. 의사소통의 공리는 의사소통 오류가 발생하는 방법과 이유와 현대 조직이 의사소통을 조정해야 하는 방법을 강조한다. 잠재적인 구직자에 대한 한 실험 연구에서 연구원들은 Millennials가 '심리적으로 건강한 직장'을 유지하기위한 조직 이니셔티브를 특별히 선전하고 기업의 사회적 책임을 입증하는 행동을 명시한 구인 광고에 더 호의적으로 반응한다는 사실을 발견했다(Catano & Hines, 2016). 다시 말해, 밀레니얼 세대는 현대 직장이 유연성을 높여야 한다는 Twenge 및 Campbell (2008)의 연구와 유사한 긍정적인 일과 삶의 균형을 보여주는 조직을 선호했다.

사례 연구 4 : 관계에 휘말려(사이에 끼어 있음)

대학을 졸업한 지 2년이 된 Ashlee Mosteiller는 최근에 한 대형 제약 회사의 내부 감사 부서에 주니어 품질 보증 분석가로 합류했다. 팀으로서 이 분석가들은 영업 담당자가 연방 규제 지침을 준수하는지 확인하기 위해 수천 번의 검사를 수행했다. 월요일 오후, Ashlee는 주간 직원 회의에서 참석했다. 그녀의 상사인 Jim은 노트북을 열고 시작할 준비가 된 큰 회의실 테이블에 앉았다. 다음 시간 동안 Jim은 팀의 일일 로깅 프로세스를 간소화하고 표준화 하는데 도움을 주기 위해 자신과 선임분석가인 Erin이 구현한 새로운 소프트웨어 애플리케이션을 살펴보았다.

45세인 Jim은 팀을 맞이하고 바로 "우리 모두 같은 수준의 세부 사항을 조사하는 것은 아닌 것 같다. 우리 중 일부는 공백을 찾기 위해 모든 무효화된 카드를 확인하고 있다. 다른 사람들은 몇 개만 보고 있다. 우리는 함께 행동해야 한다." 그는 이러한 유형의 불일치로 인해 부서가 책임 문제에 노출될 수 있으며 부서의 연간 내부 감사자에게 문제가 될 수 있다고 설명했다. "모든 사람이 같은 페이지에 있는지 확인하고 싶다." Jim이 설명했다. "앞으로, 학장 감사는 팀에게 연말 보너스를 의미할 것이다. 따라서 프로세스에 포함되어야 할 사항에 대한 아이디어가 있으면 알려달라. 아이디어를 게시할 인트라넷 스레드를 설정했거나 저에게 이메일을 보내달라. Erin과 나는 이 변환 프로젝트를 함께 진행하고 있으므로 그녀에게도 같이 보내달라." 이를 통해 각 회의에서 했던 것처럼 Jim은 테이블에 있는 각 사람에게 업데이트를 요청하고 논의할 질문이나 기타 문제를 전달해달라고 요청했다.

회의가 끝난 후 Ashlee가 책상으로 돌아오자마자 Carol은 눈에 띄게 화를 내며 큐브로 달려갔다. "그게 다 뭐 야? 그냥 우리를 로봇으로 바꾸는 게 어때? 그를 믿을 수 있겠어?" Ashlee는 불편함을 느꼈다. 그녀는 실제로 분석가의 프로세스에 범위 불일치가 있음을 인식 한 사람 중 한 명이었다. 그녀는 로그가 더 균일 할 뿐만 아니라 처리 속도도 빨라지도록 기술을 사용하기를 고대했다.

Ashlee가 응답하기 전에 Carol은 "왜 우리는 컴퓨터 프로세스가 필요한가? 그가 내 업무를 수행하는 방법을 모르고 있다고 확신하는가? 이 부서에서 17년 동안 근무했다. 지금까지 감사하는 방법을 알고 있다. 매일 저는 그의 머리보다 훨씬 높은 선임 부사장들과 이야기를 나눈다. 그는 그들을 볼 수조차 없다! 물론 그가 너무 작기 때문에 그렇게 어렵지 않다! 믿지마!"

"우리 다시 간다." Ashlee는 어리석은 생각을 했다. 일을 시작한 지 불과 몇 달이 지났지만 Ashlee는 Carol의 보컬 불만을 충분히 목격하여 확인하지 않은 채로 두면 그녀가 계속 될 것임을 알았다. Ashlee는 다시 말을 시도했지만 Carol의 폭언에 방해를 받았다. "우리는 토론 게시판과 이메일이 아닌 팀으로 직접이 문제를 논의해야 합니다. 내 매니저가 되세요. 그는 정말 가짜예요! 난 그의 의사 결정을 존중해야 하나요? 안 돼요. 안 할게요. 왜 그가 Erin을 뽑았나요? 아마도 그의 작은 치어리더가 되기 위해서 일겁니다. 제 제목이 그것을 반영하지 않더라도 합쳐져요! Puh-lease! Jim이 여기에 오기 전에 당신이 여기 없었던 것은 유감입니다, Ashlee. John은 우리를 존경하고 우리가 잘하고 있다고 믿었고 우리를 내버려 두었습니다."

Ashlee는 어떻게 대응해야 할지 몰랐다. 그녀는 Carol과 유연한 작업 공간을 공유했으며 여성의 나쁜 편에 서고 싶지 않았다. 동시에 Ashlee는 몇 달 전에 Jim을 고용한 이후로 Jim과 잘 지냈다. 그녀는 그가 때때로 갑작스러울 수 있다는 데 동의했지만 Ashlee는 그의 솔직한 태도에 감사했다. Jim은 몇 년 전 민간인 생활을 위해 은퇴할 때까지 미 육군의 대장이었다. 그는 해외에 주둔하면서 Jim을 알고 있었던 다른 전직 육군 수의사 Mike에게 채용된 후 1년 전에 이 회사에 왔다. Ashlee는 군복무에서 어려운 전환에 대해 Jim과 개인적으로 몇 번 이야기했다. 병력 관리는 이 조직과 달리 대립적이고 공격적이며 신속했다. 이 조직은 실제로 업무를 수행하고 직원들이 자신의 위치에 만족하고 발전할 수 있는 기회를 갖도록 하는 것보다 업무 수행 방식에 더 중점을 둔 관리 스타일을 장려했다. 때때로, 심지어 지금도 Ashlee는 상황에 대처하는 '올바른' 방법을 멈추고 생각해야 한다고 말할 수 있다. 아마도 고함을 지르거나 자연스럽게 대답하는 대신에 말이다.

복잡한 문제는 Ashlee가 동료로부터 Carol이 Jim의 직업에 지원했지만 선택되지 않았다는 사실을 알게 된 것이다. Jim과 Mike의 군대 역사를 알고 있는 Ashlee는 Mike가 더 많은 효율성과 그룹 생산성을 장려하기 위해 군대 배경을 가진 사람들을 데려오는 데 관심이 있다고 생각했다. 다른 한편으로, 올드 보이즈 클럽을 통해 네포티즘에 휩싸였다.

Ashlee는 Carol을 매니저로 상상할 수 없었다. 50대 중반의 매력적인 여성 캐롤은 항상 꼼꼼하게 모였다. 두 번 이혼한 Carol은 처음에 Ashlee를 끄는 비꼬는 유머 감각을 가졌다. Carol은 자신의 의견이 유일한 사람인 것처럼 의견을 나누는 것을 거의 주저하지 않았다. 그러나 지난 몇 주 동안 Ashlee의 초기 의견은 부드러워졌다. Carol과의 대화를 통해 Ashlee는 자신이 어릴 때 많은 것을 견뎌 왔고 그 결과 대학을 마칠 수 없다는 것을 알게 되었다. 몇 년 전에 비서로 시작하여 Carol은 학위 없이도 천천히 순위를 올렸다. 그녀는 정말 일을 잘했지만 Ashlee는 Carol이 거의 칭찬받지 못한다는 것을 알았다. 그래도 Ashlee는 짐과 함께 Carol의 tirades를 소금 한 알로 가져가는 법을 배우고 있었다. 다른 사람들도 그녀의 불만을 무시했다. Ashlee는 듣지 않기 위해 조용히 속삭였다. "음, Jim이 피드백을 요청했을 때 회의 과정에서 이의를 제기하지 않은 이유는 무엇인가? 그는 사람들의 우려를 듣고 싶다고 말했다." "농담하니?" Carol은 일상적인 음성으로 대답했다. "그는 일부 리더십 수업에서 배운 것이기 때문에 피드백을 원한다고 말한다."

그 순간 Jim은 Erin의 사무실로 가는 길을 지나갔다. Carol은 갑자기 말을 멈추고 약간 죄책감을 느꼈다. Ashlee는 긴장감을 느꼈지만 그녀가 잘못한 것이 없다는 것을 알고 평소처럼 Jim을 웃으며 인사했다. 그녀는 Jim이 Ashlee를 보았을 때 평소처럼 웃으며 친근한 농담을 할 것이라고 생각했다. 대신 그는 퉁명스럽게 고개를 끄덕이며 "일을 더 많이 하고 잡담은 줄이세요. 캐롤, 언제 디지털 추천을 받으실 건가요? 며칠 전에 줬어요. 그렇지 않다면 편안한 마녀 기술을 사용하세요. 알려주세요. Erin에게 교육을 요청할 수 있습니다." 캐롤의 얼굴이 붉어졌지만 그녀는 "오늘 업무가 끝나지 전까지 가져다줄게." 라고 차갑게 대답했다. Jim은 Ashlee를 향해 미소를 지으며 계속 걸어갔다.

Ashlee는 깜짝 놀랐다. Jim은 방금 Carol에게 했던 것처럼 그녀에게 말한 적이 없었다. Ashlee는 최근에 자신이 하루 늦게 디지털 추천서를 제출했으며 Jim은 그들이 "큰 문제가 아니라 더 많은 양식을 작성하는 것"이라고 그녀를 안심시켰다. Ashlee는 책상에 엎드려 한숨을 쉬었다. 그녀는 "이것에서 벗어나고 있다."고 생각했다. "그냥 두 사람 모두에게 친절하고 내 일을 할 것입니다." Ashlee는 이 직업을 평생의 일로 만들 계획이 없었다. 그녀는 공급망 관리에서 MBA를 취득할 수 있도록 대학원 과정 학점을 지불한 Fortune 500대 기업에서 경험을 얻고 싶었다.

고려해야할 질문들

1. 사회적 역할 고정 관념이 상호 작용을 어떻게 설명 할 수 있을까? 서술적 또는 규범적 편견의 증거가 있을까?

2. Jim이 변혁적 리더십을 촉진하기 위해 정서 지능을 사용할 수 있는 정도에 대해 토론해보라. 그는 변혁적인 리더인가 아니면 거래적인 리더인가?

3. Ashlee는 어떤 메시지디자인논리에 의존할까? 축가? 짐은 어떤가? 표 4.2의 메시지디자인논리(MDL)으로 인한 오해의 형태를 사용하여 Jim, Carol, Ashlee 사이에 무슨 일이 있을지 분석해보라.

4. 사례에 공리가 존재하는 정도를 평가하라. 분쟁에서 어떤 역할을 할 수 있을까?

5. 어떤 윤리적 딜레마가 발생하는가? 이론이 이러한 윤리적 문제를 탐색하는 데 어떻게 도움이 될 수 있을까?

6. 어떤 이론이 다른 것보다 상황을 더 잘 설명하는 것 같을까? 왜 이것이 사실이라고 믿을까? 무슨 일이 더 잘 일어났는지 설명 할 수 있는 다른 이론이나 이론의 조합이 있을까?

Applying Communication Theory for Professional Life

CHAPTER FIVE

대인 커뮤니케이션
(Interpersonal Communication)

이 장을 읽은 후 다음을 수행 할 수 있다.

1. 긍정적/부정적 체면 욕구와 체면 손상 행위(FTA)에 참여하기 위한 전략 사이의 관계를 설명한다.
2. 사회교환이론의 원리를 사용하여 관계의 안정성과 만족도를 예측한다.
3. Baxter가 친밀한 관계에 내재되어 있다고 믿는 내부 및 외부 변증법을 비교하고 대조한다.
4. Petronio의 6가지 프라이버시 관리 원칙을 사용해 정보 관리와 관련된 복잡성을 명확히 한다.
5. 대인 커뮤니케이션에 대한 주요 이론적 접근 방식을 비교하고 대조한다.
6. 대인 커뮤니케이션 이론을 활용하여 전문적인 상황에 대한 체계적인 이해를 제공한다.

다른 사람과의 교류가 필요 없는 직업을 떠올리기는 어렵다. 까다로운 고객의 불만을 처리하거나, 상사에게 휴가를 얻도록 설득하거나, 어려운 관계를 겪는 친구를 위로하기 위해 매일 대인 커뮤니케이션을 사용한다. 이 장에서는 관계가 시작되고 발전되는 방식을 설명하는 이론, 시간이 지나면서 관계가 유지되는 방식에 대한 이론, 사람들이 예상치 못한 방식으로 행동하는 이유와 무엇을 해야 하는지 설명하는 이론을 포함하여 다양한 대인 커뮤니케이션 이론을 설명한다.

대인 커뮤니케이션의 정의

대인 커뮤니케이션(IPC)은 여러 방식으로 정의되어 왔다. 일부 학자들은 상황과 참가자 수에 따라 대인 커뮤니케이션을 정의한다(Miller, 1978 참조). 밀러(Miller)의 정의를 사용하면, 대인 커뮤니케이션은 두 개인이 근접 할 때 발생하고, 즉각적인 피드백을 제공 할 수 있으며, 여러 감각을 사용할 수 있다. 다른 이들은 주어진 상호 작용의 '성격' 또는 인식된 품질의 정도에 따라 대인 커뮤니케이션을 정의한다(Peters, 1974 참조). 피터스(Peters)의 관점에서 대인 커뮤니케이션에는 지인 이상인 사람들 사이에서 발생하는 개인적인 커뮤니케이션이 포함된다. 대인 커뮤니케이션의 또 다른 관점은 목표 접근법이다. 즉, 대인 커뮤니케이션에는 다른 사람과의 상호 작용을 통해 개인 목표를 정의하거나 달성하는데 사용되는 커뮤니케이션이 포함된다(Canary, Cody, Manusov, 2008 참조).

대인 커뮤니케이션이론을 검토하기 위해서 우리는 대인 커뮤니케이션이 이러한 많은 정의를 포함한다고 주장한다. 대인 커뮤니케이션에는 상호 의존하는 두 사람 사이의 메시지들을 포함하는데, 특히 대인 커뮤니케이션 메시지가 관계를 시작, 정의, 유지 또는 추가하기 위해 제공되는 방법에 중점을 둔다. 대인 커뮤니케이션은 당신이 가장 좋아하는 백화점 판매원에게 예의 바르게 인사한 다음 다시는 볼 수 없도록 급히 도망가는 것 이상을 말한다. 대신, 전달되는 메시지의 내용과 품질 및 이후의 관계 발전 가능성을 모두 나타낸다. 이 장에서는 대인 커뮤니케이션과 이러한 커뮤니케이션에서 발전하는 관계에 대한 현재의 이해에 중요한 네 가지 이론을 제시한다. 첫째, 공손이론은 개인이 자신의 '체면' 또는 원하는 공공적인 이미지를 유지하기 위해 사용하는 전략이다. 둘째, 사회적 교환이론(SET)은 보상과 비용을 기준으로 관계를 평가한다. 결점에 대한 혜택의 비율은 관계가 계속 될지, 파트너가 만족감을 느낄지의 여부를 설명한다. 셋째, 변증법적 관점은 개인이 관계 내에서 필연적으로 직면하는 모순을 설명하고 이러한 모순을 관리하여 관계의 성공 또는 실패를 예측하는 방법을 설명한다. 마지막으로, 커뮤니케이션 프라이버시 이론은 이러한 초기 이론을 바탕으로 정보를 공개하거나 은폐하기 위해 내리는 결정에 중점을 둔다.

공손이론(Politeness Theory)

3장에 설명된 기대위반이론(EVT)은 다른 사람이 자신의 가정, 특히 개인 공간에 대한 가정과 선호에 모순되는 방식으로 행동할 때 개인이 무엇을 하는지에 대한 설명과 구체적인 예측을 제공한다. 다소 관련이 있는 맥락에서, 공손이론(PT)은 특히 당황하거나 수치스러운 상황이 예기치 않게 발생할 때 개인이 홍보, 보호 또는 '체면 지키기'를 시도하는 방법과 이유를 설명한다.

브라운과 레빈슨(Brown & Levinson, 1978, 1987)에 의해 발전된 공손이론은 상호작용, 특히 공손 전략을 통해 자신과 다른 사람의 정체성을 관리하는 방법을 명확히 한다. Goffman(1967)의 정체성과 체면 유지 개념을 바탕으로 Brown과 Levinson(1978, 1987)은 공손함을 통해(또는 부재시) 대인 관계가 언제, 어떻게, 왜 구성되는지를 결정했다.

• 공손이론의 가정

공손이론에는 세 가지 기본 가정이 있다. 첫째, 공손이론은 모든 개인이 체면 유지에 관심이 있다고 가정한다(Brown & Levinson, 1978, 1987). 간단히 말해서 체면은 원하는 자아상, 다른 사람에게 보여주고 싶은 정체성을 의미한다. Erving Goffman(1959)은 인간 상호작용이 극장과 유사하다고 주장하면서 체면을 이해하기 위한 극적 접근 방식을 처음 제안했다. 다른 '장면'과 다른 '배우'에서, 우리는 종종 성격의 다른 측면을 강조하거나 강조하기 위해 다른 '마스크'를 착용한다. 고프만(Goffman)은 우리 모두가 자기 도취적 허위라고 주장한 것이 아니라 개인이 자신의 다른 측면을 다른 맥락에서 다른 청중에게 선택적으로 드러낸다고 말했다. 예를 들어, 그녀가 일하는 법률 사무소에서 마타(Marta)는 자신의 이미지를 지적이고 유능하며 공정하도록 투영하고 싶을 것이다. 그러나 어린 조카들과 있을 때 마타(Marta)는 보도에서 재주를 부리는 바보 같은 이모의 이미지를 투영하고 싶을 것이다. 또한 새 남자 친구와 함께 있을 때는 배려심 있고 신뢰할 수 있으며 낭만적인 사람으로 간주되기를 원할 수 있다. 이러한 모든 자질은 마타(Marta)의 정체성의 일부이지만 그녀는 자신의 이미지 중 어떤 부분이 누구에게 강조되는지 신중하게 고려한다.

체면은 다른 사람들이 당신을 위해 갖기 원하는 이미지를 의미할 뿐만 아니라 상호 작용하는 파트너가 체면 욕구를 가지고 있다는 인식도 포함한다. 따라서 마타(Marta)는 동료, 가족 및 중요한 다른 사람들도 직장, 집 그리고 놀이 중에 유지하고 싶은 자아상을 가지고 있음을 인식해야한다. 마치 춤처럼, 각각의 파티는 상대방이 체면을 살리기 위해 원하는 이미지를 유지하도록 도와야 한다. 마타(Marta)의 동료인 리치(Rich)가 자신이 한똑똑한 것처럼 보이려는 시도를 가식적이고 근거 없는 것으로 본다면 원하는 체면을 얻지 못한 것이다.

체면 개념에는 긍정적인 체면과 부정적인 체면의 두 가지 차원이 있다(Brown & Levinson, 1978, 1987). 긍정적인 체면에는 선택된 사람이 좋아하고, 감사하고, 존경해야 하는 사람의 욕구가 포함된다. 따라서 긍정적인 체면을 유지하는 것은 중요한 다른 사람들이 당신을 긍정적인 방식으로 계속 볼 수 있도록 행동하는 것을 포함한다. 부정적인 체면은 다른 사람의 제약이나 부담 없이 자유롭게 행동하려는 사람의 욕구를 가정한다. 긍정적인 체면과 부정적인 체면을 동시에 달성하는 것은 어렵다. 즉, 다른 사람의 승인을 받는 방식으로 행동하면 자율적이고 제한 없는 행동을 방해하는 경우가 많다.

둘째, 공손이론은 인간이 적어도 체면 욕구 충족과 관련하여 합리적이고 목표 지향적이라고 가정한다(Brown & Levinson, 1978, 1987). 즉, 체면을 유지하는 맥락에서 상관적이고 작업 지향적인 목표를 달성하기 위해 선택을 하고 커뮤니케이션 결정을 내린다. 특히 Brown과 Levinson(1978, 1987)은 관련된 모든 사람이 다른 사람의 체면을 유지하는 데 도움이 될 때 체면 관리가 가장 잘 작동한다고 가정했다. 즉, "모든 사람의 체면은 다른 사람의 '체면'이 유지되는 것에 달려있기 때문에"(Brown & Levinson, 1987, p. 61) 상호적이고 다소 취약한 구성을 유지하는 결정을 내리는 것이 귀하 자신에게 가장 좋다.

체면이 상호 구성되고 유지된다는 이해에도 불구하고, 최종 가정은 일부 행동이 근본적으로 위협에 직면하고 있다는 것이다(Brown & Levinson, 1978, 1987). 필연적으로 다른 사람이 어떤 시점에서 당신의 체면을 위협 하듯이 다른 사람의 체면을 위협하게 된다. 이러한 체면을 위협하는 행위(FTA)에는 사과, 칭찬, 비판, 요청 및 위협과 같은 일반적인 행동이 포함된다(Craig, Tracy, Spisak, 1993).

그런 다음 공손이론은 이러한 가정을 결합하여 기대위반이론이 어떻게, 언제, 어디서 발생하는지, 그리고 위험에 빠진 체면을 복구하기 위해 개인이 할 수 있는 일을 설명하고 예측한다. 다음에 논의할 때, 우리는 자신의 체면을 유지하고 되찾는데 사용되는 전략을 명확히 하고 다른 사람의 체면을 유지하거나 위협하는 것과 관련된 전략을 제시한다.

• 체면 유지

앞에서 언급했듯이, 체면은 개인이 다른 사람에게 제시하고자하는 자아상이며 다른 사람이 자신의 체면을 필요로 한다는 사실을 인정하는 것이다. 이처럼 원하는 자아상을 만들고 유지하기 위해 개인은 기대위반이론을 방해하거나 최소화하는 특정 메시지를 사용해야 한다(Goffman, 1967). 예의와 관련된 체면 유지 전략에는 예방과 교정의 두 가지 종류가 있다. 예방적 체면 유지에는 우리 자신이나 다른 사람이 기대위반이론을 피하는 데 사용되는 커뮤니케이션이 포함된다(Cupach & Metts, 1994). 예를 들어 헤징 또는 자격 증명과 같은 면책 조항을 사용하거나, 특정 주제를 피하거나, 주제를 변경하거나, 기대위반이론을 알아차리지 못하는 척하는 것은 모두 예방적 체면 유지 전략이다.

예방적 체면 유지와 유사하게, 수정적 체면 유지는 사람들이 자신의 체면을 복원하거나 기대위반이론이 후 다른 사람들이 체면을 복원하도록 돕기 위해 사용하는 메시지로 구성된다(Cupach & Metts, 1994). 수정적 체면 유지에는 회피, 유머, 사과, 설명 또는 부적절한 행동에 대한 설명과 같은 전략의 사용과 기대위반이론으로 인한 물리적 손상을 복구하려는 신체적 치료가 포함된다.

앞서 언급했듯이 자신의 체면 요구 사항은 파트너의 체면 요구 사항과 충돌 할 수 있다. 자신과 타인의 욕구 사이의 불일치를 관리하는 방법은 기대위반이론 사용을 부추길 수 있다. 생각해볼 수 있듯이 다른 사람의 승인을 얻기 위한 행동(긍정적인 체면)은 자급자족하고 제한되지 않는(부정적인 체면) 행동을 방해할 수 있다. 때때로, 개인은 긍정적인 체면과 부정적인 체면 요구 사항 중에서 선택해야한다. 특히 방해받지 않고 보이고 싶은 욕구가 호감을 받고자하는 욕구보다 클 때 기대위반이론에 해당될 수도 있다.

공손이론에 따르면, 개인은 잠재적으로 다른 사람의 체면을 위협 할 수 있는 방식으로 커뮤니케이션 할 때 5가지 상위 전략 중 하나를 선택할 수 있다(Brown & Levinson, 1978). 가장 예의 바름(가장 덜 직접적)에서 가장 덜 예의 바름(가장 직접적)까지의 이러한 초범종에는 회피, 암시적 표현, 부정적 공손함, 긍정적 공손함 및 노골적 발화가 포함된다. 회피를 사용하는 화자는 다른 사람에게 당혹감을 불러일으키거나 체면을 잃을 수 있는 방식으로 커뮤니케이션하지 않기로 하는 반면, 화자가 암시적 표현으로 돌입하면 체면을 위협하는 주제에 대해 미묘하게 암시하거나 간접적으로 언급한다. 힌트를 주거나 간접적인 제안을 하면 메시지를 해석 할 수 있으므로 체면 위협을 최소화 할 수 있다. 예를 들어, 조세핀(Josephine)은 매월 넷째주마다 비상근무하고 매일 순찰하며 동물을 확인하는 동물 병원의 기술자로 일한다. 무슨 일이 생기고 조세핀이 동료와 주말 교대를 바꾸고 싶은 경우, 그녀는 "친구가 마지막 주말 휴가를 위해 저에게 해변에 함께 가자고 했기 때문에, 이번 주말에 일하는 건 정말 힘듭니다."라고 힌트를 줄 수 있다. 조세핀의 동료가 힌트를 얻으면 주말 근무를 처리하겠다고 제안할 수 있다. 동료가 그녀의 교묘함을 이해하지 못하거나 주말에 일하고 싶지 않다면 그녀의 공개를 액면 그대로 받아들일 수 있다. 조세핀(Josephine)이 주말을 친구와 함께 해변 리조트에서 보내고 있기를 바란다.

좀 더 직접적인 접근 방식인 부정적 공손함은 화자가 상대방의 부정적인 체면 요구, 즉 수신자의 자유와 구속 부족을 인식하려고 노력할 때 발생한다. 부정적 공손함으로 상대방에게 연약한 것처럼 보이도록 사과와 자기 비방을 통해 상대방의 부정적인 체면 요구에 호소하는 동시에 기대위반이론이 무례하고 상대방의 독립을 저해한다는 사실을 인정한다. 예를 들어 조세핀(Josephine)이 주말 근무를 대신할 동료를 구할 때 이렇게 말할 수 있다. "물어봐서 정말 미안하지만 큰 부탁이 있어요. 이게 마지막일거고, 고통 받는 게 싫지만 이번 주말에 내 근무 시간을 커버 해줄 수 있나요? 이게 정말 불편하다는 것을 알고 있고 그다지 중요하지 않은지 묻지 않을 거예요." 그런 후회를 표명하고 기대위반이론에 대한 자의식을 보이면서 화자는 상대방의 불편함과 잠재적인 제한을 직접 인정하면서도 당황스러운 기대위반이론에 행사할 수 있었다.

훨씬 더 직접적이지만 덜 예의 바른 전략은 긍정적인 공손함이다. 긍정적인 공손함을 사용하여 화자는 긍정적인 체면에 대한 수신자의 요구, 즉 호감을 받거나 감사해야 할 필요성을 강조한다. 아첨과 칭찬으로 수신자의 환심을 사면서 체면을 위협하는 행동을 위장하기를 희망한다. 예를 들어 조세핀(Josephine)은 주말 근무 시간을 처리해달라고 요청하기 전에 "빌(Bill), 당신은 내 최고의 동료예요. 동료뿐만 아니라 친구죠. 친구로서 저의 주말 근무를 도와주겠어요?"라고 말하여 동료를 칭찬하면서 "아부하여 환심을 사는 것"을 시도할 수 있다. 마지막으로, 가장 직접적이고 덜 정중한 전략은 노골적 발화다. 이 전략을 사용하여 전달자는 상대방의 체면을 보호하려는 시도를 하지 않고 단순히 FTA를 수행한다. 조세핀(Josephine)의 곤경을 계속하면서 그녀는 "빌(Bill), 이번 주말에 제 근무를 도와 주셔야 해요."라고 말하여 단순하게 커버를 요구할 수도 있다.

공손이론에 따르면 사람들은 오히려 전술적으로 기대위반이론에 참여하기로 한다. 구체적으로, 사람들이 얼마나 예의를 갖추어야할지 결정하는 데 사용하는 여러 가지 요소가 있다. 이러한 요소는 표 5.1에 설명되어 있다. 예를 들어, 얼마나 예의 바르게 행동해야 하는지를 고려할 때, 커뮤니케이터들은 그 사람이 자신보다 어느 정도 명성을 가지고 있는지, 그 당시 자신에 대해 권력을 가지고 있는지, 그리고 말할 내용이 다른 사람을 해칠 위험이 있는지 여부를 결정한다(Brown & Levinson, 1987).

기대위반이론에 참여하기 위한 각 전략은 긍정적이거나 부정적인 결과를 가져온다. 예를 들어 요청을 하기 위해 암시적 표현을 한 경우, 모호할 여지가 많고, 힌트가 무시될 가능성이 높다. 반대로, 노골적인 발화를 사용하면 원하는 것을 얻을 수 있지만 그 과정에서 긍정적인 체면을 잃을 수 있다. 또한, 공손이론은 인간이 일반적으로 원하는 목표(예: 주말 교대 근무 커버를 확보하기 위해)를 달성하기 위해 기대위반이론을 수행하므로 모호성의 비용이 너무 크기 때문에 개인이 필요 이상으로 공손 전략을 사용하지 않을 것이라고 예측한다(Brown & Levinson, 1978).

표 5.1 공손 전략에 영향을 미치는 요인	
고려	**예측**
명성	만약 누군가가 당신보다 많은 명성을 가졌다면(인상적인 타이틀이나 많은 돈), 당신은 더 공손할 것이다. 만약 당신보다 적거나 없다면, 당신은 그다지 공손하지 않을 것이다.
권력	만약 누군가가 당신보다 큰 권력을 가졌다면(당신의 보스나 당신의 차가 고장났을 때의 정비공), 당신은 더 공손할 것이다. 만약 당신보다 작은 권력을 가졌다면 그렇게 공손하지 않을 것이다.
위험	만약 당신이 하려는 것이 다른 사람을 해칠 위험이 크다면(해고하거나 배우자가 사기치고 있다고 보고하려고 할 때), 당신은 더 공손할 것이다. 만약 해치지 않을 때는, 그렇게 공손하지 않을 것이다.

우리는 또한 긍정적이든 부정적이든 체면에 대한 이해 자체가 문화적으로, 특정 관계 내에서, 심지어 개인 간에 어느 정도 차이가 있음을 강조해야한다. 따라서 잠재적 기대위반이론 목표의 맥락, 문화 및 개별 전달자의 특성과 관련해 예상되는 보상을 고려하여 기대위반이론을 체결하기 위한 결정을 신중하게 검토해야한다.

간단히 말해서 공손이론은 체면의 개념을 강조한다. 특히 부끄럽거나 부적절한 상황에서 개인은 일반적으로 자신의 긍정적인 체면과 부정적인 체면의 균형을 유지하면서 상대방의 체면 요구 사항을 처리한다. 의도적으로 기대위반이론을 체결할 때 개인은 다양한 전략을 사용하여 체면을 살릴 수 있다.

사회교환이론(Social Exchange Theory)

사회교환이론(SET)은 관계 유지를 설명하고 예측하는데 사용되는 광범위한 접근 방식이다. Thibaut와 Kelley(1959)에 의해 개발된 사회교환이론은 개인이 다른 사람을 끝내면서 개인 관계를 지속하고 발전시키는 시기와 이유를 규명한다. 또한 이론은 유지하기로 한 관계에 얼마나 만족할 것인지 고려한다.

이론의 이름에서 알 수 있듯이, 사회적 관계에 대한 교환 접근 방식은 보상과 비용의 비교에 기반한 경제 이론과 매우 유사하다. 따라서 Thibaut와 Kelley(1959)의 이론은 비용 대 혜택 측면에서 개인적 관계를 살펴본다. 주어진 관계에서 어떤 보상을 받으며, 그 보상을 받는 데 드는 비용은 얼마인가? 그러나 특정 예측을 하기 전에 특정 가정을 이해해야 한다.

• 사회교환이론의 가정

사회교환이론에는 세 가지 가정이 있다. 첫째, Thibaut와 Kelley(1959)는 개인적 관계가 이러한 혜택을 얻기 위해 얻은 혜택과 비용을 비교하는 기능을 한다고 주장했다. 둘째, 본질적으로 첫 번째 가정과 연결되어있는 사람들은 비용을 줄이면서 혜택을 최대한 활용하기를 원한다. 이것은 최소극대화 원리로 알려져 있다. 마지막으로 Thibaut와 Kelley는 인간은 본질적으로 이기적이라고 주장했다. 따라서 인간으로서 당신은 가장 먼저 자신을 챙기는 경향이 있다. 이러한 가정이 때로는 학생과 일반 대중이 납득하기 어렵지만, 사회교환이론의 세 가지 핵심 구성 요소인 결과값, 비교수준 및 대안 비교수준 내에서 보다 명확하게 설명하면 쉽게 인식 할 수 있다.

• 사회교환이론의 핵심 구성요소

세 가지 핵심 구성요소가 사회교환이론을 이룬다. 먼저, 사회교환이론을 이해하기 위해 이전 단락의 서문을 보면, 우리는 사회적 관계가 보상과 비용을 모두 가져온다는 것을 인정해야한다. 따라서 관계의 결과는 주어진 관계에서 비용에 대한 보상의 비율이다. 이것은 간단한 수학 방정식으로 나타낼 수 있다. 보상-비용=결과(Thibaut & Kelley, 1959)이다. 관계형 보상에는 즐겁다고 느끼거나 특정 열망을 달성하는데 도움이 되는 모든 혜택이 포함된다. 예를 들어 배우자 간의 보상에는 동반자 관계, 애정, 공동 저축계좌 공유가 포함될 수 있다. 동료 간의 보상은 사회적 지원 또는 작업 관련 지원일 수 있다. 관계형 비용은 우리가 불쾌하다고 인식하거나 목표를 추구하거나 달성하는 데 방해가 되는 단점이다. 예를 들어, 친척들과 휴일 방문에 대해 협상하고, 사회적 독립성을 잃고, 가족 의무 때문에 대학원을 보류해야 하는 것은 부부에게 잠재적인 비용이 될 수 있다. 직장 내에서 동료의 끝없는 불평을 참아 내거나, 결벽증인 사무실 동료와 공간을 공유해야 하거나, 끊임없는 문자 메시지에 대처하는 것은 비용이 많이 들 수 있다.

물론 주어진 관계에서 개인이 보상이나 비용으로 인식하는 것은 다양하다. 일반적으로 사람들은 그들의 관계와 관련된 보상과 비용을 정신적으로 메모한다. 개인은 보상이 비용보다 커서 긍정적인 결과값을 얻기를 바란다. 그러나 개인이 혜택보다 더 많은 단점을 낳는 관계를 인식하면 부정적인 결과값이 발생한다. 그러나 결과값 자체는 사람이 관계를 유지하거나 그만둘 것인지 여부를 예측하기에 충분하지 않다. 오히려 결과값은 우리의 기대치 및 대안과 비교하여 관계형 보상을 측정하는 데 사용되는 기준점이 된다. 관계의 결과값이 결정되면 개인은 해당 관계에 대한 만족도와 안정성 및 지속 가능성을 결정할 수 있다.

사회교환이론의 두 번째 핵심 요소는 비교수준(CL)이다. 비교수준은 특정 관계에서 받을 것으로 기대하는 보상을 나타낸다(Thibaut & Kelley, 1959). 기대치는 관계에 대한 모델(예: 부모, 친구), 관계에 대한 자신의 경험, 텔레비전 및 기타 미디어 표현 등을 기반으로 할 수 있다. 관계에서 기대치를 이해하는 것의 중요성은 다음과 같다. 사회교환이론은 개인이 현재 결과값을 비교수준과 비교하도록 유지한다. 즉, 관계에서 비용보다 더 많은 보상을 인식하고 이것이 관계에 대한 기대와 일치하거나 초과하는 경우 사회교환이론은 만족도를 예측한다(결과 〉 비교수준). 반대로, 현재 관계에서 비용보다 더 많은 보상을 인식하지만 현재 보유한 것보다 더 많은 보상을 받을 것으로 예상되면 불만이 예측된다(비교수준 〉 결과). 따라서 관계에 대한 만족도를 예측하는 것은 비교수준(CL)을 충족하거나 초과하는 긍정적인 결과값을 기반으로 한다.

사회교환이론의 세 번째이자 마지막 구성 요소는 대안비교수준(CLalt)이다. Thibaut와 Kelley (1959)는 단순히 관계에 대한 만족 또는 불만을 결정하는 것만으로는 관계가 지속 될 것인지 끝날 것인지를 예측하기에 충분하지 않다는 것을 인식했다. 모든 사람은 우정, 결혼 또는 직장에서의 파트너십 등 개인적인 관계 중 하나에 불만족하는 몇몇의 개인을 알고 있지만, 불행함에도 불구하고 개인은 그 관계에 남아 있다. 왜인가?

사회교환이론은 관계가 지속되거나 종료되려면 개인의 대안비교수준도 조사해야 한다고 주장한다(Thibaut & Kelley, 1959). 즉, 관계유지에 대한 대안은 무엇인가? 끝내는 것이 현재 상황보다 좋거나 나쁜가? 대안이 당신의 결과보다 크고 비교수준보다 크다고 인식할 때만 당신은 관계를 끝낼 것이다. 현재의 관계(즉, 결과 〉 비교수준)에 만족하더라도 대안이 훨씬 더 좋다고 인식할 수 있으며, 이 경우 사회교환이론은 관계를 종료할 것이라고 예측한다(대안비교수준 〉 결과〉비교수준으로 수학적으로 표시됨).

> 결과 〉 비교수준(CL) = 만족
> 결과 〈 비교수준(CL) = 불만족
> 결과 〉 대안 비교수준(CLalt) = 유지
> 결과 〈 대안 비교수준(CLalt) = 제거

〈그림 5.1〉 사회교환이론에 의한 예측

따라서 대안비교수준—결과—비교수준의 인식에 따라 많은 시나리오가 가능하다. 개인이 세 가지 요소를 모두 알고 있을 때만 관계의 상태와 상태에 대한 예측을 할 수 있다. 특정 예측에 대한 개요는 그림 5.1에 나와 있다.

검토해보면, 사회교환이론은 특정 관계를 유지하거나 단계적으로 축소하려는 개인의 결정을 설명하고 예측한다. 특히 사람들은 기대치 및 기타 대안을 고려하면서 관계 유지와 관련된 보상과 비용을 평가한다.

변증법적 관점(Dialectical Perspective)

변증법적 관점은 개인이 대인 관계를 유지하는 방법을 설명하고 이해하는데도 유용하다. 특히 Baxter와 Montgomery(1996; Baxter, 1988)는 관계가 역동적이라고 주장했다. 이 연구자들은 관계가 일정한 수준의 만족도를 유지하거나 지속적인 현상 유지에 도달하는 것이 불가능하다고 믿는다. 나선형 궤적과 매우 유사하게, 사람들은 일련의 반대되지만 필요한 긴장 또는 모순을 관리함으로써 관계를 계속 발전시킨다.

• 변증법적 관점의 가정

네 가지 주요 가정은 관계 유지에 대한 변증법적 접근 방식을 안내한다: 실천, 변화, 모순 및 전체성(Baxter & Montgomery, 1996). 첫째, 실천은 관계의 발전이 선형적(항상 전진)도 아니고 반복적(동일한 것을 반복해서 순환)하지 않음을 시사한다. 대신 변증법적 관점은 관계가 시간이 지남에 따라 더 친밀하거나 덜 친밀해질 수 있다고 가정한다(Canary & Zelley, 2000). 따라서 관계의 파트너는 그들 관계의 궤적이 시간이 지나면서 전진하고 현실을 변화시키면서 나선형으로 움직이는 동안 행동하고 반응한다.

변화 혹은 움직임은 두 번째 가정이다(Baxter, 1988; Baxter & Montgomery, 1996). 변증법적 접근 방식은 관계 내에서 유일한 보장은 관계가 변한다는 것이라고 가정한다. 이러한 방식으로 볼 때 유지 관리는 안정적인 상태를 의미하므로 관계를 '유지'하는 것은 사실상 불가능하다. 대신 Montgomery(1993)는 관계가 유지되지 않고 '지속적'이라고 주장했다.

셋째, 변증법적 접근은 관계가 상호 의존적이지만 상호 부정적 모순에 기반을 둔다고 가정한다(Baxter, 1988; Baxter & Montgomery, 1996). 다르게 말하면, 모든 관계에서 두 파트너는 필수적이지만 반대되는 요구를 가지고 있다. 이러한 요구 사항이 서로 상쇄되어 동시에 두 가지 요구 사항을 모두 충족 할 수 없기 때문에 지속적인 긴장이 발생한다. 예를 들어, 배우자는 결혼 생활을 유지하기 위해 함께 시간을 보내야한다. 반면에 두 파트너는 파트너 및 관계 의무에서 벗어나 스스로를 위한 약간의 시간이 필요하다. 공생과 독립이 모두 필요하지만 동시에 둘 다 가질 수는 없다. 변증법적 관점은 항상 존재하는 모순을 관리하는데 사용되는 파트너의 커뮤니케이션을 기반으로 관계가 지속된다고 주장한다.

네 번째이자 마지막 가정인 총체성은 관계 내 파트너 간의 상호 의존성을 강조한다(Baxter, 1988; Baxter & Montgomery, 1996). 변증법적 접근 방식은 상호 의존 없이는 관계가 존재할 수 없다는 것을 인식한다. 따라서 상대방이 처음에 긴장을 느끼지 않았더라도 당신이 느끼는 긴장은 궁극적으로 당신의 파트너에게 영향을 미치고, 그 반대의 경우도 마찬가지이다.

이 네 가지 가정이 합쳐지면 관계에 대한 다소 복잡한 이해에 도달한다. 결론적으로 관계를 유지한다는 것은 관계가 지속적으로 변동하고 시간이 지남에 따라 나선형으로 진행되는 반면, 관계 파트너는 변증법적 긴장 또는 상호 의존적이지만 반대되는 요구를 경험하고 충족시키려고 노력할 것이다.

두 관계 파트너(예: 남편/아내, 상사/하위, 친구/친구, 부모/자녀) 사이에는 세 가지 중심적 긴장이 존재하는 것으로 추정된다: 자율성-연결, 개방성-폐쇄성 및 예측 가능성-참신성(Baxter, 1988). 이러한 긴장은 한 쌍 내에 존재하기 때문에 내부 변증법으로 알려져 있다. 내부 긴장의 각 쌍을 통해, 주어진 관계에서 각 개인이 두 가지 요소를 모두 필요로 하지만 동시에 두 가지 요구를 충족시키는 것은 불가능하다는 것을 알 수 있다. 자율성-연결 변증법은 파트너와의 유대감을 느끼고자하는 욕구와 독립심을 유지하려는 욕망 사이의 긴장을 말한다. 마찬가지로 개방성-폐쇄성 변증법은 개방을 원하는 것과 자기 폭로를 하는 동시에 개인의 프라이버시를 유지하고자하는 것을 포함한다. 마지막으로, 예측 가능성-참신성 변증법은 안정성 또는 안정을 원하는 동시에 자발적인 기회를 원하는 것 사이의 긴장이다. 변증법적 관점에 따르면 관계적 파트너는 이 세 극 사이에서 계속해서 흔들린다.

예를 들어, 윌(Will)과 바네사(Vanessa)는 결혼 한 지 8년이 되었다. 둘 다 힘든 직업을 가지고 있으며 쌍둥이 소년을 키우고 있다. 두 가지 직업과 한 가족의 균형을 유지하면서 이 결혼 생활에서 만족감을 느끼기 위해 윌(Will)과 바네사(Vanessa)는 함께 시간을 보내야 한다. 이것은 베이비시터를 고용한 뒤 가끔 저녁을 먹거나, 자녀들이 잠에 든 후 하루를 의논하기 위해 잠자리에 든다는 것을 의미할 수 있다. 그러나 각각의 경우 부부는 연결성을 느끼려고 노력하고 있다. 동시에 윌(Will)과 바네사(Vanessa)는 자신의 취미를 추구하거나 책을 읽기 위해 혹은 명상할 수 있는 조용한 시간을 통해 일정량의 독립성을 유지하는 것이 필요하다.

불가능하지는 않더라도, 함께함과 독립성을 동시에 갖는 것이 어렵고, 따라서 변증법적 긴장이 존재한다는 것이 명백해야 한다. 더욱이 이러한 긴장은 한 파트너가 연결을 원하고 다른 파트너가 어느 정도 자율성을 필요로 할 때 커진다. 관계를 발전시키는 것은 이러한 끊임없는 투쟁과 균형 잡힌 행동이다.

관계에서 두 사람 사이에(예: 남편과 아내 사이) 내적 긴장이 존재하는 것처럼, 한 쌍과 다른 사람들 사이에(예: 부부와 자녀 또는 대가족 사이) 외부적으로 세 가지 긴장이 발생한다. 이러한 긴장 또는 외부 방언은 포용-은둔, 계시-은폐, 관습-유일성과 같은 내부 변증법적 긴장을 반영한다(Baxter, 1988). 내적 긴장과 외적 긴장의 주요한 차이점은 내적 변증법은 관계에서 두 사람의 경쟁적 요구만을 포함한다는 것이다. 외부 변증법은 그 쌍이 그들의 삶에서 다른 사람들(예: 동료, 친구, 다른 가족 구성원)과 상호 작용할 때 나타난다. 그림 5.2는 이를 보여주고 있다.

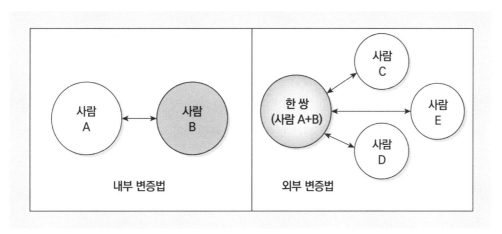

〈그림 5.2〉 내부 및 외부 변증법의 비교

다시 말하지만, 각 모순의 두 극을 동시에 충족시키는 것이 필요하고 어렵다. 포용-은둔 변증법은 친구, 가족 또는 동료와 함께 시간을 보내고 싶을 때와 커플로 혼자 시간을 보내고 싶을 때 긴장 파트너를 단위 경험으로 강조한다. 계시-은폐 변증법은 관계의 일부 측면을 비공개로 유지하면서 외부 세계와의 관계 측면을 공개하려는 관계 파트너 간의 긴장을 포함한다. 마지막으로, 관습의 변증법인 고유성은 파트너가 규범적이거나 전통적이라고 여기는 방식으로 행동하기를 원하는 것과 무언가를 다르게 하여 관계의 독특성을 강조하려는 것 사이에서 느끼는 긴장감을 강조한다. 표 5.2는 내부 및 외부 변증법의 개요를 보여준다.

표 5.2 내부 및 외부 변증법의 비교	
내부 변증법	**외부 변증법**
자율성-연결성. 독립을 원하는 동시에 파트너와의 결합을 원함.	**포함-격리.** 강한 우정과 가족 네트워크를 원함과 동시에 혼자 있는 시간을 원함.
개방성-폐쇄성. 완전히 개방적이고 정직하고 사적인 생각과 감정을 갖고 싶어함.	**폭로-은폐.** 가족 및 친구에게 소식을 알리고 싶음과 동시에 일부 개인 정보를 갖고 싶음.
예측가능성-참신함. 안정적인 관계를 원하지만 약간의 흥분과 자발성을 원함.	**관습성-고유성.** 전통적인 관계를 원함과 동시에 독특한 관계를 원함.

월(Will)과 바네사(Vanessa)에게 돌아와서, 그들은 셋째 아이를 임신했다는 사실을 알게 된다. 기쁘지만 임신 초기 단계의 합병증에 대해 걱정하면서 가족에게 좋은 소식을 전해야 하는지 아니면 첫 임신이 끝날 때까지 기다려야 하는지 잘 모르겠다. 자신의 소식을 친구와 가족에게 공개할지(폭로) 또는 임신 2개월까지 비밀을 유지할지(은폐) 결정하는 것 사이의 투쟁은 특히 한 파트너가 공개하고 다른 파트너가 숨기고 싶어하는 경우 어렵다.

관계를 관리하거나 유지하려면 이러한 긴장을 관리해야 한다. Baxter와 Montgomery (1996)는 내부 및 외부 긴장을 처리하는 데 사용되는 4가지 주요 전략인 선택, 순환 또는 나선형 변경, 분할 및 통합을 식별했다. 선택 전략에는 한 극을 선호하거나 다른 극을 희생하는 것이 필요하다. 예를 들어, 장거리 데이트를 하는 커플은 결국 자율성을 선택하고 헤어질 수 있다. 독립적인 삶을 사는 것과 다른 파트너를 만날 시간을 만드는 것 사이의 긴장이 너무 어렵기 때문이다. 시소에서 노는 아이들과 마찬가지로 주기적 변경(때때로 나선형 변경이라고도 함)을 사용하는 파트너는 한 극이나 지금 필요한 것을 충족하거나 나중에 다른 극을 충족하도록 이동하여 앞뒤, 앞뒤로 움직이는 대처 전략을 만들어낸다.

세 번째 전략인 세분화는 특정 문제가 한 극 또는 필요와 일치하고, 다른 문제가 반대 극에 적합하도록 관계를 구분한다. 예를 들어, 두 명의 친한 친구가 정치에 대한 격렬한 주장을 제외하고 대부분 모든 것에 동의한다면 세분화 전략을 통해 정치에 대해서는 폐쇄성 극을 선택하고 다른 모든 것에 대해서는 개방성 극을 선택할 수 있다. 네 번째 전략인 통합은 몇 가지 변형을 포함하며 보다 만족스러운 경험을 만들기 위해 두 극의 측면을 통합하는데 전념한다. 예를 들어, 참신함과 예측 가능성을 통합하려는 부부는 금요일 밤에 데이트를 하기로 동의 할 수 있다. 매주 금요일(예측 가능성)은 베이비시터를 고용하고 새로운 레스토랑(참신함)을 시도한다. 관계적 긴장을 관리하는 분명히 더 정교한 방법인 통합은, 관계 파트너가 긴장을 인식하고 관계적 긴장을 창의적으로 통합하고 관리하는 방법을 찾기 위해 그들에 대해 이야기 할 수 있음을 의미한다. 모두 말해 변증법은 가까운 관계에 대해 다소 복잡한 관점을 제시한다. 이 다루기 힘든 묘사는 더 정확한 이론이 아니라 '관점'인 이유이기도 하다. 그럼에도 불구하고 변증법은 관계의 변화하는 본질을 강조하고, 개인이 경험하는 다양한 모순과 긴장에 대한 이해는 많은 사람들이 쉽게 공감할 수 있는 논리적 접근 방식이다.

커뮤니케이션 프라이버시 관리이론

여러 방면에서 Petronio(2002)의 커뮤니케이션 프라이버시 관리이론(CPM)은 이전의 세 가지 이론을 기반으로 한다. 공손이론과 마찬가지로 커뮤니케이션 프라이버시 관리이론은 전달자가 어떻게 그리고 무엇을 말해야하는지에 대한 딜레마와 관련이 있다. 사회교환이론과 마찬가지로 커뮤니케이션 프라이버시 관리이론은 결정을 내릴 때 보상을 극대화하고 비용을 최소화하는 힘을 인정한다. 그리고 변증법과 마찬가지로 커뮤니케이션 프라이버시 관리이론은 긴장을 관리하는 것이 관계를 유지하는 주요 방법이라는 것을 인정한다. 이론의 기본 전제는 사람들이 개인 정보를 언제 공개하고 숨길 지를 결정하는 데 도움이 되는 의사 결정 규칙을 만드는 것이다.

Sandra Petronio는 자기 폭로 과정을 25년 동안 연구한 끝에 이론을 개발했다. 이 이론을 대인 커뮤니케이션의 맥락에서 논의하지만, Petronio는 커뮤니케이션 프라이버시 관리이론을 그룹 및 조직 환경에서도 적용할 수 있는 거시 이론으로 간주한다. 그녀의 이론은 단순한 자기 폭로를 넘어 일반적인 폭로에 초점을 맞춘다. 더욱이 그녀는 폭로를 프라이버시 측면에서만 이해할 수 있다고 주장하며, 두 개념은 상호 의존적이다.

• 커뮤니케이션 프라이버시 관리이론의 원칙

Petronio와 Durham(2008)은 커뮤니케이션 프라이버시 관리이론의 6가지 원칙을 설명했다. 첫 번째는 공적-사적 변증법적 긴장이다. 방금 논의한 바와 같이 변증법적 긴장은 관계 내에서 경쟁하는 요구들을 의미한다. 커뮤니케이션 프라이버시 관리이론의 경우 개인정보를 공개하고 숨기는 것 사이가 가장 주요한 긴장이다. 예를 들어 면접을 볼 때, 면접관에게 이전 상사와 관계가 어려웠다고 말해야하는가? 그것은 당신이 현재 직장을 떠나는 이유에 대한 질문에는 정직한 대답일 수 있다. 하지만 상사와의 관계가 불안정하다는 사실을 드러내면 잠재적 고용주가 당신을 고용하는 것을 주저하게 만들지 않을까?

두 번째 주요 원칙은 개인정보의 특성에 관한 것이다(Petronio & Durham, 2008). 커뮤니케이션 프라이버시 관리이론은 연구에 따르면 자기 폭로로 이어지기 때문에, 이 이론은 개인정보를 다른 사람이 접근할 수 없는 정보로 정의한다. 당신에 대한 정보일 수 있지만 팀 구성원, 친구 또는 전체 조직에 대한 정보 일 수도 있다. 예를 들어, 직장에서 경쟁 업체에 알리고 싶지 않은 개발 중인 신제품에 대한 정보가 있을 수 있다. Petronio(2002)에 따르면 개인정보의 핵심은 소유다. 즉, 개인 정보는 당신이 소유한 것이며 당신이 이를 소유하고 있기 때문에 제어할 권리가 있다. 이 이론은 개인정보를 가진 개인이 정보를 공유할 대상, 공유 내용, 공유 시기, 공유 위치 및 공유 방법에 대해 결정을 내린다고 주장한다.

다음으로, 커뮤니케이션 프라이버시 관리이론은 개인정보 공유에 대한 이러한 결정이 특정 프라이버시 규칙에 의해 규제된다고 주장한다(Petronio & Durham, 2008). 개인 정보 공유에 대한 결정은 표 5.3에 요약된 5가지 결정 기준에 따라 정해진다. 첫째, 프라이버시 규칙은 문화적 기준에 따라 발생된다. 6장에서 논의했듯이 문화는 다양한 가치, 믿음 및 커뮤니케이션 방법을 가진다. 따라서 개인의 문화는 무엇을 공개해야 하는지 여부에 대한 결정에 영향을 미칠 수 있다. 둘째, 성별 기준은 프라이버시 규칙에서 중요한 역할을 한다. Petronio는 남성과 여성이 폭로에 대해 서로 다른 이해를 갖도록 사회화 됐다고 주장한다. 따라서 개인정보 공유 여부에 대한 긴장에 직면했을 때 서로 다른 결정을 내릴 수 있다. 셋째, 프라이버시 규칙을 개발할 때 동기 부여 기준의 개인적 변형이 사용된다. 4장에서는 커뮤니케이션 기능에 대한 개인의 믿음인 메시지디자인논리(MDL)를 설명했다. 예를 들어 메시지디자인논리를 사용하면, 표현적인 메시지디자인논리를 가진 사람은 단순히 커뮤니케이션의 목적에 대한 개인적인 믿음 때문에 평범한 메시지디자인논리를 가진 사람보다 더 많은 정보를 공유하도록 동기를 부여 할 수 있다. 물론, 상황별 기준도 프라이버시 규칙에 영향을 미친다. 리조트의 야외 휴양지에 참석하는 팀원은 매주 부서회의에서 같은 팀원보다 개인정보를 공유하려는 경향이 더 클 수 있다. 마지막으로 개인은 개인 정보를 공개해야하는지 여부를 고려할 때 위험-이익 기준을 평가한다. 사회교환이론에서 설명한 것과 매우 유사하게, 개인은 폭로의 잠재적인 보상과 비용을 평가한다. 예를 들어, 직장 동료도 자신과 같은 알코올 중독자의 성인 자녀라는 사실을 알게 되면, 당신은 가족적인 역사를 동료와 공유하는 것이 응집력과 어떠한 가능한 위험을 가릴 수 있는 향상된 이해력의 측면에서 이로울 것이라고 판단할 수 있다.

집 주변의 울타리나 식료품점 계산대에서 식료품을 분리하는데 사용하는 작은 플라스틱 바처럼 네 번째 원칙은 경계에 중점을 둔다(Petronio & Durham, 2008). 경계의 은

유는 양면의 시각적 표현을 제공하기 위한 것이다. 한 편에서는 사람들이 자신의 정보를 보관하고, 다른 한 편에서는 개인정보를 공유한다. 개인 경계는 개인정보를 포함하는 경계이며(예: Bob은 자신이 마지막 직장에서 해고된 것을 아는 유일한 사람이다), 집단 경계는 공유된 정보를 포함하는 경계다(예: Bob과 Carol은 모두 Bob이 자신의 마지막 직장에서 해고된 것을 알고 있다). 개인이 정보를 공유하면 프라이버시에 대한 결정 규칙처럼 정보의 소유권이 변경된다. 경계가 바뀌고, 정보 관리가 더 복잡해졌다.

여러 사람이 경계를 유지해야 할지도 모른다는 개념을 바탕으로 커뮤니케이션 프라이버시 관리이론의 다섯 번째 원칙은 집단 경계를 유지하는 방식을 나타내는 경계 조정이다(Petronio & Durham, 2008). Petronio(2002)는 경계 연결, 경계 소유권 및 경계 투과성을 통해 경계 조정이 발생한다고 설명한다. 첫째, 경계 연결은 정보 소유자 간의 제휴를 의미한다. 범죄 혐의로 기소된 개인이 변호사와 기소 정보를 공유 할 때처럼 이러한 제휴는 의도적일 수 있다. 이 연결고리는 변호사-클라이언트 권한으로 인해 쉽게 유지된다. 그러나 경계 연결은 의도하지 않았을 수도 있다. 다른 사람이 이 고백을 우연히 듣는다고 상상해보아라. 정보를 들은 사람은 이제 동맹의 일원이다. 이 경우 동맹 내의 사람들이 폭로를 위해 경쟁하는 위험-이익 규칙을 가질 수 있으므로 조정이 어려울 수 있다.

경계 소유권은 정보 소유자가 가지는 권리와 책임을 의미한다(Petronio, 2002). 정보의 공유자에 대한 프라이버시 규칙이 명확할수록, 정보가 자음으로 관리될 가능성이 높다. 따라서 개인이 의도적으로 경계 연결을 만들면 공개 규칙도 표시할 가능성이 높다("해리에게 물품 주문을 잊었다고 말하지 마세요!"). 당연하게도, 권리와 책임은 특히 정보를 공유한 개인이 의도하지 않은 수신자를 알지 못하는 경우 더욱 문제가 된다. 얼마나 많이 누군가에 대해 험담하고 그것을 누군가가 엿들었다는 것을 자각했는가? 당신은 그 사람에게 다가가 "이거 얘기하지 마세요."라고 말하는가, 아니면 당신이 한 말을 듣지 못했다고 생각하는 위험을 감수하는가?

경계 투과성은 얼마나 많은 정보가 경계를 쉽게 통과하는지를 나타낸다(Petronio, 2002). 일부 경계는 투과 가능하고(교차하기 쉬움) 다른 경계는 난공불락일 수 있다(불가능하지는 않지만 교차하기가 어려움). 고전 TV 시리즈인 셰인필드(Seinfeld)에서 명대사를 빌리자면, 난공불락의 경계가 '금고 안에' 있다. 예를 들어, 개인은 전날 저녁 식사에 무엇을 먹었는지 동료에게 폭로하는 것이 상당히 편안할 수 있으며 동료는 보답할 가능성이 높다. 이것은 투과성 경계를 나타낸다. 그러나 동일한 개인은 다른 동료와의 비참한 저녁식사 데이트가 실패했다는 것에 대해 동료들과 정보를 공유하는 것이 훨씬 불편할 수 있다. 물론 정보가 집합적 경계 내에 있을 때 투과성 개념이 더 문제가 될 수 있다. 이것은 CPM의 최종 원칙으로 이어진다.

Petronio (2002)는 경계 관리가 항상 순조로운 프로세스는 아니라는 점을 인식했다. 이에 그녀는 프라이버시 규칙이 명확하지 않을 때 발생하는 경계 난류의 개념을 개발했다(프라이버시 규칙에 대해서는 표 5.3 참조).

표 5.3 프라이버시 규칙 기준

기준	예시
문화	많은 아프리카계 미국인은 정보를 공유하는데 자기주장과 개방성을 중요하게 여긴다.
성별	미국에서, 여성은 남성보다 폭로를 더 하도록 사회화 돼있다.
동기	내성적인 사람은 외향적인 사람보다 정보 공유를 덜 할 것이다.
상황	좁은 방에서 일하는 것은 사무실에서 일하는 것보다 정보를 덜 공유하도록 만들 것이다.
위험-이익	"묻지도 말고, 말하지도 말라."의 환경에서, 당신의 성적 지향에 관해 모호하게 구는 것은 위험을 최소화할 수 있다.

랭스(Lance)가 매기(Maggie)에게 곧 있을 합병에 대해 이야기하는 것을 상상해보라. 랭스(Lance)는 정보가 힘이라고 믿는 백인 남성이므로 그의 프라이버시 규칙에 따라 이 정보를 비공개로 유지해야 한다. 반면 매기(Maggie)는 사람들이 자신에게 영향을 미칠 수 있는 문제에 대해 알 권리가 있다고 믿는 아프리카계 미국인 여성이다. 그녀의 문화, 성별 및 개인 동기 기준은 이 정보를 공유해야 한다고 제안하는 프라이버시 규칙으로 이

어진다. 이 경우 프라이버시 규칙이 다르면 정보 관리에 문제가 발생할 수 있다. 경계 난류의 또 다른 원인은 개인정보 침해, 윤리적 딜레마, 다른 기대치, 소유권에 대한 오해다.

종합하면 이 6가지 원칙은 정보 관리와 관련된 복잡성을 명확히 한다. 이 이론은 "개인이 무엇을 공개하고, 무엇을 비공개로 유지하며, 개인정보가 사람들 사이에서 어떻게 처리되는지 더 잘 이해할 수 있게 해준다."(Petronio & Durham, 2008, p. 320). CPM은 보편적인 문제에 대한 자세한 분석을 제공한다: 무엇을 말해야 하는가(또는 말하지 말아야 하는가)?

요약 및 연구 적용

이 장에서는 대인 커뮤니케이션의 네 가지 이론에 대한 개요를 제공했다. 공손이론은 개인이 '체면'이나 원하는 공공적인 이미지를 유지하기 위해 사용하는 전략을 설명하고 예측한다. 개인뿐만 아니라 비즈니스 및 교육적 맥락에서 유용한 공손이론은 직원의 체면 요구를 보호하기 위해 상사가 유머를 사용하는 방법(Chefneux, 2015), 직원이 동료의 비윤리적 요청을 처리하는 방법(Valde, Miller Henningsen, 2015), 그리고 성인 여자 친구의 경쟁적 행동(Dunleavy & Zelley, 2013)을 분석한다. 사회교환이론은 개인의 성과를 극대화하기 위해 개인이 관계를 시작하고 유지할 것이라고 예측한다. 그러나 동시에 기대와 대안은 개인의 궁극적인 만족과 관계유지 여부에 중요한 역할을 한다. 사회교환이론의 예로는 직원이 자신의 직위를 사임하기 위해 사용하는 다양한 방법을 설명하는 연구(Klotz & Bolino, 2016)와 경영지도가 직원 행동에 영향을 미치는 보상으로 인식되는 방식(Kim & Kuo, 2015)이 있다. 변증법적 관점은 대인 관계를 유지하려면, 모든 관계에 내재된 필요하지만 모순적인 긴장을 관리하기 위해 커뮤니케이션이 필요하다는 것을 시사한다. 이는 임종 간호를 할 동안 가정방문 호스피스 간호사가 직면한 문제를 탐색하고(Gilstrap & White, 2015) 새로운 벤처기업을 시작할 때 최고 경영진 간의 전략적 의사 결정에 유용했다(Costanzo & Di Domenico, 2015). 마지막으로

CPM은 직장에서 개인 건강 정보를 공유하기로 한 결정(Westerman, Miller, Reno, Spates, 2015)이나 직업 훈련 중에 개인 정보를 공유하기 위한 결정(Thory, 2016)처럼 개인 정보를 공개하거나 은폐하기로 결정한 이유와 그와 관련된 문제를 이해하는 방법을 명확하게 설명한다. 급성장하는 연구 분야 중 하나는 소셜네트워킹 사이트에서 개인 정보를 공유하기로 한 결정이다(예: Romo, Thompson, Donovan, 2017).

사례 연구 5 : 잘못된 행동

제이슨(Jason)은 계획이 있는 사람이었다. 대학을 졸업 한 직후, 그는 자신의 청소 회사를 설립했다. 그는 더러운 작업을 모두 혼자 하면서 집을 청소하기 시작했지만 시간이 흘러 회사를 상업 및 소매 청소를 포함하도록 키웠고, 거의 36 명의 직원을 고용했다. 사업은 수익성이 좋고 32세가 되자 회사를 매각해 막대한 이익을 얻었다. 그는 은퇴할 준비가 되지 않았다는 걸 알았지만, 다음 경력으로 이동할 수 있는 변화의 기회라고 생각했다.

6개월 만에, 그는 오랜 형제인 세스(Seth)의 소식을 들었다. 세스(Seth)는 대학 졸업 후 관습적인 길을 갔다. 그는 작은 회사에 취직했고 진급을 위해 회사에서 회사로 이동하는 데 시간을 보냈다. 30 대 초반에 그는 회사 생활에 지치고 좌절했다. "친구, 나는 이 쓰레기 같은 거 그만둘 거야." 세스(Seth)가 제이슨(Jason)에게 말했다. "악마 같은 놈이야. 진짜로, 해야 하기 때문이 아니라 일부 과다 지불된 드론에는 체크표시 하는 게 필요하기 때문에 나는 매일 무의미한 일을 해." 제이슨(Jason)은 웃을 수밖에 없었다. "그래서 내가 탈출한 거야. 너의 보스가 되면, 네 매니저의 바보 같은 짓도 다 너의 잘못인거야."

세스(Seth)는 신음했다. "했을 텐데, 했어야했는데, 할 수 있었는데. 어디서부터 시작해야할지조차 모르겠어. 사업에 뛰어 들겠다는 생각을 어떻게 하게 된 거야?" "알잖아 친구. 나는 비순응자야. 회사 생활에 나한테 맞지 않다는 걸 알았기 때문에 수요가 내재된 비즈니스에 대해서 생각해봤어. 오래된 형제회 집을 한 번 봤더니 아주 분명해졌어." 제이슨(Jason)이 웃었다. "다음에는 뭘 할 건데?" 세스(Seth)가 물었다. "몰라. 아마도 세계 일주를 하면 내 마음에 드는 걸 찾을 수 있겠지." 제이슨(Jason)이 대답했다. "탬파에 와서 나를 만나는 건 어때? 맥주 한두 잔 사 줄테니 내게 지혜를 좀 줘." "맥주 두 잔 이상은 필요하고, 너한테 아무것도 안 줄 거야. 근데 확실히 재미있을 거 같긴 하네." 제이슨(Jason)이 대답했다.

몇 주 후 제이슨(Jason)은 탬파로 향했고, 그와 세스(Seth)는 해변에서 어울리면서 사업 아이디어에 대해 생각을 나눴다. 시간이 지나 세스(Seth)는 탬파에서 청소 회사를 시작하는 것이 합리적이라고 확신했다. 청소해야 할 집, 상점 및 사무실이 많을 뿐만 아니라 이 지역에는 비즈니스 기회를 확장 할 수 있는 호텔이 많이 있었다. 제이슨(Jason)은 확신하지 못했다. 첫째, 그는 거기에 있으면서 청소 산업을 계속 했었다. 둘째, 그는 이 지역이 휴양지로서의 명성 때문에 이미 청소 회사로 가득 차 있을 거라고 의심했다. 하지만 세스(Seth)는 그 아이디어에 집착했고 그만 두지 않았다. 제이슨(Jason)처럼 '원맨쇼'로 시작하는 대신 세스(Seth)는 전체 직원과 함께 시작하기를 원했다. 그는 웹사이트와 마케팅 플랜을 개발할 수 있는 전문 지식이 있었고 전문적인 인맥이 많았으며 예의주시한 채 시장에 뛰어 들고 싶었다. 그는 또한 제이슨(Jason)이 비즈니스를 빠르게 진행할 수 있도록 도와주는 컨설턴트로 일하기를 원했다. 제이슨(Jason)은 못 미더웠지만 실제로는 벤처 기업에 돈을 투자하지 않고, 시간과 전문 지식만 투자했으며, 친구를 돕고 싶었다.

험난한 시작이었다. 그들은 집청소 계약을 몇 개 맺었고, 다른 세입자의 공간을 청소하는 대가로 스트립 몰에 사무실을 얻었다. 그들은 4 명의 직원을 고용했지만 실제로 상업공간을 청소하는 대가를 받지 않았기 때문에 돈이 많이 들어오지 않았다. 제이슨(Jason)은 세스(Seth)가 행동보다 말이 앞선다는 것을 깨달았다. 또한 그는 세스(Seth)의 '전문가 인맥'이 청소 회사를 고용할 의사 결정 권한이 없는 친구들이라는 것을 알게 됐다. 제이슨(Jason)이 전략을 개발하기 위해 세스(Seth)와의 회의 일정을 잡으려고 할 때마다 세스(Seth)는 걱정하지 말라고 말했다. "친구, 다 잘되고 있어. 걱정하지 마."라고 그는 확신했다. 그러나 제이슨(Jason)은 실망했다. 그는 세스(Seth)가 정확히 누구와 이야기하고 있으며 어떤 결과를 기대할 수 있는지 알고 싶었다. 그러나 세스(Seth)는 정보를 공유하지 않았다. "네트워킹 중이야." 세스(Seth)는 말한다. "이 비즈니스를 성장시키는 유일한 방법은 인맥을 쌓는거야." 시간이 지나면서 제이슨(Jason)은 작은 사무실에서 점점 더 많은 시간을 보내고 세스(Seth)는 사업을 시작했다. "도대체 어떻게 내가 하루 종일 사무실에 앉아 있었는지." 제이슨(Jason)이 궁금해 했다. "나는 내가 사무실과 맞지 않다는 걸 알았지만, 결국엔 또 여기에 있네!"

제이슨(Jason)이 세스(Seth)가 사실 자신의 친구들과 파티를 하고 새로운 사업 아이디어를 팔지 않는다는 것을 친구로부터 듣게 됐을 때 상황이 머릿속에 그려졌다. 제이슨(Jason)은 즉시 세스(Seth)의 셀에 전화를 걸어 음성 메시지가 연결됐다. "세스(Seth)" 제이슨(Jason)이 소리 쳤다. "당장 전화해! 이 사업에 대해 정말로 이야기해야 해." 세스(Seth)는 다시 전화하지 않았지만 다음날 사무실에 와서 제이슨(Jason)을 안심 시키려고 했다. "제이슨(Jason), 일이 원하는 대로 진행되지 않고 있다는 걸 알고 있지만 나는 네가 정말로 필요해."라고 세스(Seth)는 설명했다.

"너의 전문 지식 없이는 할 수가 없어. 너한테 나와 내 사업이 필요 없다는 것도 알아. 하지만 네가 필요해. 제발, 한 달만 더 있어주겠니? 한 달만 더 있으면 세계 여행하러 돌아갈 수 있어."

제이슨(Jason)은 세스(Seth)와의 우정 외에는 계속할 이유가 없었다. 그러나 세스(Seth)는 일할 준비가 되어있는 것처럼 보였다. "한 달이야." 제이슨(Jason)이 대답했다. "근데 그건 오직 우리가 앞으로 몇 시간을 네가 누구와 무엇을 이야기할 지에 관한 계획을 짜는 경우에만 가능해. 더 이상 친구와 파티 하지 마. 그건 비즈니스를 성장시키는 방법이 아니야." "당연하지" 세스(Seth)가 동의했다. "그냥… 어… 다른 사람에게 한 달 밖에 남지 않았다고 말하지 말아줘, 알겠지? 직원들은 너를 정말 존경하는 것 같고, 우리가 모든 것을 바로 잡기 전에 그들이 반란을 일으키는 걸 원하지 않아."

　남은 시간 동안 세스(Seth)는 집중했고 제이슨(Jason)의 모든 제안에 동의했다. 제이슨(Jason)은 하루가 끝날 무렵 사업이 잘 될 수 있고 단 몇 주 만에 끝날 것이라는 점에 만족했다. 그러나 일주일 만에 상황이 이전과 똑같아졌다. 제이슨(Jason)은 급여를 준비했고 수표에 서명 할 세스(Seth)가 필요했다. 그러나 세스(Seth)는 한 번씩 며칠 동안 사라졌고 제이슨(Jason)은 직원들에게 급여를 받지 못하는 이유를 설명하려 했다. 마지막 일은 제이슨(Jason)에게 세스(Seth)가 친구들과 술을 마시고 있다는 사실을 알렸던 친구가 다시 연락을 해 세스(Seth)가 "꿈속에 살고 있다."고 자랑하고 다닌다는 사실을 말해줬을 때 터졌다. 친구에 따르면, 세스(Seth)는 "한 사람이 모든 일을 하는데 그는 돈을 받지도 못하고, 청소하는 불법 노동자들이 많아서 그들은 돈을 받지 못해도 불평할 수가 없어!"라고 흡족해했다. 제이슨(Jason)은 직원들에게 자신의 사비를 지불하고, 호텔로 돌아가 소지품을 챙겨 플로리다를 떠났다. 다음날 제이슨(Jason)은 세스(Seth)로부터 음성 메시지와 문자를 받기 시작했다. 제이슨(Jason)은 휴대전화에서 세스(Seth)의 번호를 누른 다음 '발신자 차단'을 눌렀다.

고려해야할 질문들

1. 제이슨(Jason)이 세스(Seth)와 함께 사용한 공손 전략은 무엇인가? 세스(Seth)는 제이슨(Jason)에게 어떤 공손 전략을 사용 했는가? 공손이론을 사용해 이것이 적절한 이유 또는 적절하지 못한 이유를 설명하시오.

2. 사회교환이론을 사용해 세스(Seth)와 제이슨(Jason) 간의 우정을 고려하시오. 각 사람의 보상과 비용을 확인하시오. 비교 수준의 개념과 대안의 비교 수준을 사용해봤을 때, 제이슨(Jason)은 왜 우정을 끝냈는가?

3. 이야기에 나오는 내부 및 외부 변증법을 식별하시오. 이러한 긴장을 관리하기 위해 어떤 전략이 사용 되었는가? 어떤 전략이 더 좋을 것인가?

4. 이 이야기에는 어떤 개인 정보 및 개인 정보 보호 규칙이 있는가? 다양한 캐릭터가 경계 조정을 어떻게 사용 했는가? 경계 소유권을 위반한 사람이 있는가? 있다면 누가, 어떻게 했는가?

5. 이 사건에서 어떤 윤리적 문제가 발생하는가? 이론에서 얻은 통찰력이 이러한 문제를 해결하는 데 어떻게 도움이 될 수 있는가?

6. 대인 커뮤니케이션 이론이 다른 이론보다 더 나은 설명을 제공하는가? 왜 이것이 사실이라고 믿는가? 상황을 더 잘 설명하기 위해 다른 이론 또는 이론 조합을 만들기 위해 어떤 추가 요소가 포함될 수 있는가?

CHAPTER SIX

문화
(Culture)

학습목표

이 장을 읽은 후 다음을 수행 할 수 있다.

1. Hofstede의 5가지 주요 문화적 차원에 대한 예시를 설명하고 식별할 수 있다.
2. 수렴 또는 분산을 통한 수용과정에 대한 논의할 수 있다.
3. 불안과 불확실성의 한계점이 커뮤니케이션을 어떻게 악화시키고, 반대로 어떻게 동기를 부여할 수 있는지에 대해 설명할 수 있다.
4. 갈등관리의 문화적 차이로 인한 문화 간 갈등을 예측할 수 있다.
5. 문화 간 커뮤니케이션에 대한 주요 이론적 접근방식을 비교하고 대조할 수 있다.
6. 문화 간 커뮤니케이션 이론을 적용한 전문적 상황에 대해 체계적으로 이해할 수 있다.

    월트 디즈니(the Walt Disney)사는 미국에서 사랑받는 아이콘이었지만, 1992년에 유로 디즈니사(1995년에 '디즈니랜드 파리'로 개명)를 개업해 광범위한 비판을 받았다. 이 회사는 문화 제국주의라는 역할을 맡게 되었다. 특히 프랑스 언론은 이 회사가 미국의 가치를 대량으로 생산하고 유럽의 관습과 전통을 미국의 소비문화로 대체했다고 비난했다(Forman, 1998). 처음 몇 년 동안, 이 놀이공원은 실패작이라고 여겨졌다. 하지만 2008년까지 연간 1,500만 명 이상의 방문객들이 이 놀이공원을 방문했고, 2013년에는 에펠탑과 루브르 박물관을 제치고 프랑스 최고의 관광명소로 이름을 올렸다(Frommer's, 2013). 이 반전을 어떻게 설명할 것인가? 유로 디즈니사의 전 CEO이자 현재 월트 디즈니 파크 앤 리조트의 회장인 Jay Rasulo는 새로운 성공을 위해서는 문화 간의 인식을 필요하다고 주장했다: "우리가 처음 출시했을 때는 디즈니로 충분하다는 믿음이 있었다. 하지만 이제는 우리 고객들이 그들의 문화와 여행 습관에 근거하여 환영받을 필요가 있다는 것을 깨달았다."(Prada & Orwall, 2002, p. A12). 소매업계의 거인인 월마트가 독일, 한국, 일본으로 진출을 준비할 때도 비슷한 어려움에 직면했다. 그러나 월마트는 문화와 지역 사업 관행에 주의를 기울이지 않아 회사는 수억 달러의 손해를 보게 되었다. 예를 들어, 일본에서는 저렴한 가격이 낮은 품질과 연관되어 있기 때문에, 'Every Day Low Price' 슬로건은 실제로 통찰력이 있는 고객들을 단념시켰다(Holstein, 2007). 거대 전자상거래 업체인 이베이도 문화 차이로 고전했다. 예를 들어, 중국에서는 구매자와 판매자 사이의 감정적 신뢰를 구축하는 것이 가격보다 훨씬 더 중요한 거래 부분이다(Gaussorgues, 2014). eBay의 플랫폼은 사용자들이 피드백을 할 수 있는 등급 시스템을 제공하지만, 그것은 중국에서 신뢰를 쌓기 위한 교류로는 충분하지 않다. 대신 그들은 판매자와 고객 간 협상을 촉진하는 동기화 채팅 애플리케이션이 있는 사이트에서 쇼핑하는 것을 선호한다 (알리바바의 타오바오처럼).

교차문화와 이종문화 간의 커뮤니케이션의 역학을 이해하는 것은 오늘날의 다문화 사회와 세계 경제에서 매우 중요하다(Ting-Toomey, 1992). 미국 내에서 다문화 사회는 계속 확대되고 번창하고 있다. 개인적 차원에서는 국제 여행이 비교적 쉽고 흔하고; 기업 차원에서는 글로벌 경쟁과 협력이 표준화되어 있다. 비록 교차문화와 이종문화 간의 커뮤니케이션의 확산이 여러분에게 새롭지 않아도, 특히 이러한 상호작용의 높은 실패율을 고려하면, 이러한 교류에 대한 영향, 어려움, 개선전략은 심오하다.

문화의 정의

오늘날 개인적이고 전문적인 경관의 다양성을 인식하는 것도 문화의 한 가지 이지만, 문화란 정확히 무엇인가? 우리는 문화라는 Collier(1989)의 개념을 상징, 의미, 경험 그리고 행동을 공유하는 집단을 식별하고 수용하는 것으로 받아들인다. 교차문화의 소통과 이종문화의 소통은 이 개념에 따라 확대된다. 다문화 커뮤니케이션은 두 개 이상의 문화 공동체의 비교다(Ting-Toomey, 1991a); 예를 들어, 미국 관리자의 갈등 스타일을 한국 관리자들과 비교하는 경우가 있다. 다소 다르게, 문화 간 통신은 다른 문화의 구성원 사이의 실제 상호 작용을 포함한다; 예를 들어, 독일 임원이 중국 부하를 비난할 때 어떤 일이 일어나는지 조사한다.

이러한 정의를 사용하여, 우리는 문화에 대해 광범위하게 정의된 개념을 검토하고 문화가 어떻게 형성되고 커뮤니케이션에 의해 형성되는지 강조하는 네 가지 이론을 선택했다. 첫째, Hofstede의 문화적 차원은 사회적 맥락에서 문화적 차이를 평가하는 데 유용한 유형학을 제공한다. 다음으로, 우리는 개인이 언제 다른 문화 집단에 적응하거나 해야 하는 지를 예측하는 방법으로 커뮤니케이션 수용이론을 살펴본다. 세 번째로, 불안/불확실성 관리 이론을 고려한다. 마지막으로, 체면협상이론은 체면에 대한 문화적 차이가 갈등 관리에 미치는 영향을 설명한다.

Hofstede의 문화적 차원

Geert Hofstede는 네덜란드의 경영 연구원으로, 문화 귀납이론을 발전시켰다. 구체적으로, 그는 문화가 어떻게 다른지를 판단하기 위해 전 세계 10만 명의 IBM 직원들로부터 통계 자료를 수집했다(Hofstede, 1980). 그 과정에서 그는 50개국과 3개 지역의 노동자들을 조사했다. 그의 분석은 문화를 구별하고 순위를 매기는 5가지 차원으로 귀결되었다(Hofstede, 1980; Hofstede, 1991; Hofstede & Bond, 1984). 각 차원은 연속체를 따라 어딘가에 분류된 독특한 문화와 함께 연속체로 설명된다.

• 개인주의-집단주의

Hofstede의 (1980) 첫 번째 차원은 개인주의-집단주의다. 이 차원은 사람들이 자신과 다른 사람들과의 관계를 정의하는 방법을 다룬다. 연속체의 개인주의 쪽에 속하는 문화는 네 가지 특성을 공유한다(Triandis, 1995). 첫째, 이러한 문화는 개인이 어떤 사회적 환경에서도 가장 중요한 실체라고 간주한다. 미국에서 들었던 몇 가지 일반적인 문구(매우 개인주의적인 문화)에 대해 생각해 보자. 자신의 책임을 넘어서는 일을 하라는 요청을 받았을 때, 미국인은 "나에게 무슨 이득이 있지?"라고 물어볼 가능성이 높다. 개인이 로맨틱한 관계를 끝내는 이유를 설명하면서, 그 사람은 "나는 내가 얻은 것보다 더 많은 것을 쏟아 부었다."고 말할 수 있다. 요컨대, 개인주의 문화에서, 초점은 다른 모든 관계보다 자신에게 맞춰있다.

둘째, 개인주의 문화는 의존보다는 독립을 강조한다(Triandis, 1995). 5장의 체면 욕구에 대한 설명을 상기하라. 긍정적인 체면은 인정받고 좋아지고 싶은 욕망이다. 부정적인 체면은 불가능에서 벗어나고 싶은 욕망이다. 팅투메이 (1988)는 개인주의 문화 속의 사람들이 집단 문화 속의 개인에 비해 부정적인 체면 요구에 상대적으로 더 중점을 두는 경향이 있다고 주장했다; 부과로부터 자유로이 되는 문화적 선호가 있는데, 이는 본질적으로 독립하고자 하는 욕구다.

셋째, 개인주의 문화는 개인의 성취를 보상한다(Triandis, 1995). 예를 들어, 미국 조직은 종종 공로 급여 및 직원 인식 프로그램을 사용한다. 이러한 프로그램은 특정 개인과 그 성과를 인식하는 데 중점을 두고 조직의 다른 직원보다 높은 성과를 제공한다. 마찬가지로, 개인의 성취는 경쟁의 가치에 수반되는 경향이 있다. 개인주의 문화에서 경쟁은 좋은 것으로 간주되지만, 집단문화에서 항상 그러한 것은 아니다.

　마지막으로 개인주의 문화는 각 개인의 고유성을 소중히 여긴다(Triandis, 1995). 이러한 문화에서, 군중에서 눈에 띄는 것은 매우 가치가 있지만, 집단 문화에서 다른 사람에서 눈에 띄는 것은 어색한 상황을 만들 수 있다. 두 가지 문화 속담의 변형을 고려해보자(Mieder, 1986). 미국의 속담 "삐걱 거리는 바퀴가 기름을 얻는다."는 것은 당신이 다른 사람과 자신을 구별되게 하면 보상을 받을 것임을 의미한다. 이에 따라 당신은 말하고 주목받아야 한다. "튀어나온 못은 망치를 맞는다."는 일본 속담은 처벌이 다름과 관련이 있다는 것을 암시한다. 즉, 다른 사람들과 똑같이 되는 것이 더 낫다.

　지금까지 우리는 개인주의에 대해 길게 이야기했지만 집단주의를 구체적으로 다루지 않았다. 집단주의는 내부 집단과 외부 집단에 기초한 사회 시스템을 말한다. 집단 문화에서 그룹(친척, 씨족, 조직)은 사람 간의 관계를 이해하는 핵심적인 방법이다. 정체성은 그룹 멤버십을 통해서만 이해된다.

　또한 집단주의와 관련된 네 가지 특성이 있다(Triandis, 1995). 첫째, 집단 문화에서 그룹의 견해, 필요 및 목표는 개인의 견해, 필요 또는 목표보다 더 중요하다. 많은 미국인들에게 가미카제 조종사나 자살 폭격기의 생각은 의미가 없다. 그러나 집단 문화에서 집단의 욕구는 개인의 욕구를 뛰어 넘는다. 이런 종류의 시스템에서, 그룹의 이익을 위해 죽는 것은 의미가 있다.

　둘째, 집단에 대한 의무는 집단문화의 규범이다; 행동은 개인의 쾌락이나 보상이 아닌 의무에 의해 행해진다(Triandis, 1995). 즐거움보다 의무에 맞춰진 초점은 짝을 선택하는 데서 명백히 나타난다. 개인주의 문화에서 사람들은 자신이 선택한 짝과 결혼할 '자유'가 있다. 반면, 집단 문화에서 잠재적 배우자에 대한 가족의 수용은 매우 중요한 사항이다(Dion & Dion, 1993).

셋째, 집단문화에서 자아는 다른 사람들과 구별되지 않고 다른 사람들과 관련하여 정의된다(Triandis, 1995). Jandt (2004)의 사례는 이 점을 가장 잘 보여준다. 콜롬비아에서 온 사람(더 집단주의적인 문화)이 미국에 온다고 상상해 보라. 미국인들은 개인의 업적을 통해 사람을 이해하기 때문에 미국에서 방문객들이 받는 공통적인 질문은 "당신은 무엇을 하며 살 것인가?"일 것이다. 그러나 콜롬비아에서 이 같은 사람에게 첫 번째 질문은 "당신은 누구와 친척인가?"일 것이다. 어떤 사람의 '연결'을 아는 것은 낯선 사람들이 그 사람을 특정 집단에 배치할 수 있게 한다.; 어떤 사람이 어디에서 왔는지 아는 것은 그 사람이 누구인지 아는 것과 같다.

넷째, 마지막으로 집단주의 문화권 출신들은 경쟁보다는 협력에 초점을 맞춘다(Triandis, 1995). 이러한 특성은 특히 집단주의 문화의 커뮤니케이션 방식에서 두드러진다. 집단주의 문화는 고맥락 커뮤니케이션 방식을 사용하는 경향이 있다(Hall, 1976). 암시적인 메시지는 명확성 또는 지향성보다는 관계적 조화를 제공한다.; 메시지는 불쾌감을 주지 않도록 간접적이거나, 순환적이거나, 무언의 경향이 있다. 수신자가 실제로 무엇을 의미하는지 적극적으로 이해하려고 노력할 것이라고 가정한다. 대조적으로, 개인주의 문화의 특징인 저맥락 커뮤니케이션 방식은 직접적이고 노골적인 아이디어 표현을 중시한다. 명시적인 커뮤니케이션에서 그 의미는 메시지에 있고, 때로는 '진실이 상처'가 될 수 있다.

우리는 개인주의와 집단주의 특유의 여러 가지 세부사항을 제시해 왔지만 개인주의와 집단주의는 모든 문화에서 함께 존재한다. 본질적으로 그들은 같은 동전의 양면이다. 그러나 어떤 문화는 연속체의 한쪽 끝이나 다른 쪽 끝에서 작용하는 경향이 있다. 다음으로는 Hofstede (1980)가 기술한 문화의 제2차원, 불확실성 회피를 살펴본다.

• 불확실성 회피

3장에서 불확실성의 개념에 대해 얘기했다. 문화적 차원으로서, 불확실성 회피는 문화 속의 사람들은 구조화되지 않았거나, 불분명하거나, 예측할 수 없는 것으로 인식되는 상황에 의해 긴장하게 된다(Hofstede, 1986, p.308). 애매모호함을 피하려는 문화는 높은 불확실성 회피 문화로 알려져 있다. 전형적으로 불확실성 회피가 높은 문화는 엄격한 행동 규범을 유지하고 절대적 진실에 대한 믿음을 지지한다. 예를 들어, 높은 불확실성 회피 문화에서 직장은 규칙, 정확성, 시간 엄수에 의해 유형화된다(Jandt, 2004). 비즈니스 미팅에 대한 선호도는 구조화된 의제가 될 것이며, 이는 엄격하게 지켜질 것이다(Lewis, 2000).

불확실성 회피가 낮은 문화는 모호성과 구조 부족을 더 쉽게 받아들이는 경향이 있다(Hofstede, 1986). 불확실성 회피가 낮은 문화권의 개인은 위험을 감수하고 혁신하며 '즉각적인 생각'을 중요시하는 경향이 더 높다. 확실히 미국 문화는 불확실성 회피가 낮다. 직장에서, 불확실성 회피가 낮은 문화권의 개인은 필요할 때만 열심히 일하는 경향이 있다(Jandt, 2004). 규칙은 종종 거부되거나 무시되고, 시간 엄수를 가르치고 강화해야 한다.

• 권력 거리

Hofstede (1980)가 밝혀낸 세 번째 차원은 권력 거리, 즉 사회에서 힘이 거의 없는 사람들이 불평등을 정상적이고 용인할 수 있다고 생각하는 범위다. 권력 거리가 높은 문화는 권력을 희소한 자원으로 받아들인다; 권력 차이는 자연스럽고 불가피한 것이다. 이런 종류의 문화에서는, 권력의 더 큰 중앙집권화와 지위와 계급에 대한 큰 중요성이 있다. 직장 내에서는 권력 거리가 높은 문화는 감독자가 많은 경향이 있고, 계층을 따라 각 업무를 분류하는 경직된 시스템, 그리고 계층의 최상단에 있는 사람들 사이에서만 의사결정을 하는 경향이 있다(Adler, 1997). 또한 높은 급여와 낮은 급여 간의 격차가 큰 경향이 있다(Jandt, 2004).

권력 거리가 낮은 문화는 권력 차이의 최소화를 중시한다(Hofstede, 1980). 비록 계층이 존재할 수 있지만, 상위 계층 사람들은 하위 계층에 있는 사람들보다 우월하다고 가정되지 않는다; 모든 계층의 사람들은 다른 모든 계층의 사람들에게 다가간다.

게다가, 권력 하층민들은 동기부여를 통해 열심히 일하면 권력을 얻을 수 있다고 믿는다(Hofstede, 1980). 직장에서 권력 거리가 낮은 문화는 부하직원과 공유된 의사결정을 권한을 부여하는 것으로 본다(Jandt, 2004).

미국은 이 권력 거리 스펙트럼의 하단부에 속하지만 매우 낮지는 않다. 미국의 보편적인 경영 방식은 '지위 달성'의 형태로, 지위는 노력, 개인적 야망, 경쟁력을 통해 얻을 수 있고, 효과적이고 당당하게 전시될 수 있다(예를 들어 비싼 차를 운전하거나 넓은 코너 오피스를 갖는 것 Ting-Toomey, 2005, p. 75). 그리고 다음의 통계를 생각해보면, 미국은 점점 더 권력 거리에서 더 높아져 가고 있는 것으로 보인다. 2013년 블룸버그 재무 자료에 따르면 포춘지 선정 500대 CEO의 급여는 1950년 이후 1,000% 증가했다(Smith & Kuntz, 2013). 1980년 CEO의 평균 연봉은 일반 근로자의 42배였다. 2008~2009년 '대공황'과 주식시장 붕괴 이후 CEO의 급여는 급하강했지만 빠르게 반등했다. 2015년까지 상위 CEO들은 일반 근로자보다 300배 많은 돈을 벌었다(Mishel & Davis, 2015). 이 수치는 미국에서 '부자'와 '부자'의 차이가 커지고 있음을 나타내는 통계를 반영한다; 부자들은 점점 더 부유해지고 있고, 가난한 사람들은 그 부를 공유하지 않고 있다. 미국 시민이 권력 차이가 허용될 수 있고 규범적이라고 생각되는 정도는 점점 더 높은 권력 거리를 허용한다는 것을 보여준다.

• 남성성(Masculinity)-여성성(Femininity)

Hofstede (1980)의 네 번째 차원은 생물학적 성의 관계와 성에 적합한 행동이라고 여겨지는 것에 초점을 맞추고 있다. 남성적 문화는 생물학적 성의 현실을 남성과 여성의 뚜렷한 역할을 만드는 것에 이용한다. 남성적인 문화에서, 남성은 적극적이고, 야심차고, 경쟁적일 것으로 기대되고, 여성은 지지하고, 양육하고, 배변할 것으로 기대되고 있다. 이러한 가치를 직장으로 환산하면, 남성적 지향을 가진 나라들은 관리자들이 결단력 있고 적극적이어야 한다고 믿는다(Jandt, 2004). 더 중요한 것은 여성들이 직장에서의 평등을 달성하는데 어려움을 겪는다는 점이다. 그들에게는 낮은 임금, 불안정한 일, 그리고 승진할 기회가 거의 주어지지 않는다(김, 2001).

미국은 남성적인 국가다. 여성이 조직생활에 진출하고 있지만, 여전히 상당한 임금격차(Brown & Patton, 2017)와, 유리천장은 현실로 남아 있다(Ezzedeen, Budworth, & Baker, 2015). 더욱이 여성들이 직장에서 성공하기를 바란다면 남성적인 규범에 부합할 것으로 기대되는 경우가 많다(Brands, 2015).

이와는 대조적으로, 여성 문화는 생물학적 성에 기초한 행동에 대한 역할이 덜 엄격하다(Hofstede, 1980). 남성과 여성은 똑같이 주장하거나 배변하거나 경쟁적이거나 양육하는 것이 허용된다. 엄격한 성역할 대신 여성문화에서 초점은 대인관계의 촉진과 약자에 대한 관심에 있다(Jandt, 2004). 직장에서 여성 문화는 물질적 성공보다 삶의 질을 추구하는 공감대와 선호를 드러낸다. 예를 들어, 매우 여성적인 문화인 스웨덴을 생각해보자. 스웨덴에서 법은 남성과 여성 모두 부모들과 고용의 균형을 맞출 수 있도록 허용한다. 아이를 낳거나 입양할 때 부모는 공동으로 480일 유급 육아휴직을 받을 수 있다('스웨덴의 양성평등', 2013).

• 장기 및 단기 지향성

Hofstede (1980)의 독창적인 연구는 처음 4차원이 끝난 후 중단되었다. 자신의 작품에 대한 서구적 편향이라는 비난에 대응한 Hofstede는 중국 학자들의 도움을 받아 추가 자료를 수집했고 결국 제5의 문화적 차원을 추가했다. 유교적 사고에 바탕을 둔 Hofstede(1991, 2001)는 이 차원을 장기 대 단기 지향성이라고 했다. 장기 지향성은 절약, 저축, 인내, 목표를 달성하기 위해 자기 자신을 종속시키려는 의지와 관련이 있다. 문화에서 장기 지향성을 가진 직원들은 일반적으로 강한 직업윤리를 가지고 있으며 먼 목표 달성을 주시하고 있다(Hofstede, 2001). 단기 지향성은 즉각적인 만족을 위한 욕구에 중점을 둔다. 이러한 문화권의 개인은 '남에게 뒤지지 않기 위해' 돈을 쓰는 경향이 있으며 장기적인 이익보다 빠른 결과를 선호한다(Hofstede, 2001). 직원들은 즉각적인 급여와 혜택을 추구하며 장기적으로 달성하기 위해 단기적으로 희생할 의사가 적다.

• 차원 결합

표 6.1은 5가지 차원에 8개 국가 또는 지역을 나타낸다(Hofstede, 2001). 한 차원에서 두 나라가 비슷하다고 해서 다른 차원에서도 비슷해지는 것은 아니라는 점에 유의한다. 게다가, 나열된 순위는 각 문화에 대한 일반화라는 것을 인식하라; 각 문화 내에 개별적인 변화가 존재한다. 마지막으로, 미국을 포함한 많은 나라에서, 동일한 문화내의 다른 집단들은 주어진 차원 내에서 상당히 다른 순위를 가질 수 있다. 예를 들어, 미국의 지배적인 문화는 개인주의지만, 연구원들은 아프리카계 미국인과 히스패닉계가 집단주의 쪽으로 더 많이 기울었다고 믿는다(e.g., Hecht, Collier, Ribeau, 1993).

표 6.1 Hofstede의 차원에 대한 국가 또는 지역의 순위

	개인주의-집단주의	불확실성 회피	권력거리	남성성-여성성	장기 / 단기
아랍권	모두 해당	보통	높음	보통 남성성	알 수 없음
이탈리아	높은 개인주의	보통	보통	극단적 남성성	단기
일본	모두 해당	극단적 높음	보통	극단적 남성성	장기
멕시코	보통 집단주의	높음	높음	극단적 남성성	알 수 없음
한국	높은 집단주의	높음	보통	보통 여성성	장기
스웨덴	보통 개인주의	극단적 낮음	매우 낮음	극단적 여성성	모두 해당
미국	극단적 개인주의	낮음	보통	높은 남성성	단기
베네수엘라	극단적 집단주의	보통	높음	극단적 남성성	알 수 없음

커뮤니케이션 수용이론

텍사스 토박이와 대화하는 동안 남부 사람의 독특한 느린 말투에 빠지거나 y'all을 사용하는 자신을 발견할 적 있나? 아마도 당신은 뉴요커와 대화할 때, 또는 유럽 휴가에서 돌아오면서, 당신이 갑자기 케이트 허드슨보다 케이트 미들턴과 더 비슷한 톤으로 말하는 것을 발견했을 것이다. 당신은 몇몇 동료들과 이야기할 때 속도를 내지만 다른 동료들과 이야기할 때는 말을 느리게 하는가? 커뮤니케이션 수용이론(CAT)은 당신의 언어와 언어 사용의 많은 변화를 설명할 수 있다.

원래 언어행위 수용이론(Giles, Mulac, Bradac, Johnson, 1987)으로 구상되었다가 나중에 커뮤니케이션 수용이론(Giles & Coupland, 1991년)으로 다듬어진 커뮤니케이션 수용이론은 우리가 다른 사람들과 교류할 때 우리가 커뮤니케이션을 어떻게 그리고 왜 적응시키는지 이해할 수 있는 유익한 플랫폼을 제공한다. 본질적으로, Giles와 동료들은 다른 사람들과 상호작용을 할 때 개인들은 파트너들의 연설과 일치시키거나 그들의 언어와 언어의 사용을 차별화함으로써 그들의 언어와 언어 패턴을 수용할 것이라고 주장한다. 이 절에서는 Giles와 동료들의 수용에 대한 개념을 수렴과 분산을 통해 설명한다.

• 내부 집단과 외부 집단을 통한 사회적 정체성 전달

Giles와 Coupland (1991)는 개인이 민족, 성별, 인종, 종교에 근거하여 광범위한 사회 집단에 속한다고 가정했다. 게다가, 그들은 이 집단들이 각 개인의 집단 정체성을 형성한다고 주장했다. 예를 들어, "미국의 대부분의 소수 민족 집단은 아무리 작아도 그들의 민족적 가치, 사회화 관행, 문화를 지속시키기 위해 비슷한 유산을 가진 다른 사람들을 가진 공동체를 형성하는 경향이 있다."(Vivero & Jenkins, 1999, p. 9). 마찬가지로 결혼 여부(예: 기혼), 정치적 연대(예: 공화당), 경력(예: 홍보이사), 민족성(예: 아일랜드

계 미국인)과 같이 모두 당신이 자신을 인식하는 방식과 타인이 당신을 인식하는 방식에 영향을 미치는 사회 집단을 나타낸다.

좋든 싫든 인간은 정보를 분류해 단순화하고 이해한다. 우리가 일반적으로 다른 사람들과 우리 자신을 분류하는 한 가지 방법은 이러한 사회적 정체성 그룹을 이용하는 것이다; 이러한 무리들은 내부 집단과 외부 집단으로 나뉜다. 내부 집단은 개인이 소속감을 느끼는 사회적 소속이다(Giles & Coupland, 1991). 외부 집단은 한 개인이 소속되어 있지 않다고 느끼는 사회적 소속이다. 예를 들어, 직장에서 당신은 당신의 팀이나 부서에서 온 멤버들과 함께 해피 아워에 갈 수 있지만, 다른 부서 멤버들과 어울리는 것이 어울리지 않는다고 느낄 것이다. 마찬가지로, 만약 당신이 회사 소프트볼 리그에서 뛴다면, 비록 당신이 이전에 상호작용을 하지 않았더라도, 당신의 팀원들은 내부 집단이 될 수 있다.

내부 집단과 외부 집단은 커뮤니케이션 수용이론을 이해하는데 중요하다. Giles와 Coupland (1991)에 따르면 언어, 연설, 그리고 비언어 메시지는 모두 자신의 내부 집단과 외부 집단의 상태를 전달한다. 예를 들어, 만약 여러분이 최근 10대 그룹 주변에 있었다면, 여러분은 비속어(언어)에 대한 서투른 태도와 신체에 피어싱이 부족(비언어적 인조물)하다는 점이 당신을 그들과 분명하게 구별되게 하기 때문에 외부 집단의 많은 부분을 느낄 수 있다. 10대 아들이 "오늘 밤에 어디 가니?"라는 간단한 질문에 "NONYA"라고 중얼거릴 때 그는 당신(엉뚱한 중년 부모)과 자신(신세대)을 차별화했다. 단순히 "너와는 상관없는 일이야"라고 말하는 대신, 그가 트위터 속어를 사용한 것은 그가 도대체 무슨 말을 하고 있는지 궁금하게 만들었고, 그로 인해 그는 어떤 말을 하고 있는지 궁금하게 만듦으로써 그의 세대와 당신 세대 사이에 틈이 생기게 만든 것이다.

비속어를 사용하여 내부 집단과 외부 집단의 상태를 만드는 것은 직장 내에서도 적용된다. 각 직업에는 단어와 의미에 정밀성을 부여할 뿐만 아니라 뚜렷한 집단을 형성하고 유지하는데 도움을 주는 전문 용어, 또는 전문 용어의 집합이 있다. 따라서 전문 용어는 훈련과 경험이 비슷한 사람들을 포함하며 다른 모든 사람들을 제외한다. 회사 정보기술

(IT) 부서의 구성원은 기술적이지 않은 사고방식을 위협하는 컴퓨터 전문 용어를 사용할 수 있다. 예를 들어, Karen이 웹사이트 비밀번호로 인해 겪고 있는 문제에 대한 질문을 가지고 회사의 IT 부서에 전화를 걸면 도움 데스크 관리자가 그녀에게 "당신 ISP가 뭐야?"라고 묻는다. Karen은 ISP가 무엇인지 전혀 알지 못하고, 그녀가 어떤 ISP를 사용하고 있는지는 말할 것도 없다. 이 경우 도움 데스크 관리자는 Karen과 같은 외부 집단 구성원 및 다른 부서의 직원과 단순히 습관적으로 통신할 때 본의 아니게 이 전문 용어를 사용할 수 있다. 반대로, 관리자는 외부 집단을 위협하거나 자신의 신뢰성을 높이기 위해 의도적으로 전문 용어에 의존할 수 있다. 자신의 ISP가 무엇인지 모르기 때문에 Karen은 열등감을 느낄 수도 있고 도움 데스크 관리자가 복잡하고 귀중한 정보를 소유하고 있다고 인식할 수도 있다. Karen은 심지어 도움 데스크의 직원들이 쉬운 영어로 설명하지 못하는 것 같아 답답하거나 짜증이 날 수도 있다. 중요한 것은, 그렇다면 전문 용어는 포괄적이면서도 배타적이므로, 외부 집단의 구성원들과 함께 신중하게 사용해야 한다는 것이다.

• 수렴 또는 분산을 통한 수용

개인은 자신의 언어와 대화 패턴을 다른 사람과 동화시키거나 타인으로부터 벗어나기 위한 노력의 일환으로 자신의 말과 대화 패턴을 수용한다(Giles & Coupland, 1991). 그리고 Giles와 Gasiorek (2014)이 주장하는 바와 같이, 이러한 조정 능력은 '성공적인 상호작용의 근본적인 부분'이다(p.155). 어떤 사람이 집단의 일원으로 보이기를 원할 때, 커뮤니케이션 수용이론은 이 사람이 수렴(convergence)에 의해 수용될 것이라고 예측한다. 즉, 대화 상대와 일치하도록 말과 행동을 바꾸게 된다. 대화에는 단어 선택, 발음, 음의 높낮이, 말의 속도, 심지어 미소나 시선 같은 제스처까지 포함된다. 예를 들어, 초등학교 교사들은 어린 학생들을 수용하기 위해 더 많은 표현력 있는 언어, 느리게 말하기, 짧은 단어 또는 구문을 사용하여 종종 그들의 연설을 집중시킨다. 개인은 그들의 연설과 잘 맞을 때, 수용하고 이해한다. 대인관계의 매력은 또한 수렴으로 이어진다(Giles et al., 1987). 즉, 사람이 호감이 가고 카리스마가 있으며 사회적으로 숙련된 사람일수록 당신은 그 사람의 커뮤니케이션 패턴에 맞추려고 노력할 가능성이 높다.

반대로, 개인들이 특정 그룹과 연관되는 것을 원하지 않거나, 어떤 사람을 상호작용적으로 매력적이라고 생각하지 않을 때가 있다; 때때로 당신은 특정한 군중들과 자신을 차별화하고자 한다. 이 경우, 분산(divergence)을 통해 말을 바꾸게 된다. 파트너의 커뮤니케이션 패턴과 일치하기 보다는, 여러분은 자신의 연설을 다르게 만드는 것을 추구할 것이다. 의도적으로 파트너의 말투에서 벗어나는 것은 반대나 거절의 신호다. 유치원 교사는 잘못된 행동으로 반 아이들을 훈육할 때 보다 엄중한 어조를 사용할 수 있다. 마찬가지로, 당신은 단순히 어른의 권위에 대항하기 위한 방법으로 16살짜리 이웃이 그녀의 친구들과 연속적으로 대화하는 것을 엿들을 수도 있다. 발언자에 대한 의견 불일치나 거부의 표현 외에, 일탈도 누군가의 문화적 정체성(예: 미국에 살고 있음에도 스코틀랜드 억양을 유지하는 것)이나 누군가의 지위 차이(예: 환자와 대화할 때 의사가 정교한 의학 용어를 사용하는 것)를 잘 보여준다.

• 이론 확장: 유지관리와 비수용

내부·외부집단의 상호작용에 접근하기 위한 선택사항으로 수렴(convergence)과 분산(divergence)만 있는 것은 아니다. 이 이론을 확장하면서, Giles와 동료들은 그러한 상호작용을 관리하거나 관리하지 못하는 두 가지 추가적인 방법을 발전시켰다(Giles, Willemyn, Gallois & Anderson, 2007). 유지관리(Maintenance)는 단순히 조정의 부재한 경우다. 아마도 외부 집단 구성원은 자신과 내부 집단 사이의 사회적 거리 인식에 대해 모르고 있을 것이다. 아니면 그 외부 집단의 구성원이 신경을 쓰지 않거나 조정하지 못하는 경우일 수도 있다. 다소 다른, 비수용(nonaccommodation)은 성공적으로 상호작용 하기에는 너무 많거나 너무 적은 조정인 과도한 수용과 불충분 수용을 포함한다. '딱 맞다'는 것을 얻기 위해 세 가지를 시도해야 했던 골디락스와 마찬가지로, 사회적 소속을 보여주거나 이해하기에 충분할 정도로 실시간으로 상호 작용을 수용하려고 시도하는 것은 어려울 수 있다. 중요한 것은 Giles와 Gasiorek (2014)이 비수용은 주관적인 평가라는 점을 상기시킨다. 당신의 친구가 그것을 잘난 체하는 것으로 보는 동안 당신은 어휘를 단순화하려는 시도에 감사할 수 있다. 첫 번째 경우에는 어휘를 단순화하려는 시도를 수용으로 보지만, 두 번째 경우에는 과도한 수용으로 본다.

• 누가 누구를 수용할 것인가?

집단 마다 수용의 차이점은 다문화 사회에서 인식된 지위, 권위, 문화적 사회적 정체성의 중요성에 대해 많은 것을 말해주기 때문에 주목할 가치가 있다. Larkey (1996)는 연구에 대한 검토에서 일터에서 인종, 민족, 성별을 볼 때 유로 아메리칸 남성 직원들은 전형적으로 커뮤니케이션 방식을 유지한다고 보고했다; 미국과 유럽의 대부분에서 는 이것이 '표준'으로 정의되기 때문에 그들은 대화 상대와 관계없이 커뮤니케이션 방식을 유지한다.

반대로 소수민족 직원(여성, 인종 구성원, 소수민족 구성원 포함)은 전형적으로 조직 내에서 지위를 얻기 위해 이 '표준'에 수렴할 것으로 예상된다. 지속적인 수렴은 소수 구성원들을 딜레마에 빠뜨림으로써 소수 구성원들에게 인지적 부조화를 일으킬 수 있다; 그들의 문화적, 사회적 정체성은 기대되고 보상되는 주류 언어 패턴을 사용할 때 흐려진다.

• 수용의 함정

수용이 항상 현저히 적절하거나 효과적인 것은 아니다(Giles & Coupland, 1991). 의심스러울 때, 개인은 수용 여부를 결정하기 위해 사회적 규범에 의존한다. 규범은 사회적 행동을 인도하는 암묵적 기대감이다. 따라서 우리는 수용할 것인가, 말 것인가를 결정할 때 사회적 적절성에 대한 우리의 인식에 의존해야 한다. 표 6.2는 수용의 결과를 제공한다. 두 유형의 수용에 대한 긍정적인 결과와 부정적인 결과를 모두 기록했다.

표 6.2 조절의 결과		
	긍정적 효과	부정적 효과
수렴	매력증가; 사회적 승인; 설득력 증가	외부 집단에 대한 잘못된 고정관념; 인식된 겸손; 개인의 정체성 상실
유지	개인의 정체성 유지	흥미나 노력의 뚜렷한 부족; 지나치게 경직된 것으로 인식
분산	권력 차이 주장; 동정심 증가	외부 집단에 대한 경멸감; 심리적 거리 증가

• 수용과 리더-구성원 교환 이론

수용의 개념은 많은 실질적인 시사점을 가진다. 수용의 개념과 리더-구성원 교환 (LMX)이라는 이론 사이에 한 가지 특별한 연결고리가 만들어질 수 있다. Graen과 동료들에 의해 개발된 리더-구성원 교환이론은 리더십이 상급자와 부하직원 사이의 대인관계로 구성되며 모든 관계가 동등하게 만들어지는 것은 아니라는 것을 인정한다. 조직 내부에는 외부 집단과 내부 집단도 존재한다. 시간과 자원이 한정되어 있기 때문에, 감독관들은 모든 직원들과 같은 양의 에너지를 발휘할 수 없다. 이에 따라 윗사람과 아랫사람 사이의 관계는 연속적으로 배치될 수 있다. 한쪽 끝에는 리더-부하 간 교환 관계가 있다. 내부 집단 관계라고 여겨지는 리더-구성원 교환 관계는 상호 신뢰, 사회적 지원, 호감이 특징이다. 리더-구성원 교환 관계에서 조직 구성원 간의 상호 작용이 다른 유형보다 훨씬 더 많다.

연속체의 다른 쪽 끝에는 감독 교환 관계(SX 관계)가 있다. 감독관과 부하직원의 상호 작용은 전적으로 그들이 수행하는 역할과 조직이 제공하는 계약상 의무에 의해 정의된다. 요컨대, 감독 교환 관계는 외부 집단 관계로서 비인격적이며, 우수한-하위 상호작용이 거의 일어나지 않는다.

연속체의 중간 지점에는 중간 집단 관계가 있다. 놀랄 것도 없이, 이러한 관계들은 리더-구성원 교환과 감독 교환 관계의 요소들을 모두 포함한다. 상호작용은 종종 비인격적이지만, 때때로 사회적 지원의 조항이 있다. 감독자와 부하직원 사이에 적당한 신뢰와 호감이 발생한다. 그러나 중간 그룹의 개인은 종종 자신이 그 그룹에 속하지 않는다는 것을 알고 있다.

이러한 다양한 유형의 관계에서 실제적인 의미는 조직적 결과 면에서 심오하다. 리더-구성원 교환 관계는 높은 직원 직무 만족도, 관리자에 대한 더 큰 만족도, 더 높은 조직적 헌신과 관련이 있다(Nystrom, 1990; Vecchio, Griffeth, 1986). 이러한 유형의 관계에서 부하직원은 더 혁신적인 행동과 더 큰 조직 시민권(예를 들어, 많은 업무량을 가진 다른 사람을 돕고, 묻지 않고 도움을 제공하고, 다른 사람의 문제를 경청하고, 신입 사원을 돕기 위해 자신의 방식에서 벗어나는 것)을 증명하기도 한다. 그 반대의 경우도 있다(Manzoni & Barsoux, 2002). 상사와 감독 교환 관계를 가진 사람들이 직무 만족도가 낮고, 관리자에 대한 만족도가 낮으며, 조직의 헌신도가 떨어지며, 더 많은 부적합한 행동을 하게 된다(예: 부당한 휴식, 다른 사람에게 알리지 않고 결석하는 것, 개인적인 대화에 시간을 보내는 것, 회사 규칙을 위반하고 불평하는 것, 불평하는 것).

분명히, 리더-구성원 교환 관계는 조직에 이롭다. 주어진 관리자와 직원 사이에 발전할 관계의 유형을 결정하는 것은 무엇인가? 연구는 일관되게 두 가지 요인을 지적한다. 첫째, 단순한 호감이 영향을 미치는 경향이 있다. Dockery와 Steiner (1990)는 좋아하는 것이 인지된 유사성과 가장 관련이 있다는 것을 발견했다. 관리자와 직원 사이에 인지된 유사성이 많을수록 리더-구성원 교환 관계일 가능성이 더 높다. 따라서 가족, 돈, 진로, 전략, 목표, 교육에 대한 태도의 유사성이 리더-구성원 교환 관계에 이롭다. 이 같은 태도의 유사성은 인구학적 유사성(예: 나이, 성별, 인종)보다 더 중요하다. 커뮤니케이션 수용이론을 리더-구성원 교환 관계의 발전과 연결시켜, 직원이 상사와 리더-구성원 교환 관계를 발전시킬 수 있는 한 가지 간단한 방법은 그 또는 그녀와 수렴하는 것이다.

둘째, 성과가 영향을 미친다. 그러나 성과에 대한 인과관계는 명확하지 않다; 높은 직원성과가 리더-구성원 교환 관계로 이어지는가, 아니면 리더-구성원 교환 관계가 높은 직원성과로 이어지는가? 두 가지 설명 모두 일리 있다; 높은 성과를 거둔 사람들이 그들의 감독관으로부터 더 많은 신뢰와 존경을 받을 가능성이 높지만, 신뢰와 존경을 받은 사람들이 더 높은 수준에서 성과를 낼 수도 있는 것도 사실이다. 그럼에도 불구하고, 상사가 직원을 고도로 숙련된 것으로 인식할 때, 상사는 리더-부하 간 교류 관계를 발전시킬 가능성이 더 높은 것으로 보인다. 불행히도 리더-구성원 교환 관계와 성과 사이의 관계는 연구자들이 좋아할 만한 만큼 명확하지 않다. 한 연구에서는 내부 집단의 부실한 근무자가 실제 근무 실적과 무관하게 여전히 높은 성과급을 받은 반면, 외부 집단의 근무자의 평점은 실제 근무 실적과 더 일치한다는 것을 발견했다(Duarte, Goodson, Klich, 1993). 보다 최근에 연구자들(Dunegan, Uhl-Bien, Duchon, 2002)은 본질적인 직무 만족도, 높은 직무 모호성 및 낮은 갈등과 같은 특정 우발상황이 리더-구성원 교환/성과 관계를 높인다는 것을 발견했다. 모든 것을 말해, CAT는 대인관계 커뮤니케이션에서 수렴(convergence)과 분산(divergence) 경험을 설명하고 예측한다. 사람들은 사람을 좋아하거나 우리 자신을 집단의 일부로 인식할수록, 우리는 집단의 언어 패턴에 더 잘 적응하고 일치시킬 가능성이 높다. 우리의 차이점이나 지위, 혹은 독특한 문화적 정체성을 더 많이 전달하고 싶을수록, 우리는 우리의 연설과 파트너의 말을 차별화할 가능성이 더 높다. 그러나 대화 참여자는 수용이 항상 효과적이거나 잘 받아들여지는 것은 아니며 직장 관계에 영향을 미칠 수 있다는 것을 알아야 한다.

불안·불확실성 관리이론

이 장에 수록된 세 번째 문화기반 이론은 불안·불확실성 관리이론이다(AUM). William Gudykunst (1985, 1993, 1995, 2005)에 의해 개발 및 정제되고 불확실성 감소이론에 분명히 영향을 받은(제3장 참조) 불안·불확실성 관리이론은 커뮤니케이션 효과와 문화

간 조정은 이문화 간의 불안과 불확실성을 줄이는 복합적인 결과라고 예측한다. 불확실성 감소이론(URT)과 불안·불확실성 관리이론의 주요 차이점은 맥락이다. 불확실성 감소이론이 대인관계 만남에 초점을 맞추는 반면, 불안·불확실성 관리이론은 서로 다른 문화적 배경을 가진 사람들이 상호 작용하는 문화 간의 만남에 초점을 맞추고 있다. 구체적으로, 불안·불확실성 관리이론은 문화 간 불안과 불확실성에 대한 인식을 염두에 두고 그룹 간 참여자들이 이러한 불안을 감소를 관리하도록 동기를 부여한다고 주장한다. 거의 20년 넘게 발전했지만 여전히 진행 중인 작품인 이 이론은 47개의 공리와 수많은 이론들을 채택하고 있다. 이 장에서는 불안·불확실성 관리이론의 핵심 원칙과 예측을 제시하면서, 우리의 요약이 Gudykunst의 이론을 단순화한 버전임을 인식한다.

비록 불안·불확실성 관리이론이 지난 30년 동안 많은 수정을 거쳤지만, 한 가지 중심적인 가정은 문화 간의 만남에서 적어도 한 사람은 낯선 사람이라는 것이다(Gudykunst, 2005). 커뮤니케이션 수용이론과 함께 논의된 내부·외부 집단의 개념과 유사하게, 불안·불확실성 관리이론은 문화적 이방인을 외부 집단의 구성원으로 보는 반면, 문화 원주민들은 내부 집단의 구성원으로 보았다. 낯선 사람이 되기 위해 외국에 갈 필요가 없다. 교외 구역에서 도시 근교로 이주하거나, 전통시장에서 특산품 고기나 약초를 구입하거나, 군대에서 민간인의 생활로 돌아오거나, Amish(현대 기술 문명을 거부하고 소박한 농경생활을 하는 미국의 한 종교집단) 목수에게 맞춤 가구를 주문하는 것은 모두 낯선 땅에서 이방인처럼 느껴지는 예일 수도 있다. 불안·불확실성 관리이론의 두 번째 가정은 낯선 사람이 문화적 내부 집단의 구성원과 상호작용을 할 때 불확실성과 불안이 많다는 것이다. 불안·불확실성 관리이론에 따르면 불확실성과 불안은 서로 관련이 있지만 각각 뚜렷한 개념이다. 불확실성 감소이론과 일치하는, 불안·불확실성 관리이론은 인지적 불확실성으로 인해 개인이 문화 간의 상황에서 그들 자신의 행위나 파트너의 행동을 설명하거나 예측할 수 없게 된다는 것을 주장한다(Gudykunst, 1993). Gudykunst는 낯선 사람들과 내부 집단의 구성원들이 새로운 대인관계, 그룹 간 상황에 직면했을 때 항상 어느 정도 불확실성을 느낀다고 가정했다. 그러나 불확실성 감소이론과 달리 불안·불확실성 관리이론은 서로 다른 집단이나 문화를 가진 사람들 사이에 교류가 이루어지면 개인이 문화적 차이에 과민하게 된다고 주장한다. 모든 불확실성이 해가 되는 것은 아니다. Gudykunst (1993)는 이는 개인의 불확실성에 대한 최소 및 최대 임계값에 따라 다르다고 보고했다. 너무 많은 불확실성은 파트너의 행동에 대해 유용한 예측을 할 수 없게 하는 반면, 너무 적은 불확실성은 자신과잉으로 이어져 오해의 시작이 될 수 있다. 그러나 상호 작용 파트너의 행동에 대한 불확실성을 적절히 식별하고 줄일 수 있다면 귀속적 신뢰를 성공적으로 달성할 수 있을 것이다(Gudykunst & Hammer, 1988). 직업 스트레스와 같은 불확실성의 문턱을 생각해보라; 너무 많은 스트레스는 직원들을 압도하고 무력하게 만드는 반면, 너무 적은 스트레스는 노력과 지루함을 초래한다. 그러나 적절한 스트레스(eustress라고 불리는; 긍정적 결과를 가져오는 스트레스)는 직원이 자신의 능력을 발휘하도록 동기를 부여한다.

그룹 간 파트너들이 왜 그리고 어떻게 행동할지에 대한 불확실성 외에도 문화 간 만남에서도 불안감이 존재한다. 불확실성과 관련이 있지만, 불안은 부정적인 결과에 대한 불안, 걱정 또는 두려움의 감정 상태를 말한다(Gudykunst & Hammer, 1988) 예를 들어, 내부 집단의 구성원들이 문화적으로 낯선 사람에 대해 편견을 가지거나 편견을 갖는 것처럼 보이기를 원하지 않기 때문에, 문화 간 상호작용에서 불안이 커질 수 있다. 불확실성과 마찬가지로 불안도 최소와 최대 한계점에 의해 작용된다. 문화적 이방인과의 상호작용에 대한 지나친 불안은 고정관념에 의존하게 한다; 다시 말해서, 지나친 불안은 상황에 대해 비판적으로 생각하는 사람들의 능력을 제한시켜, 그들을 단순한 스키마를 이용하도록 강요한다. 반대로 불안감이 너무 적은 것은 커뮤니케이션에 대한 동기부여의 부족과 관련이 있다. 다르게 말하면, 만약 당신이 당신의 행동의 결과에 대해 어떠한 망설임도 가지고 있지 않다면, 당신은 전혀 상호작용하려는 동기를 얻지 못할 수도 있다. Griffin(2006)은 '추악한 미국' 관광객(현지인이나 그 문화를 무시하는 거만한 미국인)의 전형적인 예를 제공한다. 시간을 들여 현지인들에게 어떻게 인식될 것인가를 고민하지 않는 관광객들은 무례하고 무감각하게 굴기 쉬운 반면, 무능해 보이는 것에 대해 걱정하는 관광객들은 원주민들과 어울리기 위해 더 많은 노력을 할 것이다.

표 6.3에 제시된 불안·불확실성 관리이론의 47개 공리는 집단 간 커뮤니케이션에서 문화적 이방인의 행동을 예측하는 데 있어 사람이 얼마나 불안과 불확실성을 경험할지를 예측하는 7가지 일반적인 요인으로 분류함으로써 더 쉽게 설명할 수 있다 (Gudykunst, 2005). 각 요인에는 그룹 간 상호작용 중 불안과 불확실성의 증가 또는 감소를 예측하는 수많은 예측이 포함되어 있다. 불안·불확실성 관리이론은 이러한 불안과 불확실성을 적절히 감지하고 감소시켜야 효과적인 커뮤니케이션이 가능하다고 예측한다. Gudykunst(1995)에 따르면, 모든 메시지는 전달되기 위해 해석되어야 한다. 효과적인 커뮤니케이션은 "메시지를 해석하는 사람이 메시지를 전송하는 사람이 의도한 것과 상대적으로 유사한 의미를 메시지에 첨부할 때 일어난다"(p.15). 즉, 오해가 최소화되었을 때, 메시지를 받은 사람은 발신인이 의도한 의미와 일치하는 방식으로 의미를 해석한다. Becker (2012)가 각색한 다음과 같은 문화 간 비즈니스 교류를 상상해 보라. 미국인 사업가 Alexandra가 싱가포르의 잠재적 사업 파트너인 Karthik과 만나 동남아시아에서 사용할 신제품 개발에 대해 논의한다. 오랜 회의 끝에 신제품의 타당성을 조사한 뒤 생산에 들어가기로 합의했다. 그들이 같은 입장에 있다고 가정할 때, 그 두 사람은 결코 '연구'가 의미하는 바를 논하지 않는다. Alexandra에게 리서치는 4주 동안 전화 조사를 하기 위해 시장 조사 회사에 계약하고, 데이터를 분석하며, 생산에 들어가기 전에 제안서를 조정하는 것을 의미한다. Karthik에게, 연구는 몇몇 친구들에게 그들의 의견을 묻는 것을 의미한다. 그들은 동의한다고 믿고 회의장을 나가지만, 분명히 효과적인 커뮤니케이션은 일어나지 않았다. 불안·불확실성 관리이론에 따르면, 커뮤니케이션 효과의 핵심은 마음가짐이다(Gudykunst, 2005; Miller & Samp; 2007). 의식적인 커뮤니케이션은 어떤 상황에 대한 고정관념이나 자동 반응에 의존하기 보다는 사려 깊고 의식적인 행동을 제안한다. 마음가짐이 있으면 상황을 파악하고, 소통을 반성하고, 늘리기 위해 노력하고 있기 때문에 불안과 불확실성 관리에 관여할 수 있다. 표 6.3에 열거된 불안과 불확실성의 예측변수를 상기해보자. 이러한 예측 변수 각각을 의식하는 것은 불안과 불확실성을 줄이는 데 도움이 되며, "이것은 결국 커뮤니케이션의 효과와 문화 간 조정과 같은 긍정적인 커뮤니케이션 결과를 이끌어낸다."(Ni & Wang, 2011, p. 272). 따라서 문화 간 조정은 불안과 불확실성을 긍정적으로 줄이는 2차적 결과이며, 이에 따라

문화적 외부 집단의 구성원이 정서적으로 안정적이고, 사회적으로 적절하며, 커뮤니케이션 능력이 있다고 느낀다(Gudykunst, 2005). 불안·불확실성 관리이론이 압도적으로 보일 수 있지만, 적어도 문화 간 커뮤니케이션 효과에 대한 공리의 수많은 양과 예측에 관해서는, 문화 간 커뮤니케이션 자체가 복잡하고 역동적인 과정이라는 것을 기억하라. 문화적으로 낯선 사람들과 교류할 때 개개인이 불안과 불확실성을 줄일 수 있도록 배려하는 마음가짐을 사용하는 데 분명한 중점을 두고, 불안·불확실성 관리이론은 포괄적이면서도 쉽게 적용할 수 있는 방식으로 이러한 현상을 포착하기 위해 노력을 기울인다.

표 6.3 문화 간과 집단 간 상호작용에서의 불안과 불확실성 예측

자아개념	개인의 자아개념(자존감, 개인적 정체성, 사회적 정체성 포함)은 불안과 불확실성에 영향을 미친다. 구체적으로는 개인의 자아개념이 위협받을 때 문화 간 불안이 가중되고, 문화적 이방인에 대해 정확한 예측을 할 가능성이 적다고 AUM은 예측한다. AUM은 문화 간 상호작용이 개인의 자아개념을 지지할 때 그 반대되는 입장을 취한다. 즉, 집단 간 거래는 자신의 자아개념을 뒷받침할수록 불안과 불확실성이 줄어들어 낯선 사람의 행동을 예측하는 개인의 능력이 높아지게 된다.
낯선 사람과 상호작용하는 동기	예측가능성, 집단 포용성, 정체성, 지속가능성에 대한 개인의 욕구는 불안과 불확실성에 영향을 미친다. 즉, AUM은 문화적 이방인의 행동을 예측하는 개인의 능력이 증가함에 따라 불안과 불확실성을 감소시킨다고 주장한다. 반대로 AUM은 집단포용의 필요성이 클수록 개인의 불안과 불확실성은 커져서 행동에 대한 정확한 예측을 할 가능성이 낮다고 주장한다.
낯선 사람에 대한 반응	공감, 모호성에 대한 관용, 집단 간 태도의 경직성은 불안과 불확실성에 영향을 미친다. 구체적으로 AUM은 공감과 모호성을 용인하는 능력은 불안감을 줄이고 행동에 대한 정확한 예측을 하는 능력을 향상시킨다고 예측한다. 반대로 AUM은 부정적인 행동을 예상하고 비슷한 점을 거의 인지하지 못하며 집단 간 이해가 거의 없을 때 불안감이 커질 것으로 예측하고 있다.
낯선 사람에 대한 사회적 분류	긍정적인 기대, 인지된 유사성, 집단 간 지식은 불안과 불확실성을 줄여 낯선 사람의 존재를 정확하게 예측하는 능력을 높인다. 특히 AUM은 긍정적인 기대감, 인지된, 유사성, 집단 간 지식의 증가 등이 불안감을 줄여 정확한 행동 예측 능력을 높일 것으로 전망했다. 반대로 AUM은 부정적인 행동을 예상하고 비슷한 점을 거의 인지하지 못하며 집단 간 이해가 거의 없을 때 불안감이 커질 것으로 예측하고 있다.

상황 과정	인지된 내부 집단의 권력과 협동-경쟁적 업무성격이 불안과 불확실성에 영향을 미쳐 낯선 사람의 행동을 정확하게 예측할 가능성이 높아진다. 구체적으로 AUM은 내부 집단의 구성원 수가 증가하거나 거들먹거리는 사람이 있다고 인지할수록 문화적으로 낯선 사람에 대한 불안감이 완화될 것이라고 예측했다. 마찬가지로 집단 간 상호작용이 협력적 업무에 집중되면 불안은 줄어든다.
낯선 사람과의 관계	매력, 상호의존성, 낯선 사람과의 접촉의 양과 질은 개인의 불안과 불확실성을 줄임으로써 낯선 사람의 행동을 정확하게 예측하게 한다. 낯선 사람에 대한 사회적 매력과 상호의존도가 높아지면서 불안과 불확실성이 줄어든다는 게 AUM의 전망이다. 마찬가지로 AUM은 낯선 사람들과 더 많은 시간을 보내는 것이 불안과 불확실성을 감소시킬 것을 제안한다.
윤리적 상호작용	AUM은 타인에 대한 존경과 품위를 보여주는 것은 물론 낯선 사람과 도덕적 포괄성을 함께 하는 것이 불안감과 불확실성을 감소시켜 낯선 사람의 행동을 정확하게 예측하게 할 가능성이 높다고 예측한다.

갈등 체면협상이론(Conflict Face Negotiation Theory)

5장에서는 대인관계 커뮤니케이션(IPC)과 공손이론(PT)에 관해 '체면'의 중요성에 대해 논했다. 즉, 개인은 일반적으로 파트너의 체면 욕구에도 주의를 기울이면서 자신의 긍정적 체면 욕구와 부정적 체면 욕구의 균형을 맞추려고 노력한다. 문화 간 소통의 맥락 안에서 체면과 사회적 정체성의 개념이 다시 등장한다. 그러나 이번에는 Ting-Toomey (1988, 1991b, 2005, 2017)가 체면을 이용해 갈등 관리와 관련된 문화적 차이를 설명하고 예측한다. 구체적으로, Ting-Toomey의 연구는 개인주의와 집단주의 문화의 체면에 대한 관심과 체면 욕구간의 차이를 보여주었다. 좀 더 구체적으로, 서로 다른 체면은 갈등에 대한 접근 방식에 영향을 미친다. 갈등 체면협상이론(FNT)은 갈등의 문화적 차이를 서로 다른 체면 욕구와 갈등 스타일을 결합한 결과로 설명한다.

• 체면과 문화지향의 결합

체면협상이론은 체면에 대한 이해로 출발한다. 5장에서 제시된 바와 같이, 체면은 개인이 타인에게 보여주고 싶은 자기 이미지다(Brown & Levinson, 1978, 1987, Goffman, 1967). 그 체면에는 긍정적 차원과 부정적 차원 두 가지가 포함되어 있다는 것을 상기해라. 긍정적 체면은 호감을 느끼고, 감사하고, 존경받을 필요가 있음을 포함하고, 부정적 체면은 다른 사람의 제약이나 강요 없이 자유롭게 행동하고 싶은 욕구를 강조한다. 체면은 일방적 개념이 아니다; 체면에는 우리 주변에 그들 자신의 체면 욕구가 있다는 인식도 포함되어 있다. 타인의 체면 욕구(긍정적이거나 부정적인 것 모두)에 대한 인식은 체면에 관심을 갖는 것으로 알려져 있다(체면에 대한 완전한 논의는 5장 참조).

이 장의 앞부분에서 논의된 Hofstede(1980)의 연구는 여러 차원을 따라 문화를 분류했다. 체면협상이론의 중심은 이 장의 앞부분에서 설명한 개인주의-집합주의, 고맥락-저맥락 및 권력 거리다(Ting-Toomey, 2017 참조). 체면협상이론은 개인주의적이고 맥락 관여가 낮은 문화의 구성원들이 주로 부정적인 체면에 초점을 맞춘다고 주장한다. 즉 그들은 자신감 있고, 자기 주도적이며, 독립적이라고 자신을 표현하는 것을 선호한다(Ting-Toomey, 1988). 반대로, 집단주의적이고 높은 맥락 문화의 구성원들은 자신들을 호감 가는, 협력적인, 그리고 관계를 형성하는 데 관심이 있는 것으로 나타내며, 주로 긍정적인 체면을 강조한다. 이와 유사하게, 권력 거리가 낮은 문화의 구성원들은 개인을 동등하게 보는 것을 선호하는 반면, 권력 거리가 높은 문화의 구성원들은 계층 구조와 지위 차이를 받아들이고 의존한다(Ting-Toomey, 2005).

Ting-Toomey(2005)는 이러한 문화적 차이가 얼굴 관리에 영향을 미치고, 체면 관리의 차이가 서로 다른 커뮤니케이션 패턴으로 이어진다고 예측한다. 더욱이 이러한 커뮤니케이션의 차이는 오해와 의견 불일치로 이어질 수 있다. 다른 일본인 동료들 앞에서 일본 사업 파트너의 영어 유창함을 칭찬하는 미국 경영자의 예를 생각해 보자(Cupach

& Imahori, 1993). 미국인들은 자신의 행동이 체면을 더 좋게 한다고 믿는다. 즉, 누군가에게 칭찬을 하는 것은 누군가의 체면을 고양시키는 것으로 간주된다. 그러나 일본인에게 그러한 칭찬은 사실 체면을 위협하는 것이다. 즉, 한 개인을 지목함으로써, 협력적 강조를 훼손하는 것이다. 그렇다면 아무리 좋은 의도를 가진 메시지라도 오해와 문화 간의 갈등을 불러일으킬 수 있다.

• 갈등 관리에 대한 글로벌한 이해를 위해

상상할 수 있겠지만, 갈등은 커뮤니케이션 학자들에게 큰 관심거리인 동시에 널리 연구되고 있는 현상이다. 체면협상이론과 관련하여, 갈등은 두 명 이상의 개인 간에 양립할 수 없다고 인식되거나 실제로 양립할 수 없는 가치, 기대, 과정 혹은 결과로 정의된다(Ting-Toomey, 1994). 북미에서는 일반적으로 회피, 수용, 경쟁, 타협, 협력의 다섯 가지 관계 갈등 양식이 나타난다(Kilmann & Thomas, 1977; Rahim, 1986; Thomas & Kilmann, 1974). 연구자들은 '북미 사람(가장 자주 시험받는 곳)' 또는 문화적 배제에 까다롭다는 측면에서 갈등 양식에 대해 생각하지 않았을 것으로 보인다. 그러나 명백하게, 갈등에 대한 이 다섯 가지 접근법은 집단주의적 지향의 유의미한 구성요소를 배제하는 것으로 보인다.

Kilmann과 Thomas (1977)에 따르면, 이 다섯 가지 갈등 양식은 두 가지 차원에 따라 다르다: 자기주장(자신에 대한 관심)과 협력(다른 사람에 대한 관심)이다. 회피행위를 하는 사람들은 주장이 약하고 협동력이 부족하다; 그들은 갈등을 완전히 회피하거나 회피하려고 한다. 그만큼 자기 자신이나 타인에 대한 관심은 거의 없다. 수용적인 스타일을 가진 개인은 다른 사람들과 협력하지만, 일반적으로 그들의 파트너의 요구에 대해 양보하는 등 거의 적극적인 태도를 보이지 않는다. 반대로, 갈등 상황에서 경쟁하는 사람들은 매우 적극적이지만 협력이 부족하다; 그들은 때로 다른 사람들에게 그들의 관계를 완전히 희생시키는 정도까지 그들의 관점을 강요한다. 타협적인 스타일을 가진 사람은 자기 자신과 타인에 대한 적당한 관심을 가지고 있다; 이 사람은 다소 적극적이고 꽤 협조적이다. 타협은 일반적으로 타인의 관심을 얻기 위해서 포기하려는 의지를 수반한다. 마지막으로, 협업적인 스타일을 가진 개인은 자신과 타인에 대해 높은 존경을 가지고 있어, 그 사람을 매우 자신감 있고 또한 매우 협조적이게 만든다. 협력은 타협에서의 희생을 하지 않고도 두 파트너의 이익에 부합하는 새로운 솔루션을 적극적으로 만드는 것이다. 여기서 갈등 스타일은 고정된 특성이 아니며; 대신에, 이는 주어진 상황에서 개인이 선호하는 갈등에 대한 대응 방식이라는 점에 유의하라. 갈등 스타일은 관련된 파트너와 직면한 상황에 따라 바뀔 수 있다(Cupach & Canary, 1997).

Ting-Toomey (1988, 1991b)는 이전에 언급된 다섯 가지 갈등 양식을 뒷받침하는 북미 연구의 본문을 인정했음에도 불구하고, 그녀는 이러한 양식이 주로 서구의 갈등 관점을 나타낸다고 주장했다. Ting-Toomey는 갈등 관리에 대한 세계적인 이해는 체면 문제를 검토하지 않고 기각되어야 한다고 주장했다. 결과적으로, 그녀의 연구는 자기 체면과 다른 사람 체면에 대한 관심의 이중 차원에 대한 갈등 스타일을 관찰함으로써 갈등 관리에 대한 서구의 이해를 넓힌다. 간단히 말해서, 이것은 개인들이 그들 자신의 긍정적이고 부정적인 체면 욕구(자기 체면에 대한 관심)뿐만 아니라 파트너의 긍정적이고 부정적인 체면 욕구(다른 사람 체면에 대한 관심)도 고려해야 한다는 것을 의미한다. 또한 Ting-Toomey (2017)의 연구는 서로 간의 체면에 대한 관심과 공동체 체면에 대한 관심을 모두 고려해야 한다는 것을 시사한다. 서로 간의 체면은 자기 및 다른 체면 욕구 인식을 포함하며, 공동체의 체면 관심사는 외부 집단이 도전할 때 그룹 내 아이덴티티 요구를 관리하는 데 초점을 맞춘다. 또한 체면협상이론은 문화와 체면, 갈등 양식의 인과관계를 함께 예측한다. 갈등은 특히 문화 간 커뮤니케이션에 중요하다. 왜냐하면, 갈등하는 동안, 양 당사자는 체면을 위협하는 행위를 통해 긍정적인 면과 부정적인 면 모두를 쉽게 잃을 수 있기 때문이다(5장 참조).

실제로 체면협상이론을 이용한 연구는 문화와 체면 관리 사이의 연관성을 보여줄 뿐만 아니라 문화와 체면이 결합되었을 때 개인이 다른 사람의 갈등 관리 스타일을 예측할 수 있음을 보여준다(Oetzel & Ting-Toomey, 2003; Ting-Toomey, 1988, 1991b

참조). 중국, 일본, 한국, 대만, 미국에서 학생들의 갈등 반응을 연구한 결과, 갈등에 대한 8가지 반응이 나타났다(Ting-Toomey & Oetzel, 2002; 그림 6.1 참조). 용어는 약간 다르지만, 처음의 5가지 갈등 대응은 이전에 식별된 대응들을 반영한다(Kilmann & Thomas, 1977년 참조): 회피, 오블리주(수용), 지배(경쟁), 타협, 통합(협조). 자기 체면에 대한 관심과 다른 사람의 체면에 대한 관심을 고려할 때 3가지 양식이 추가로 등장했다 : 감정 표현, 소극적 공격, 제3자의 도움

감정적으로 표현하는 방식은 인지적 반응과는 반대로 갈등에 대한 감정적 반응을 말한다(Ting-Toomey, Oetzel, 2001). 즉 감정적 표현은 사람의 감정이나 'gut 반응(사람의 본능과 경험에서 파생된 반응)'에 반응하고 싶은 욕구를 강조한다. 소극적-공격적 스타일에 의존하는 사람은 무의식적으로 자신의 파트너를 죄책감을 느끼게 한다. 소극적인 공격성은 상황을 완전히 피하는 것보다 더 적극적이지만 공개적으로 갈등을 해결하는 것보다 덜 적극적이다; 소극적-공격적 개인은 문제에 대한 죄책감을 암시한다. 마지막으로, 제3자의 도움에 의존하는 경향은 그 사람이 관계 밖의 사람에게 갈등을 관리하는 데 도움을 요청할 때 더 편안함을 의미한다. 예를 들어, 경영 커뮤니케이션의 맥락 안에서 아시아인들은 종종 그러한 매개체를 체면을 관리하기 위해 사용한다(Ting-Toomey, 1992).

미국인들은 일반적으로 자기 체면을 관리하기 위해 더 강력한 승리-패배 지향성을 가지고 대립적이고 지배적인 갈등 전략을 사용한다(Ting-Toomey, 1992). 반대로, 아시아인들은 서로의 체면을 관리하기 위해 갈등을 피하는 것을 선호한다. 더 정확히 말하자면, 대만과 중국인들은 절충적인 갈등 양식에 더 많이 의존하고 있다. 일본인들은 내부 집단(일본인) 구성원들과 함께 일할 때 분쟁을 회피한다. 그러나 특히, 일본인들은 외부 집단(비일본인) 관계자들을 대할 때 미국인들의 더 지배적인 갈등 양식을 반영한다. 내·외부 집단의 제휴에 따라 양식을 전환하는 이러한 능력은 글로벌 비즈니스 관계에서 커뮤니케이션할 때 일본의 역량을 설명하는 데 도움이 될 수 있다.

이를 종합하면. Ting-Toomey(1988, 1991b, 2005, 2017)의 체면협상이론은 특히

문화적 소통의 맥락 안에서 갈등에 대해 보다 전체적인 시각을 제공한다. 그녀의 인과적 모델에 따르면, 자기와 다른 사람 체면에 대한 관심과 결합된 누군가의 문화적 지향(개별주의-집단주의와 권력 거리)은 그 사람이 보일 수 있는 갈등 대응 레퍼토리를 예측한다. 문화 간 갈등, 즉 서로 다른 문화의 구성원들 간에 인식된 의견 불일치는 이러한 문화적 차이들의 직접적인 결과로 발생할 수 있다.

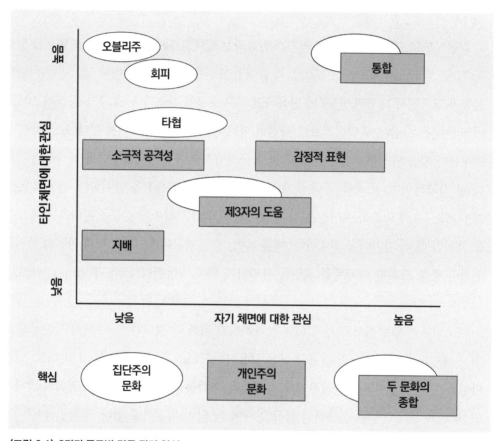

〈그림 6.1〉 8가지 글로벌 갈등 관리 양식

출처: "교차 문화 체면 관심과 갈등 양식: 현재 상태와 미래 방향" S. Ting-Toomey and J. Oetzel. In W. B. Gudykunst and B. Mody (Eds.), 국제 및 문화 간 커뮤니케이션 책자(2차 개정, pp. 143-164)

요약 및 연구 적용

이 연구는 직장에서 문화와 커뮤니케이션을 파악하는 네 가지 방법을 제시했다. 첫째, Hofstede의 5가지 문화적 차원은 문화 간의 커뮤니케이션 차이에 대한 체계적인 이해를 제공한다. 이 모델은 고객 서비스 경험의 글로벌한 차이(Rodriz, Joseph, Dedmon, Steinberg, 2016), 동양과 서양 문화 간의 건강 보고의 차이(Tang & Peng, 2015), 그리고 심지어 이러한 문화적 차원이 글로벌 조직의 소셜 미디어 프로필에 스며드는 정도(L)를 조사하는데 성공적으로 사용되었다(Lo, Waters, & Christensen, 2017). 일례로 Lo et al.(2017)은 글로벌 500대 기업의 페이스북 랜딩 페이지는 상당히 일관되지만, '회사소개', '회사 소식', '미디어'의 개별 요소를 더 깊이 파고들면 문화적 차이가 Hofstede의 문화적 차원에 맞춰 나타난다는 사실을 발견했다.

다음으로, Giles와 Coupland (1991)의 커뮤니케이션 수용이론은 내부 집단에 참여하려는 개인의 욕구는 수렴하려는 시도로 이어지는 반면, 외부 집단에 참여하려는 개인의 욕구는 분산을 초래할 것이라고 예측했다. 최근 비수용에 대한 연구는 노인요양(Cavallaro, Seilhamer, Chee, Ng, 2016), 양부모와 의붓자식(Speer, Giles, Denes, 2013), 경찰의 과도한 구금(Giles, Linz, Bonilla, Gomez, 2012) 등 매우 다양한 맥락에서 나타나고 있다. 또한 내부 집단의 상태는 직장에서의 LMX 관계와 관련이 있다. 내부 집단의 구성원은 감독자와의 대면 커뮤니케이션을 통해 조직 내 의견 불일치를 전달할 가능성이 높은 반면, 외부 집단의 구성원은 자신의 의견 차이를 전달하기 위해 이메일을 사용할 가능성이 더 높았다(Turnage & Goodboy, 2016).

셋째, 이 연구는 불안·불확실 관리 이론을 검토했다. Gudykunst (1985, 2005)는 문화 간 불안과 불확실성을 의도적으로 줄임으로써 커뮤니케이션 효율을 어떻게 높일 수 있는지에 대한 종합적인 이해를 제공하고자 하였다. 소셜 미디어는 개인의 문화적 상호적응을 증가시킬 수 있다. 예를 들어 Rui와 Wang (2015)는 소셜 네트워크 사이트를 이용해 원어민 학생들과 소통한 유학생들이 불확실성 감소를 보고했다는 사실을 발견했다. 반대로 유학생들이 주최대학에서 다른 유학생들과 소통할 때는 불확실성이 줄어들지 않았다. 연구진은 국제학생들이 원어민 학생들과 소통하는 것은 Gudykunst가 불안하지는 않더라도 불확실성을 줄이기 위한 방법으로 '낯선 사람들과의 연결'을 만든다는 개념과 비슷하다고 추측했다.

마지막으로, 체면협상이론은 갈등 관리에 대한 다문화적 접근방식을 제공한다. 미국과 같은 단일 국가, 다민족 국가에서도 갈등 관리의 문화적 차이가 나타난다(Ting-Toomey et al., 2000). 예를 들어, 아시아계 미국인들은 아프리카계 미국인과 유럽계 미국인들보다 회피 전략을 더 많이 사용한다고 보고했다. 마찬가지로 히스패닉계 미국인과 아시아계 미국인은 아프리카계 미국인보다 제3자 전략을 더 많이 사용한다고 보고한다. 좀 더 최근에는, 연구는 교차 국가, 교차 문화 갈등 양식에서의 감정의 역할을 조사하였다(Jang, Ting-Toomey, Oetzel, 2014). 중국과 비교했을 때 미국 참가자들의 죄의식 표현은 의무적으로 사용하는 경우가 많았지만, 중국 참가자들의 죄의식 표현은 회피를 위한 것이었다.

사례 연구 6 : 관광객과의 문제

역사적 지역인 필라델피아는 관광객이 많이 찾는 여행지다. 미국의 가장 오래된 도시 중 하나인 Granovetter 교회는 초기 미국 설립자들의 비밀스러운 만남의 장소로 유명한 곳으로 부분적으로 복원된 300년 된 건물이다. 2017년 한 해에만 150만 명에 가까운 사람들이 정치적, 종교적으로 의미 있는 이 명소를 방문했고, 5명 중 1명은 외국에서 온 것으로 추정된다. 영어 이외의 언어를 구사하는 관광객의 수는 물론 방문객의 수 자체는 방문객들에게 안내와 통역을 제공하는 자원봉사자들에게 상당한 도전이었다. 국립공원관리공단이 운영하는 인근 독립국립공원과 달리 Granovetter 교회는 여전히 미국 장로 교회 소속이다. 모든 투어는 필라델피아 노회 감독위원회가 관리하는 자원 봉사단과 협조하여 이루어진다.

자원봉사자들의 총회 동안, 자원봉사자들은 특히 공원을 방문하는 일본인 관광객들을 포함한 국제 방문객들의 요구를 충족시키는데 점점 더 어려움을 겪고 있음을 분명히 했다. 자원 봉사자들은 본질적으로 예배의 장소였던 곳에서 일반적인 우려와 행동 규칙을 설명하는 데 어려움이 있었다. 자원봉사자들 간의 추가 대화는 공격적인 관광지도자들이 종종 그 뿌리가 된다는 것을 암시했다. Marzu 관광이라는 단체의 많은 관광 지도자들이 그 예다.

Marzu 관광은 영어권 통역이 진행되는 동안 휴대용 확성기를 들고 일본어로 대화를 나누며 수시로 교회에 불쑥 나타났다. 그 단체는 통역하는 내내 함께 있으려고 서로 밀치락달치락했고, 이는 기존 투어 단체들의 집중을 방해하고, 관광에 지장을 주었다. 더구나 Marzu 관광의 지도자들은 마음대로 건물을 돌아다녀 자원봉사자가 관광불가 구역에 들어가지 못하도록 막아야 하는 경우가 종종 있었다. 다른 여행사와 방문객들은 이 단체들에 대해 자주 불평했다.

몇 년 동안 이 문제를 피하다가, 감독 위원회 의장인 Mark Hastings는 문제에 대한 직접적인 대립이 불가피하다고 판단했다. 그는 Marzu 관광 관리자에게 연락을 취하기 시작했다. 그는 노력 끝에 회사의 여직원 Yushiko Sato와 연락이 닿았다. Mark는 대화를 나눌 적임자를 찾으려다 관료주의와 적폐청산 등으로 많은 시간을 허비하고 나서 실제로 상당히 좌절하고 화가 났음에도 불구하고 자신의 불만을 직설적으로 드러내는 것이 최선의 방법이라고 판단했다.

"Sato씨, 우리는 Granovetter 교회에서 당사의 여행 가이드들 중 몇 명과 문제가 있습니다." Mark가 얘기를 시작했다. "그들은 입장할 차례를 기다리지 않고, 그들이 갈 수 있는 곳에 대한 우리의 규칙을 따르지 않으며, 그들은 관광하는 동안 다른 단체들 앞에서 그들의 그룹을 밀어내는 것 같습니다."

"정말 미안하다."고 Yushiko는 정성을 듬뿍 담아 대답했다. "이걸 관리자에게 보고하도록 하겠습니다."

Mark는 문제가 해결될 것이라고 만족하고 Yushiko의 대답에 감명을 받고 전화를 끊었다. 그러나 몇 달 후 그는 여전히 자원 봉사자들로부터 회사에 대한 불만을 받고 있었다. 그는 다시 Yushiko를 Sato라고 불렀다. 이번에는 그가 관리자에게 말을 걸어 달라고 부탁했다.

"그건 좀 어렵습니다." Yushiko가 대답했다.

Mark는 넘을 수 없는 장벽에 좌절했다. 그는 "이건 상당히 간단히 해결할 수 있는 문제야!"라고 소리쳤다

Yushiko는 "Hastings씨, 당신은 일본인을 바꿀 수는 없습니다. 일본인은 다릅니다."라며 거들먹거리며 차분히 설명했다.

Mark는 미끼를 물지 않았다. "우리 방문객들은 모두 우리에게 중요하다; 일본인들이 다른 사람들보다 더 중요하지 않고, 나는 그저 공정하게 하고 싶을 뿐이다." Mark는 큰 인내심으로 응답했다. "이 문제를 직접 논의하기 위해 회의를 할 수 있을까?"

"우리가 할 수 있는 것을 찾아볼게."라고 Yushiko가 답했다.

2주가 지났는데도 Mark는 여전히 Yushiko로부터 아무런 회신도 받지 못했고, 다시 그녀에게 전화를 걸었다. 그는 될 수 있는 만큼 분명하고 확고했다. 그러자 그녀는 다음 주에 직접 만나는 것에 동의했다. Mark는 도시를 벗어나 교외에 있는 Marzu 관광 사무

소로 이어지는 예상치 못한 도로 폐쇄로 인해 회의에 조금 늦었다. 그는 실제로 매우 어리고 미성숙해 보이는 Yushiko를 만났을 때 충격을 받았다. 순진한 외모와 그가 늦게 도착한 것에 대한 분명한 혐오감이 교차하는 모습은 흥미로웠다. 그녀가 낮은 직급의 직원인 것도 아주 분명했다. 그는 그녀가 그녀의 회사 여행 가이드의 문제를 다루지 않는다는 것이 문제가 아니라 그녀가 그렇게 할 수 없다는 것이 문제라는 것을 깨달았다; 그녀는 권한이 없었다.

Mark는 Yushiko의 도움에 감사하며 회의를 마쳤다. 그는 그 회사와 일하는 것을 포기했고, 그의 자원봉사자들이 일본인 관광객들을 다루기 위해 더 나은 훈련이 필요하다고 판단을 내렸다. 그러자 당황한 나머지 Yushiko는 Mark에게 회사의 현지 이사와 만나자고 제안했다. "마침내!" 그는 생각했다. "어쩌면 이제 우리가 어디론가 갈지도 몰라!"

고려해야할 질문들

1. Hofstede의 문화 차원에 의하면, 관광 업체와의 갈등은 어떻게 설명될까? 일본문화와 미국문화를 통해 살펴보자.

2. Yushiko나 Mark가 수용한 적이 있는가? 어떻게? 어떤 효과로?

3. 불안·불확실성 관리이론의 불안과 불확실성에 대한 7가지 예측 변수를 사례와 연관시켜보자. Granovetter 교회에서 이 문제에 가장 큰 기여를 한 예측 변수는 무엇인가? Gudykunst는 어떻게 Mark와 Yushiko 둘 다에게 좀 더 마음 깊은 소통을 할 수 있도록 충고할 수 있을까?

4. Mark와 Yushiko는 갈등 중에 서로의 체면 욕구를 어느 정도 인식했는가? 그들은 어떤 갈등 전략을 사용했는가? 그 전략들이 체면협상이론의 예측과 일치했는가?

5. 사례 연구와 같이 다른 문화의 구성원들과 교류할 때 어떤 윤리적 어려움이 발생하는가? 어떤 이론이나 이론이 이러한 도전을 완화하는데 도움이 될 수 있을까?

6. 다른 이론보다 더 잘 나타나는 이론이 있는가? 왜 그렇게 생각하는가? 상황을 설명할 때 다른 이론이나 이론을 더 잘 만들 수 있는 상황은 무엇인가?

이 이야기의 위치와 역사, 사건들은 완전히 허구다. Granovetter 교회는 존재하지 않으며 어떤 실제 건물에도 근거하지 않는다.

Applying Communication Theory for Professional Life

설득
(Persuasion)

이 장을 읽은 후 다음을 수행 할 수 있다.

1. 설득력 있는 메시지에 어떤 경로, 주장 또는 주변적인 단서들이 사용되었는지 결정
2. 태도, 규범적 믿음, 인식된 행동 통제의 상호작용이 어떻게 사람들의 행동을 바꾸도록 설득하는 데 중요한 지를 기술
3. 반박의 사전 예방에 대해 설명하고 반감마모 노력의 예시를 확인
4. 창작적 설득력 있는 서술에서 서술적 합리성과 서술적 충실성, 그리고 좋은 이유의 논리 사이의 상호작용을 명확히 하기
5. 주요 이론적 접근법을 설득에 비교하고 대조하기
6. 설득력 있는 이론을 적용하여 전문적 상황에 대한 체계적인 이해 제공

데일 카네기(Dale Carnegie)가 그의 베스트셀러 저서 〈How to Win Friends and Influence People, 친구를 얻고 사람들에게 영향을 미치는 법〉을 처음으로 출판한 1930년대 중반 이래로, 남을 어떻게 설득해야 하는가에 대한 개념은 대중적이면서도 수익성이 높은 주제였다. 동시에 매스 미디어가 부상하고, 세계대전에서 모두 사용된 선전이 만연함에 따라, 대중매체의 설득력 있는 메시지에 대한 연구와 이해는 정치와 사회의 변화를 이해하는 데 매우 중요해졌다. 오늘날 소셜 미디어의 등장으로 설득력 있는 메시

지의 힘을 이해하는 것의 중요성은 그 어느 때보다 크다. "미디어 채널을 더 많이 만들면 광고도 더 많이 만들게 돼. 오늘날 미국인들(그리고 현대화된 국가의 대부분의 사람들)은 광고로 폭격을 받고 있다. 나는 광고, 인쇄 광고, 브랜드 라벨, 페이스북 광고, 구글 광고, 또는 당신의 관심을 끌고 구매를 강요하기 위해 회사가 생산할 수 있는 모든 광고의 쓰나미에 대해 말하고 있다. 디지털 마케팅 전문가들은 대부분의 미국인들이 매일 약 4,000에서 1만 개의 광고에 노출된다고 추정한다."(마셜, 2015, 1). 분명히, 우리는 우리의 삶의 모든 측면, 즉 관계, 사회적, 정치적, 경제적 측면에서 설득과 영향력의 메시지로 가득 차 있다. 따라서 우리는 설득력 있는 메시지가 어떻게 작동하는지 이해하는 것이 오늘날의 광고와 미디어에 의해 파괴된 사회에서 살아남기 위한 핵심이라고 믿는다.

설득의 정의

설득은 일반적으로 '믿음, 가치관 또는 태도를 수정하여 타인에게 영향을 미치도록 고안된 인간 커뮤니케이션'으로 정의된다(사이먼스, 1976, p21). 오키프(1990)는 송신자, 수단, 수신자가 뭔가 설득력 있는 것을 고려할 필요가 있다고 주장했다. 첫째로, 설득은 메시지 발신인 부분에서 목표를 달성하려는 의도를 포함한다. 둘째, 커뮤니케이션은 그 목표를 달성하기 위한 수단이다. 셋째, 메시지 수신자는 자유의지가 있어야 한다(즉, 수신자가 따르지 않을 경우 신체적 위해를 위협하는 것은 일반적으로 설득이 아닌 힘으로 간주된다). 따라서 설득은 우연이 아니며 강압적이지도 않다. 그것은 본질적인 커뮤니케이션적이다.

본장의 많은 이론들은 태도 변화와 관련이 있기 때문에, 우리가 그 용어로 무엇을 의미하는지 분명히 하는 것이 중요하다. 태도는 어떤 것에 대해 호의적이거나 좋지 않게 반응하는 상대적인 지속적 성향이다(사이번스, 1976, p80). 우리는 사람, 장소, 행사, 상품, 정책, 아이디어 등에 대해 태도를 가지고 있다(오키프, 1990). 태도는 오래 지속되기 때문에 덧없지도 않고 변덕에 근거하지도 않는다. 그러나 동시에 태도는 학습된 평가다; 그것들은 사람들이 타고나는 것이 아니다. 이와 같이 태도는 변화무쌍하다. 마지막으로, 그리고 아마도 가장 중요한 것은 태도가 행동에 영향을 미치는 것으로 추정된다; 비록 우리가 나중에 보게 되겠지만, 이러한 영향은 우리가 추측할 수 있는 것만큼 강하지 않다.

본장에서는 설득력 있는 커뮤니케이션의 네 가지 이론을 제시한다. 비록 설득의 이론으로 그려지지만, 이러한 각각의 관점은 매우 다양한 분야에 적용될 수 있다. 커뮤니케이션의 맥락 회사에 대한 긍정적인 태도를 함양하기 위해 고안된 잘 짜여진 홍보 캠페인에서부터 그를 화나게 할 수도 있는 말을 듣게 될 파트너에게 전략적으로 경고하기 위해, 그 이론들은 설득력 있는 메시지를 발전시키기 위한 다양한 방법들을 강조한다. 우리가 본장에서 논하는 네 가지 이론은 정교화 가능성 모델, 계획 행동 이론, 접종이론, 서술 패러다임이다.

정교화 가능성 모델(Elaboration Likelihood Model)

우리의 첫 번째 설득 이론으로 돌아가면, 정교화 가능성 모델(ELM)은 설득력 있는 메시지의 대상이 설득력 있는 메시지를 받아들이거나 거부하기 위해 동기부여와 추론의 정신적 과정을 사용한다는 것을 의미한다. 페티와 카시오포(1986)에 의해 개발된 정교화 가능성 모델은 두 가지 가능한 경로, 즉 중앙 라우팅 메시지와 주변 라우팅 메시지의 영향을 받는다. 각 노선은 매우 다른 관중을 대상으로 한다. 이에 따라 정교화 가능성 모델은 설득력 있는 메시지를 만들기 전에 청중들을 이해하는 것이 중요하다고 강조한다.

• 느리고 안정적인: 설득으로 통하는 중심 경로(central route)

페티 & 카시오포 (1986)의 모델은 설득을 수신자가 메시지를 이해하는 방식에 따라 영향력의 성공이 크게 좌우되는 과정으로 묘사하고 있다. 앞서 언급했듯이, 정교화 가능성 모델은 다른 사람에게 영향을 미치려고 할 때 사용할 수 있는 두 가지 다른 경로를 제시한다. 두 길 중 더 복잡한 길은 중앙 노선으로 알려져 있으며, 또한 정교하게 다듬어진 노선으로도 불린다. 중앙에서 전달되는 메시지에는 풍부한 정보, 합리적인 주장, 특정 결론을 뒷받침하는 증거가 포함된다. 예를 들어, 각 선거 시즌 동안, 정치 희망자들은 연설, 토론, 원탁 토론에 참여한다; 각각의 메시지들은 후보자의 관점, 강령, 정치사에 관한 정교하고 추정 가능한 이성적인 정보들로 채워진다.

중앙 라우팅 메시지는 주변 메시지(나중에 논의)보다 수신자에게 장기적 변화를 일으킬 가능성이 훨씬 높지만, 모든 개인이 중앙 라우팅 메시지를 수신할 수 있는 것은 아니다. 정교화 가능성 모델은 중앙에서 라우팅된 메시지는 두 가지 요소가 충족되어야만 장기적 변화에 성공한다고 주장한다. 즉, 대상은 주어진 모든 정보를 처리할 수 있는 높은 동기 부여를 받아야 하며, 대상은 메시지를 인지적으로 처리할 수 있어야 한다. 예를 들어, 만약 여러분이 대통령 후보들 사이의 2시간 동안 텔레비전으로 중계된 토론회를 거치지 않으려 한다면, 정교화 가능성 모델은 여러분이 이 경우에 정교한 메시지를 처리하는 데 필요한 동기가 없다고 제안한다. 또는 후보자의 토론을 보고자 하는 동기가 부여되지만 정치인들의 메시지는 국제정책의 복잡한 이슈들로 가득 차 있어 이해할 수 없다고 생각해 보라. 이 경우, 정교화 가능성 모델은 당신의 동기에도 불구하고, 제공된 매우 구체적이고 복잡한 메시지를 이해하는 능력은 존재하지 않는다고 제안한다. 그 이론은 동기부여와 능력이 모두 없다면 정교한 메시지는 거의 가치가 없다고 말할 수 있다.

• 정교화 논쟁의 유형

적절한 경로를 선택할 때 자신의 청중을 이해하는 것이 중요하다는 것은 명백해야 한다. 또한 정교한 논쟁을 구성할 때 청중을 이해하는 것도 필수적이다(페티 & 카시오포, 1986). 다시 말해서, 청중들이 설득의 중심 경로를 고려할 때 의욕적이고 능력이 있다고 보는 것만으로는 충분하지 않다. 당신은 또한 청중들이 제시된 주장의 질과 배치에 대해 어떻게 반응할지를 고려해야 한다. 정교한 주장은 강하거나 중립적이거나 약한 것으로 측정할 수 있다.

강한 주장은 수신자의 마음에 긍정적인 인지 반응을 일으키며 동시에 수신자의 믿음을 설득자의 견해와 긍정적으로 일치시킨다(페티 & 카시오포, 1986). 강력한 주장은 관객들에게 반감을 예방하고 예측 가능한 행동을 이끌어내는 장기적인 태도 변화를 일으킬 가능성이 높다. 반복은 강한 주장의 설득력을 높여준다고 생각되며, 반대로, 중단은 그 효과를 감소시킬 것이다. 중립적인 주장은 수신자로부터 모호한 인지 반응을 생성한다. 즉 태도 변화가 일어나지 않고, 양면적인 수신자가 대신 주변적인 단서, 즉 설득의 지름길로 눈을 돌릴 수도 있다는 것이다. 마지막으로, 약한 주장은 설득력 있는 메시지에 부정적인 인지적 반응을 일으킨다. 이런 부정적 반응은 태도 변화를 막을 뿐 아니라 실제로 역효과나 부메랑 효과를 낼 수 있어 반대 입장을 강화한다.

• 지름길 : 설득으로 가는 주변 경로(peripheral route)

앞에서 언급한 바와 같이, 정교한 메시지는 대상 참여자가 정보에 대한 능력이나 관심이 없을 때 효과적이지 않다(페티 & 카시오포, 1986). 비록 설득자가 지속적인 변화를 만들어내기 위해 관련 청중을 선호할 수도 있지만, 모든 설득 대상들이 매일 쏟아지는 영향력 있는 메시지들의 집중을 이해할 만큼 충분히 동기부여가 되거나 숙련되기를 기대하는 것은 불합리하다. 그 결과, 동기나 능력이 목표 청중으로부터 빠져 있을 때, 설득자는 설득에 지엽적인 경로를 이용할 수 있다. 주변 메시지는 수신자의 감정적 개입에 의존하고 있으며 보다 피상적인 수단을 통해 설득한다. 방치되고 학대받는 동물들의 이미지를 담은 ASPCA 광고를 생각해 보자. 지저분하고 다친 동물들의 몽타주가 슬픈 음악을 배경으로 펼쳐진다. 이 광고들은 누군가에게 ASPCA에 기부하도록 논리적으로 설득하기 위한 것이 아니라, 심금을 울리기 위한 것이다. 따라서 정교화 가능성 모델은 청중들이 동기가 없거나 정교한 메시지를 처리할 수 없을 때, 설득자들은 변화를 만드는 빠르고 쉬운 방법에 초점을 맞춰야 한다고 예측한다. 한 가지 중요한 단점은 주변 경로가 조금이라도 변경된다면 단기적인 변화로만 이어진다는 점이다.

• 주변 신호의 유형

시알디니(1993, 1994)는 주변적인 메시지의 7가지 공통적인 단서, 즉 권위, 약속, 대조, 호감, 상호주의, 희소성, 그리고 사회적 증거들로 인식하였다.

첫 번째 주변 신호와 함께, 설득자는 권위의 인식을 사용하여 청중들이 제시된 믿음이나 행동을 받아들이도록 설득한다. 부모들은 종종 자녀들과 함께 이 주변 신호를 사용한다: "내가 그렇게 말했으니까 방 좀 치워!" 이 메시지는 할머니가 방문하기 전에 아이들이 이불을 펴고 장난감을 옷장 안에 숨기는 데 영향을 줄지는 모르지만, 아마도 장기적인 깔끔함을 만들어내지는 못할 것이다.

약속에 의존하는 주변적인 메시지는 상품, 사회적 대의, 단체 제휴, 정당 등에 대한 개인의 헌신을 강조한다(시알디니, 1993, 1994). 예를 들어, 어떤 사람들은 어떤 단체나 대의명분에 대한 약속을 공개적으로 발표한다. 그들은 집회에 참석하거나, 공직에 출마하거나, 소속을 상징하는 핀, 모자, 기타 로고를 착용한다(캐너리, 코디 & 마누소프, 2008). 마찬가지로, 회사의 로고가 표시된 폴로 셔츠를 입는 것은 조직에 대한 어느 정도의 헌신을 보여준다. 다른 사람들은, 예를 들어, 정치 운동이나 자선 단체에 익명의 기부금을 보내면서, 더 사적으로 그들의 헌신을 증명한다. 그러나 "대개 사람들은 대의를 공개적으로 약속할 경우 대개의 경우 대의를 위해 더 큰 확약을 느낀다."(캐너리 외, 2008, p369)

공약 원칙을 강조하는 매우 일반적인 순차적 절차 중 하나는 현장 전술이다(시알디니, 1994). 여기서, 한 설득자가 캠페인 버튼을 착용하는 것과 같은 작은 일을 먼저 하도록 설득한다. 그러면 그 설득자는 당신의 마당에 캠페인 팻말을 달라고 한다. 다음으로, 설득자는 당신에게 기부를 하거나 리셉션을 주최하도록 요청할 수 있다. 작지만 악의는 없어 보이는 작은 요구에 먼저 동의하도록 설득하는 전략이다. 일단 여러분이 동의하고 캠페인에 전념하면, 여러분의 약속과 일치하지 않는 것처럼 보일 위험이 있기 때문에 더 큰 요구를 거절하기가 더 어려워진다.

대비를 통해 설득하거나 대조 효과를 사용하려면 통신기가 불균일한 비교 지점을 설정해야 한다(시알디니, 1993, 1994). 예를 들어 동료에게 '큰 부탁'을 들어줄 수 있는지 물어본 다음 간단한 요청("고객 미팅 중에 페덱스가 소포를 떨어뜨리면 문자 보내줄래?")과 진술을 대조해보면 차이가 생긴다. 동료가 부탁한 '기대적인 호의'에 대한 기대를 부풀린 뒤 단순한 호의와 대조해 준다면 준수하는 결과를 낳을 가능성이 높다. 소매 판매원들도 가격을 '감축'하거나 고객에게 가장 비싼 물건을 먼저 보여줌으로써 이 대비 원칙을 사용한다(다른 것은 비교해서 더 싸 보일 것 같기 때문이다).

좋아하는 메시지는 사람, 장소 또는 대상에 대한 친화력을 강조한다(시알디니, 1993, 1994). 즉, 우리가 당신을 좋아한다면 우리는 당신의 생각을 좋아할 것이다. 많은 회사들은 종종 광고에서 그러한 호감의 메시지에 의존한다. 농구 센세이션 케빈 듀란트를 사용하여 나이키 신발이나 팝스타 셀레나 고메즈를 판매하여 코카콜라 제품을 판매함으로써, 이 회사들은 만약 당신이 듀란트나 고메즈를 좋아한다면, 당신도 그들의 제품을 좋아하게 될 것이라고 기대한다(원하고-바라고-구매한다).

상호주의 메시지는 주고받기 관계를 강조함으로써 영향을 미치려고 한다(시알디니, 1993, 1994). 예를 들어, 시누이를 위해 비슷한 일을 했다면 시누이를 설득하는 것이 더 쉽다. 광고주들도 상호주의를 사용한다: "이 스테이크 칼들을 앞으로 10분 안에 사세요, 그러면 우리는 도마를 경품으로 제공합니다!" 여기서 광고주는 엑스트라를 던져 수신자에게 영향을 주려 한다. 우리를 위해 이러면 공짜로 줄게. 마찬가지로, 희소성은 사람들이 무언가를 놓칠까 봐 걱정하는 주변적인 메시지다. 이 "빨리! 그들이 모두 사라지기 전에 그것을 얻으세요!" 접근법은 수신자들에게 긴박감을 느끼게 한다. 홈쇼핑 채널, 백화점, 자동차 대리점, 가구점 모두 상품 판매에 시간제한을 부과함으로써 이 전략에 의존하고 있다; 아마도 당신은 판매 행사가 만료된 후에는 고급 샐러드 스피너를 구입할 수 없을 것이다. 부동산 중개인들은 또한 이 접근법을 사용한다; 예상 구매자들에게 부동산에 대한 제안이 들어왔다는 것을 경고하는 것은 긴급한 느낌을 주고 입찰 전쟁을 시작할 수도 있다. 이제 '관심'이었던 집이 시장에서 사라질지도 모르는 상황에서 훨씬 더 매력적으로 보인다.

마지막으로 사회적 증거의 주변적인 큐는 또래 집단 압력에 대한 오래된 개념에 의존한다(시알디니, 1993, 1994). 청소년들만 '모두가 하고 있다'는 사고방식에 굴복한다고 착각할 수도 있지만, 어른들도 사회적 증거의 메시지에 휘둘린다. 예를 들어, 직장 내에서, 많은 기업들은 적십자사나 유나이티드 웨이 같은 자선사업에 참여한다. 여기서는 피동이나 모금에 참여하는 직원에게 착용할 핀이나 전시할 풍선 등을 주어 다른 직원들에게 '승선하라'는 미묘한 압력을 가함으로써 영향력을 얻는다.

과거에 이러한 기법을 몰랐다면 이제 이 7가지 주변 단서들을 확인할 수 있을 것이다. 그 단서들은 어디에나 있다! 그러나 다시 한 번 강조할 것은 이러한 주변적인 메시지들이 순간적인 감정적 반응을 강조하고 오래 지속되는 변화를 만들어낼 것 같지 않다는 점이다.

• 주변 메시지의 유형

중앙에서 라우팅된 주장과 마찬가지로 주변 메시지는 긍정, 중립 또는 부정으로 평가할 수 있다(페티 & 카시오포, 1986). 긍정적인 주변 메시지는 청중들에게 호의적으로 인식되고 긍정적인 감정 상태를 만드는 것이다. 긍정적인 주변 메시지는 약하고 긍정적인 태도 변화를 줄 수 있다. 예를 들어, 당신이 사만다 비와 함께 전적인 팬이라면, 그리고 비가 Y 후보에 대해 X 후보를 공개적으로 지지한다면, 당신은 X 후보에 대해 더 긍정적으로 느낄 수 있다. 그러나 태도 변화가 반드시 행동의 변화를 예측하는 것은 아니다. 예를 들어, 당신은 투표가 미국 시민들에게 필수적인 시민 의무라고 생각할 수도 있지만, 당신은 당신이 그 후보들에 대해 잘 알지 못한다고 생각하기 때문에 지역 예비선거에서 투표하지 않을 수도 있다. 여기서 우리는 믿음(투표가 중요하다)과 행동(투표 실패) 사이의 부조화를 본다.

중립적인 주변 메시지는 수신자에게 감정적으로 양면성을 느끼게 한다. 수신자는 자신의 흥미를 포착하기 위해 사용되는 큐를 정말로 모르거나 신경쓰지 않는다(페티 & 카시오포, 1986). 만약 당신이 사만다 비가 누구인지 모르거나 그녀의 정치적 견해에 정말로 관심이 없다면, 그녀의 후보 X에 대한 지지는 태도 변화를 일으키지 않을 것이다. 또한 그것이 당신의 투표 행동에 영향을 미칠지도 모른다. 마지막으로, 부정적인 주변 메시지는 수신기 내에서 부정적이거나 못마땅한 감정적 반응을 일으킨다. 만약 당신이 **풀 프런트**(Full Front)를 참을 수 없다면, 사만다 비 후보가 X 후보를 지지하는 광고는 당신을 화나게 할 것이다. 따라서 당신은 이 사람이 당신이 불쾌하다고 생각하는 배우나 TV 쇼와의 '연애' 때문에 이제 X 후보에 대한 부정적인 인상을 남긴다.

정교화 가능성 모델은 그림 7.1에 요약된 매우 명확한 예측을 한다. 이 이론은 수신자가 동기부여를 받고 정교한 메시지를 고려할 수 있다면 설득자들은 사실적으로 강한 주장에 의존해야 한다고 예측한다. 그러나 주장이 약하거나 제시가 미흡할 경우 역효과를 낼 수 있다. 반대로, 수신자가 정교한 메시지를 고려할 수 없거나 고려하지 않을 경우 설득자들은 감정적으로 기반한 주변 메시지에 집중해야 한다. 설득자들은 주변 경로를 이용하는 것이 장기적인 변화를 보장하지 않는다는 것을 인식해야 한다. 대신에, 만약 있다면, 효과는 미미하고 덧없을 것이다.

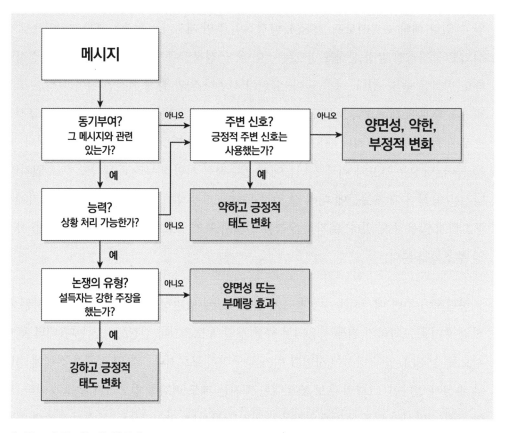

〈그림 7.1〉 정교화 가능성 모델

계획적 행동이론

정교화 가능성 모델은 당신이 누군가에게 조직, 사람, 아이디어 또는 제품에 대해 특정한 방식으로 생각하거나 느끼도록 설득하려고 한다면 분명한 조언을 해준다. 하지만 만약 여러분의 목표가 태도 변화를 넘어 실제로 누군가의 행동을 바꾸는 것이라면? 만약 누군가가 당신의 제품을 사거나, 당신의 제안에 따라 행동하거나, 지시를 따르기를 원한다면? 우리의 두 번째 이론인 계획적 행동이론은 어떻게 하면 사람들이 그들의 행동을 바꾸도록 설득할 수 있는 본보기를 제공할지도 모른다.

• 합리적 행동이론

계획적 행동이론의 뿌리는 마틴 피쉬빈과 아이스크 아젠이 1960년대에 개발한 합리적 행동이론인 초기 이론으로 추적할 수 있다(피시빈 & 아젠, 1975년). 피쉬빈은 그 당시 설득 연구의 본체에 의해 좌절되었다; 비록 태도라는 개념이 잘 발달되어 있었지만, 연구들은 태도와 행동을 연결하는 증거를 제공할 수 없었다. 단순히 특정 정치후보를 지지하는 것이 그나 그녀에 대한 표를 보장하는 것은 아니며, 환경보전 개념을 지지하는 것이 반드시 일관된 재활용 행위로 이어지는 것은 아니다. 후에 아젠과 함께 일했던 피쉬베인은 어떤 것이 태도와 행동 사이의 관계를 매개할 가능성이 있다는 것을 인식했다.

첫째, 피쉬빈과 아젠(1975)은 모든 행동이 의도적인 것이라고 가정했다. 우리는 우연히 특정한 방식으로 행동하지 않는다; 우리는 그렇게 하는 이유가 있다. 오늘 아침 출근길에 네 차를 끊은 바보가 급해서 그랬을 거야. 일찍 퇴근하는 동료가 아픈 아이를 돌보기 위해 그렇게 하고 있을지도 모른다. 우리의 모든 행동에 이유가 있다는 가정은 피쉬빈과 아젠으로 하여금 행동 의도에 대한 개념을 발전시켰는데, 이것은 단순히 당신이 특정한 방식으로 행동할 계획을 세운다는 것을 의미한다.

이 작가들의 다음 단계는 무엇이 행동의도를 만들어내는지 결정하는 것이었다. 피쉬빈과 아젠(1975)은 행동 의도에 대해 태도와 규범적 믿음이라는 두 가지 예측 변수가 있다고 믿었다. 우리는 이미 태도를 논의했다; 태도는 무언가에 대한 믿음의 총합으로 정의된다. 이성적인 행동이론은 우리의 태도가 두 가지 요소로 이루어져 있다고 말한다: 대상에 대한 우리의 평가와 믿음의 강인. 예를 들어, 기술에 대한 당신의 태도를 보자. 휴대폰이 없으면 길을 잃을까? 당신은 최신 가젯이 출시되는 즉시 구입해야 하는 타입인가? 아니면 기술이 확립된 후에만 기술을 사용하는 후기 입양자인가? 그리고 기술을 사용할 때 쓸 수 있는 방법이 없는 사람인가? 사람마다 기술을 다르게 평가한다. 어떤 사람들은 절대적으로 기술을 사랑하고, 어떤 사람들은 그것을 싫어하지만, 더 많은 사람들은 기술이 당신을 도울 때는 위대하고, 오작동할 때는 끔찍하다고 생각한다. 이러한 변화는 대상에 대한 당신의 평가를 참조하지만, 당신의 믿음의 강도 또한 고려해야 한다. 당신은 아이폰 때문에 당신의 삶이 더 나아졌다고 매우 강하게 느끼는가, 아니면 당신의 긍정적인 감정이 상당히 약한가? 당신의 태도는 당신의 행동 의도를 나타내는 하나의 징후를 제공한다.

합리적 행동이론에 따르면, 행동 의도에 대한 두 번째 예측자는 규범적인 믿음이며, 이것은 당신의 소셜 네트워크의 다른 사람들이 당신에게 무엇을 할 것으로 기대하는지에 대한 당신의 인식이다. 특히, 행동 의도는 우리의 소셜 네트워크에 있는 다른 모든 사람들에 대한 믿음에 의해 형성되는 것이 아니라 다른 사람들에게만 소중한 것이다. 싫어하는 동료는 우리가 특정한 방식으로 행동하도록 설득할 것 같지 않지만, 존경 받는 동료는 그런 힘을 가질 것 같다. 이 이론은 당신이 당신의 네트워크에서 다른 사람들에게 부여하는 가치 외에도, 당신이 이러한 다른 것들을 준수하는 동기를 고려해야 한다고 제안한다. 어떤 사람들은 순응주의자들이고 그들의 사람들을 만족시키는 방법 때문에 동료들의 압력에 굴복할 가능성이 있다. 다른 사람들은 반항하며 다른 사람들이 자신들에게 기대하는 가치와 의도적으로 정반대의 행동을 하기도 한다. 만약 여러분의 상사가 만약을 위해 하루 24시간 휴대폰을 켜두기를 원한다면, 그렇게 하려는 여러분의 의도는 여러분이 얼마나 여러분의 상사와 여러분의 직업을 소중하게 여기는지, 그리고 여러분이 얼마나 순응할 의욕에 영향을 받을 것이다.

행동 의도의 결정은 두 예측 변수의 상대적 가중치를 살펴봄으로써 달성된다. 어떤 경우에는 태도가 더 강하게 가중될 수 있고, 다른 경우에는 규범적 믿음이 더 강하게 가중될 수 있다. 누군가에게 특정한 방식으로 행동하도록 설득하기 위해서, 설득자는 적절한 예측기에 영향을 주는 메시지를 보내야 한다. 테크노포베가 그녀의 낡은 플립폰을 포기하고 스마트폰을 사도록 설득하는 것을 고려해 보라. 태도가 매우 강하고 규범적인 믿음이 없다면, 태도를 다루기 위해 메시지를 보내야 한다("가족 그룹 채팅의 일원이 되고 싶지 않으세요?"). 만약 그 반대라면, 소중한 사람들을 따르는 데 당신의 메시지를 집중해야 한다("엄마, 의사가 의료정보를 저장하려면 스마트폰이 있어야 한다고 했어."). 마지막으로, 설득자는 위도 및 규범성 요소의 상대적 가중치를 변경하려고 시도할 수 있다. 예를 들어, 만약 규범적 믿음이 태도보다 더 가중된다면, 여러분은 규범적 믿음의 힘을 줄이려고 노력할 수 있다("그것은 여러분의 삶이다, 여러분에게 중요한 것을 결정할 필요가 있다.").

• 추가된 이론

연구가 합리적 이론의 교리에 대해 어느 정도 강력한 지지를 제공했지만, 아젠(1988, 1991년)은 제3의 주요 예측 변수를 추가함으로써 이론을 확장시켜, 계획 행동 이론으로 명칭을 바꾸었다. 아젠은 가끔 우리가 어떤 식으로 행동할 의도가 있을지도 모른다는 것을 알아챘지만, 우리가 상황을 통제할 수 없기 때문에 우리의 계획은 실행되지 않는다. 태도나 규범적 믿음과 마찬가지로 인식된 행동 통제도 자기효능성과 통제가능성의 두 가지 요소로 구성된다. '셀프펙티시(selfpacity)'란 실제로 행동을 할 수 있다는 개인의 믿음을 말한다. 60세 이상의 많은 성인들은 십대들의 문자 메시지 능력의 속도와 빈도를 그들이 원해도 복제할 수 없는 것으로 여긴다! 사람들은 종종 자신이 성공하지 못할 것을 두려워하기 때문에 어떤 일을 하는 것에 대해 "말씀을 털어놓는다."고 한다. 요컨대, 그렇게 하려는 의도를 발전시키기 위해서는 진정으로 무언가를 할 수 있다고 믿어야 한다. 두 번째 요소인 통제가능성은 때때로 사물이 단순히 우리의 통제에서 벗어나거나 최소한 그런 식으로 인식된다는 것을 인식한다. 당신은 새 스마트폰을 구입하려고 할 수도 있지만, 정전으로 인해 가게가 문을 닫거나 새 전화기에 대한 수요가 공급을 초과할 수도 있다. 그림 7.2는 이러한 모든 구성 요소를 함께 담긴다.

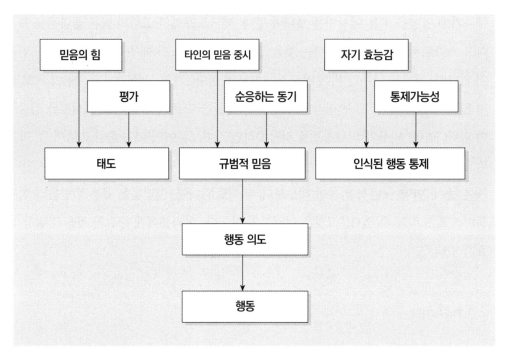

〈그림 7.2〉 계획적 행동이론

계획적 행동이론은 정보 제공에만 초점을 맞춘 캠페인이 왜 어떤 행동적 영향을 미칠 것 같지 않은지에 대한 설명을 제공한다. 단순히 누군가의 태도를 바꾸는 것만으로는 충분하지 않다. 만약 당신의 설득자로서의 목표가 누군가에게 특정한 방식으로 행동하도록 설득하는 것이라면(예: 당신의 제품을 사거나, 헌혈을 하거나, 또는 소수의 논쟁에 참여하도록 설득하는 것), 당신은 의도적, 사회적 규범, 그리고 통제 가능한 동기를 제공할 필요가 있다.

접종이론

지금까지, 우리는 누군가를 어떻게 설득할 것인가에 대한 조언을 주는 이론들을 논의해왔다. 하지만 만약 당신의 목표가 누군가를 설득하는 것이 아니라면? 일상적으로 우리를 둘러싸고 있는 설득적인 시도들이 넘쳐나는 것을 감안할 때, 설득에 저항하는 방법을 아는 것도 유용한 도구다. 맥과이어의 접종이론(1961년)은 설득에 대한 저항이 어떻게 이루어질 수 있는지를 이해하는 방법을 제시한다. 의학적인 비유로 맥과이어는 질병에 걸리는 것을 막는 백신처럼, 특정한 메시지들이 당신의 믿음에 대한 공격을 '절제'할 수 있다고 주장했다. 구체적으로, 접종메시지는 백신이 약화된 형태의 바이러스를 포함하는 것과 같이 반대되는 주장을 더 약한 형태(즉, '소량 복용량')를 나타낸다. 일단 이 약한 논쟁에 노출되면, 사람들은 더 강한 형태의 논쟁으로 제시될 때 태도를 바꿀 가능성이 적다; 본질적으로, 그들은 가공할 방어 시스템을 개발했다. 연구는 사람들이 접종 과정이 일어날 때 더 강한 증거에 의해 원래의 믿음이 단순히 강화되었을 때보다 설득에 더 저항한다는 것을 보여주면서 이러한 주장을 지지했다(바나스 & 레인스, 2008; 맥과이어 & 파파게이지스, 1961).

• 개념의 확장

맥과이어의 원래 이론은 "식사 후에 이를 닦아야 한다.", "정신병은 전염되지 않는다." 등 그가 말하는 '문화적 진리'(맥과이어, 1962)에만 초점을 맞췄다. 비평가들은 이러한 논란의 여지가 없는 문제들이 사람들이 논란이 되는 주제에 대한 설득력 있는 노력에 얼마나 잘 저항할 것인지에 대한 적절한 테스트를 제공하지 못한다는 것을 시사하면서 이러한 초점에 도전했다(바나스 & 레인스, 2008, 바나스 & 레인스에서 인용한 1975, 울먼 & 보다켄). 최근 몇 년 동안, 마이클 파우라는 통신학자와 그의 동료들은 접종이론이 특히 건강 커뮤니케이션(고드볼드 & 파우, 2000), 정치적 커뮤니케이션(앤 & 파우, 2004), 직원들의 조직적 헌신(하이 & 파우, 2006), 그리고 기업 조언 측면에서 더 넓은 설득력 있는 맥락에서 어떻게 작용하는지를 연구했다. 케이시(부르고뉴, 파우 & 앤버크, 1995). 그 결과 접종이론은 '거의 무제한 적용'을 가지고 있다(바나스 & 레인스, 2008, p. 1).

파우 (1997)는 예방접종 메시지의 두 가지 주요 구성요소가 있다고 제안한다. 첫째, 위협은 모든 접종 노력에 필요한 요소다. 위협은 공포의 호소와 같지 않다는 점에 유의하십시오. 대신, 위협은 단순히 믿음에 대한 잠재적인 설득력 공격에 대한 예고를 포함하며, 설득력 있는 노력의 대상이 공격에 대한 민감성을 인식하도록 한다. 파우에 따르면, 여러분에게 위협을 인식하게 하는 것은 여러분의 태도나 믿음을 방어하도록 동기를 부여할 것이다. 예를 들어 웡 (2016)은 인간유두종바이러스(HPV) 백신의 안전성과 효능을 공격하는 설득력 있는 메시지에 대한 저항성을 발생시키는 과정에서 접종이론의 효과를 조사했다. 인식된 위협을 자극하기 위해, 그는 참가자들에게 다음과 같은 내용을 담은 메시지를 읽게 했다.

> HPV 백신에 대한 당신의 긍정적인 태도와 감정에도 불구하고, 언론과 그 문제에 대한 당신의 태도와 감정을 공격하기 위한 다양한 이익 집단의 많은 보도와 이야기들이 존재하고 있으며, 가까운 미래에 당신이 이러한 주장들과 접촉할 가능성이 있으며, 그 중 일부는 매우 위험할 것이다. 그들은 HPV 백신을 맞는 것에 대한 당신의 태도와 감정에 의문을 갖게 할지도 모른다고 얼버무렸다(웡, 2016, p. 130).

이 위협은 강력한 경고를 할 필요는 없다. 바나스와 레인스 (2008)는 낮은 수준의 위협도 예방 접종을 제공한다는 것을 발견했다.

접종 노력의 두 번째 요소는 재접종 예방이다. 대상자는 잠재적 위협에 대한 정보를 수신해야 할 뿐만 아니라, 접종 메시지는 구체적인 도전 과제를 제기한 후 이의를 제기함으로써 역진적 노력을 예상해야 한다. 앞서 기술한 웡 (2016)의 연구에서는 질병관리본부(CDC)의 보도 2건과 메시지 2건이 반박 선점 역할을 했다. 뉴스 보도는 부모들과 언론이 제기한 질문과 우려에 대해 의사들을 인터뷰했는데, 의사들은 백신의 안전성과 효과에 대해 시청자들을 안심시켰다. 질병관리본부의 메시지는 일반적으로 백신의 안전성과 HPV 백신을 구체적으로 기술함으로써 이러한 주장을 강화시켰다.

연구에 따르면 반박의 내용을 반론에서 실제로 일어나는 것과 정확히 일치시키는 것은 불필요하다; 어떤 선제적인 반박도 접종 효과를 강화하는 것처럼 보인다(바나스 & 레인스, 2008). 방금 설명한 연구에서, 윙 (2016)은 일반적으로 백신의 안전에 초점을 맞춘 메시지들이 HPV 백신에 특히 초점을 맞춘 메시지들이 소용없다는 것을 발견했다. 더 큰 문제는 선제적 주장이 얼마나 강해져야 하느냐에 있는 것으로 보인다. 백신을 유추해 보면, 백신의 '질병'이 얼마나 수령을 보호해 주는지, 또 얼마나 과한가. 맥과이어 (1964)는 접종 노력이 "예방을 자극할 정도로 위협적이어야 하지만, 압도적일 정도로 강해서는 안 된다."고 주장했다. 이 문제를 시험하면서 콤프턴과 파우 (2004)는 약한 반박도 보호를 제공한다고 결론지었다.

접종이론은 '나쁜 언론'에 의해 도전(또는 도전받을 수 있다고 생각하는) 전문 커뮤니케이션자들에게 분명한 조언을 제공한다. 탄산음료 업계의 노력을 고려해 보라. 2013년에는 팝이나 설탕이 든 음료의 소비를 줄이는 데 초점을 맞춘 '징벌적' 세금이 없었다. 2017년 현재, 9백만 명 이상의 미국인들이 탄산음료에 세금을 부과하는 지역에 살고 있다(벨루즈, 2017). 그러한 노력의 목표는 두 가지다: 미국에서 증가하는 비만 문제를 해결하고 불확실한 경제에서 예산 부족을 줄일 수 있는 수단을 제공하는 것이다. 그러나 업계 선두주자들(코카콜라와 페스프시코)은 미국음료협회(ABA)와 제휴를 맺고 국민들이 이러한 세금 인상에 찬성표를 던지도록 설득되지 않도록 하고 있다. 미국음료협회는 2016년 한 해 동안 샌프란시스코에서만 거의 1,000만 달러를 포함해 청량음료에 세금을 부과하도록 대중을 설득하는 것을 막기 위해 1억 달러 이상을 소비한 것으로 추산된다. 표 7.1은 '당신의 카트 유어 초이스'라는 하나의 광고에서 제시된 주장을 묘사하고 있는데, 이것은 접종 노력을 분명히 보여준다.

표 7.1 제안된 단 음료 세금에 대한 반대운동 캠페인	
	예시
위협	"일부 정치인들은 여전히 새로운 법, 규정 또는 세금으로 우리에게 무엇을 사야할지를 알려 주지 않는다면, 우리는 가족을 위해 무엇이 가장 좋을 것인지 선택할 수 없을 것이라고 생각 한다."
논박적 선점	"비만에 대해 심각해지는 것은 법과 규정이 아닌 교육에서부터 시작된다." "최근 식품가게를 둘러봤어? 그 어느 때보다 더 많은 선택과 정보가 있다. 새로운 종류의 음료, 다양한 크기, 칼로리 바로 눈앞에 있다."
결론	"사실은, 우리 가족을 위해 정부가 일한 것이 아니라 내가 한 일이다."

내러티브(Narrative) 패러다임

정교화 가능성 모델은 의욕적이고 능력있는 청중을 설득하기 위한 강하고 논리적인 논쟁의 중요성을 강조하는 반면, 내러티브(Narrative) 패러다임은 나레이션, 즉 스토리 텔링을 통한 설득을 통한 영향력의 효과를 강조한다(피셔, 1984, 1987). 보다 주관적인 이론적 지향을 이용하여 피셔(1984, 1987)는 인간이 근본적으로 스토리텔링 생물이라 고 주장하는데, 따라서 가장 설득력 있고 영향력 있는 메시지는 이성적인 사실의 것이 아 니라 특정한 행동이나 믿음에 관여하는 '좋은 이유'를 우리에게 납득시키는 서술이다.

광고를 고려하다. 가장 기억에 남는 광고는 상품에 대한 사실들로 관객들을 압도하는 광고인가, 아니면 기억에 남는 이야기를 꾸며내는 광고인가? 시리얼 회사의 직원이 나오 는 광고를 생각해보라; 그 광고에서, 다이애나 헌터는 그녀가 퇴근하는 길에 가게에 들를 때 사람들은 그들이 쿠키 냄새를 맡는다고 생각한다고 말한다. 직원은 "아, 아니, 냄새만 맡아. 나 방금 일 끝났어. 저건 오츠의 허니 번즈야." 이 광고는 시리얼의 품질을 묘사하기보다는 제품의 본질뿐만 아니라 시리얼을 만드는 사람들이 가지고 있는 시리얼에 대한 긍정적인 감정까지 즉각적으로 담아낸다. 도스 에퀴스 '세상에서 가장 흥미로운 남자' 광고나 플로라는 캐릭터를 내세운 프로그레시브 보험 시리즈 등 다수의 회사가 오랜 서사 캠페인을 전개하고 있다. 현명한 마케팅 움직임으로, 스프린트는 버라이즌의 장기 광고 캠페인 "지금 내 말 들려?"의 얼굴인 폴 마르컬리를 대신하여 스프린트에 고용하여 장기 캠페인의 연속성을 제공했다.

현재의 마케팅 전문가들은 "전략적 저장성 광고의 진정한 힘은 강하고 오래가는 브랜드를 구축하는 능력에 있다."고 이해하고 있다(랜다조, 2006, p. 13). "브랜드에게 그들만의 독특한 정체성과 개성을 부여하고, 이는 결국 소비자와 브랜드 사이에 감정적인 유대감을 형성한다."(p. 13)는 것이 바로 이러한 이야기들이다.

그러나 모든 **내러티브(Narrative)** 광고가 장기적인 캠페인은 아니다. 2016년의 가장 성공적인 광고 중 하나는 '이반'이라고 불리는 샌디 후크 약속 광고였다(유튜브에서 볼 수 있다.). 그 광고는 고등학교 연애 이야기를 그린 것 같다. 이 이야기를 보면서 시청자들은 배경 캐릭터가 보여주는 폭력의 경고 신호를 '실종'한다. 의도적으로 관객들을 '잘못 지도' 함으로써, 이 광고는 사람들에게 비극적인 위협의 골치 아픈 징후를 알지 못하는 것이 얼마나 쉬운지를 보여주는 강력하고 본능적인 메시지를 제공한다.

우리가 나중에 설명했듯이, 피셔의 커뮤니케이션에 대한 견해는 합리적인 의사 결정에 대한 서구의 강조와 대조를 이룬다. 그러나 **내러티브(Narrative)** 세계관과 합리적인 세계관을 병행함으로써, 우리는 당신이 커뮤니케이션과 영향력을 고려하는 놀랍도록 다른 방법에 대해 생각해보길 바란다.

• 피셔의 내러티브(Narrative) 가정

내러티브(Narrative) 패러다임에 대한 피셔 (1987)의 설명은 다섯 가지 가정을 통해 추진된다. 무엇보다도, 피셔는 인간을 다른 생물들과 독특하고 구별되게 하는 것은 이야기를 하는 능력과 추진력이라고 제안했다. 내레이션은 "명제가 진실일 수도 있고 거짓일 수도 있는 독재적 구성"(p. 58)을 의미하지 않고, 대신, 내레이션은 사람들이 의미를 부여하기 위해 사용하는 상징적인 단어와 행동을 포함한다. 피셔는 인간의 커뮤니케이션을 주로 '절대적으로 검증되거나 증명될 수 없는 관념'을 표현하는 이야기 모음으로써 그리스어로 신화라는 용어를 만들어냈다. 그러한 사상은 은유, 가치관, 몸짓 등에서 발생한다(p. 19). 이러한 견해에 따르면, 아무리 예리한 전문가라도 자신의 전문 분야에 대해 모든 것을 알지 못한다; 심지어 가장 '논리적'인 메시지에도 주관성의 요소가 있다. 대신에, 당신의 가치관, 감정, 그리고 미적 선호들은 당신의 믿음과 행동을 형성한다. 이처럼 개인은 이러한 주관적인 경험을 담아내기 위해 이야기를 통해 메시지와 경험을 전달한다.

둘째, 내러티브(Narrative) 패러다임은 개인의 삶과 현실에 대한 이해가 이러한 주관적인 내러티브(Narrative)에 집중되어 있기 때문에, 어떤 이야기가 믿을 수 있고 그렇지 않은 지를 판단할 수 있는 방법이 필요하다는 것을 시사한다(피셔, 1987). 여기서, 피셔는 개인이 다른 사람의 내러티브(Narrative)가 얼마나 믿을 수 있는지를 판단할 수 있는 논리적인 추론 방법인 내러티브 합리성(narrative rationality)을 사용한다고 주장했다. 내러티브 합리성은 대부분의 의사결정의 기초로서 타당한 이유에 의존한다. 논리에만 의존하는 것과 달리, 타당한 이유는 우리가 인식된 진실성과 일관성을 바탕으로 다른 사람의 이야기를 검증하고 받아들이거나 거부할 수 있게 한다. 따라서 내러티브 충실성과 일관성에 대한 두 가지 검사는 이러한 내러티브(Narrative) 판단을 '타당한 이유'로 만드는 두 가지 방법이다.

설득력 있는 내러티브(Narrative)가 진실하고 우리 자신의 가치, 문화, 성격, 경험과 일치할 때, 우리는 내러티브(Narrative) 충실성이 있다고 말한다(피셔, 1987). 중요한 것은, 내러티브(Narrative)를 받아들이기 위해서는, 받는 사람이 내러티브의 충실도를 먼저 인식해야 한다는 것이다; 충실함이 없으면 일관성은 무관하다. 충실도 검사가 충족된다고 가정할 때 두 번째 기준은 내러티브 일관성이다. 피셔는 구조적, 물질적, 특성적 세 가지 일관성의 기준을 설명했다: 구조적 일관성은 이야기의 흐름과 배열을 말한다. 이야기가 순차적으로, 논리적으로, 그리고 모순 없이 전달되는가? 아니면 튕기거나 이해하기 어려운 모순을 내포하고 있는가. 물질적 일관성은 이 이야기가 수신자가 이미 받아들인 다른 이야기와 일치하거나 일치하는 정도를 말한다. 마지막으로, 그리고 아마도 가장 중요한 것은, 성격적 일관성은 이야기의 '캐릭터'의 신뢰도나 신빙성을 포함한다.

이와 관련된 세 번째 가정은 어떤 사람이 타당한 이유로 받아들이는 것은 그 개인의 문화, 성격, 역사, 가치관, 경험 등에 기초한다는 것이다(피셔, 1984, 1987). 즉, 한 사람에게 일관성과 충실성을 가지고 있는 것으로 보이는 것은 다른 일련의 가치와 경험을 가지고 **내러티브** 관계에 오는 다른 사람에게는 어필하지 않을 수 있다는 것이다.

넷째, **내러티브** 패러다임은 "합리성은 내러티브 존재로서의 사람의 본질에 의해 결정된다(피셔, 1987, p. 5).". 피셔는 이성이 사실과 논리적인 주장에만 근거한 것으로 생각하기보다는 합리성, 즉 설득력이 일관성 있는 이야기를 만드는 인간의 능력에서 비롯된다고 주장했다. 그러므로 한 정치 후보의 입법 기록에 관한 사실들이 쌓아 두는 것은 유권자들에게 설득력 있는 것이 아니다. 유권자들에게 영향을 미칠 것은 후보자의 이야기를 통해 자신의 경험을 공유할 수 있는 능력이다.

마지막으로, **내러티브** 패러다임은 인간이 그것이 주로 협력적이고 경쟁적인 이야기의 집합에 기초하고 있다는 것을 인간이 알고 있기 때문에 세상을 가정한다(피셔, 1987). 개인들은 이러한 이야기들 중에서 선택하기 위해 타당한 이유의 논리를 사용하여 자신의 사회적 현실을 창조하고 재창조해야 한다. "인간의 커뮤니케이션은 신화들-어떤 절대적인 방법으로도 입증되거나 증명될 수 없는 아이디어들"(p. 19)에 의해 영향을 받기 때문에, 피셔는 개인들이 공통의 이해를 창조하고 재창조할 때 **내러티브**에 의존해야 한다고 믿었다. 우리가 선택한 내러티브는 우리의 삶에 근본적으로 영향을 미칠 수 있다.

• 대비 연구: 내러티브 패러다임과 합리적 패러다임의 비교

앞서 언급한 **내러티브** 패러다임은 합리적 패러다임을 강조하는 등 서구 사상의 상당 부분과 대비된다. 표 7.2는 **내러티브 패러다임**과 **합리적 패러다임**의 대조를 나타낸다. 구체적으로 피셔(1987)는 로고, 즉 순전히 이성적인 주장이 합리성의 궁극적인 척도로 부당하게 특권을 누려왔다고 주장했다. 예를 들어, 그는 우선 논리가 바탕이 되는 설득과 지적 논쟁에 대한 아리스토텔레스의 선호를 꼽았다. 앞에서 논했듯이, 서술적 패러다임은 우리의 사회적 세계에서 순수하게 사실로 이해될 수 있는 것이 거의 없다고 가정한다; 우리 주변의 모든 것은 개인의 가치와 경험의 주관성으로 그늘져 있다. 이와 같이, "합리성은 삶의 서술 구조와 사람들이 경험하는 이야기에서 일관성과 충실성을 인식하고 서로에게 들려주어야 하는 자연적 역량에 기초한다."(p. 137) 결과적으로, 피셔는 신화와 병리학을 주장하였다. 심지어 호소는 인간에게 더 의미 있고 따라서 더 설득력이 있다.

중요한 것은 **내러티브** 패러다임이 논리를 배제하지 않는다는 점이다(피셔, 1987). 대신 피셔(1987)는 어떤 수사학적 증거(확실성, 감정 또는 이성)도 다른 형태의 수사학적 증거보다 우월하다고 간주되어서는 안 된다고 주장했다. 피셔는 또한 인간은 이원론적 접근법(즉, 우리가 이성적이거나 서술적이거나 둘 중 하나라는 것)에서 벗어나 보다 통합된 관점(즉, 우리는 이성적이고 서술적이라는 것)을 수용해야 한다고 주장했다. **내러티브** 패러다임에 따르면, 인간의 커뮤니케이션과 '현실'에 대한 우리의 이해는 내레이션에 크게 의존한다. 더욱이 피셔(1987)는 서술이 추리에 기초한 전통적인 형태의 논리보다 더 효과적인 영향 수단이라고 믿었다. 그러나 서술이 좋은 이유와 서술적 일관성을 보일 때만이 수신자의 의식 속에 스며들어 행동의 변화로 번역될 수 있을 만큼 충분히 설득력이 있을 것이다.

표 7.2 내러티브 패러다임과 합리적-세계 패러다임의 비교	
내러티브 패러다임	합리적-세계 패러다임
인간은 이야기꾼이다	인간은 합리적인 존재이다.
의사소통, 설득, 의사결정은 타당한 이유의 논리에 근거한다.	의사소통, 설득, 의사결정은 건전한 논쟁에 근거한다.
'타당한 이유'로 받아들이는 것은 개인의 문화, 성격, 경험, 가치관에 의해 개별적으로 결정된다.	강한 논쟁은 건전성과 논리성에 대한 구체적인 기준을 고수한다(예: 전제-추론-결론 모델).
합리성은 자신의(그리고 다른 사람의) 살아있는 경험과 비교할 때 이야기가 얼마나 일관되고 진실하게 나타나는가에 대한 인식에 근거한다.	합리성은 제시된 정보의 정확성과 사용된 추론 과정의 신뢰성에 기초한다.
사람들은 세상을 선택할 이야기의 시리즈로 경험한다. 우리가 이러한 선택을 할 때, 우리는 현실을 창조하고 다시 창조한다.	세상과 현실은 이성적인 논쟁을 통해 드러난 논리적 관계의 연속이라고 볼 수 있다.

• 조직 스토리텔링

내러티브 패러다임이 실제 사용하기에 너무 무형의 것처럼 보이지 않도록 조직 스토리텔링의 영향을 고려해야 한다. 바커와 고워 (2010)는 좋은 스토리텔링을 다양하고 다문화적인 업무 환경에 통합하는 것이 조직과 노동력에 엄청난 이익을 준다고 주장한다. 그들은 "스토리는 개인, 대인관계, 기업의 관점을 대변함으로써 조직에 설득력 있는 커뮤니케이션 기능을 제공한다."고 주장한다(p. 304). 전자상거래 유통 대기업인 자포스는 내부적으로는 내러티브를 사용하여 직원들에게 조직적 가치를 전달하고 외부적으로는 고객과 소통함으로써 조직적 스토리텔링으로 큰 성공을 거두었다(그린버그, 2013). 바커와 고워 (2010)는 조직적 스토리텔링에 관한 문헌을 폭넓게 검토하면서 조직적 서술의 힘에 대한 수많은 예를 인용한다. 내러티브를 사용하여 조직 문화를 전달하는 것(바커 & 림러, 모레노 & 카플란, 2004), 조직 학습을 장려하는 것(렘세 & 시토넨, 2006), 직원 전문 지식 증진(매클랜, 2006), 조직 리더십의 진정성 전달(드리스콜 & 맥케, 2007), **내러티브** 패러다임은 조직발전의 리더들을 위한 수많은 어플리케이션을 가지고 있다.

요약 및 연구 적용

이 장에서는 네 가지 설득 이론을 살펴보았다. 정교화 가능성 모델은 설득자들이 메시지를 만들기 전에 청중들을 신중히 고려해야 한다고 주장한다. 수신자는 동기가 부여되어야 하며 객관적이고 정교한 메시지를 처리할 수 있어야 한다. 청중이 그러한 메시지를 처리할 동기가 없거나 처리할 수 없는 경우(또는 둘 다) 주변 신호를 사용해야 한다. 정교화 가능성 모델은 사람들에게 영양 라벨을 읽도록 영향력을 행사하는 캠페인 등 다양한 설득 노력을 설명하는 데 성공했다. 동 (2015)은 시청자가 건강을 의식하는 것으로 자인할 때 중앙 라우팅 메시지(식생활학자가 제시한 통계)가 더 설득력 있는 반면 주변 메시지(영양 라벨을 읽는 등 쇼핑 방법을 공유하는 연예인)는 힐트 수치가 낮다고 신고한 사람들에게 더 설득력 있는 것으로 나타났다.

우리의 두 번째 접근법에서 계획된 행동의 이론은 한 걸음 더 나아가서 세 가지 개념, 즉 태도, 규범적 믿음, 통제 가능성 등을 예측할 수 있다고 명시한다. 소셜네트워크서비스(SNS)에 누군가가 셀카를 올릴 가능성(김·이·성·최·2016), 관계폭력 피해자가 될 때 친구가 개입하려는 의지(레메이·오브리엔·키어니·사우버·2017), 대학생들의 부정행위 의도 등 다양한 행동들이 이 이론을 이용해 연구됐다(추지카-슈파와 외, 2016).

셋째, 접종이론은 위협에 대한 경고와 반박을 포함하는 선제적 메시지를 예상된 논쟁에 보내 입장을 지지하여 능동적으로 논쟁할 수 있는 수단을 제공한다. 이 이론의 적용 범위는 넓은데, 여기에는 접종 메시지가 위기 커뮤니케이션의 실행 가능한 사전 전략이라는 것을 보여주는 홍보 연구(김, 2013)와 음모 선전의 희생양이 되는 것을 막기 위한 노력도 포함된다(바나스 & 밀러, 2013). 접종이론은 공중 보건 통신 전문가에게 적용되는 저항성 메시지를 만드는 데도 이용되어 왔다. 자신의 운동 동기를 지키려는 노력(딤모크 외, 2016), 학생간의 알코올 미디어 리터러시 개입의 효능에 대한 연구(고든, 하워드, 존스, 케빈, 2016)부터 HPV 백신(윙, 2016)에 대한 긍정적 태도 보호(윙, 2016)에 이르기까지 접종이론이 베하를 좌절시키는 수단으로 자주 활용되고 있다. 공공의 건강에 부정적인 영향을 미치거나 다른 방법으로 하고 싶은 유혹에 직면하여 긍정적인 건강 행동을 보호하는 바이러스이다.

우리의 네 번째이자 마지막 이론인 **내러티브** 패러다임은 서술적 렌즈를 통해 설득력 있는 메시지를 바라본다. 즉 설득은 스토리텔링에 바탕을 둔 감정적인 과정이라기보다는 이성적인 과정이 아니라는 것이다. 내러티브는 반드시 일관성이 있어야 하고, 영향력을 발휘하려면 타당한 이유의 논리가 있어야 한다. 앞서 논의된 조직적 서술의 이점 외에도, 서술적 패러다임은 대학 모집 자료의 효과 분석(번스, 2015)과 더불어 알코올 중독자 익명 회원들 사이에서 음주와 유지를 위한 노력에 있어 개인 서술의 강력한 역할을 설명하는 데 활용되었다(레더만 & 메네가토스, 2011).

사례 연구 7 : 백만 달러 조작

Trina는 Columbus AIDS Confederation(CAC)에서 일하는 것을 좋아했다. 그녀는 HIV·AIDS 진단을 받은 경제적으로 불우한 사람들에게 봉사하는 소규모 비영리 단체의 일원이었다. Trina는 고객에게 일대일 지원을 제공하여 고객이 진단에 대처하고 치료 계획을 수립하는 데 도움을 주었다. 그녀의 업무 중 큰 부분은 고객이 커뮤니티 리소스에 쉽게 액세스할 수 있도록 주택, 영양, 의료 등의 도움을 주는 것이다. 그것은 중요한 일이었고 그녀는 동료, 고객, CAC를 사랑했다.

비교적 큰 도시 지역의 소규모 비영리 단체인 CAC는 적당한 예산(기껏해야)을 감안할 때 상당한 잠재 고객 풀을 충족시키기 위해 거의 항상 고군분투했다. 조직에는 사회복지사 5명, 임원이사 및 직원 관리자 등이 있다. 전무이사인 Mohammad는 조직에서 수행하는 작업을 감독해야 할뿐만 아니라 기금 모금, 마케팅 및 지역 사회 봉사활동도 해야

했다. 그는 면허를 소지한 사회복지사로서 직원의 휴가 및 병가 시 업무를 보충해주어야 함은 물론 이사회와도 함께 일해야 하는 긴장감이 계속되고 있었다. 이러한 긴장감은 Brothman이 CAC 이사회 의장으로 승진했을 때 특히 문제가 되었다. Brothman은 콜럼버스에 기반을 둔 수백만 달러 규모의 회사를 경영한 성공적인 CEO였다. 그의 태도는 비영리 부문에서 전형적인 '사람 우선' 사고방식에 약간 성급했다. Brothman은 오만할 정도로 자신감이 넘쳤고 공격적이었다.

Brothman과의 첫 번째 이사회는 잘 진행되지 않았다. Brothman은 Mohammad의 리더십 기술에 제동을 걸고, 그의 기금 모금 수치에 의문을 제기했으며 Mohammad의 고객 관리를 비판했다. 비영리 단체의 전무이사로서 Mohammad는 이사회 구성원을 안심시키는 섬세한 균형에 능숙했으며 동시에 비영리 단체의 무결성을 위해 싸우고 있다. 그는 침착함을 유지하고 단순히 이사회에 조직의 사명을 수행하도록 도와달라고 요청했다. 그는 자신의 겸손한 요청이 그렇게 문제가 될 것이라는 사실을 거의 알지 못했다.

다음 달 이사회에서 Brothman은 HIV·AIDS를 위한 새로운 프로테아제 억제제를 개발하려는 제약회사인 BRcd Enterprises와 계약을 체결했다고 발표했다. BRcd는 CAC에 백만 달러를 기부하겠다고 약속했는데, 이는 잠재적으로 큰 변화를 가져올 수 있는 선물이었다. Mohammad는 흥분되었지만 한편으로는 걱정스러웠다. 무엇을 잡았는가? 그는 알아내기 위해 오래 기다릴 필요가 없었다.

BRcd는 이미 FDA에 Investigational New Drug Application을 작성했으며 새로운 프로테아제 억제제에 대한 1상 임상 시험을 완료했다. 건강한 자원 봉사자를 대상으로 실시한 1상 시험은 약물이 안전하다는 것을 나타냈다. 이 회사는 약의 효과에 초점을 맞춘 2단계를 시작하려고 했다. 이 단계에서는 HIV·AIDS 진단을 받은 사람들을 연구해야 했다. 그리고 그들은 CAC가 그들을 위해 HIV·AIDS 진단을 받은 사람들을 공급해주기를 원했다.

Mohammad는 그러한 요청이 비윤리적일 가능성이 있다는 것을 알고 있었다. 전국 사회복지사 협회의 윤리 강령은 이해 상충에 대해 분명했다. 그러나 그는 또한 자신의 사회복지사들이 상당한 성실함을 가지고 있다는 것을 알았고 그들이 윤리적으로 실천할 것을 신뢰할 수 있었다. 그는 다음날 직원회의를 소집해 이사회의 결정을 전달했다.

"정말 좋은 소식이 있고 작은 요청이 있습니다." Mohammad가 발표를 시작했다. "정말 좋은 소식은 우리가 100만 달러의 선물을 받았다는 것입니다."

Trina와 동료들은 스스로 도울 수 없었다. 그들은 서로를 응원했다. "대단합니다. Mohammad! 어떻게 100만 달러를 유치하셨습니까?" 그녀가 물었다.

"제가 아니에요. Brothman씨 였습니다. 분명히 그는 제약 회사와 연결되어 있고 100만 달러를 기부하도록 설득했습니다."

"제약 회사?" 개빈이 물었다. "제약 회사는 우리에게 무엇을 원할까요?"

Mohammad는 "우리와 마찬가지로 HIV·AIDS 환자에게 서비스를 제공하기 위해 최선을 다하고 있습니다. 그들은 입이 있는 곳에 돈을 두고 싶었습니다."

"어. 글쎄요, 정말 대단해요. 저는 그것에 동의합니다." Darryl이 외쳤다. 다른 사회복지사들도 그들의 수용을 중얼거렸다.

"좋은 소식이었습니다. 작은 요청은 무엇입니까? 모든 소모품 구매를 시작 하시겠습니까?"

"Brothman의 회사?" 티파니가 물었다. 그룹은 Brothman의 회사가 판매한 최고급 제품을 감당할 수 없다는 것을 알고 그녀의 우스꽝스러운 발언에 빙그레 웃었다.

"아니요." Mohammad는 엄숙하게 말했다. "이건 심각한 일입니다. 들어봐요, 제약 회사와의 거래의 일환으로 Brothman이 약속을 했으니 먼저 제 이야기를 들어 주셨으면 해요. 강력한 윤리적 약속 당신이 하는 것. 제약회사 BRcd는 새로운 HIV·AIDS 약물에 대한 FDA의 승인을 구하고 있으며, 2상 연구를 시작할 예정이며, 약물 시험 참가자를 찾고 있습니다."

"말해주세요…" 개빈이 말했다.

Mohammad는 질문을 계속하기 위해 손을 들었다. "사회복지사로서 우리의 윤리 기준을 위반하지 않겠다고 이사회에 알렸습니다. 나는 그들에게 이해 상충에 대해 설명했고, 많은 고객이 취약하다는 것을 상기 시켰으며, 연구에 참여하도록 설득하는 것은 부적절 할 것임을 상기시켰습니다. 이사회는 동의했습니다. 그들은 단지 우리 사무실에 약물 시험에 대한 정보를 게시하고 그것이 적절하다고 생각하는 경우 연구에 대한 정보를 적합한 고객에게 배포하도록 요청했습니다. 우리는 직접 요청하지 않을 것입니다."

사회복지사는 몸을 가라 앉혔지만 여전히 우려하고 있다. 그들의 임무는 기부자의 필요를 충족시키는 것이 아니라 고객을 옹호하는 것이었다.

"저기, 우리 문을 두드리는 백만 달러 기부자가 많지는 않습니다. 거지는 선택자가 될 수 없죠? 우리의 성실성을 훼손하지 않고 이 돈을 받을 수 있다고 확신합니다."라고 Mohammad는 안심했다.

한 달 안에 돈이 들어 왔고, 임상 실험에 대한 포스터가 CAC 로비에 전시되었고, 각 사회복지사는 연구에 대한 팸플릿 몇 장을 적절한 고객에게 배포했다.

4주 후 Mohammad는 매우 분노한 이사회 의장의 전화를 받았다. "Mohammad! 이번 BRcd 거래에 대해 분명히 알고 있다고 생각했습니다. 그들은 우리에게 돈을 주었습니다. 우리는 그들에게 약물 실험을 위한 피험자를 제공합니다. 우리가 돈을 받았는지 확인하십시오." Brothman이 소리쳤다.

Mohammad가 말했다. "Brothman씨, 우리는 우리 직업의 윤리적 지침에 구속되어 있다는 것을 알고 있습니다. 우리는 고객이 연구에 참여하도록 강요할 수 없습니다."

"Mohammad씨, 강압에 대해 말하는 것이 아닙니다. 설득에 대해 말하는 것입니다. BRcd는 연구를 위해 100명이 필요하며 가능한 한 빨리 필요합니다. 모든 지연은 고객에게 다른 잠재적인 약물이 없음을 의미합니다. 도움이 될 수 있습니다. 좋은 결과를 얻기 위해 더 열심히 일하십시오."

Mohammad는 전화를 끊고 윈·윈 솔루션을 만드는 최선의 방법을 고려했다. 그는 직원에게 다음과 같은 이메일을 작성하기로 결정했다.

친애하는 동료들에게:

우리는 CAC에서 중요한 일을 합니다. 여러분 대부분은 그것에 대해 생각하지 않을 수 있지만 불과 몇 년 전에 저는 여러분 중 한 사람이었습니다. 나는 현장에서 사회가 무시하고 싶어 하는 사람들을 돕기 위해 최선을 다했습니다. 제 고객 중 한 명인 Rosa가 기억납니다. Rosa는 HIV 진단을 받았을 때 26세였습니다. 안타깝게도 그녀는 3명의 자녀가 있을 때까지 진단을 받지 못했고 그 후 2명의 자녀가 HIV 진단을 받았습니다. 많은 고객과 마찬가지로 Rosa는 약물 남용자였으며 HIV 치료를 받고자하는 그녀의 의지는 술에 따라 달라졌습니다. Rosa를 판단하는 것은 쉽지만 우리 일이 아닙니다. 우리의 임무는 Rosas를 위해 최선을 다하고 그녀의 아이들도 건강한 삶의 기회를 갖도록 돕는 것입니다.

나는 당신이 당신의 클라이언트를 위해 당신이 할 수 있는 모든 것을 하고 있다는 것을 압니다. CAC에서 지원을 제공하는 것은 훌륭하지만 사람들이 우리의 지원을 필요로 하지 않도록 노력하는 것이 진정한 최종 목표가 아닙니까? 우리는 미래를 원하지 않습니다.

우리가 고객의 장례식에 참석하지 않는 곳이나 더 나쁜 것은 그들이 처리해야 할 문제를 다룰 자격이 없는 아이들일까요?

예, 우리는 HIV·AIDS 환자가 이용할 수 있는 약물 치료에서 먼 길을 왔지만 질병 치료를 중단하고 치료를 시작하고 싶지 않습니까? 우리는 HIV·AIDS에 대한 치료법을 찾는 데 기여할 기회가 있습니다. BRcd에서 제공하는 정보 팜플렛이 있습니다. 고객과 연구에 참여할 수 있는 기회에 대해 이야기 해보십시오.

Mohammad.

이메일이 전송된 지 5분 이내에 Trina는 Tiffany와 통화했다. "Mohammad의 이메일을 보셨습니까?" 그녀는 화가 났다. "당신은 이것을 믿을 수 있습니까? 참가자를 모집할 필요가 없다고 하셨어요!".

"흠. 그런 식으로 읽지 않았습니다. 나는 Mohammad를 믿습니다. 그가 내 고객과 이야기하기를 원하면 그렇게 할 것입니다. 나는 그들에게 압력을 가하지 않고 단지 기회에 대해 알려주는 것입니다."라고 티파니가 대답했다.

"농담 해?" Trina는 깜짝 놀랐다. "저는 돈을 벌어들이는 어떤 제약 회사의 통제를 받지 않을 것입니다! 내 성실함은 백만 달러 이상의 가치가 있습니다."

Tiffany는 한숨을 쉬었다. "Trina! Mohammad는 우리의 성실성을 타협하지 않을 것이라고 계속해서 우리를 안심 시켰어요. 연구 자원자를 찾는 것은 좋은 일입니다. 모든 것이 그렇게 흑백이 아닙니다."

"옳고 그름이 있습니다! BRcd는 다른 모든 제약 회사와 동일한 방식으로 참가자를 찾아야 합니다. 그리고 나는 그것이 틀렸다는 것을 Mohammad에게 알려줄 것입니다." Trina는 화가 나서 전화를 끊었다.

Trina는 너무 화가 나서 자신을 어떻게 해야 할지 몰랐다. 그녀는 거실을 30분 정도 걷다가 컴퓨터 앞에 앉아서 타이핑을 시작했다. 먼저 그녀는 사직서를 썼다. 그런 다음 그녀는 전국 사회복지사 협회(NASW)에 편지를 썼고, 윤리적 행동을 위반하는 것으로 인식하고 Mohammad에 대한 전문적인 검토를 요청하고 주 면허위원회에 또 다른 편지를 썼다. 마지막으로 그녀는 CAC의 이전 동료들에게 이메일을 썼다.

Tiffany, Gavin, Darryl 및 Shanae에게 :

저는 CAC에서 사임했으며 NASW 및 주 면허위원회에 전문적인 불만을 제기했습니다. 저는 여러분과 최소 5년 동안 일했습니다(그리고 Tiffany, 우리는 12년 동안 함께 일했습니다!). 저는 항상 보살피는 그룹의 일원이 된 것을 자랑스럽게 생각합니다. 헌신적인 사회복지사. CAC의 의심스러운 윤리적 조건을 감안할 때 양심적으로 직장을 계속할 수 없습니다.

나는 여러분 모두를 압니다. 나는 당신이 우리 고객을 위해 최선을 다하고 헌신하는 뛰어난 전문가라는 것을 알고 있습니다. 나는 당신이 명예롭고 정직하며 열심히 일한다는 것을 압니다. 이사회 의장인 Albert Brothman이 협상한 의심스러운 '거래'의 희생양이 되지 마시고 Mohammad가 우리가 윤리적으로 행동하기를 원한다고 확신하는 것에 대해 설득하지 마십시오. 첫째, 그는 우리가 약물 실험을 위해 참가자를 직접 요청할 필요가 없다고 우리에게 맹세했습니다. 그런 다음 그는 우리에게 기회에 대해 고객과 '대화'하도록 요청했습니다.

고객을 연구에 몰아넣을까요? 연구약을 복용하고 있는지 확인하시겠습니까? 생각해보세요. 이것은 그가 요구하는 사소한 것이 아니라 우리 자신의 윤리 강령을 위반하도록 요청하는 것입니다. 사회복지사로서 우리는 봉사와 자기 결정권에 전념합니다. 우리는 권력과 지위를 이용하여 사람들이 자신의 이익에 맞지 않는 일을 하도록 조종할 수 없습니다.

트리나

고려할 질문

1. Brothman는 어떤 주변 전략을 사용했는가? 이러한 전략이 작동하지 않은 이유는 무엇인가? Mohammad는 사회복지사와 대화할 때 어떤 주변 전략을 사용했는가?

   중앙 경로가 더 잘 작동할까? 그 이유는 무엇인가?

2. Trina의 태도와 규범적 믿음은 연구 참가자를 모집하려는 행동의도에 어떤 영향을 미치는가? 인지된 행동 제어가 그녀에게 어떻게 작용할까? 이제 이러한 요소를 Tiffany의 태도, 규범 적 믿음 및 행동의도와 대조해보라.

3. Trina는 동료 사회복지사를 설득하기 위해 접종이론을 어떻게 사용했는가?

4. Mohammad는 내러티브를 사용하여 직원에게 이메일을 보내기로 결정했다. 왜 그렇게 했는가? 내러티브 의 어떤 요소가 사회복지사에게 설득력이 있을까? 왜 그럴까?

5. Brothman의 행동과 관련하여 어떤 윤리적 문제가 나타났는가? Mohammad는 어떠한가?

   이러한 윤리적 긴장을 해결하거나 악화시키는 데 도움이 될 수 있는 통찰력을 제공하는 이론이 있는가?

6. 어떤 설득 이론이 다른 것보다 상황을 더 잘 설명하는 것 같은가? 왜 그런가? 상황을 더 잘 설명하기 위해 다른 이론이나 이론을 만들기 위해 어떤 상황이 나타날 수 있는가? 만남에 대한 더 나은 설명을 위해 어떤 이론을 결합할 수 있을까?

Applying Communication Theory for
Professional Life

COLIC (k

pain in th

COLISEUM

COLLABOR

to work join

or scientific w

COLLABORA

united labour.

COLLABORAT

one who assists

in literary or scien

COLLAPSE (ko-lap

or together; sudd

failure.

CHAPTER EIGHT

집단 커뮤니케이션
(Group Communication)

학습목표

이 장을 읽은 후 다음을 수행할 수 있다.

1. 의사 결정에 대한 기능적 접근방식에서 확인된 네 가지 기능과 세 가지 유형의 커뮤니케이션을 명확히 한다.
2. 집단 사고 예방전략 권고한다.
3. 적응적 구조화 이론이 집단 의사 결정 과정을 어떻게 비추는지를 명확히 한다.
4. 상징적 수렴이론을 이용한 수사적 시각의 발달에 대해 설명한다.
5. 주요 이론적 접근방식을 집단 커뮤니케이션과 비교 및 대조.
6. 집단 커뮤니케이션 이론을 채택하여 전문적 상황에 대한 체계적인 이해를 제공한다.

출판사, 소매업체, 포천지 선정 500대 기업에서 일하든 미국 기업들은 점점 '팀' 구조를 채택하고 있다. 커뮤니케이션 전문가로서 성공하기 위해서는 집단 의사 결정의 원칙과 위험은 물론 집단이 *어떻게(how)* 작용하는지 이해하는 것이 당신의 경력에 중요하다. 이 장에서는 특히 집단 의사 결정에 초점을 맞춘 이론부터 집단 커뮤니케이션이 집단행동에 대한 규범을 만드는 방법을 강조하는 이론에 이르기까지 광범위한 집단 이론을 설명한다.

집단 커뮤니케이션 정의

대중적인 이해는 집단이 단순히 사람들의 집합체라는 것을 의미한다. 그러나 집단 커뮤니케이션을 연구하는 학자들은 *집단(group)*이라는 용어를 사용할 때 더 정확하다. 학자들에 따르면, 집단은 공동의 목적을 달성하는 데 초점을 맞추고 서로 영향을 주고받는 세 명 이상의 개인으로 이루어진 시스템을 가리킨다(Rothwell, 1998). 집단은 집합체와는 다르다. 집단은 단순히 정해진 수의 개인이다. 예를 들어, 버스 정류장에 서 있는 사람이나 엘리베이터에 탄 사람들. 게다가 집단은 조직과 구별된다. 조직은 일반적으로 공식적인 계층 구조(예: CEO, 이사, 관리자)와 체계적인 커뮤니케이션 채널(예: 연간의 성과 검토, 직원 소식지)을 포함한다. 대조적으로, 집단의 구조와 커뮤니케이션 패턴은 일반적으로 상호작용을 통해 나타난다(Rothwell, 1998).

조직에서 팀 기반 구조의 사용이 증가하기 때문에 팀의 성격을 명확히 밝히는 것도 관심사다. 조직 환경에서, 팀은 함께 일하는 지속적이고 공동 작용할 수 있는 집단이다(Dyer, 1987). 팀은 전형적으로 자기 주도적이고 자기 조절적인데, 이는 조직 지휘의 전형적인 사슬이 중단된다는 것을 의미한다; 팀은 처음부터 끝까지 임무를 완수할 수 있는 권한을 부여받는다. 모든 집단이 팀인 것은 아니지만(예를 들어, 지배력이 주로 외부적인 경우), 모든 팀이 집단으로서 자격을 충족한다.

집단 커뮤니케이션은 모든 집단이 업무 커뮤니케이션(집단 구성원이 달성하려고 하는 도구적 목표 달성에 초점을 맞춘 커뮤니케이션)과 사회 감정적 커뮤니케이션(집단 구성원 간의 관계 개발, 유지, 보수에 초점을 맞춘 커뮤니케이션)의 균형을 맞춰야 해서 다른 유형의 커뮤니케이션과는 구별된다. 간단히 말해서, 집단 구성원들이 그 업무에 더 많은 시간을 할애할수록, 그들의 관심사가 관계 필요성에 덜 집중되게 그 반대의 경우도 그렇다. 집단 구성원들은 이 두 활동의 중요성에 대한 서로 다른 방향을 가지고 있을 가능성이 커서, 업무 커뮤니케이션과 사회 감정적 커뮤니케이션의 균형을 맞추는 것은 보통 상당히 어려운 일이며, 대개 집단 구성원이 집단 역할을 제정하게 된다. 집단 역할은 한 개인이 다른 집단 구성원이 가지는 기대에 비추어 수행하는 커뮤니케이션 행동의 패턴을 말한다. 전형적으로 집단 역할은 업무 중심 역할, 유지보수 중심 역할, 지장을 주는 역할 등으로 분류되는데, 이는 개인 대 집단 요구를 충족하는 역할이다. 예를 들어, 고립은 집단 참여에서 탈퇴하는 사람, 광신자는 모든 집단 구성원을 자신의 믿음 체계로 전환하려는 사람, 무대 돼지(stage hog)는 대화 플로어를 독점하여 다른 사람들이 생각과 의견을 표현하는 것을 방해한다(Rothwell, 1998).

이 장은 집단과 팀 내에서 일어나는 커뮤니케이션의 이해를 강조한다. 우리가 제시하는 네 가지 이론의 초점은 다양하다. 첫째로, 기능적인 집단 의사 결정은 의사 결정 과정에서 커뮤니케이션이 달성하는 과제에 초점을 맞춘다. 계속해서 의사 결정에 초점을 맞추면서, 두 번째 이론인 집단 사고는 부실하거나 비효율적인 집단 의사 결정을 '설명하기 위한 메커니즘을 제공한다. 적응적 구조화 이론은 또한 의사 결정을 고려하지만, 그것은 커뮤니케이션 과정 자체가 어떻게 상호작용을 위한 요령을 만드는가에 초점을 맞추어 집단 커뮤니케이션에 대한 더 넓은 관점을 제공한다. 마지막으로 상징적 집합 이론은 공유된 감정, 동기, 의미를 포함한 집단의식의 발달에 대해 설명한다.

기능적 집단 의사 결정

비록 집단이 여러 가지 목적을 가지고 있지만, 중요한 목적 중 하나는 의사 결정이다. 구란과 히로카와(Gouran & Hirokawa, 1983, 1986, 1996)는 집단 커뮤니케이션에 대한 기능적 접근법을 개발하는 것과 관련된 핵심 연구자들이다. 기능은 커뮤니케이션이 하는 것을 말한다. 예를 들어, 사과는 관계 회복의 기능을 하고, 농담은 긴장 해소의 기능을 할 수 있다. 이와 같이 의사 결정에 대한 기능적 접근방식은 실제로 말하는 것에 덜 초점을 맞추고 집단 내 커뮤니케이션이 *하는(does)* 것에 더 많이 초점을 맞춘다; 그것은 어떻게 작동하는가?

구란과 히로카와는 기초적인 질문을 던짐으로써 이론 개발을 시작했다. "왜 어떤 집단은 좋은 결정을 하는 반면 어떤 집단은 나쁜 결정을 만드는가?"(Hirokawa, see Miller, 2002, p. 219). 그들의 모델은 이 질문에 대한 해답은 그들이 *필요한 기능(requisite functions)*이라고 부르는 다섯 가지 기능을 성공적으로 달성했는지와 관계가 있다고 주장한다(Gouran & Hirokawa, 1983, 1996). 이러한 기능은 표 8.1에 강조 표시되어 있다. 첫 번째 기능은 문제 분석이다(Gouran & Hirokawa, 1983). 이것은 그 집단이 문제의 본질, 범위, 그리고 가능한 원인들을 현실적으로 살펴야 한다는 것을 의미한다. 이 기능은 또한 모든 구성원이 그들이 성취하고자 하는 것을 명확히 할 필요가 있다. 철저한 분석은 종종 정보 수집을 포함한다. 예를 들어, 더 큰 조직의 계속되는 예산 부족 문제를 해결하기 위해 소집된 집단을 생각해 봅시다. 기능적 집단 의사 결정 이론은 집단이 본질적 수익과 실현된 수익 사이의 실제 차이, 예산 부족의 시사점, 그리고 부족의 가능한 원인을 분석하는데 상당한 시간을 투자해야 한다고 제안한다. 지출이 너무 많았나? 매출 성장 둔화? 아니면 회복될지도 모르는 정상적인 경기 침체일까? 문제의 근본 원인과 영향을 인식하는 것이 해결책이 취해야 할 형태를 결정하기 때문에 이러한 질문에 대한 답은 중요하다.

두 번째 기능은 수용 가능한 솔루션의 최소 표준 또는 특성을 결정하는 것이다(Gouran & Hirokawa, 1996). 본 사례로 돌아가서, 예산 부족을 연구하는 집단 구성원들은 목표를 명확히 할 필요가 있다(예: 권고만 할 수 있는 자문의 집단인가, 아니면 실제 의사 결정 집단인가). 일반적으로 이 기능은 집단 구성원이 기준을 개발하도록 요구한다. 이러한 기준 또는 표준은 가능한 해결책을 평가하는 데 사용된다. 따라서 우리의 사례 집단은 또한 솔루션에 대한 요구사항을 결정해야 한다. 일부 표본 기준에는 다음과 같은 것들이 포함될 수 있다: 예산 삭감이 5%를 초과해서는 안 되며, 6개월 이내에 해결책의 구현이 달성되어야 하며, 해결책은 조직의 사명을 지원해야 한다. 세 번째 기능은 대안을 확인하는 것이다. 여기서, 집단 구성원들은 좋은 솔루션이 궁극적으로 선택될 가능성을 극대화하면서 가능한 많은 해결책을 만들기 위해 브레인스토밍을 한다(Gouran & Hirokawa, 1983). 브레인스토밍은 집단 구성원들이 아이디어를 평가하지 않고, 아이디어를 명확히 하지 않으며, 아이디어를 장려하고, 다른 사람의 아이디어를 확장하며, 누가 기여했는지에 대한 참조 없이 모든 아이디어를 기록하고, 모든 사람의 참여를 유도하는 등의 규칙을 따르면서 가능한 한 많은 해결책을 내놓아야 한다(Putnam & Paulus, 2009).

넷째, 집단은 가능한 해결책을 평가해야 한다(Gouran & Hirokawa, 1983, 1996). 이를 위해, 집단 구성원은 이전 기능에서 생성된 가능한 해결책을 평가해야 한다. 특히, 구성원은 두 번째 기능에서 개발한 기준과 비교해야 한다. 집단의 목표에 가장 적합한 솔루션을 선택하기 전에 제안된 솔루션의 긍정적 특성과 부정적 특성을 모두 고려해야 한다(Gouran & Hirokawa, 1983). 우리의 사례 의사 결정 집단으로 돌아가서, 만약 그 집단이 그 문제가 과도한 지출이 아니라 느린 판매 증가라고 판단한다면, 선택된 해결책은 변경될 것 같다. 다섯 번째 및 최종 기능은 네 번째 기능에서 완료한 가용 옵션의 분석을 바탕으로 최선의 대안을 선택하는 것이다. 기능적 집단 의사 결정 이론은 효과적인 결정의 가능성을 최대화하기 위해 다섯 가지 기능 모두를 달성해야 하며, 어떤 기능도 다른 기능보다 더 중요하지 않다고 말한다. 그러나 히로카와(Hirokawa, 1994)는 특정 문제가 특정 기능을 달성하는 데 다소 어려움이 있을 수 있다는 점을 인정했다. 예를 들어, 어떤 문제들은 특히 명백해서, 문제 분석은 비교적 쉽다. 다른 문제들은 당연히 많은 가능한 해결책을 가지고 있을 수 있다; 여기서, 대안을 만드는 것은 시간을 많이 걸리는 노력일 수 있다. 그러나 작업 복잡성보다 더 중요한 것은 아마도 과정이 제품 자체보다 더 중요하지는 않더라도 그만큼 중요하다는 것을 인식하면서 집단 구성원들이 자신의 공정에 대해 인식하고 반성할 수 있는 능력일 것이다(Gouran & Hirokawa, 1996).

필요한 기능에 대한 논리적 순서가 등장함에도 불구하고, 연구는 그것들이 특정한 순서에 따라 완성되는지는 중요하지 않다고 제안한다; 그것은 단지 기능들이 완성되는 것만이 중요하다(Hirokawa, 1994). 그럼에도 불구하고, 히로카와(Hirokawa, 1994)는 복잡한 문제를 다루는 집단도 비슷한 길을 따르는 경향이 있다는 것을 발견했다. 구체적으로, 이 패턴은 문제의 분석이 먼저 일어나는 경향이 있지만, 그다음 집단은 문제 분석과 대안 파악 사이에서 왔다 갔다 한다는 것을 암시한다. 일단 기준이 정해지고 제안된 대안들에 대해 집단이 만족하면, 그들은 평가와 선택으로 나아간다. 마지막으로, 기능적 집단 의사 결정 이론은 집단 내 커뮤니케이션에 대한 특정한 주장을 한다. 그 이론은 "소통은 효과적인 의사 결정을 위해 사용되는 사회적 도구"라고 주장한다(Hirokawa & Salazar, 1999, p. 169). 이와 같이 인간이 커뮤니케이션을 바탕으로 집단 경험을 적극적으로 구축해 나갈 것을 제안한다. 구란과 히로카와(Gouran & Hirokawa, 1986)는 세 종류의 커뮤니케이션을 소집단으로 구체적으로 기술했다. 촉진적 커뮤니케이션은 필수적인 기능 중 하나에 맞춰져 있다. 파괴적인 커뮤니케이션은 필요한 기능을 달성하는 집단의 능력을 변화시키거나 억제하거나 좌절시킨다. 파괴적인 커뮤니케이션에는 사회적 커뮤니케이션이 포함될 수 있다. 마지막으로, 집단 의사 결정에 있어 가장 중요한 것은 방해받은 집단을 다시 필요한 기능으로 되돌리는 메시지 즉, 대응적 커뮤니케이션이 될 가능성이 크다.

표 8.1 의사 결정의 5가지 기능

기능	성취도의 의미
문제분석	문제의 특성, 범위 및 가능한 원인에 초점을 맞춘다. 문제의 증상과 문제점이 서로 분리될 수 있도록 주의한다.
기준 결정	이상적인 솔루션의 '모양'을 식별하라. 전적으로 필요한 요소는 무엇이며, 이상적이지만 필요하지 않은 요소는 무엇인가?
대안 파악	가능한 많은 솔루션 생성: 현 시점에서는 질보다 양이 중요하다.
평가	설정된 목표를 사용ㅇ하여 각 대안을 평가한다.
선택	집단 구성원들은 대안에 대한 평가를 바탕으로 정해진 특성과 기준을 가장 잘 충족하는 대안인 '최고' 대안을 선정한다.

비교적 범위가 좁은 기능적 관점은 집단 의사 결정 관련 업무 소통에만 초점을 맞춘다. 이 이론을 커뮤니케이션, 사업, 그리고 다른 직업에 중요한 실질적인 적용으로 만드는 것은 집단 성공 개선의 약속이다.

집단 사고

이론의 자세한 내용을 알든 모르든, **집단 사고**(*groupthink*)라는 용어를 들어본 적이 있을 것이다. 재니스(Janis, 1972)에 의해 개발된 집단 사고의 개념은 학문의 영역으로부터 대중문화로의 차이를 메웠다. 구글에서 검색해 100만 건이 넘는 조회수를 기록했는데, 주요 신문, 잡지, 업계지, 심지어 블로그에서도 조회수를 기록했다. 분명히 그 개념이 사용되고 있다. 하지만 재니스가 의도한 대로 사용되고 있는가?

집단 사고는 "집단 구성원들이 만장일치에 대한 욕구가 이용 가능한 모든 행동 계획을 평가하려는 동기보다 우선할 때 사용하는 심의 방법이다."(Janis, see Miller, 2002, p. 193). 이와 같이 집단 사고는 집단에 의해 얼마나 나쁜 결정이 내려지는지를 설명하고 예측하기 위해 고안되었다. 그 핵심에서 집단 사고의 개념은 집단이 비판적 사고를 보여주지 못한 실패를 나타낸다. 집단들이 "잘 지낸다."고 할 때, 다양한 관점에서 문제를 살펴보며 집단 구성원들이 당면한 정보에 의문을 제기하는 경우보다 의사 결정 과정의 최종 결과가 덜 효과적일 가능성이 크다.

• 선행 조건

재니스(Janis, 1982)는 집단 사고를 위한 세 가지 선행 조건을 명확히 했다. 재니스에 따르면, 이러한 기존의 조건들은 집단 사고를 더 많이 하게 한다. 선행 조건의 존재는 집단 사고를 보장하지 않는다는 점에 유의한다. 대신, Janis는 이러한 조건들을 '필요하지만 충분하지 않은' 조건이라고 부른다. 선행 조건은 높은 응집력, 구조적 결함, 상황적 특성이다.

첫째, 응집력은 집단 구성원들 간의 연결 정도, 즉 연대감을 말한다(Janis, 1982). 집단 사고는 집단화합의 보존을 강조하기 때문에 집단사상이 일어나려면 고도의 응집력이 필요하다. 그러나 응집력이 나쁜 의사 결정을 초래할 수 있다는 재니스의 생각은 참신하다. 자신 업무 경험에 대해 생각해 보라. 얼마나 많은 '팀 구성' 활동을 했는가? 만약 당신이 상근의 학생이라면, 얼마나 많은 수업이 '쇄빙선(icebreakers)'으로 시작되었을까? 그래서 그 수강 학생들이 서로 더 연결되었다고 느낄 수 있을까? 일반적으로, 직장 내 응집력은 긍정적으로 평가되지만, Janis는 응집력이 사람들로 하여금 '문제를 일으킨다(rock the boat)'는 것을 꺼리게 할 수도 있다고 경고하지만, 가능한 최선의 결정을 내리기 위해서는 문제를 일으키는 것이 필요할 수도 있다.

두 번째 선행 조건인 구조적 결함은 집단이 조직되는 방식의 문제를 말한다(Janis, 1982). 재니스는 네 가지 특정한 구조적 결함을 확인했는데, 그중 어떤 것이든 집단 사고로 이어질 수 있다. 첫째, **집단 단열**(group insulation)은 그 집단이 더 큰 세계로부터 어떻게든 고립되어 있다는 것을 의미한다. 아마도 그들은 서로 너무 자주 만나고, 집단 밖의 다른 사람들과 너무 드물게 만나 더 큰 시스템으로부터 단절되어 있을 것이다. 아마도 그 집단은 당면한 문제에 대해 직접적인 경험을 하지 못했을 것이다. 이러한 절연으로 인해 효과적인 의사 결정에 필요한 모든 정보를 적절하게 처리할 수 없게 될 수 있다. 두 번째 구조적 결함은 **편향된 리더십**(biased leadership)이다. 리더가 이미 결심을 했거나 개인적인 이해관계가 있다면 리더의 해법이 좋은지 여부와 상관없이 집단 구성원들은 단순히 권력 차이 때문에 리더에게 이행을 할 수 있다. 셋째, **절차적 규범의 부족**(a lack of procedural norms)은 집단 사고로 이어질 수 있다. 결정 방법에 대한 과정을 갖추지 않은 것은 집단이 과정을 만드는 데 시간을 들이지 않았거나 집단이 과정을 따르지 않았기 때문에 발생할 수 있다. 어느 경우든, 표준 과정을 따르는 것은 집단이 의사 결정 과정의 핵심 구성요소를 무심코 놓치는 것을 방지할 수 있다. 마지막으로, 너무 많은 **동질성**(homogeneity)은 문제가 된다. 동질성은 유사성을 가리킨다. 배경, 가치 또는 믿음에서 매우 유사한 집단 구성원들은 서로의 생각에 도전할 가능성이 작다.

세 번째이자 마지막 선행 조건은 상황적 특성이다(Janis, 1982). 요컨대 집단 사고는 스트레스가 높은 시기에 더 많이 일어난다. 이 높은 스트레스는 집단 외부의 압력에서 올 수 있다. 제약 산업에 종사하는 집단들은 연방 의약품 국 요구사항으로부터 스트레스를 받는다. 텔레비전 방송사 임원들은 광고주들로부터 압력을 받는다. 때로는 외부 힘이 운영 제약, 위협 또는 법적 요건을 통해 집단에 과도한 압력을 가하기도 한다. 높은 스트레스는 시간 압력의 형태로도 올 수 있다; 결정이 더 빨리 내려질수록, 가능한 모든 해결책이 적절히 연구되었을 가능성이 작다.

그러나 스트레스 요인이 항상 집단 외부에서 오는 것은 아니다(Janis, 1982). 최근 실패를 경험한 집단은 의사 결정 능력에 대한 자신감을 상실할 수 있고, 자신감의 상실은 자아실현적 예언이 만들어질 수도 있다. 상황적 특성의 마지막 범주는 도덕적 딜레마다; 만약 집단 구성원들이 실행 가능한 대안이 윤리적 도전을 나타낸다고 느낀다면, 그들은 집단 사고의 희생물이 될 가능성이 더 크다. 집단이 문제에 대한 세 가지 해결책만 내놓을 수 있지만 세 가지 중 두 가지는 윤리적으로 부적절하다고 간주되는 상황을 고려하라. 즉, 집단은 그것이 얼마나 좋은지 상관없이 세 번째 선택권을 추구할 가능성이 크다.

다시 말해, 이 세 가지 선행 조건은 집단 사고에 필요하지만 충분하지는 않다. 즉, 집단 사고가 일어나기 위해서는 세 가지 조건이 모두 어느 정도 존재해야 하지만, 이러한 환경만으로는 집단 사고가 보장되지 않는다. 대신, 재니스(Janis, 1982)는 집단 사고 과정의 증상을 관찰하기 위해 집단이 어떻게 운영되는지 조사해야 한다고 주장했다.

• 집단 사고의 증후

재니스(Janis, 1982)는 과대평가, 폐쇄성, 균일성에 대한 압박의 3가지 범주로 분류된 8가지 증상을 확인했다. 증상에 대한 첫 번째 분류인 집단의 과대평가는 집단의 능력에 대한 집단 구성원들이 부풀려진 시각을 가질 때 발생한다. 찾아야 할 두 가지 구체적인 증상은 불감증(집단이 실패하지 않을 것이라는 믿음 또는 실패할 수 없다는 믿음)과 집단 고유의 도덕성에 대한 믿음(집단이 좋아서 집단이 내리는 결정은 선해야 한다)이다. 이 두 증상 모두 집단과 그 능력에 대한 변함없는 자신감을 나타낸다. 이와 같이, 집단 구성원들은 의사 결정을 비판적으로 분석할 필요가 없다고 느낄 수 있다.

집단 사고 증상의 두 번째 범주는 폐쇄성을 포함한다(Janis, 1982). 이러한 증상은 양극화된 사고를 보여주는데, 이는 세상을 극단으로 보는 것을 의미한다. 사물은 좋거나 나쁘거나 옳거나 그른 것으로 인식된다. 그들이 선하면 그들은 전적으로 선하다. 그들이 나쁘면 그들은 완전히 악하다. 어떤 결정이 옳다면 그것은 완전히 옳아야 한다. 이 범주의 두 가지 특정 사례는 외부 집단과 집단적 합리화를 정형화하고 있다. 첫째, 외부 집단을 정형화(stereotyping)하는 것은 다른 집단과 그들의 리더들을 악마화하는 과정을 말한다. 2017년 미국에서는 두 주요 정당이 모두 외부 집단을 정형화하는 활동을 벌였다. 좌파에서는 보수주의자들이 인종차별주의적이고 여성 혐오적이며 개탄스럽다는 평가를 받아왔고, 도널드 트럼프는 히틀러나 무솔리니에 비유된다. 우파는 주류 진보언론이 믿을 수 없고, 민주당 의원들은 '분별없는 진보주의자(libtards)'라는 딱지가 붙었고, 민주당 정치인들은 의기양양함(smug), 오만(arrogant), 반미주의자(anti-American)로 불린다. 다른 집단이 타협할 수 없을 정도로 나쁘다고 묘사될 때, 그 믿음에 도전할 수 있는 정보를 무시하기는 더 쉽다. 집단적 합리화(collective rationalization)는 집단 구성원들이 스스로 설득하여 자신의 결정을 정당화하려는 경향이 있다는 것을 의미한다. 예를 들어, 해결책을 도출하는 데 5분 밖에 걸리지 않는 집단과 결정을 내리는 데 25분 밖에 걸리지 않는 집단을 생각해 보라. 집단 구성원들은 이 결정을 비판적으로 분석하기보다는 왜 그것이 좋은 결정인지 방어할 수 있는 여러 가지 이유를 제시한다.

집단 사고의 세 번째와 마지막 증상은 균일성을 향한 압박의 개념을 중심으로 구성된다(Janis, 1982). 집단 사고가 일어날 때, 그것은 집단 구성원들이 자신들에 대해 부풀려진 시각을 갖거나 편파적인 사고를 보여주기 때문일 뿐만 아니라, 개별 집단 구성원들이 비판적인 사고를 적극적으로 억압하기 때문이다. 자기 검열은 집단 구성원들이 의심을 느낄 때 입을 다물고 있는 경향이 있다는 것을 의미한다. 종종 그들은 다른 모든 사람이 그 결정에 대해 '참가(on board)'하고 있다고 느끼기 때문에, 그들은 그들의 걱정으로 궁지에 빠지는 것을 두려워한다. 이러한 경향은 또한 만장일치의 환상을 강조하는데, 이는 비록 한 사람이 도달하지 않았더라도 집단 구성원들이 공감대를 인지하고 있다는 것을 의미한다. 이처럼 침묵은 동의로 해석되는 경향이 있다. 실제로 자칭의 생각 감시는 설령 존재한다는 것을 알고 있더라도 어떤 반대의 정보도 제시하지 않도록 조심하고, 다시 말해 자칭의 생각 감시는 자칭의 검열에 임한다. 만약 누군가가 실제로 그 결정에 의문을 제기한다면, 집단 사고를 경험하는 집단들은 종종 반대자들에게 압력을 가할 것이다; 집단에 대한 도전은 무시된다.

집단 사고를 방지하기 위해, 재니스(Janis, 1982)는 집단 구성원들에게 비판적 평가를 장려하고, 리더가 선호도를 나타내도록 하는 것을 피하며, 문제를 연구하고 해결책을 제안하기 위해 몇 개의 독립된 하위그룹을 설립하고, 집단 밖에서 일어나고 있는 일을 토론하고, 외부인을 집단으로 초대하는 등의 단계를 취할 것을 권고한다. 누군가를 악마의 옹호자로 속이고, 그 집단의 증상을 감시하며, 그 결정을 비판적으로 분석하기 위한 최초 결정과 결정의 확인 사이에 시간을 들여라.

표 8.2 집단사고의 선행조건과 증후			
선행조건	**집단 사고**		**증후**
응집력			**집단에 대한 과대평가** 불멸의 환상 도덕에 대한 믿음
구조적 결함 절연 처리 편향된 리더쉽 절차적 규범(기준) 없음 동질성			**닫힌 마음** 고정 관념 집단적 합리화
상황 특성 높은 스트레스 시간 압력 최근 실패 도덕적 딜레마			**통일성 압력** 자기 검열 만장일치의 환상 스스로 임명한 마인드 보초 반대자에 대한 직접적 압력

표 8.2는 집단 사고의 선행과 증상에 대한 개요를 보여준다. 보다시피, 재니스(Janis, 1982)는 집단이 심의하는 동안 인지할 수 있는 요소뿐만 아니라, 집단이 심의하기 전에

존재하는 많은 요소를 확인했다. 집단 사고 그 자체—응집력이 유지될 수 있도록 비판적 사고를 피하는 경향은 선행 조건과 증상 사이의 어딘가에서 나타난다.

적응적 구조화 이론(Adaptive Structuration Theory)

원래 사회적 상호작용의 일반 이론으로 구조화 이론(Giddens, 1979)은 풀과 맥피 (McPhee, 1985; Poole, 1985, 1988; Poole & McPhee, 1983)가 집단과 조직의 커뮤니케이션 과정을 설명하는 발판이 되었다. 구조화 이론의 핵심은 구조 개념이다. 구조화는 물리적 실체가 아니라 본질적으로 관계의 패턴과 상호작용의 패턴이다; 그것들은 행동에 대한 지침을 제공한다. 풀(Poole, 1988)은 구조화가 조직의 특징이라고 주장하였다. "노동의 분할, 작업 흐름의 구성, 계층적 위치에 사람 배치, 예산 사용 모두 조직의 특징이며, 모든 것은 구조의 부과와 관련이 있다."(p. 1)

풀(Poole, 1988)에 따르면, 구조화는 5가지 주요 기능을 집단과 조직에서 제공한다: 그것들은 조정과 통제를 위한 수단을 제공하고, 조직에서 구성원들의 정체성을 정의하는 데 도움을 주며, 구성원들의 성과를 감시하는 수단을 제공하고, 조직의 환경과 관계를 맺도록 도와주고, 상징적인 역할을 하며 집단의 구성원 및 외부인에게 조직의 특성을 나타낸다. 집단과 조직에서 구조물의 중요성에도 불구하고, 풀의 이론은 구조물이 여러분이 생각하는 것만큼 영구적이지 않다고 주장한다; 어떤 강한 관계처럼, 그것들은 지속적인 유지와 보수가 필요하다. 구체적으로는, 커뮤니케이션이란 구조가 개발, 유지, 변경되는 수단이다. 이 과정은 구조화라고 알려져 있다.

• 적응적 구조화 이론의 가정

구조화 이론에는 크게 두 가지 가정이 있다. 첫째로, 그 이론은 인간이 선택을 하는 배우라고 가정한다(Giddens, 1979). 기관이라고도 불리는 이 가정은 사람들이 커뮤니케이션 행동의 측면에서 자유의지를 가지고 있다는 것을 의미한다. 두 번째 가정은 집단과 조직이 상호 작용하여 구조물을 통해 생산되고 재생산된다는 것이다(Giddens, 1979). 이 가정은 사람들이 **구조**(structure), **생산**(production), **재생산**(reproduction)이라는 용어로 기든스가 무엇을 의미하는지 이해할 것을 요구한다.

앞에서 지적한 바와 같이 구조는 물리적 실체가 아니라 집단이 목표를 달성하기 위해 사용하는 규칙과 자원의 집합이다. 규칙은 그 집단이 어떻게 목표를 달성해야 하는지에 대한 것이다. 규칙을 일을 하는 방법에 대한 공식적 또는 비공식적 처방이라고 생각해라. 형식적인 규칙은 오전 8시까지 모든 사람이 나타나야 하는 회사 방침일 수도 있고, 비공식적인 규칙은 그룹 구성원들이 합의로 결정을 내린다고 믿는 것일 수도 있다. 자원은 조직 구성원이 작업을 수행하는 데 사용하는 속성임. 구성원이 사용할 수 있는 두 가지 유형의 자원. 할당 자원은 시간과 돈과 같은 중요한 형태의 지원이다. 권위 있는 자원은 응집력, 경험, 지위 등 집단 구성원의 대인관계 특성이다.

구조(규칙과 자원)는 집단생활의 중심이라는 이해와 함께, 우리는 집단들이 상호작용으로 구조물을 통해 생산되고 재생산된다는 이론의 두 번째 전제로 눈을 돌린다. 그들의 행동 선택을 통해, 진단 구성원들은 구조를 만든다. 예를 들어, 돈보다 시간이 더 중요한 것처럼 행동하는 집단 구성원들은 비용 효율적인 결정을 하는 것보다 빠른 결정을 하는 것이 더 중요하다는 구조(즉, 규칙)를 만들 것이다. 그러나 이 구조물의 영향은 지속된다. 미래의 집단 구성원은 이 규칙을 다시 참고한 다음 재정 보존보다 시간 효율성이 더 중요하도록 그들의 의사 결정을 우선시할 수 있다. 이와 같이, 그들은 처음에 만들어진 규칙을 강화(또는 재생산)했다. 상호작용을 통해 그 구조는 생산되고 재생산된다. 개인들은 그것을 창조했지만, 그것들에 의해서도 제약을 받는다.

집단 구성원의 작용(대리)이 상호작용을 창출하고 제약한다는 이 개념은 구조화의 이중성으로 알려져 있다. 그 이론은 실용주의에 확고히 전념하고 있다는 점에 주목하라; 인간은 그들의 행동에 관하여 완전한 자유의지를 가지고 있다. 그러나 구조 이론은 구조라는 개념이 인간의 행동과 얽혀 있어 미묘한 힘이나 영향력을 제공한다. 엘리스(Ellis, 1999)는 대리와 구조를 '기울어진 사회적 실체(braided social entities)'(p. 127)로 특징지었다. 구조화 과정 내내 인간은 그들의 상호작용에서 규칙을 바꾸거나 그들이 이용할 수 있는 자원을 조정할 수 있는 선택권을 가지고 있지만, 이전의 행동 제약에 의해 압박을 받는다. 더구나 이러한 활동은 종종 낮은 수준의 의식에서 일어난다. 집단 구성원들은 항상 구조물에 대해 알고 있지 않으며, 구조물을 바꾸는 능력도 알지 못한다.

• 적응적 구조화 이론

풀, 세이볼트, 맥피가 기든스의 구조화 이론을 그들의 이론의 기초로 사용했다는 것을 상기하라. 그들은 이것을 '적응적 구조화 이론(AST)'이라고 불렀다. 적응적 구조화 이론은 집단 커뮤니케이션에 특별히 적용할 수 있도록 하는 두 가지 개념을 추가함으로써 원래의 이론을 바탕으로 구축한다. 첫째로, 그들은 구조물이 종종 더 큰 집단에서 빌려온다고 믿었다(Poole, Seibold, McPhee, 1985, 1986). 예를 들어, 업무 집단은 조직 문화와 같은 더 큰 회사의 구조를 적절하거나 차입할 수 있다. 이와 같이, 집단은 처음부터 시작하는 것이 아니라 상호작용 전에 이미 이용할 수 있는 구조에 의존하고 있다. 마찬가지로, 조직은 개인주의, 애국심 또는 자본주의와 같은 더 큰 사회 구조를 적합시킬 수 있다. 이런 행동은 사회로부터의 전용으로 간주될 것이다.

둘째, 적응적 구조화 이론은 모든 사회적 상호작용이 커뮤니케이션, 도덕, 힘의 요소를 포함한다고 가정한다(Poole et al., 1985, 1986). 커뮤니케이션 요소는 조직 구성원이 주어진 의미 또는 이해의 집합 내에서 어떻게 운영되는지 지시한다. 그만큼 이들의 언어 선택이 중요하다. 근로자는 집단의 규칙을 상징적으로 반영하기 위해 **경쟁적**(*competitive*)이거나 **혁신적**(*innovative*)이거나 같은 특정 단어를 사용할 수 있다. 도덕의 개념은 수용 가능한 행동과 수용되지 않는 행동에 대한 집단 규범을 의미하며, 집단 구성원의 대리 또는 행동에 영향을 미친다. 마지막으로 **권력**(*power*)은 집단 구성원이 행하는 상호작용적 선택에 영향을 미치는 암묵적 권력 구조(예: 평등 또는 계층 또는 권위)

를 가리킨다.

• 적응적 구조화 및 집단 의사 결정

본 장의 처음 두 이론은 집단으로 의사 결정에 초점을 맞추고 있으며, 적응적 구조화 이론도 의사 결정 과정을 논한다. 의사 결정에 대한 적응적 구조화 접근방식은 주어진 구조가 문제를 해결하고 행동에 대한 결정을 내리기 위해 진행하는 집단이 사용하는 범위에 영향을 미치는 정도에 초점을 맞춘다. 예를 들어, 풀과 로스(Poole & Roth, 1989)는 집단들이 의사 결정 노력을 기울인 경로를 조사했다. 그들은 세 가지 뚜렷한 경로를 확인했다. 단일 경로는 문제의 유형과 관계없이 집단이 동일한 과정을 사용하여 해결 방법을 생성할 때 취해진다. 예를 들어, 집단 구성원은 금융위기를 해결할 방법을 결정할 때뿐만 아니라 점심으로 무엇을 주문할지 결정하거나 분기별 회의 일정을 결정할 때도 기능적 집단 의사 결정을 사용할 수 있다. 이처럼 결정을 내릴 수 있는 유일한 방법은 행동의 규칙이 되었다.

복잡한 순환경로에서, 집단 구성원들은 기능적 집단 의사 결정에 의해 식별된 활동의 유형을 순환하지만, 그들은 순환적인 방식으로 그렇게 한다(Poole & Roth, 1989). 예를 들어, 집단 구성원들은 먼저 문제를 파악하고, 해결책에 대해 이야기한 다음, 돌아가서 문제를 재해석할 수 있다. 이 경로는 많은 논의를 수반하며, 종종 집단이 이용할 수 있는 규칙과 자원을 재방분해야 한다.

마지막 경로는 솔루션 지향 경로다(Poole & Roth, 1989). 이런 패턴에서 집단 구성원들은 문제를 조사하기 위해 거의 또는 전혀 노력을 하지 않는다. 오히려 집단 구성원들은 문제를 이해한다고 가정하고 즉시 집단 구성원들을 만족시킬 해결책을 모색한다. 이 패턴의 초점은 과정이 아니라 해결에 있다. 이와 같이, 규칙과 자원은 효율성과 결과를 중심으로 한다.

• 적응적 구조화 및 가상 팀

집단 규범과 의사 결정 구조의 개발을 설명하는 능력을 넘어, 적응적 구조화 이론도 가상 팀에서 일어나는 일에 대해 가장 자주 사용되는 설명 중 하나로 떠올랐다(Schiller & Mandviwalla, 2007). 적응적 구조화 이론은 학자들이 의사 결정 과정에서 기술의 구현으로 인해 어떻게 여러 가지 결과가 나올 수 있는지를 이해할 수 있도록 한다. 데산티스와 풀(DeSanctis & Poole, 1994)에 따르면, 첨단 정보 기술 자체는 구조의 생산과 재생산에 영향을 미친다. 즉, 가상 팀이 사용하는 기술의 특징은 집단 구성원이 사용할 수 있는 규칙과 자원의 유형에 영향을 미친다. 예를 들어 가상 팀이 익명의 의견을 허용하는 특정 집단 의사 결정 지원 시스템(GDSS)을 사용하고 있다고 가정해 보라. 이런 특징 때문에 팀원들은 조직 위계나 연합의 정치에 관심을 가질 필요 없이 자유롭게 아이디어에 '정직한(honest)' 피드백을 올릴 수 있다. 이처럼 출현하는 사회 구조는 그러한 기술적 선택권이 없었던 가상 팀이 만들어 낸 사회 구조와는 사뭇 다를 것이다.

적응적 구조화 이론이 가상 집단을 이해하는 데 기여하는 주요 방법은 지리적으로 분산된 집단에 필요한 기술이 집단이 기능하는 방식에 어떻게 그리고 왜 영향을 미치는지 이해할 수 있는 메커니즘을 제공하는 것이다. 데산티스와 풀(DeSanctis & Poole, 1994)은 통신 기술의 영향을 받는 5가지 집단 상호작용 차원을 식별한다. 이러한 치수는 표 8.3에 설명되어 있다.

적응적 구조화 이론은 집단 구성원이 상호작용에서 만들고 수정하는 규칙을 통해 그들 자신의 집단 본질을 창조할 수 있는 힘을 가지고 있다고 말한다. 그러나 이 이론은 또한 이전의 규칙이 미래의 집단 커뮤니케이션을 방해하는 구조가 되어 구성원들이 이미 만든 규칙과 자원을 준수하라는 압력을 느끼게 된다는 것을 인정한다.

표 8.3 기술의 구조화 차원	
차원	기술
의사결정 과정	결정이 이루어지는 방식: 예를 들면 합의, 단순 다수결 및 권위적인 규칙
리더쉽	리더(또는 리더들)가 임명되거나 등장하는지 여부 및 발전하는 리더십 유형(예: 권위적, 민주적)
효율성	집단 상호 작용이 기술을 사용하지 않을 때보다 더 짧거나 긴지 에 대한 여부를 포 함한 시간 처리 방식
갈등 관리	상호 작용이 질서 정연하거나 혼란스러운 정도: 집단 구성원이 갈등을 해결하기 위해 노력하는 정도, 및 갈등해결 전략이 있는 경우 선택하는 갈등해결 전략
분위기	상호작용이 형식 및 상호작용이 구조화되거나 구조화되지 않은 정도

상징적 수렴이론(Symbolic Convergence Theory)

우리가 토론하는 마지막 집단 이론은 상징적 수렴이론(SCT)이다. 일반적인 커뮤니케이션 이론으로 여겨지지만, 상징적 수렴이론은 집단 커뮤니케이션의 전통 안에서 개발되었고 이러한 맥락에 가장 자주 적용되어 왔다(Bormann, 1982). 적응적 구조화 이론처럼, 상징적 수렴이론은 집단 구성원들이 상호작용을 통해 공유의 의미를 포함한 공유 의식을 협력적으로 창조하고 유지한다는 개념에 기초하고 있다. 구체적으로, 상징적 수렴이론은 집단 커뮤니케이션의 두 가지 측면, 즉 집단 정체성의 생성과 집단 정체성이 행동 규범에 영향을 미치는 방법에 초점을 맞춘다.

• 상징적 수렴이론의 중심 개념

많은 이론과 마찬가지로, 상징적 수렴이론이 제공하는 집단 커뮤니케이션의 설명을 이해하기 위해서는 많은 개념이 중요하다. 가장 중요한 개념은 판타지 주제다. *판타지*

(fantasy)라는 용어는 오해의 소지가 있다. 상징적 수렴이론에 따르면, *판타지(fantasy)* 는 원하는 것이나 허구적인 것을 가리키는 것이 아니라, 심리학적 또는 수사학적 욕구를 충족시키는 사건에 대한 창조적인 이해를 가리킨다(Bormann, 1982).

판타지 주제는 각색하는 메시지로 시작된다. 예를 들어 농담, 일화, 빈정거림, 말장난, 말의 형상, 이중 참여자 또는 은유와 같은 것들이다(Bormann, 1996). 중요한 것은, 이러한 메시지들이 현재의 사건들을 언급하는 것이 아니라, 과거에 일어났거나 미래에 기대되는 사건들을 언급하는 것이다. 게다가, 메시지를 극화시키는 것은 보통 표면 수준과 더 깊은 레벨 모두를 포함한, 항상 어느 정도의 감정적 계시를 포함한다(Bales, 1970). 그의 작업팀에서 가장 어린 구성원인 트레버가 최근 불가능해 보이는 문제를 해결했다고 상상해 보라. 다음 팀 모임에 들어갈 때 카일은 장난스럽게 상상의 마법 지팡이를 흔들며 해리 포터("이걸 해결하기 위해 어떤 마법 주문을 찾았니?")라고 부른다. 이 메시지는 장력 방출의 표면 기능도 제공하지만 트레버의 작품의 가치를 인식하는 보다 깊은 기능도 제공한다. 때로는 이런 메시지들이 보내졌다가 곧바로 투하되기도 하지만, 나머지 집단들이 극화한 메시지에 반응하면 판타지 주제가 등장했다.

판타지 주제를 지속적으로 윤색하는 것은 판타지 주제가 집단 상호작용을 통해 발전되어 집단의식으로 들어갈 때 판타지 사슬을 초래할 수 있다(Bormann, 1982). 예를 들어, '해리 포터(Harry Potter)' 주제가 발전하여 다른 집단 구성원들에 의해 만들어진다면, 판타지 사슬이 생겨난 것이다. 나중에 있을 회의에서, 집단 구성원들은 무능한 감독을 '머글(muggle)'이라고 부르거나, 프로젝트를 제시간에 완수하는 데 필요한 마법 주문에 대해 농담을 할 수도 있다.

상징적 수렴이론에 따르면, 판타지 사슬을 형성하는 것은 상징적 수렴이라고 불리는 과정인 집단 응집력을 낳는다(Bormann, 1982). 즉 판타지 사슬의 등장은 집단을 개인들의 집합체에서 집단의식이 있는 식별 가능한 집단으로 변화시킨다. 해리 포터 판타지 사슬을 생각해보자. 원래 업무팀과 해당 팀의 일부가 아닌 다른 조직 구성원을 포함하는 후속 미팅을 상상해 보라. 다시 카일이 그들의 비밀 무기인 '해리'에 대해 언급하고, 원래의 팀원들은 모두 웃는다. 그들은 참조를 이해한다. 하지만 원래 팀의 일원이 아니었던 개인들은 농담을 이해하지 못하기 때문에 소외감을 느낄 수도 있다. 보르만, 크래건과 시어즈(Bormann & Cragan & Shields, 1994)는 사람들이 공유된 판타지 주제를 가질 때, 상징적인 큐에 공통적으로 합의된 것에 의해 촉발될 수 있는 의식을 공유하게 되었다고 주장했다. 내면의 농담과 마찬가지로, 내면의 농담이 언급하는 판타지 주제를 창조하는 일부분이었던 사람들만이 적절하게 반응할 것이다.

어떤 집단이든 수많은 판타지의 사슬을 가지고 있을 것이다. 즉, 해리 포터 판타지 주제를 사슬로 묶는 같은 집단이 사업 상황을 언급할 때 스포츠 은유법도 사용할 수 있다 ("당신은 정말 공원에서 그 사람을 쳤어, 제인." 또는 "세 번째고 길다, 이기려면 한 번 해봐야 한다."). 게다가, 그 집단은 절차를 따르지 않고 실직한 팀원에 대한 주식 스토리를 가지고 있을지도 모른다. 새 구성원들은 이 이야기를 조심스러운 이야기로 듣고, 현 구성원들은 "돈이 되지 마십시오!"라는 말로 제재를 받을 수도 있다. 판타지 사슬이 집단 내에서 결합하는 방식은 수사적인 시각으로 이어진다. 수사학적 시각은 세상을 보는 통일된 방법이다. 방금 설명한 세 가지 판타지 사슬을 생각해 보라. 해리 포터, 스포츠, 그리고 규정 위반에 대한 제재. 세 가지 판타지의 사슬은 모두 세계를 보는 공통의 방법을 공유한다. 이 세 가지 모두 세계가 옳고 그름, 선과 악, 승자와 패자 등 분명히 나뉘어져 있음을 시사한다. 선한 편에 서면 열심히 하고 이기며, 악한 편에 서면 패한다. 이 수사학적 시각은 집단행동에 대한 일련의 암묵적 규범을 제공한다.

또한, 상징적 수렴 과정은 의사 결정에 영향을 미친다(Bormann, 1996). 예를 들어, 공통의 정체성과 공유된 의미를 형성하는 것은 집단 구성원의 의사결정에 대한 창의력을 길러준다. 더욱이 집단의식과 공유된 동기부여는 또한 의사결정이 이루어지는 가정과 선호되는 과정에 영향을 미친다. 사실, 보르만은 집단 구성원들이 의사결정 과정 자체에 대한 판타지의 주제를 만들 수도 있다고 주장했다.

그림 8.1은 상징적 수렴 과정을 시각적으로 표현한다. 도표의 왼쪽 상단에서 시작하

여 집단 구성원이 극화 메시지를 보낸다. 집단의 다른 사람들이 그 메시지의 결과로 상호 작용을 한다면, 판타지 주제가 출현한 것이다. 만약 집단 구성원들이 그 판타지 주제를 장식한다면, 그리고 그 판타지 사슬은 결과를 낳는다. 집단을 연구할 때 관찰자들은 판타지의 사슬을 조사하여 집단에 응집력과 행동에 대한 암묵적인 규범을 제공하는 밑바탕에 깔린 수사학적 견해를 밝혀낼 수 있다.

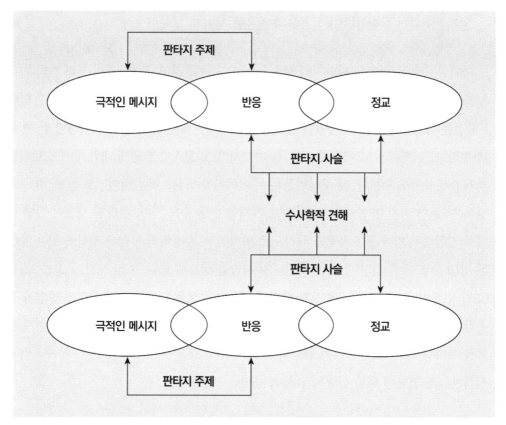

〈그림 8.1〉 상징적 수렴 과정

지금까지 상징적 수렴이론의 논의는 그 이론이 집단 내부의 사건들과만 관련이 있다는 것을 암시한다. 그러나 이 이론의 장점 중 하나는 더 큰 조직이나 사회 운동과 같은 다른 사회 제도와 집단을 연결한다는 것이다(Poole, 1999). 예를 들어 수사학적 견해는 집단에서 시작되어 조직의 다른 부분으로 확산될 수 있다. 반대로, 더 큰 조직의 수사학적 견해는 집단 내에서 생성되는 판타지 주제의 유형을 제한할 수 있다.

요약 및 연구 적용

이 장에서는 집단 커뮤니케이션의 네 가지 뚜렷한 이론을 논의하였다. 우리의 첫 번째 이론인 기능적 집단 의사 결정은 효과적인 결정을 하기 위해 집단 구성원들이 완료해야 하는 특정한 일이나 기능을 기술한다. 비록 그것이 충분히 단순하게 들리지만, 가난한 집단 의사 결정들은 여전히 일터를 괴롭힌다. 구란(Gouran, 2010, 2011)은 어떤 요소가 가장 자주 필요한 기능을 완성하는 집단의 능력을 손상시키는지 확인하면서 집단 의사 결정 내에서 합리성과 리더십의 역할을 더욱 최근에 강조해왔다. 업무 요건, 절차, 역할에 대한 개인 및 집단적 무지와 자존심, 위계 계층, 미흡한 리더십이 업무 집단이 직면하는 어려움에 기여한다(Gouran, 2010).

다음으로 집단 사고는 응집력, 구조적 결함, 상황적 제약에 대한 특정한 초점을 통해 집단 구성원들이 왜 나쁜 결정을 하는지 이해할 수 있는 수단을 제공한다(Janis, 1982). 이 이론은 미국 정치에서의 극단주의와 양극화를 설명하기 위해 사용되어 왔고(Willis, 2017) 또한 어려운 정치적 결정을 하기 위해 하위 관료가 필요로 하는 '용기(courage)'에서도 사용되었다(Kelman, Sanders, Pandit, 2016). 우리의 세 번째 접근방식인 적응적 구조화 이론은, 구조 또는 관계의 지속적 패턴이 어떻게 집단 상호작용을 기반으로 발전하는지 그리고 이러한 구조들이 집단 상호작용을 어떻게 구속하는지에 초점을 맞춘다. 배럿과 스티븐스(Barrett & Stephens, 2017)는 동료들이 전자 기록으로 전환하면서 의료기관 내 변화를 이해하기 위한 틀로 적응적 구조화화이론을 통합했다. 이러한 기술적 변화는 처음에는 동료들의 사회적 상호작용과 태도에 부정적인 방향으로 영향을 주었지만, 이는 노동자들이 기술에 적응함에 따라 역전되었다.

마지막으로, 상징적 수렴이론은 판타지 주제라고 불리는 특정한 종류의 메시지들이 수사학적 견해와 공동체의식 또는 집단의식에 기여한다고 제안한다. 이러한 판타지의 주제와 그들이 어떻게 결합할 수 있는지에 대한 조사는 집단이 운영하는 원칙을 제공하는 수사학적 견해를 제공한다. 소셜 미디어는 집단이 판타지 주제를 만들고 공유하고 정교하게 기술할 수 있는 또 다른 강력한 메커니즘을 제공한다. 팀원들 간의 페이스북 상호작용을 포함한 최근의 연구에서, 두 개의 보완적이고 경쟁적인 수사학적 견해가 나타났다(Zanin, Hoelscher, Kramer, 2016). 어떤 경우에는 주제가 믿음과 정체성을 높였고, 어떤 경우에는 주제에 포함되었다고 느끼는 사람과 소외감을 느끼는 사람 사이에 충성심을 나누었다. 자닌 외 연구진(Zanin et al. 2016)은 판타지 주제에서 집단 다양성에 대한 더 많은 연구로부터 상징적 수렴이론이 이익을 얻을 수 있는 제안을 제공했다.

사례 연구 8 : 영재 그룹

펜실베이니아주 브런즈윅 자치주의 공식 관광진흥기관인 브런즈윅 자치주 협의 & 방문객 사무실(BCCVB)에 새로운 지도자가 새로운 열정을 불러일으켰다. 그녀의 지도하에, 그 사무실은 계획적인 그리고 물질적인 확장을 모두 겪었다. BCCVB가 사무실과 방문객 센터를 신축된 건물로 이전한 직후, 이 전무는 선물 센터 위원회를 만들기로 결정했다. 위원회의 목적은 BCCVB가 결코 가지지 못한 방문자 선물 센터 상점에 대한 계획을 고안하는 것이었는데, 여기에서 브런즈윅 자치주 로고가 새겨진 다양한 상품을 방문자에게 판매할 수 있었다.

위원회는 BCCVB 직원 5명으로 구성되었는데, 존 마허(John Maher) 커뮤니케이션 보좌관, 로라 도허티(Laura Doherty) 사무국장, 난넷 케어니(Nannette Kearny) 회원 책임자, 리사 베르만(Lisa Berman) 부책임자, 도널드 존슨(Donald Johnson) 기업 영업부장이다. 새로 결성된 집단은 응집력이 높았고, 5년 이상 함께 활동한 경험이 있으며, 모두 전무이사가 개발한 방문객 사무실의 시각에 전념하고 있었다. 위원회는 3주 동안 BCCVB가 방문자 센터 선물 가게를 설립하는 방법을 자세히 설명하는 계획을 고안하는 데 필요하다고 판단되는 만큼 자주 회의를 가졌다. 집단 구성원들이 여전히 정규 업무를 수행해야 했기 때문에 시간 프레임을 달성하기 어려웠지만 모든 구성원이 그렇게 하기 위해 최선을 다했다.

첫 번째 회의는 집단이 어떻게 나아갈 것인지에 대한 합의를 도출하기 위한 '마음의 만남'으로 밝혀졌다. 응집력 덕분에 위원회 위원들은 사교적이고 남과 어울리기 좋아하며 서로 일하는 것이 편안했다. 그 결과, 회원들은 회의가 시작될 때 15분 동안 서로를 따라잡았다. 집단 광대인 도널드는 중요한 첫 번째 단계가 위원회의 이름을 정하는 것이라고 결정하고 집단 구성원을 '영재 그룹'으로 알려야 한다고 결정했다. 이 이름은 도널드가 그의 생애에서 처음으로 '영재'라고 불렸을 것이라고 많은 웃음과 농담을 불러일으켰다.

리사 베르만도 이 사회적 상호작용에 참여했지만, 비즈니스 문제를 논의할 때 자연스럽게 리더형 역할을 맡았다. 그녀는 당면한 문제인 선물 가게에 위원회의 관심을 집중하기 위해 노력했으며 그룹이 사회적 관련에 더 많은 업무 관련 커뮤니케이션으로 전환 할 수 있도록 했다. 그 시점에서 위원회는 선물 가게의 전반적인 아이디어와 그러한 벤처를 시작하기 위한 계획을 고안하는 방법에 대해 논의하기 시작했다. 이 그룹은 이 토론에 따라 빠르게 극적인 깨달음을 얻었다. 위원회의 아무도 소매점이나 선물 가게 경험이 없었다. 의심할 여지 없이 이러한 깨달음에 낙담한 위원회 위원들은 앞으로 나아가기를 꺼려했다. 그러나 존은 다음 모임 전에 각 회원이 방문자 센터 선물 가게를 조사할 것을 권장하면서 회의를 마감했다. 도널드와 난넷는 처음에 제안에 동의하지 않고 그렇게 할 시간이 없다고 말했다. 난넷는 로라에게 연구를 수행할 의향이 있는지 물었고 로라는 신속하게 이에 따랐다. 하지만 리사는 한 사람 한 사람이 조금씩 조사를 한다면 어느 누구도 과중한 부담을 느끼지 않을 것이라고 지적했다. 그녀는 그룹 구성원들에게 그 일을 전체적으로 맡도록 설득했다.

두 번째 회의에서, 각 위원은 방문자 센터 선물 가게의 인상적인 연구를 가지고 도착했다. 다시 말하지만 처음 10분 또는 15분은 사교 활동에. 그리고 다시, 리사는 사람들을 다시 일에 복귀시키기 위해 노력해야 했다. 처음에 도널드는 리사와 회의를 장악하기 위해 싸웠다. 그는 위원회에서 활동하지 않는 조직 구성원 중 한 명을 '특별한 네드(Ned)'

라고 부르며 농담을 계속했다. 리사가 그룹을 다시 업무에 복귀시키려 하자 난넷은 "모든 사람이 영재로 간주 될 수 있는 것은 아니다."고 답했고, 그룹은 웃음을 이어갔다. 리사는 자신이 공식적인 지도자가 아니어서 가벼운 마음으로 지내려고 노력했지만, 다른 사람들이 시간을 낭비하고 있다는 사실에 좌절했다. 그녀는 "그렇게 하지 않으면 우리는 계속 영재로 간주되지 않을 것이다." 도널드는 "어머, 선생님은 화났어. 우리가 책을 읽지 않으면 방과 후에 우리를 붙잡아 주실 건가요?" 이 말에 리사를 비롯한 모두가 웃었다.

마침내 당면한 업무로 눈을 돌린 회의에는 각 구성원의 자료에 대한 철저한 조사와 그 그룹이 연구를 진행하기 위해 어떻게 활용할 것인가에 대한 장시간의 토론이 필요했다. 위원회는 BCCVB와 가장 직접적 관련된 연구를 종합하고, 그러한 정보로 무장한 이들이 후속 회의를 어떻게 진행할 것인지를 나타내는 달력을 설정하기로 결정했다. 위원회는 총체적으로 2주간의 남은 기간 동안 매일 회의가 예정되어 있는 등 무거운 회의 일정을 수립했다. 각 회합은 제1회, 제2회 회합과 매우 유사한 방식으로 진행되었다. 마감일이 임박했음에도 불구하고 모든 회의의 처음 10분 또는 15분은 사회적 상호작용을 위해 따로 두었다. 도널드가 장난을 치고 다른 사람들은 그의 선례를 따르곤 했다. 그러면 위원회는 당면한 과제를 향해 자연스럽게 진척되거나, 아니면 리사 베르만이 앞으로 나아가거나 사업을 시작하는 것에 대해 언급할 것이고, 결국 그 그룹은 그렇게 할 것이다.

두 번째 주가 끝날 무렵, 그룹 에너지가 감소했다. 모든 사람은 회의들뿐만 아니라 회의 사이에 각자 얽혀 있는 '숙제'에 상당한 시간을 할애하고 있었다. 이때 존의 역할이 그룹 구성원에서 그룹 치어리더로 옮겨갔다. 그는 다른 사람들이 좌절하거나 피곤할 때 격려했다. 그는 비록 짧은 시간이 마라톤을 뛰지 않는다는 것을 의미하지만, 그들이 하고 있는 일 역시 단거리 달리기가 아니라는 것을 모두에게 상기시켰다. 도널드는 "뭐야, 800m 하는 거야?"라고 대답했다. **난넷**은 "음, 지옥, 그게 내 문제야, 몸이 안 좋아!"라고 쏘아붙였다. 존은 "사실, 장애물은 항상 내 전문이었다! 하지만 800m 경주다. 우리는 빠른 속도를 유지해야 하지만 전체 전력 질주를 할 수는 없다."

3주가 끝난 후, 그 그룹은 그들의 최종 제안을 전무에게 제출했다. 회의 후 로라는 모든 구성원에게 '영재 그룹'이라는 문구가 적힌 트랙 저지를 선물했다.

고려해야할 질문들

1. 기능성 모델을 사용하여 선물 가게 설립 방법에 대한 결정이 효과적일 것 같았는가? 왜 혹은 왜 아닌가? 각 기능이 나타난 방법과 시기를 설명하십시오.

2. 집단 사고의 어떤 선행자들이 존재하는가? 집단 사고가 어떤 증상이 있는가? 그 그룹은 집단 사고의 발생을 막기 위해 무엇을 할 수 있었는가?

3. 적응적 구조화 이론을 사용하여 그룹이 만든 구조는 무엇인가? 규칙과 자원을 모두 고려하십시오. 또한, 그룹이 집단 의사 결정 과정에서 더 많은 기술을 사용했다면 규칙과 자원이 어떻게 달랐을지 생각해 보십시오.

4. 그룹과 관련된 상징적 집합 요소에 대해 논의한다. 상징적 수렴이 의사 결정 과정에 어떤 영향을 미쳤다고 생각할까? 상징적 수렴이론과 집단 사고가 서로에게 어떤 영향을 미칠까?

5. 이 그룹(또는 모든 그룹의) 커뮤니케이션을 고려할 때 어떤 윤리적 문제가 발생하는가?

6. 그 이론들 중 어떤 것이 다른 이론들보다 더 잘 나타나는가? 당신은 왜 이렇게 믿는가? 어떤 상황들이 다른 이론이나 이론을 상황을 더 잘 설명하도록 표면화할 수 있을까?

CHAPTER NINE

조직 커뮤니케이션
(Organizational Communication)

학습목표

이 장을 읽은 후 다음을 수행 할 수 있다.

1. 조직 커뮤니케이션(Organizational communication)을 정의하고 조직 커뮤니케이션이 조직 문화에 대한 관리접근법과 어떻게 다른지 논의한다.
2. 시스템의 관점이 조직 커뮤니케이션을 이해하기 위해 어떤 틀을 제공하는지 설명한다.
3. 딜과 케네디의 4가지 문화 접근법을 셰인의 3단계 조직 문화와 비교, 대조한다.
4. 조직 동화의 4단계를 이해한다.
5. OIC 이론에 의해 강조된 네 가지 제어 수준의 차이점을 설명한다.
6. 이중 상호작용의 개념을 이용하여 조직의 커뮤니케이션 과정을 이해한다.
7. 주요 이론적 접근방식을 조직적 커뮤니케이션과 비교, 대조한다.

"소통의 한 가지 가장 큰 문제는 그것이 일어났다는 착각이다."

— 조지 버나드 쇼

기업 생활의 가장 흥미로운 역설 중 하나는 조직 구성원들이 얼마나 자주 커뮤니케이션의 중요성을 강조하면서도 이들 구성원 중 효과적인 조직적 커뮤니케이션을 보이는 사람이 얼마나 적은가 하는 점이다. 1장에서 우리는 대중문화가 커뮤니케이션 과정을 지나치게 단순화하는 경향이 있다고 주장한다. 조직 환경에서보다 이러한 경향이 더 두드러지는 곳은 없다.

조직 커뮤니케이션의 정의

펠드너(Feldner)와 두르소(D'Urso) (2010)에 따르면 조직 환경에서 개인 간에, 개인과 조직 간에, 조직과 사회 간에 어느 정도의 의미가 만들어지는가에 초점을 맞춘 조직 커뮤니케이션(Organizational Communication)에 대한 현대적 접근방식이 있다. 커뮤니케이션이 일어나는 '컨테이너(container)', 즉 하나의 장소로서만 조직이 존재한다는 지나치게 단순화된 생각을 거부하면서 조직 커뮤니케이션 학자들은 오히려 사건이 아닌 하나의 과정으로서 커뮤니케이션에 초점을 맞춘다. 조직소통학자가 관심을 갖는 구체적인 커뮤니케이션 과정에는 직장관계의 발전과 유지, 새로운 조직구성원의 사회화, 조직문화의 발전, 조직과 조직구성원이 권력을 행사하고 저항하는 방식, 커뮤니케이션이 조직 구조를 생성하는 방식, 조직 구조가 소통의 과정을 변경하는 방법 등이 포함된다.

시스템의 특성

조직 커뮤니케이션의 많은 부분은 시스템 특성(System Metaphor)에 의존한다. 시스템 특성의 핵심은 사람들이 서로 교류할 때마다 발전하는 상호의존성에 초점을 맞추는 것이다. 시스템은 전체를 형성하기 위해 상호 관련되는 개인들의 그룹이다(Hall & Fagen, 1968). 가족, 작업 그룹, 그리고 스포츠 팀 등이 시스템의 예라고 할 수 있다. 한 무리의 사람들이 서로 반복적으로 상호작용을 할 때마다, 그들은 하나의 시스템을 나타낸다. 시스템은 다른 시스템 내에 존재하는 시스템과 함께 계층에 내장되어 있다(Pattee, 1973). 따라서 서브시스템은 그룹 전체의 작은 부분, 즉 축구팀의 방어선이나 조직의 회계부서가 된다. 초 시스템은 시스템이 작동하는 더 큰 시스템이다. NFL(National Football League, NFL)은 모든 개별 축구팀을 위한 초국가 시스템이며, 한 조직의 산업은 그 조직을 위한 초국가 시스템이다.

그러나 시스템 접근법은 단순히 이러한 종류의 상호관계에 초점을 맞추는 것 이상을 포함한다. 시스템 이론은 비합산성(nonsummativity), 즉 전체는 부분들의 합보다 크다는 생각에 달려 있다(Fisher, 1978). 가장 좋아하는 스포츠 팀을 생각해보라. 몇몇 스포츠 팀들은 슈퍼스타가 거의 없지만, 그들은 함께 일하며 많은 경기에서 승리한다. 반면 일부 팀에는 '대세' 선수가 있지만, 시스템으로서 이들의 팀은 그다지 성공적이지 못하다. 시스템 관점에서, 조직 속의 개인은 시스템을 만들거나 망가뜨리지 않는다. 대신에, 전체로서의 시스템은 그 개인들만이 성취할 수 있는 것보다 더 많은 것을 창조하기 위해 함께 일할 수도 있다. 개인의 노력보다 그룹 노력을 통해 더 많은 것을 성취할 수 있는 이러한 능력은 긍정적인 시너지 효과다(Salazar, 1995). 물론 때때로 부정적인 시너지가 발생하는데, 이는 그룹이 개별적인 이들이 창출하는 것보다 적게 달성한다는 것을 의미한다. 그럼에도 불구하고 비합산성의 요점은 시스템이 단지 그것의 개별적인 부분들의 합 이상이기 때문에 당신은 그것의 구성 요소만을 보고 시스템을 이해할 수 없다는 것이다.

비합산성이 발생하는 주요 이유는 상호의존성(interrelationships) 때문이다 (Rapoport, 1968). 상호의존성은 모든 시스템 구성원이 다른 모든 시스템 구성원에 의존한다는 것을 의미한다. 만약 한 그룹 구성원이 공을 떨어뜨린다면, 이것이 말 그대로건 비유적으로건 간에, 전체로서의 조직은 목표를 달성하지 못할 것이다. 여러분 중 많은 사람들이 직장에서 이런 경험을 했을 것인데, 개인이 완전히 독립적으로 운영하는 전문직은 거의 없기 때문이다. 잡지를 예로 들어보자면, 광고 판매원이 마감 기한을 맞추지 못하는 것은 편집자가 잡지가 몇 페이지가 될지 결정할 수 없다는 것을 의미하며, 이는 작가가 그 발간지에 자신의 이야기가 실릴지 알 수 없고, 또한 제작자들이 사전 제작을 할 수 없다는 것을 의미한다. 시스템의 모든 구성원은 다른 모든 구성원에 의존한다.

시스템 접근법의 또 다른 중심 원리는 바로 항상성(homeostasis)이다(Ashby, 1962). 항상성은 시스템 내의 자연적 균형이나 평형을 말한다. 시스템 관점에서 볼 때, 항상성이 변화가 일어나지 않는다는 것을 의미하는 것은 아니다. 대신 이것은 주어진 시스템이 변화 앞에서 안정을 유지하는 경향이다. 안정성에 대한 이러한 노력은 시스템을 위해 기능할 수도, 또는 그렇지 않을 수도 있다. 항상성을 달성한 성공적인 시스템은 계속해서 성공적일 가능성이 있다. 하지만 시스템의 목표 달성을 방해하는, 많은 갈등이 있는 시스템을 상상해 보라. 갈등이 그 집단의 '자연적인' 균형이기 때문에, 항상성은 갈등을 줄이려는 노력이 더 많은 갈등만 야기할 수 있다는 것을 암시할 수 있다. 그러므로 시스템 접근방식은 시스템이 새로운 상황을 경험할 때, 그 상황이 긍정적이던 부정적이던 간에 상관없이 그 구성원들이 어떤 방식으로든 안정을 유지하기 위해 어떻게든 변화할 것이라는 것을 인식한다.

조직 커뮤니케이션의 연구에 대한 최종적인 시스템 개념은 등종국성(equifinality)이다. 등종국성은 같은 목표를 달성하기 위한 여러 가지 방법을 제시한다(von Bertalanfy, 1968). 10%의 매출 증대를 목표로 생산자들이 도전한다고 가정해 보자. 그들은 더 많은 제품을 팔거나, 구제품의 가격을 올리거나, 구제품의 제조비용을 줄이거나, 신제품을 개발하거나, 제품을 만드는데 필요한 인력을 줄이는 등의 방법을 통해 목표를 달성할 수 있다. 간단히 말해서, 조직이 목표를 달성하기 위해 취할 수 있는 여러 가지 경로가 있다는 것이다. 게다가 어느 주어진 시간에는 조직이 해결할 수 있는 여러 가지 목표가 있을 수 있다. 만약 그 조직이 매출을 늘리려 할 뿐만 아니라 직원들의 사기를 높이려 한다면, 조직은 매출과 사기를 동시에 증진시킬 수 있는 신제품 개발이라는 선택지를 택할 수 있다. 그러나 조직이 직원들의 사기 증진이 수익보다 더 중요하다고 판단하고 수익보다는 그것에 초점을 맞출 수도 있다.

조직 커뮤니케이션 이론은 조직의 활동을 설명하기 위해 시스템 특성(및 관련 개념)에 의존하는 경향이 있다. 그럼에도 불구하고 학자들이 미시적 문제(조직에서의 대인관계 소통 등)와 거시적인 문제(조직 커뮤니케이션이 사회를 어떻게 형성하는지 등) 모두에 관심을 갖고 있기 때문에, 조직 커뮤니케이션 이론에서는 철학적, 방법론적 확약들이 광범위하게 나타나고 있다. 일부 학자들은 사회과학적 접근법을 사용하여 직장 만족도나 생산성에 관한 예측을 시도한다. 다른 이들은 해석적 접근법을 취하며, 조직 스토리텔링이나 서술에 초점을 맞춘다. 여전히 다른 이들은 조직 커뮤니케이션 관행이 조직 구성원이나 대중에게 힘을 실어주거나 소외시키는 정도를 밝혀내려고 하면서 비판적인 접근을 한다.

이 장은 조직 커뮤니케이션의 4가지 이론에 초점을 맞춘다: 조직 문화(organizational culture), 조직 동화(organizational assimilation), 조직 동일시 및 통제(organizational identification and control, IOC), 그리고 웨익의 조직이론(Weick's organizing theory)이 그 내용들이다 . 첫째, 조직 문화는 조직들이 가치관, 믿음, 행동규범, 그리고 커뮤니케이션 방법을 어떻게 그리고 왜 발전시키는지 이해할 수 있는 언어를 제공한다. 둘째, 조직 동화는 조직 문화의 역할을 인정하면서 개인이 어떻게 조직으로 사회화되는가에 초점을 맞춘다. 셋째, '조직 동일시 및 통제' 역시 문화와 동화라는 개념에 기반을 두고 있으며, 특히 조직에서 권력이 어떻게 제정되는가에 초점을 맞추고 있다. 마지막으로 웨익의 조직이론은 커뮤니케이션 과정을 조직의 궁극적인 성패의 중심에 둔다.

조직 문화

이 책에서 다루는 개념 중 조직 문화(Organizational Culture) 개념보다 더 인기 있는 것은 거의 없다. 기업문화 서바이벌 가이드(The Corporate Culture Survival Guide), 조직 문화 진단 및 변화(iagnosing and Changing Organizational Culture)

같은 책들이 선반에 넘쳐난다. 그러나 조직 문화에 대한 어떤 구체적인 접근법을 논의하기 전에 조직 문화에 대해 적어도 두 가지 경쟁적 관점이 있다는 것을 유념하는 것이 중요하다: 문화를 조직이 가진 것으로 보는 접근법과 문화를 하나의 조직 그 자체로 보는 접근법이다(Smircich, 1983).

• Deal & Kennedy 모델

첫 번째 접근법은 조직이 강한 조직 문화를 가질 때 높은 성과를 거두게 된다고 주장한 딜(Deal)과 케네디(Kennedy) (1982, 2000)에 의해 예시된다. 이 저자들은 문화의 4대 중심 요소인 가치관(values), 영웅(heroes), 의례와 의식(rites and rituals), 그리고 문화적 네트워크(the cultural network)에 대해 논한다. 가치관은 예를 들어 조직이 고객, 공급업체, 이해관계자 및 직원을 어떻게 대하는지와 같은 조직의 핵심 믿음을 강조한다. 영웅들은 이러한 가치들을 가장 잘 대변하거나 의인화한 사람들인데, 예를 들면, 반문화적 선지자였던 애플의 고 스티브 잡스나 악명 높은 검소한 투자 재벌인 억만장자 워렌 버핏과 같은 이들이다. 의례와 의식은 조직적 가치를 보여주는 공공 공연이다. 이러한 의식 중 가장 분명한 것은 신입생을 환영하기 위한 학문적 소집이나 신입사원을 위한 만찬과 같은 입사 의식이다. 마지막으로, 문화적 네트워크는 이야기, 농담, 가십을 포함한 조직 내의 비공식적인 커뮤니케이션 과정이다.

딜과 케네디(1982)는 이러한 요소들을 고려하여 조직이 기꺼이 감수할 위험의 정도(낮은 위험 대 높은 위험)와 조직이 가지고 있는 피드백과 보상 시스템의 유형(급속한 대 느림)을 기준으로 네 가지 조직 문화를 파악한다. 표 9.1은 이러한 자질들이 어떻게 상호작용하여 네 가지 문화를 형성하는지를 나타낸다.

열심히 놀고 열심히 일하는 문화(The work hard-play hard culture)는 액션, 재미, 빠른 피드백, 작은 위험도가 특징이다(Deal & Kennedy, 1982, 2000). 이런 유형의 조직은 양과 속도를 장려하지만, 그 활동은 높은 수준의 확실성을 가지고 있다. 스트레스는 업무 자체가 아니라 일하는 속도에서 비롯되며 팀 지향성이 매우 높다. 이러한 문화는 판매 및 제조 조직들 사이에서 전형적이다. 부동산, 자동차, 맥도날드에 이르기까지 열심히 놀고 열심히 일하는 문화는 "필요를 찾아서 채워라."는 철학에 의존한다(Deal & Kennedy, 2000, p.113). 터프한 마초 문화(The tough-guy macho culture)는 높은 이익과 빠른 피드백이라는 특징을 가지며, 높은 보상이나 막대한 손실의 가능성을 갖는다. 이런 문화에서 번성하는 사람들은 끊임없는 피드백에 의존하며 종종 그들의 요구에 변덕을 부린다. 사실 이런 문화는 팀 플레이어보다는 슈퍼스타를 중시한다. 놀랄 것도 없이, 터프한 마초 문화는 광고 대행사와 연예 산업은 물론, 법 집행 기관과 의료 전문직 사이에서 종종 발견되고 있다. 프로세스 문화(A process culture)에서 직원들은 일반적으로 자신이 하는 일을 쉽게 측정할 수 없고 피드백이 느리기 때문에 업무 수행 방법에 초점을 맞춘다. 작업이 안정적이고 일관적이며 문서화된 디테일이 중요하다. 규제가 심한 산업은 금융서비스, 교육, 정부기관, 보험, 제약 등 이 영역에 속하는 경우가 많다. 마지막으로, 베팅-컴퍼니 문화(The bet-the-company culture)는 성과를 거두는데 몇 년이 걸리는 거물급 도박에 의해 예시된다. 열심히 놀고 열심히 일하는 문화와는 달리 이곳에서의 스트레스는 낮은 수준의 상수인데, 고의성이라는 것이 게임의 이름이다. 시추작업에 수십억 달러를 투자하는 석유회사들, 그리고 신제품을 연구하고 개발하는 데 몇 년을 소비하는 자본재 제조업자들은 이러한 문화의 예들이다.

표 9.1 네 개의 조직 문화(The Four Organizational Cultures)

		위험도(Risk)	
		낮다	높다
피드백과 보상	빠르다	열심히 놀고 열심히 일하는 문화 (Work hard-play hard culture)	터프한 마초 문화 (Tough-guy macho culture)
	느리다	프로세스 문화 (Process culture)	베팅-컴퍼니 문화 (Bet-the-company culture)

분명히, 딜과 케네디 (1982, 2000)의 접근법은 관리자가 개발하거나 변화시킬 수 있는 조직의 자질에 초점을 맞추고 있다. 스미리히(Smircich) (1983)가 기술한 조직문화에 대한 두 번째 접근방식은 그 대신 조직 내에서 상호작용을 창출, 지속, 제약하는 커뮤니케이션의 과정에 초점을 맞춘다. 이러한 관점을 설명하기 위해 우리는 셰인(Schein)의 작업에 초점을 맞춘다. 셰인 (1985, 1992년)은 조직 문화를 구성하는 요소들과 조직 문화가 개인의 경험을 이해하는데 어떻게 도움을 주는지를 설명했다. 셰인 (1992)에 따르면 문화는 주어진 집단에 의해 발명, 발견 또는 발전되어 새로운 구성원들에게 올바른 인식, 사고, 행동방식으로 가르쳐지는 공유된 가정의 패턴을 말한다. 비록 이 정의가 조직 구성원들이 조직 문화를 의식적으로 알고 있다는 것을 암시하는 것처럼 보이지만, 셰인은 이것이 항상 그렇지는 않다고 주장했다; 조직 구성원들은 종종 그들이 가지고 있는 문화적 가정을 알지 못한다. 더욱이 문화는 상호작용에서 생겨나 변화에 저항하기는 하지만 지속적으로 발전한다.

• Schein 모델

셰인의 모델 (1992)은 세 가지 수준의 문화를 포함한다: 인공물(artifacts), 가치(values), 그리고 가정(assumptions). 세 가지 모두가 하나의 문화를 구성하지만, 그는 세 번째 단계인 가정은 조직 문화의 정점에 있으며, 처음 두 단계인 인공물과 가치관은 조직 구성원들이 공유하는 보다 추상적이고 잠재의식적인 가정을 단순히 반영할 수 있다고 믿었다.

• 레벨 1: 인공물

딜과 케네디의 강한 문화의 구성 요소와 유사하게, 인공물(artifacts)의 개념은 문화의 관찰 가능한 증거를 가리킨다. 인공물은 건축, 복장, 문서와 같은 물리적 실체의 형태를 취할 수도 있지만, 그것들은 또한 행동의 패턴으로 구성된다. 이러한 행동 패턴은 의식의 형태, 두문자어, 주소의 형태, 의사 결정에 대한 접근법, 관리 스타일을 취할 수 있다. 표 9.2에는 몇 가지 공예품의 예가 수록되어 있다.

인공물·행동	예시
건축물	사무실이 개방된 형태인지 여러 개의 방을 가졌는지; 사무실에 창문이 있는지; 사무실 크기; 사무실이 개인 소유인지 임대인지 등
기술	컴퓨터 시스템이 최신식인지 아닌지; 인터넷 연결 가능성 및 유형; 이메일, 태블릿pc, 스마트폰을 사용하는지 등
복장	정장인지 캐주얼인지; 유니폼; 금요일에는 캐주얼 복장을 허용하는지(casual Fridays), 드레스코드
호칭	직함을 부르는지 이름을 부르는지; 계급에 따라 호칭이 다른지 등
의사결정 스타일	독재적인지 참여적인지; 빠른지 느린지; 보수적인지 위험을 감수하는지 등
커뮤니케이션 패턴	형식적인지 아닌지; 친밀한지 거리는 두는지; 두문자어나 독특한 용어, 신화나 스토리 등을 사용하는지; 의식

표 9.2 문화적 인공물과 행동

Source: Miller, Organizational Communication, 3rd ed. © 2003 Wadsworth.

인공물들은 정의상 관찰이 가능하지만, 그 의미를 해석하는 것이 항상 명백하지는 않을 수 있다(Schein, 1992, 2010). 예를 들어, 조직 구성원들 사이에서 공식적인 직함을 사용하는 패턴을 개발하는 조직을 상상해 보라. 밀러(Miller) (2003)에 따르면, 그러한 행동 패턴은 조직이 매우 형식적이라는 것을 의미할 수 있다. 다른 한편으로, 그것은 단순히 조직원들이 서로를 높이 평가하고 서로에게 존경심을 보이기를 원한다는 것을 의미할 수도 있다. 아니면 조직원들이 서로 싫어하고 거리를 유지하려고 한다는 표시일 수도 있다. 따라서 이러한 수준의 문화는 쉽게 드러나지만, 조직 문화에 대한 이해에는 그다지 실체를 제공하지 못한다. 그러한 이해를 위해서는 주의를 더 높은 단계로 돌려야 한다.

• 레벨 2: 가치

두 번째 수준의 문화는 조직 구성원의 지지된 가치(values)로, '발생할 것으로 생각되는' 것에 대한 선호로 정의된다(Schein, 1992, 2010). 이러한 선호는 일이 어떻게 작용해야 하는지에 대한 공통된 믿음을 나타낸다. 본질적으로 가치관은 무형의 것이지만, 조직 구성원들은 전형적으로 가치관을 분명하게 표현할 수 있다. 예를 들어, 조직의 리더는 종종 가치의 원천이다. 예를 들어, 연구는 회사의 설립자가 보유한 가치가 다른 직원들이 기술한 가치에 강하게 영향을 미친다는 것을 보여준다(Morley & Shockley-Zalabak, 1991). 확실히, 문학은 리더십이 정의에 의해 그 과업과 조직의 사명에 대한 구성원들의 인식을 형성하는 능력임을 시사한다(Barge, 1994). 따라서 조직 구성원들이 조직 지도자들의 가치를 채택하도록 설득되는 것은 놀라운 일이 아니다.

그러나 단순히 리더가 가치체계를 표현한다고 해서 그렇게 되는 것은 아니다. 표현된 이상들이 행동과 일치하지 않을 때 명백하게 증명하듯이, 옹호되는 가치들이 항상 진정한 가치인 것은 아니다(Schein, 1992, 2010). 예를 들어 혁신을 중요시한다고 주장하는 두 개의 조직을 생각해 보라. 첫 번째 조직의 인공물을 면밀히 조사할 때, 관측자들은 회사가 위험을 조장하고 직원들에게 실험할 시간을 준다는 것을 알아차린다. 실패는 처벌되지 않는다. 사실 회사는 한 사람의 실패가 다른 사람의 문제에 대한 해결책이 될 수 있기 때문에 직원들에게 실패에 대해 이야기하도록 장려한다. 연간 예산의 상당 부분이 연구개발에 배정된다. 이 경우 인공물들은 혁신의 가치를 뒷받침하는 것으로 보인다. 그러나 두 번째 회사에서는 실패가 선택이 아니다. 실패하는 사람들은 질책을 받는다. 그 조직은 변화에 저항력이 있고 아주 작은 변화라도 실행하기 위한 매우 엄격한 시스템을 가지고 있다. 연구개발 예산은 거의 책정되지 않고, 직원들은 현재의 제품이나 서비스를 유지하느라 바빠서 사실상 새로운 아이디어를 개발할 시간이 없다. 실제로 직원들은 '우리는 혁신을 하지 않는다, 우리는 복제한다'는 회사 슬로건을 용케 만들어냈다. 분명히, 이러한 유물들은 혁신이 실제로 실행된다는 것을 암시하지 않는 것 같다. 요점은 지지된 가치가 조직의 실제 가치와 항상 동일한 것은 아니라는 것이다. 단지 그것이 임무 성명에 나타난다고 해서 그것이 일상적인 관행의 수준에 도달한다는 것을 의미하지는 않는다.

• 레벨 3: 가정

문화는 조직 구성원이 당연시하는 경우가 많아 최종적인 수준을 파악하는 것이 가장 어렵다. 가정(Assumptions)이란 조직 구성원들이 세상에 대해 당연하다고 믿고 있는 인식, 생각, 감정, 믿음 등을 말한다. 이러한 가정은 조직이 도전에 직면함에 따라 반복적으로 강화되었기 때문에 잠재의식적인 것이다. 가정은 조직 전체에 걸쳐 균일하게 이루어지기 때문에 조직 문화의 핵심에 놓여 있다(Schein, 1992, 2010).

구체적으로, 조직에서는 무엇보다도, 현실, 시간, 공간, 인간성, 인간관계의 본질에 관한 가정을 전개한다(Schein, 1992, 2010). 이러한 개념들은 인간이 선천적으로 선이든 악이든 간에, 그리고 진리가 단수적인지(즉, 하나의 절대적인 '진리'가 있는지) 조건적인지(예, 어떤 사람들에게는 어떤 때는 어떤 것이 진실인지)와 같은 심오한 철학적 약속들이다.

비록 이 개념은 복잡하게 들리지만, 그러한 가정은 조직 생활에 상당한 영향을 미친다. 전직 죄수들을 위한 두 가지 다른 직업 프로그램을 생각해 보라. 한 프로그램에 대한 기본적인 가정은 사람들이 변화할 수 있다는 것일 수도 있다. 이러한 가정은 조직 구성원들이 과거의 위반행위에 대해 처벌하기보다는 발전하고 보상하기 위해 에너지를 소비할 것이기 때문에 이루어지는 일상적인 결정에 영향을 미칠 것이다. 그러나 다른 조직은 미래의 행동을 가장 잘 예측하는 것이 과거의 행동이라고 생각할 수 있다. 이 경우 조직원들은 실수를 저지른 개인들을 그런 실수를 반복할 가능성이 있는 위험한 전망으로 볼 가능성이 높다.

Schein (1992, 2010)의 조직 문화 모델에 따르면, 가정들의 분석은 조직이 어떻게 운영되어야 하는지에 대한 일관성 있는 청사진을 조직 구성원들이 생성하는 데 도움을 줄 수 있지만, 이러한 주장이 항상 그렇지는 않다. 일부 조직은 겉으로 보기에 상충하는 것처럼 보이는 가정을 동시에 가질 수 있다. 예를 들어, 가톨릭 고등교육기관의 직원들은 양립할 수 없는 가정으로 인해 어려움을 겪을 수 있다. 가톨릭교회가 '진리'에 대해 하는 가정은 대학의 일부 학문적 학문이 '진리'에 대해 가지고 있는 가정과 대조될 수 있다. 이러한 모순된 가정은 조직적인 가정과 함께 행동하려는 구성원들에게 문제를 일으킬 수 있다. 조직이 이러한 일관성 없는 가정을 어떻게 조정하느냐가 중요한 조직 문화를 결정한다.

Schein (1985, 1992, 2010)은 세 가지 수준의 문화를 제안했다: 인공물, 가치, 그리고 가정이 바로 그 수준이다. 비록 이러한 수준들 안과 전체에 걸쳐 표면적인 불일치가 있을 수 있지만, 나타나는 패턴에 대한 세심한 분석은 관측자들에게 조직 문화에 대한 이해를 제공할 것이다. 이러한 문화는 특히 조직 내 최고 수준의 사람들의 영향력에 중점을 두고 직원들에 의해 창조된다. 이에 따라 조직 문화는 조직소통을 보조하고 제약한다.

조직 동화(Organizational Assimilation)

우리들 중 많은 사람들은 우리가 특정한 조직에 '적합하지' 않는다는 것을 매우 빨리 배웠다. 예를 들어, 여러분은 청바지의 일종인 세 벌의 옷을 입은 사람을 발견할지도 모른다. 또는 조직의 가치(예: 느리고 꾸준한 승리가 경주에서 승리)가 자신의 성격(예: A형)과 일치하지 않는다는 것을 발견할 수 있다. 우리는 이제 막 조직 문화가 무엇인지, 그리고 특정 조직의 문화를 어떻게 식별할 수 있는지에 대한 논의를 끝냈다. 이것을 한 걸음 더 나아가, 자블린(Jablin) (1987, 2001)은 개인이 어떻게 조직의 문화에 통합되는지를 설명하는 방법으로 조직동화(Organizational Assimilation)이론을 만들었다.

자블린 (2001)은 조직으로 사회화되는 과정은 복잡하고 몇 년에 걸쳐 일어난다고 주장했다. 더욱이, 동화 과정은 예를 들어 회사에 대한 잠재적 직원의 적극적인 연구나 공식적인 훈련 절차를 통해 계획될 수 있다. 그러나 동화는 종종 계획되지 않은 것이다. 동료들의 상호작용 방식은 조직 문화에 대한 메시지를 전달하기 위한 것이 아닐 수도 있지만, 새로운 조직 구성원은 이러한 메시지를 상관없이 인식할 수도 있다.

그 이론은 새로운 조직원들이 조직의 완전한 구성원이 되기 전에 거쳐야 하는 네 가지 단계를 보여준다. 이러한 단계는 표 9.3에 요약되어 있다.

표 9.3 동화의 단계(Stages of Assimilation)	
단계	**내용**
예비 직업 사회화 (Vocational anticipatory socialization)	작업 내용과 환경에 대한 기대와 믿음이 발달하는 단계 예) 나는 내 일에 대한 대가를 받아야 한다; 나와 함께 일하는 사람들은 나의 가까운 친구들이 될 것이다.
예비 사회화 (Anticipatory socialization)	특정한 직무, 포지션, 조직에 대해 배우는 단계 예) 르네의 여동생은 매일 10시간씩 광고 일을 한다; 제러드는 DanCo의 홍보 매니저와 정보 인터뷰를 했다.
직장 진입·만남 (Encounter·Entry)	조직에 들어와 조직의 문화를 이해하는 단계 예) 나의 지난 직장과 달리, DanCo의 사람들은 회의에서 활발히 의견을 낼 것이라고 예상된다.
변용(Metamorphosis)	외부 인사에서 내부 인사로 전환되며, 조직에서의 자신의 역할을 이해하고 자신을 이에 맞게 조정, 협상하는 단계 예) 우리는 불평불만 없이 열심히 일하며, 그것이 바로 우리가 DanCo에서 하는 일이다.

• 예비 직업 사회화(Vocational anticipatory socialization)

우리가 첫 직장을 잡기 전에, 우리는 일의 본질에 대해 배운다. 우리는 부모님이 아침에 우리를 떠나 저녁때에 우리에게 돌아오는 것을 지켜본다. 종종 당황하고 투덜거리기도 한다. 우리는 선생님들이 우리에게 우리가 잘 해냈거나 우리가 충분히 열심히 일하지 않았다고 말하는 것을 듣는다. 우리는 마이클 스콧(Michael Scott)이 〈The Office〉에서 보여준 무능함을 비웃거나 영화 〈Horrible Bosses〉에서 보여준 사장들의 잔인함에 움츠러들었다. 우리는 아르바이트도 하고 심지어 정규직도 했고, 교수들이 기자나 홍보 담당자, 매니저가 되는 것이 정말 어떤 것인지 말해주면서 들어봤다. 간단히 말해서, 우리는 일의 본질에 대한 정보를 수집하는데 몇 년을 보내지만, 우리가 배우는 많은 것들은 왜곡되거나, 편파적이거나, 그저 명백한 잘못이다. 자블린(2001)은 미디어가 관리직과 전문직을 지나치게 대표하고 낮은 직업들을 대표한다는 것을 보여주는 많은 연구를 설명한다. 사람들은 종종 인종과 성에 의해 정형화된다. 더구나 직장 내 커뮤니케이션의 본질은 왜곡되어 있는데, 대화의 상당 부분이 사회화, 명령 또는 조언에 초점이 맞춰져 있다. 이 모든 직업의 개념은 예비 직업 사회화(vocational anticipatory socialization), 또는 우리가 조직에 동화되기 시작할 때 우리가 가지고 오는 직업에 대한 기대와 믿음으로 모아진다.

• 예비 사회화(Anticipatory socialization)

조직동화이론의 두 번째 단계는 예비 사회화(anticipatory socialization)다. 여기서 개인은 특정 직업, 직위 또는 조직에 대한 정보를 수집한다. 이 단계에는 조직 선정, 면접, 조직 입학을 준비하는 과정이 포함된다. 자블린(2001)은 조직들이 전형적으로 그들의 긍정적인 면만 전달하기 때문에 많은 경우에 개인은 조직에 대해 비현실적이고 부풀려진 생각을 가지고 있다고 주장했다. 이러한 비현실적인 기대는 종종 문제가 되는데, 조직 구성원들이 한번 직장에서 이러한 기대치를 충족시키는 것이 어렵다고 생각하기 때문이다. 분명히, 이 단계 동안, 조직 신인은 조직에서 일하기 전에 조직으로 사회화되기 시작한다.

• 직장 만남·진입(Encounter·Entry)

세 번째 단계는 높은 불확실성과 불안을 갖는 단계다. 만남(encounter) 단계에서는 조직 신인이 직장에 들어가 조직의 정상적인 업무 패턴과 기대치를 배우기 시작한다. 3

장에서 기술한 바와 같이, 사람들이 불확실성을 줄이는 방법에는 관찰과 질문을 포함하여 여러 가지가 있다. 전형적으로, 조직 신인은 불확실성 감소를 위해 동료들과 그 혹은 그녀의 상관에게 의존한다. 이 단계의 개인은 새로운 일터의 현실과 기대치를 비교하고, 낡은 가치관과 행동을 놓아주면서 환멸을 느끼면서 '컬쳐 쇼크'를 자주 겪는다.

• 변용(Metamorphosis)

동화의 마지막 단계인 변용(metamorphosis)은 개인이 외부인으로부터 내부인으로 이동하는 것을 반영한다. 이 단계에서 신인과 조직은 조직과 직원 간의 '적합'을 발전시키는 과정에서 상호적인 영향력을 행사한다. 여기서 신인은 조직의 기대(사회화라고 함)를 충족시키기 위해 가치와 행동을 내면화함과 동시에 자신의 역할과 업무환경(개별화라고 함)에 영향을 미치려고 한다. 당신이 직원 안내서의 규칙을 엄격하게 따르는 조직에서 일하기 시작했다고 상상해 보라. 당신은 핸드북이 안내하는 내용에 맞춰 당신의 행동을 변화시키고 있지만, 당신의 목표를 달성하기 위해 여전히 핸드북에서 제시하는 것과는 불일치하는 행동을 보이기도 한다. 이 경우 조직문화와 마찬가지로 핸드북에 의존하도록 사회화되었지만, 업무 수행에 필요하다고 생각하는 것을 얻기 위해 핸드북의 한계를 이용하여 자신의 필요에 맞게 문화를 적응시켰다고 할 수 있다.

다음 이론인 '조직 동일시 및 통제'는 조직문화의 일원이 되는 숨겨진 측면을 명확히 함으로써 이러한 조직동화 개념을 한 단계 더 가져간다.

조직 동일시 및 통제(Organizational Identification and Control)

8장에 나타낸 바와 같이, 조직은 품질을 개선하고 창의성을 발생시키며 직원 참여를 높이기 위해 팀 기반 구조의 사용을 늘리고 있다(Deetz, Tracy, &Simpson, 2000). 이러한 목표들이 작업팀의 명시적 목표임에도 불구하고, 연구 결과에 따르면 팀 기반 구조는 직원들에 대한 통제라는 또 다른 목적을 달성하고 있다. 따라서 조직 동일시 및 통제(OIC) 이론은 조직과 개인의 연결이 팀 기반 구조에서 행동과 의사결정에 영향을 미치는 방식에 초점을 맞춘다(Barker, 1999). 세 가지 주요 개념이 이 이론을 하나로 묶는다: 식별, 통제, 그리고 규율이다.

• 동일시(Identification)

조직 동일시 및 통제이론의 첫 번째 주요 개념인 동일시(indentification)은 조직에 대한 일체감 또는 소속감을 의미한다. 개인이 동일시를 경험할 때, 그들은 조직의 관점에서 자신을 정의한다(Mael & Ashforth, 1992). 동일시는 앞 장에서 설명한 바와 같이 조직 동화의 변용 단계에서 가장 빈번하게 일어난다. 신원 확인의 증거는 조직 구성원들이 말하는 것을 들을 때 발생한다. 흔히 '여기서는 그런 식으로 운영하지 않는다'거나 '오늘 신제품을 출시했다'는 등의 말을 할 것이다. 이러한 경우 조직 구성원은 조직의 페르소나를 채택하고 있다. 즉, 신제품과는 별 관계가 없었을 수도 있지만, 식별력 때문에 제품에 대한 자부심과 소유권이 있다. 이러한 신원 확인 과정은 조직이 직원들을 어떻게 통제하는지에 있어 중심적이지만 미묘한 역할을 한다.

• 통제(Control)

간단히 말해서, "조직은 일을 완수하기 위해 통제(control)가 필요하다."(Miller, 2003, p.210). 그러나 조직 동일시 및 통제이론은 조직이 사용할 수 있는 몇 가지 형태의 통제가 있다고 제안한다. 에드워드(Edwards) (1981)의 기술에 근거하여, 조직은 세 가지 전통적인 방법을 통해 통제력을 발휘할 수 있다. 단순한 통제(simple control)에는 직접적이고 권위적인 통제가 수반된다. 관리자가 협박(예: "이거 해, 안 그러면 넌 해고될 거야.")을 하거나 직원에게 조건을 붙이는 경우(예: "케그웨이 프로젝트를 끝내면 일찍 퇴근할 수 있다.")에는 종업원에게 할 수 있는 일이나 해야 할 일을 지시하는 것만으로 종업원을 통제하는 고전적인 방법을 쓰고 있는 것이다.

두 번째 제어 방법은 조금 더 미묘하다. 기술 통제(technological control)는 직장에서 할 수 있는 것과 할 수 없는 것을 관리하기 위한 기술의 사용을 포함한다(Edwards, 1981). 공장 조립 라인은 완벽한 예다. 직원들은 조립 라인이 움직이는 만큼 정확히 빨리 가야 한다. 더 빠르지도, 느리지도 않아야 한다(사탕 공장에서 묘사된 고전적인 I Love Lucy 에피소드처럼 말이다). 조립 라인의 직원들도 한 사람이 휴식을 취할 경우 전체 라인을 폐쇄해야 하기 때문에 규정된 휴식 시간만 취할 수 있다. 이러한 유형의 통제의 보다 현대적인 예는 컴퓨터 기술의 한계다. 당신은 "컴퓨터 프로그램은 우리가 그렇게 하도록 허락하지 않을 것이다."라는 말을 다른 사람에게서 얼마나 자주 들었는가? 당신이 접근할 수 있는 기술과 기술이 작동하는 방법은 조직 통제의 수단이 된다.

세 번째 종류의 통제는 관료적 통제(bureaucratic control)가 된다(Edwards, 1981). 의심할 여지 없이, 당신은 관료주의라는 용어에 익숙하고, 그것은 대개 부정적인 인식과 관련이 있다. 그러나 에드워드는 독일의 사회학자 막스 베버(Max Weber)가 처음으로 밝힌 관료주의의 비전을 언급하고 있다. 20세기 초에 글을 쓰면서 베버는 현대 조직은 규칙의 계층적 시스템에 의해 가장 잘 제공되며, 그 규칙에서 얻은 보상과 처벌이 가장 좋다고 주장했다. 그 위계질서는 회사 정책과 공식적인 절차를 통해 현대 조직에서 명백하다. 직원 핸드북과 기타 공식화된 규칙 체계가 관료적 통제의 가장 명확한 예다.
이 세 가지 형태의 통제는 조직에서 일반적으로 권력이 행사되어 온 방법이다. 그러나 조직 동일시 및 통제이론을 개발하면서 톰킨스(Tompkins)와 체니(Cheney) (1985)는 20세기 후반의 조직 변화가 통제권을 휘두르는 방식을 변화시켰다고 제안했다. 팀에 기반을 둔 조직과 참여와 권한 부여에 근거한 조직의 사용이 증가함에 따라, 톰킨스와 체니는 두 가지 추가적인 통제 유형을 제시했다: 눈에 띄지 않는 통제와 협연적 통제였다.

첫째, 눈에 띄지 않는 통제(unobtrusive control)는 조직 내에서 공유된 가치에 기초한다. 간단히 말해서 현대 조직에서 경영진의 임무는 조직의 비전과 사명을 창조하는 것이다. 조직 구성원들이 조직의 비전이나 믿음을 바탕으로 결정을 내릴 때, 그들은 그러한 결정을 내릴 수밖에 없기 때문에 내리는 것이 아니라 조직의 사명을 믿기 때문에 그러한 결정을 내리는 것이다. 그들은 조직과 동일시한다. 따라서 조직적 가치에 대한 헌신은 직원들을 통제한다.

　마찬가지로, 두 번째 유형의 통제는 대인관계와 팀워크에 기초한다(Tompkins & Cheney, 1985). 눈에 띄지 않는 통제보다 더 분명하게도, 동료들이 팀에 영향을 미치는 행동을 보상하고 통제하는 메커니즘을 개발할 때 협연적 통제(concertive control)가 일어난다. 예를 들어 바커(Barker) (1999)는 그룹 구성원들이 직접 비판, 감시, 침묵, 사회적 압력 행사 등을 통해 부적합한 동료들을 징계할 수 있다고 제안했다. 단순한 제어와 마찬가지로, 일치된 제어는 분명하고 직접적이다. 그러나 그것은 이 시스템에서 관리기능이 아니라 계층적 동등 사이에서 발생한다. 이 때문에 흔히 통제의 숨겨진 형태로 묘사된다. 표 9.4는 제어 유형에 대한 개요를 제공한다.

표 9.4 조직 동일시 및 통제(Organizational Identification and Control)	
통제의 종류	**사례**
단순통제(Simple control)	명령 위협, 협박
기술적 통제(Technological control)	공장 조립라인 일터의 컴퓨터에서 게임을 제거하는 행위
관료적 통제(Bureaucratic control)	직원 핸드북 고용계약서
눈에 띄지 않는 통제(Unobtrusive control)	조직의 가치관에 대한 인지, 이해 조직의 미션에 기반한 의사결정
협연적 통제(Concertive control)	다른 팀원들에 대한 상호 모니터링 비협조적인 팀원에 대한 동료들의 압박

• 규율(Discipline)

바커(1999)와 동료들(Tompkins & Cheney, 1985)은 식별과 통제의 개념을 종합하여, 조직원이 자신의 조직과 동일시하고 조직에 대한 비전을 공유하기 때문에 업무 집단에 대한 책임감을 통해 규율을 달성할 수 있다고 제안했다. 개인이 결정에 직면할 때, 그들은 그러한 결정을 내리기 위해 조직의 가치에 의존할 것이다. 즉 하향식 관리 지침이 필요하지 않다. 개인이 조직적 가치와 일치하여 행동하지 않는다면, 작업 그룹 구성원들은 그 개인을 비난하려는 경향이 있다.

특히 OIC 이론에 따르면 상급자가 스스로 규율을 할 필요는 없다. 조직 사명과 가치관에 의해 창출되는 행동 규범과 조직 구성원의 식별이 함께 작용하여 조직 통제를 유지한다. 따라서 조직적 미션과 비전의 창출은 조직의 비즈니스를 추진하는 명시적 기능을 가질 수 있고, 작업팀은 직원 권한을 부여하는 메커니즘을 제공할 수 있지만, 한편으로는 직원들을 통제하는 암묵적 기능도 제공한다.

Weick의 조직이론(Organizational Theory)

이 장의 이전 이론들은 커뮤니케이션 과정을 조직적 과정과 연계시켰다. 네 번째이자 마지막 관점인 웨익(Weick)의 조직이론(Organizational Theory, 1969)은 커뮤니케이션이 조직이라는 것을 언급함으로써 이 연결고리를 한 걸음 더 나아간다. 웨익은 조직을 커뮤니케이션이 일어나는 컨테이너로 보는 대신 커뮤니케이션이 조직을 구성하는 것이라고 주장했다. 즉, 웨익은 조직 그 자체를 검사하는 대신, 조직이 구성되는 과정을 살폈다.

다윈의 진화론, 정보이론, 시스템이론에 뿌리를 두고 조직이론은 정보 환경에 조직이 존재한다고 가정한다(Weick, 1969). 웨익의 이론은 물리적 환경에 초점을 맞추기보다는 조직들이 내부 및 외부 출처로부터 그들에게 이용할 수 있는 방대한 양의 정보를 염려하고 있다. 조직은 자신의 목표를 달성하기 위해 정보에 의존하고 있으며, 이를 모두 처리하는 데 있어 엄청난 난제가 있다.

양적인 문제뿐 아니라 조직에서 다루는 정보 중 상당 부분이 예측불가능하기 때문에 정보환경 관리가 어렵다. 모호성(equivocality)이라는 용어는 조직이 이용할 수 있는 정보의 애매함을 가리킨다(Weick, 1969). 메시지는 정보의 다중 이해가 있을 수 있는 정도까지 모호하다. 모호성은 불확실성의 개념과는 다르다. 개인이 메시지에 대해 불확실할 때, 그들은 불확실성을 줄이기 위해 더 많은 정보를 모을 수 있다. 그러나 개인이 모호한 메시지를 발견하면 추가 정보가 필요하지 않다. 대신, 그들은 여러 다중 해석 중 무엇이 가장 적합한지를 결정해야 한다. 자신의 돈을 어떻게 투자할지 결정해야 하는 크리스틴의 예를 생각해 보자. 경제의 상태는 모호하다; 어떤 재정 계획자들은 부동산이 회복될 것이고, 그래서 그녀는 부동산에 투자해야 한다고 주장하는 반면, 다른 사람들은 부동산이 너무 느리게 회복되고 있기 때문에 크리스틴이 주식 시장에 투자해야 한다고 제안한다. 더 많은 정보를 수집하는 것은 단지 모호함을 더하는 것 같다. 결국 그녀 스스로 경제 상황을 해석해야 하지만 그녀의 해석은 여러 가지 중 하나에 불과하다.

웨익(Weick, 1969)에 따르면, 모순을 줄이는 한 가지 방법은 규칙(레시피라고도 함)에 의존하는 것이다. 규칙(rule)이라는 용어는 행동 지침에서 자주 언급되는데, 웨익의 이 용어는 이러한 개념화와 일치한다. 일반적으로, 조직은 메시지의 불분명한 점과 이에 대응하는 방법을 모두 분석하기 위한 규칙이나 지침을 가지고 있다. 이러한 규칙은 과정을 보다 효율적으로 만들기 위해 개발되며 일반적으로 과거의 성공에 기초한다. 특정 업무를 수행하기 위해 연락할 수 있는 규칙, 사용할 특정 양식에 대한 규칙, 따라야 할 프로세스에 대한 규칙 등 규칙의 분명한 예가 많다. 규칙도 덜 공식화될 수 있다. 예를 들어, 조직은 자사 제품의 포장비용을 줄임으로써 이익을 증가시킴으로써 과거 성공을 거두었을 수 있다. 따라서 다음에 기업 수익이 문제가 될 때 표준 대응은 포장비용 절감을 모색하는 것이다. 원가절감이 원칙이 되었다.

규칙이 항상 효과가 있는 것은 아니며, 모든 상황에 대한 규칙이 항상 있는 것은 아니다. 조직이론은 조직 구성원들이 이중 상호작용(double interacts)이라고 알려진 커뮤니케이션 사이클에 참여하는 것이 모순을 줄이는 두 번째 방법임을 시사한다(Weick, 1969). 이중 상호작용은 커뮤니케이션 과정에서 조직 구성원이 상호의존적인 관계를 개발하도록 요구하기 때문에 불분명한 경우에 적합하다. 앞에서 설명한 비합산성의 개념을 상기한다. 전체는 그 부분의 합보다 크다. 웨익의 이론은 시스템 원리에 근거하고 있으며, 그래서 그는 조직 구성원들 사이에 더 큰 관여가 부조화를 줄이는 데 더 큰 결과를 가져올 수 있다고 주장했다.

이중 상호작용은 행위(act), 반응(response) 및 조정(adjustment)으로 구성된다 (Weick, 1969). 행동은 한 사람 또는 한 집단의 사람들에 의해 시작된 커뮤니케이션 행동이다. 메시지의 수신자는 반응으로 간주되는 응답으로 통신한다. 이러한 양방향 메시지 교환은 커뮤니케이션 과정을 이해하는 데 가장 일반적으로 사용된다. 웨익이 제안한 진정한 커뮤니케이션은 원래 받은 정보에 대한 조정인 세 번째 단계를 필요로 한다. 이 조정은 몇 가지 형태를 취할 수 있다. 그 정보가 이해되었다는 확인일 수도 있다. 정보가 여전히 모호한 경우, 조정은 추가 정보 수집일 수 있다.

이를 설명하기 위해 한 대형 제조회사의 마케팅 부서가 월마트에서 독점적으로 판매할 신제품을 만들었다. 그들은 새로운 아이디어로 생산에 접근하지만, 생산팀 구성원들은 그들이 판매한 구성은 현재의 조립 라인에서 생산될 수 없다고 마케팅 부서에 말함으로써 반응한다. 마케팅 팀은 고객이 특산품을 받을 수 있도록 제안서를 수정하고, 생산 부서는 기존 장비와 재료를 사용할 수 있다. 이것이 바로 행위와 반응. 그리고 조정이다.

본 파트의 시작 부분에서, 우리는 웨익(1969)이 조직의 실체보다는 조직화 과정에 더 관심이 있다고 말했다. 이중 상호작용은 조직화의 과정이다; 웨익에 따르면, 이중 상호작용은 조직을 하나로 묶는 연결고리들이다. 그러나 웨익은 또한 조직화는 진화적인 과정이라고 믿었다. 유기체가 환경에 적응하지 못하면 멸종될 것이라는 다윈의 진화론과 마찬가지로 조직이론도 환경에 적응하지 못하는 조직이 붕괴할 것이라는 입장을 견지하고 있다. 이에 따라 웨익(1969)은 조직을 위한 사회문화적 진화의 3단계 과정을 제안했다.

사회문화적 진화의 첫 단계는 규정(enactment)이다. 제정은 조직의 구성원이 자신의 정보환경에서 모호한 정보를 유의할 때 발생한다. 모호한 정보는 여러 가지 방법으로 해석될 수 있다는 것을 상기하라. 다중 해석을 인식하고, 정보를 이해하기 위한 메커니즘을 실행에 옮기는 것이 제정의 핵심이다.

두 번째 단계는 선택(selection)이다. 모호성을 줄이려고 할 때, 조직 구성원들은 어떻게 대응할지 선택해야 한다. 앞에서 설명한 것처럼 조직 구성원은 규칙이나 대응방법에 대한 표준지침과 이중 상호작용을 선택할 수 있는데, 이는 구성원이 문제에 대한 해결책을 적용시킬 수 있는 커뮤니케이션 과정이다.

세 번째 단계는 보유(retnetion)이다. 보존은 조직 기억의 한 형태다. 무엇을 했는지, 어떻게 했는지 형식적으로나 비공식적으로 저장하기 때문에 조직 구성원들이 다시 참고할 수 있다. 여기서 무슨 일이 일어나고 있는지 주목하라; 조직 구성원들이 불분명한 것을 줄이기 위해 이중 상호작용을 하더라도, 이 단계에서는 이중 상호작용이 미래에 새로운 규칙이나 행동 지침으로 유지된다. 따라서 보존은 적게 사용해야 한다. 그림 9.1은 사회문화적 진화의 시각적 예시를 제공한다.

다윈의 진화론과 유추를 완성하기 위해, 복잡한 정보 환경에서 조직이 존재한다는 Weick (1969)의 이론이 있다. 조직은 모호한 정보를 다루어야 하기 때문에 이러한 환경은 복잡하다. 구성원들이 새로운 형태의 모호성을 해결하기 위해 이중적 상호작용을 사용하지 않는 모순에 적응하지 않는 조직은 살아남지 못하고 번창할 것이다. 한마디로 변화가 조직의 성공 비결이고, 소통하는 과정을 통해 변화가 일어난다는 것이다.

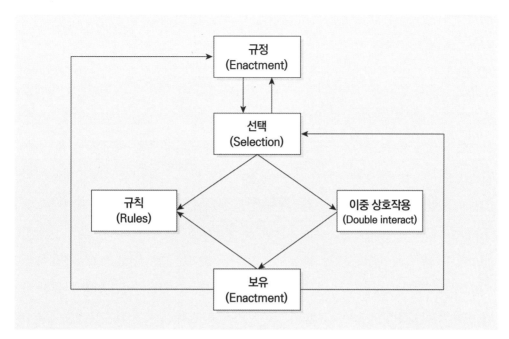

〈그림 9.1〉 Weick의 조직화 모델(Weick's Model of Organizing)

요약 및 연구 적용

이 장에서는 조직적 커뮤니케이션의 네 가지 이론을 소개했다. 우리는 먼저 이 개념을 설명하기 위해 두 가지 뚜렷한 이론을 사용하여 조직 문화를 살펴보았다. 네 가지 유형의 조직 문화를 파악하는 딜과 케네디의 강력한 문화 접근법, 인공물, 가치관, 가정 등 세 가지 수준의 문화를 제안하는 셰인의 조직 문화 모델이 바로 그것이다. 딜과 케네디의 접근 방식은 임상 사회복지사 양성이라는 맥락에서 적용되어 조직의 적합성을 인식하고 소진 방지를 돕고 있다(Steiner & Cox, 2014). 셰인의 모델은 가정이 조직 문화의 핵심이라고 제안하며, 그의 모델은 기업 지속가능성이라고 불리는 새로운 비즈니스 개발 패러다임에 적용되었다(Baumgartner, 2009). 구체적으로, 조직은 이러한 지속 가능한 가치를 뒷받침하는 강력한 조직 문화를 가지고 사회적, 환경적, 경제적 생존이 가능해질 수밖에 없다. 호건(Hogan)과 코오테(Coote) (2014)는 법무법인 원장들 사이에서 셰인의 문화 모델을 실험한 결과 기업의 인공물, 규범, 혁신적 행동이 가치에 영향을 미치고, 그 결과 확고한 성과에 영향을 미친다는 사실을 밝혀냈다.

둘째, 조직동화이론은 새로운 조직으로 사회화의 4단계를 상세히 기술한다. 자비스(Jarvis) (2016)는 밀레니얼(Millennial) 직원들에 대한 정성적 연구(4장 참조)에서 이들 신인들의 커뮤니케이션 스타일이 조직의 기대치에 동화되는 능력에 상당한 영향을 미친다는 사실을 발견했다. 그녀의 연구 결과는 동화의 가능성을 극대화하고 이직률을 최소화하기 위해 이 세대의 직원들을 탑승시킬 때 상세한 지시, 멘토, 아파트 내 사회화를 통한 정보 공유가 매우 중요하다는 것을 시사한다.

다음으로, 조직 동일시는 통제는 조직 구성원이 조직의 가치와 동일시할 때, 자기 수양과 동료의 압력을 통해 통제될 수 있다고 제안한다. 예를 들어, 네덜란드의 연구원들은 동료들의 협동적 통제를 사용하는 것이 공공 부문과 민간 부문의 직원들이 왜 종종 후한 일과 삶의 균형 정책을 이용하지 않는지를 설명하는 데 도움이 된다는 것을 발견했다(ter Hoeven, Miller, Peper, & den Dulk, 2017). 동료들 간의 농담과 질책의 사용은 동료들에게 과도한 부담을 주지 않기 위해 언제 그리고 얼마나 자주 융통성 있는 준비를 사용해야 하는지에 대한 강력한 신호로 작용했다.

마지막으로 웨익의 조직이론은 조직과 조직원들이 성공하기 위해서는 모호한 정보를 처리해야 한다고 주장한다. 최근의 연구에서는 웨익의 조직화 및 부조화 개념을 의학 인문학 과정 내에서와 같이 부조화성이 높은 복잡한 학습 환경에 적용했다(Ledford, Saperstein, Cafferty, McClintick, & Bernstein, 2015). 레드포드 외 연구진은 교실에서의 마이크로블로그 사용은 조직 구성의 3단계인 규정, 선택, 보유를 촉진한다는 것을 발견했다. 결과는 또한 기술을 사용하는 것이 주제와 함께 오는 불분명한 것을 관리하는 효과적인 수단이라는 것을 보여주었다.

사례 연구 9 : '희망(Hope)'을 잃다

Hope 의료원은 80여 년 동안 지역 주민들을 비영리민간병원으로 서비스해 왔다. 그러나 의료비가 급격히 증가함에 따라 지난해 Hope 이사회는 병원의 생존을 위해 영리병원 관리단체인 그레이터밸리병원연합(GVHA)과 협력하는 것이 최선의 이익이라는 데 의견을 같이 했다. GVHA의 관리 하에, 자원은 더 효율적으로 사용될 수 있고, 병원은 더 많은 재정적인 보완을 갖게 될 것이며, 환자와 의사는 GVHA의 병원 네트워크에 있는 다른 시설에 접근할 수 있게 될 것이다. GVHA는 Hope의 일일 운영은 합병 후에도 그대로 유지될 것이라고 약속했었다. 지역 신문에 발표되자 인근 주민들과 병원 직원들이 적극적으로 제휴를 지지했다.

스텔라 브린들은 Hope를 위해 지난 8년간 지역사회 관계 부서에서 일했다. 그녀는 병원의 서비스, 성공 사례, 상을 알리는 것을 도왔다. 그녀는 또한 병원의 기금 모금을 도왔고, 그녀는 병원의 소아과 병동 개보수 자금을 마련하는데 도움을 준 가장 최근의 기금 모금 캠페인을 지휘하는 일에 특히 자부심을 느꼈다. 스텔라는 합병에 흥분했다; 자원을 공유함으로써, 그녀는 파트너십이 자신을 더 지루한 업무에서 해방시켜 줄 것이고, 그녀의 팀이 기금 모금과 병원의 서비스 개발에 더 집중할 수 있게 해줄 것이라고 믿었다.

게다가 스텔라 팀은 모든 직원들을 위한 사명선언이자 모토인 Hope의 비콘이라는 이니셔티브를 주도했다. 줄여서 '비콘'이라고 불리는 이것의 목적은 '희망 커뮤니티의 모든 구성원들이 진정으로 뛰어난 간병인이 되는 것이 무엇을 의미하는지 깨닫도록 격려하는 것'이었다. 비콘은 미국 의학 협회가 Hope를 '미국에서 가장 동정심이 많은 병원'으로 선정한 이후 생겨났다. 공동체 관계 책임자 데빈 아우베르게는 이 관리 표준을 공식화하고 싶었고, 스텔라가 비콘 이니셔티브를 이끌도록 했다.

비콘은 전체 병원 커뮤니티의 지원을 받아 모든 의사, 간호사, 직원, 자원봉사자의 행동 강령 역할을 하게 되었다. 스텔라는 여러 포커스 그룹을 운영하며 다양한 이해관계자들의 의견을 구했다. 그 결과 호프 직원들은 비콘과 비콘이 무엇을 상징하는지 꽤 자랑스러워했다. 임무 성명은 병원의 모든 홍보물에 눈에 띄게 나타났고, 각 환자의 병실에는 액자 복사본이 걸려 있었다. 병원 선물 가게에서는 비콘의 로고가 새겨진 다양한 물건까지 팔았다. 호프의 의사들은 그들의 환자 진료실에서 비콘을 사용하도록 초대되었고 비콘 로고는 모든 병원 실험실 코트와 수술복에 꿰매졌다.

그러나 비콘 이니셔티브의 성공과 GVHA와의 합병을 위한 초기 지역사회 지원에도 불구하고 Hope에게는 힘든 시기가 닥쳐왔다. 합병된 지 6개월 만에 스텔라를 비롯한 많은 직원들은 GVHA 네트워크에 가입하는 것에 대해 심각한 유감을 느꼈다. 처음에 이사회에서 제안했을 때, Hope 직원들은 GVHA와의 파트너십이 일상 업무에 최소한의 영향을 미칠 것이라고 믿게 되었다. GVHA의 CEO는 병원 직원에게 '파트너십이 Hope의 료원의 멋진 공동체 문화를 방해하지 않을 것'이라고 말하기도 했다. 하지만 이 계약이 체결된 지 불과 며칠 만에 이 약속은 물거품이 된 것처럼 보였다. 먼저, 밝은 빨간색과 보라색 GVHA 배너가 걸려 비콘을 무색하게 했다. 다음으로 GVHA 관리자들은 Hope 직원들에게 GVHA 네트워크의 일부로서 그들이 GVHA가 승인한 유니폼이나 실험실 코트를 입어야 한다고 알리는 이메일을 보냈다. 겉보기에는 사소한 문제로 보이지만 스텔라와 나머지 사회관계팀은 속상해했다. 그러한 요구들은 Hope의 직원들이 유니폼을 입도록 강요했을 뿐만 아니라, 기존의 비컨 로고가 다른 GVHA 병원들과 '일관'되지 않았기 때문에 더 이상 사용할 수 없다는 것을 의미했다.

선물 가게에도 변화가 나타났다. 비콘 상품은 여전히 그곳에 있었지만 보기 힘든 뒷 선반 위에 있었다. 그리고 그로부터 몇 주 후 스텔라는 병원의 웹사이트가 바뀐 것을 알아차렸다. 비콘은 더 이상 눈에 띄게 등장하지 않았다; 대신에 페이지 중간쯤에 묻혀 있는 작은 링크였다. 스텔라는 혼란스러웠다; 보통은 그녀의 부서가 웹사이트를 관리했고 모든 변화는 팀으로 이루어졌다. 그러나 지역사회 관계에서 아무도 그 변화에 대해 아무것도 알지 못했다. 스텔라가 GVHA에게 전화를 걸어 새로운 웹사이트에 대해 알아보자,

그들은 말했다. "아, 더 이상 사이트 유지에 대해 걱정할 필요가 없다. 우리가 그 모든 것을 해줄 테니 자네는 자금 조달에 더 많은 시간을 할애할 수 있도록." 스텔라는 갈등을 느꼈다. 한편으로, 지역사회 관계팀에서 어느 누구도 웹사이트를 지속적으로 업데이트하는 지루한 일을 좋아하지 않았다. 그러나 그녀는 팀이 이러한 변화에 대해 질문받았거나 최소한 먼저 알려줬으면 했다.

그 변화는 단지 로고와 상품에 관한 것만은 아니었다. Hope는 언제나 의사, 간호사, 직원 모두가 서로를 이름으로 알고 있는 가족 같은 분위기에 자부심을 갖고 있었다. 카페테리아와 엘리베이터는 사람들이 서로 수다를 떨기 때문에 전형적으로 즐거운 장소였다. 그러나 합병 이후 의사와 간호사는 어떤 병원이 가장 필요한지에 따라 GVHA의 여러 병원에서 일해야 할 수도 있었다. 이는 의료진의 유입과 이탈이 계속되고 있고 더 생소한 얼굴들이 있다는 것을 의미했다. 항상 바쁘지만, 이제 Hope 직원들의 걸음걸이는 의사들이 다른 장소로 이동하고, 모든 환자들을 보려고 방마다 뛰어다니면서 더욱 격렬하게 느껴졌다.

지역사회 관계팀은 처음에는 간호사들로부터, 그 다음에는 의사들로부터, 그리고 심지어 환자들로부터도 불평을 받기 시작했다. Hope가 '상업적으로 가고 있다'고 비판하며 편집자에게 보내는 편지가 현지 신문에 실렸다. 의료실수는 파트너십 체결 이후 증가했으며 환자 만족도는 떨어졌다. 스텔라의 상사 데빈은 지역사회 관계팀에 이러한 불만 사항들을 분류하기 시작하라고 요청했다. 데빈은 한 달 뒤 보고서를 작성하고 이사회 회의를 소집했다. 그녀는 자신의 결론과 함께 모든 자료를 그들에게 보여주었다. Hope는 그렇게 예외적인 병원을 만들었던 것을 잃고 있었다. 의료진은 그 어느 때보다 과로를 느꼈고, 환자들은 사람보다는 숫자로 느껴졌다. 비콘 이면의 철학은 GVHA의 사무적인 분위기에 가려져 있었다. 이사회는 어찌할 바를 몰랐다. 병원 측의 의료실태 기록이 지나치게 높거나, 환자가 너무 많아 민원을 제기할 경우 GVHA는 계약을 해지하고 병원비를 회수할 방침이다. 분명히 뭔가 조치를 취해야 했는데, 대체 뭘 해야 하는 걸까?

고려해야할 질문들

1. Hope 의료원 문화(합병 전)와 GVHA 문화를 비교 대조하라. 두 조직 모두에서 명백한 인공물, 가치 및 가정을 설명하라. 딜과 케네디의 네 가지 문화를 사용하여 Hope가 역사적으로 어떤 종류의 문화를 가지고 있었는지 생각해보라. 셰인의 이론을 바탕으로 Hope와 GVHA의 문화가 공존할 수 있을지, 그리고 그 이유에 대해 말하라.

2. 조직동화이론을 이용하여 GVHA 합병 후 스텔라가 '새로운' 병원에 적응(또는 적응하지 못하는) 이유에 대해 생각해보라. 당신은 변화가 일어날 것이라고 보는가? 그렇다면, 혹은 그렇지 않다면 그 이유에 대해 논하라.

3. Hope는 제휴 전에 어떤 종류의 조직 통제를 했는가? 이를 GVHA가 병원 네트워크를 관리하는 데 사용하는 제어 유형과 비교해 보라.

4. 조직이론을 이용하여 이중 상호작용의 이용에 대한 어떤 증거가 있는지 설명하라. 어떤 종류의 사회문화적 진화가 Hope에게 어떤 일이 일어날 것이라고 예견할 수 있을까?

5. 합병과 관련해 어떤 윤리적 문제가 발생하는가? 조직적 커뮤니케이션 이론들 중 어떤 것이 이러한 윤리적 긴장을 관리하는 데 도움이 되는 통찰력을 제공하는가?

6. 다른 이론보다 더 잘 나타나는 이론이 있는가? 왜 그렇게 생각하는가? 상황을 더 잘 설명하는 이론들의 조합이나 새로운 이론을 통해 현 상황을 바꿀 수 있을까?

매개 커뮤니케이션
(Mediated Communication)

....

이 장을 읽은 후 다음을 수행 할 수 있다.

1. 소셜 미디어를 설명하고 소셜 미디어가 매스 미디어와 어떻게 다른지 토론할 수 있다.
2. 혁신의 어떤 특성이 채택 가능성을 높이는지 명확히 설명할 수 있다.
3. 소셜 네트워크 분석이 밈(meme)의 생성 및 재생산을 설명하는 방법을 설명할 수 있다.
4. 모호성(ambiguity)의 개념을 적용하여 커뮤니케이션 메시지를 적절한 커뮤니케이션 채널에 일치시킬 수 있다.
5. 특정 미디어 형식을 사용하여 충족을 식별할 수 있다.
6. 매개 커뮤니케이션에 대한 주요 이론적 접근 방식을 비교 및 대조할 수 있다.
7. 커뮤니케이션에 대한 개인적 및 사회적 접근 원칙을 채택하여 전문적인 상황에 대한 체계적인 이해를 제공할 수 있다.

....

  당신의 링크드인(LinkedIn) 프로필은 가장 최근의 상태인가? 당신은 얼마나 자주 트윗하는가? 당신의 스마트폰이 없다면 당신은 시간을 알 수 있는가? 당신은 TV 프로그램과 영화를 TV와 태블릿 중 어떤 것을 이용하여 보는가? 거의 매월 새로운 플랫폼이 출시되고 오래된 플랫폼이 서서히 구식이 되어가면서 우리는 혼란스러울 정도로 다양한 수의 통신 기술을 사용할 수 있다(아직도 AOL을 쓰는 사람이 있는가?) 우리가 사용할 수 있는 커뮤니케이션 채널이 너무 많기 때문에 유능한 커뮤니케이션자가 되려면 특정 메시지를 공유할 적절한 방법을 선택해야 한다. 이 장에서는 매개 커뮤니케이션 채널에 초점을 맞춰 우리가 매개된 채널을 사용하는 방식과 이유뿐 아니라 어떻게 인기 있게 되었는지에 대해 다룬다.

소셜 미디어란?

미디어라는 용어를 사용할 때 우리는 일반적으로 콘텐츠를 제작하는 대규모 조직을 지칭한다. 텔레비전과 영화, 라디오와 MP3 플레이어에서 재생되는 음원, 인쇄물, 킨들(Kindle), 웹에서 읽는 책과 정기간행물. 이와 반대로 소셜 미디어라는 용어는 '사람들이 서로와 연결, 상호 작용하고 콘텐츠를 연결, 상호작용하고 제작 및 공유할 수 있게 해주는 디지털 기술'을 의미한다(Lewis, 2010, p. 2). 이러한 미디어 형식은 성격과 목적이 다양하며 블로그, 트위터와 같은 마이크로 블로깅 사이트, 위키, 페이스북 및 링크드인과 같은 소셜 네트워킹 웹사이트, 팟캐스트, 유튜브 및 인스타그램과 같은 비디오 및 사진 공유 사이트, 토론 포럼을 포함한다. 소셜 미디어는 사용자 생성 콘텐츠('기업 제작 콘텐츠'와 대조적인)를 기반으로 하고 콘텐츠를 만들고 배포하는 데 드는 비용이 무료이거나 상대적으로 저렴하기 때문에 전통적 미디어와 구별된다.

소셜 미디어의 본래 초점은 개인의 목표 달성을 지원하는 능력에 있었다(Vorvoreanu, 2009). 그러나 점점 더 많은 사람들이 개인적인 목표보다는 전문적인 목표를 달성하기 위해 소셜 미디어 사용을 추진하고 있다. 이것은 특히 홍보 분야에서 두드러진다. 에이버리, 라리시, 스위처(Avery, Lariscy, Sweetser, 2010)와 같은 PR 학자들은 "사실상 어떤 조직도 소셜 미디어 존재를 소홀히 할 수 없다."고 주장한다(pp. 198-199). 부분적으로 소셜 미디어를 통해 한 그룹 또는 개인이 다른 그룹이나 개인을 쉽게 설득할 수 있기 때문이다(Blossom, 2009). 그러나 소셜 미디어가 커뮤니케이터가 사용할 수 있는 다른 채널과 다르다는 증거는 거의 없다.

우리 삶에서 소셜 미디어의 역할에 대한 비판적인 이해를 위해서는 커뮤니케이션이 매개적 형태의 특성을 이해해야 한다. 우리가 논의하는 첫 번째 이론인 혁신 확산 이론은 어떻게 그리고 왜 특정한 새로운 커뮤니케이션 기술이 발전되고 성장하는지 설명한다. 다음으로 소셜 미디어를 통해 발전하는 연결망을 이해하는 데 도움이 되는 소셜 네트워크 이론을 설명한다. 셋째, 우리는 커뮤니케이터가 특정한 메시지를 전파하기 위해 적절한 채널을 선택한다는 데 초점을 맞춘 매체풍부성이론을 설명한다. 마지막으로 수용자가 자신의 요구를 충족하기 위해 선택하는 것에 중점을 둔 이용과 충족이론에 대해 논의한다.

혁신 확산

집에서 영화를 볼 때 DVD와 블루레이(BlueRay)를 사용한다는 것을 우리 모두 알고 있지만 레이저디스크(LaserDisc)에 대한 기억이 거의 없는 이유는 무엇인가? 공개적인 애정 표현(Public Display of Action) 외에 PDA는 무엇을 의미하며(답: 개인 휴대정보 단말기 Personal Digital Assistant), 왜 더 이상 PDA를 사용하지 않는가? 당신의 할머니가 페이스북 페이지를 가지고 있는 지금 페이스북은 한물갔는가? 로저스(Rogers, 2003)의 혁신 확산 이론은 왜 일부 발명품이 인기를 끌게 되고 다른 발명품은 결코 인기를 얻지 못하는지를 이해할 수 있는 틀을 제공한다. 혁신확산이론은 새로운 혁신의 매개체가 되는 아이디어, 관행, 사물, 미디어, 기술 등이 사회에 등장할 때 수용자가 사용하는 목적과 이유를 알아볼 수 있는 유용한 이론이다(Rogers, 2003). 이때 혁신은 새로운 것으로 인식되는 아이디어, 관행 또는 사물이다. 우리는 종종 기술적인 관점에서 혁신을 생각하지만, 로저스는 혁신이 가능한 가장 넓은 의미로 이해될 수 있도록 세심한 주의를 기울였다. 그의 학문적 배경은 농업이었고, 그의 초기 연구는 농부들의 새로운 제초제 사용에 초점을 맞추었다. 1960년대 초 그의 모델이 개발된 이래 혁신 확산 이론은 특정 의료 기술의 확산에서 교육 관행의 채택에 이르기까지 모든 것을 이해하는 데에 사용되었다. 더욱이 로저스는 혁신이라고 간주되는 것이 장소와 지역사회에 따라 다르다고 확신했다. 예를 들어, 페이스타임(Facetime) 또는 스카이프(Skype)를 통한 화상 채팅은 당신에게 새로운 것이 아닐 수 있지만, 일부지역에서는 당신이 실시간으로 그와 대화하는 동안 누군가가 살아있는 것을 보는 것은 매우 미래적으로 보일 수 있다.

• 혁신 채택 결정 프로세스

로저스 (Rogers, 2003)는 개인, 그룹 또는 조직이 혁신을 채택할지 여부를 결정하는 6단계를 구분했다. 첫 번째 단계는 '지식' 단계로, 여기에서 잠재적 채택자는 혁신과 그 잠재적 기능을 인지하게 된다. 두 번째로 '설득' 단계는 잠재적 채택자가 단순한 인지를 넘어서 적극적으로 정보를 찾을 때 발생한다. 그녀는 제품 리뷰에 세심한 주의를 기울이며 인터넷 검색을 하거나 소셜 네트워크 상의 사람들과 대화하면서 혁신에 대한 그들의 관점을 가늠한다. 세 번째 단계는 '결정' 단계로, 이 단계에서 잠재적 채택자는 혁신의 장점과 비용을 평가하고 혁신을 채택할지 거부할지 선택한다.

물론 혁신이 거부되면 프로세스는 여기서 끝나지만 혁신이 채택되면 혁신 채택 결정 프로세스는 4단계에서 계속된다. 이 '실행' 단계는 채택자가 혁신을 사용할 때 발생한다. 당연히 이 단계에는 많은 불확실성과 좌절이 포함될 수 있다. 채택자는 혁신이 일반적으로 어떻게 작동하는지, 어떤 특정 기능이 유용하고 어떤 기능이 특정 요구에 적합하지 않은지, 그리고 혁신을 일상 생활에 통합하는 방법을 파악해야 한다. 실행의 중요한 부분 중 하나는 재창조로, 채택자가 혁신을 '재목적화(repurpose)'한다. 예를 들어, 상대방이 전화를 받지 않는 경우 발신자가 메시지를 남길 수 있도록 음성 메시지가 개발되었다. 그러나 많은 사람들이 스스로에게 전화를 걸어 메시지를 남겨 음성 알림을 만든다.

다섯 번째 단계는 '확정' 단계이다. 이 단계에서 채택자는 자신의 기술 채택을 재고한다. 그만한 가치가 있는가? 채택자가 기대한 역할을 수행했는가? 대답이 '예'이면 마침

내 채택 단계에 들어간 것이다. 그렇지 않은 경우, 그 사람은 혁신의 사용을 중단한다. 중단은 두 가지 형태를 취한다. 대체 중단은 혁신이 새로운 혁신이나 오래된 혁신으로 대체되었을 때 발생한다. 새로운 혁신을 사용하는 것은 이해가 가능하지만 왜 오래된 기술을 사용하는 것인가? 이는 실용적 이유를 포함한 많은 이유가 있다. 많은 사람들은 문서를 스캔해 보내는 것보다 팩스로 정보를 보내는 것을 선호하는데, 이는 암호화되지 않은 정보를 온라인으로 보낼 걱정이 없기 때문이다. 두 번째 유형의 '중단'은 각성 거부 또는 포기로, 채택자가 단순히 혁신 사용을 중단하는 것이다. 예로 아이폰이 출시된 이후 많은 사람들은 팜파일럿(PalmPilots) 및 다른 PDA의 사용을 중단했다.

• 왜 일부 혁신만 채택되고 다른 것은 그렇지 않은가?

물론 모든 혁신이 성공하는 것은 아니다. 로저스(Rogers, 2003)는 혁신을 채택하는 과정뿐만 아니라 왜 일부 혁신은 채택되고 다른 것은 채택되지 않는지에 대한 본질적인 질문에 관심을 가졌다. 그는 혁신의 채택률과 채택 가능성에 영향을 미치는 다섯 가지 특징을 정의했다. 첫 번째는 '상대적 이점'(relative advantage)이다. 간단히 말해, 혁신은 다른 경쟁 기술보다 성능적인 목표를 더 잘 달성해야 한다. 혁신이 '더 나은' 것으로 간주될 수 있는 방법에는 여러 가지가 있다. 한 혁신은 다른 혁신보다 더 빠르고, 저렴하고, 사용하기 쉬우며, 더 효과적일 수도 있고, 단순히 '더 멋있을' 수도 있다. 예를 들어, 수 년 동안 애플 제품은 다른 브랜드보다 더 멋있는 핵심 요소('it' factor)가 있는 것으로 인식되었다. 그 이미지는 최근에 사라지기 시작했다(Chen, 2013 참조).

혁신의 채택에 영향을 미치는 두 번째 요소는 '적합성'(compatibility)이다. 혁신이 잠재적 채택자의 가치, 라이프스타일 또는 경험과 일치하는 정도는 그 혁신을 더 매력적으로 만든다. 예를 들어, 유전자 변형 식품에 철학적으로 반대하는 초보 엄마를 생각해보자. 만약 그녀가 어떤 제품이 유전자 조작 종자를 재배한 곡물로 만들어졌다는 것을 발견한다면 그 제품을 구매하지 않을 것이다. 좀 더 기본적인 수준에서는 이미 PC를 소유하고 있는 경우에는 매킨토시에서만 호환되는 소프트웨어를 구입하지 않을 것이다.

셋째, 잠재적 채택자는 혁신을 이해하거나 사용하는 데 어려움의 정도를 나타내는 '복잡성'(complexity)을 고려한다. 예를 들어, 새로운 기술에 대한 학습 곡선이 너무 가파른 것으로 인식되면 그 기술이 제공할 수 있는 이점에 관계없이 해당 기술이 사용되지 않는다. 반면에 개인은 텔레비전 자체가 사용하기 쉬운 경우 텔레비전 방송이 어떻게 작동하는지 실제로 이해할 필요가 없다. 플러그를 꽂고 켜고 긴 기술 매뉴얼을 읽지 않고도 채널을 변경하는 방법을 파악할 수 있다면 혁신이 채택될 가능성이 높다.

'시행가능성'(trialability)은 채택률과 가능성에 영향을 미치는 다음 요소이다. 잠재적 채택자가 결정을 내리기 전에 혁신을 '시도'할 수 있는 정도는 의사 결정 프로세스를 가속화할 수 있다. 새 차와 컴퓨터를 시험 사용하든, 새로운 스타일의 옷을 입어 보든, 새로운 처방전 샘플 팩을 받든, 학교에 지원하기 전에 대학원 수업에 참석하든 사람들은 구매하기 전에 시험해 볼 수 있는 기회가 있다면 혁신을 채택할 가능성이 높다.

마지막 요소는 '관찰 가능성'(observability)이다. 사람들은 실제로 혁신을 공개적으로 보거나 혁신의 결과를 볼 수 있는 경우 혁신을 채택할 가능성이 훨씬 더 높다. 다른 모든 사람들이 새로운 기술을 사용하고 있는 것처럼 보인다면 사용하지 않는 사람들에게 훨씬 더 매력적이다("진짜로, 엄마, 학교에서 나만 없어요."). 마찬가지로 혁신의 영향이 분명하다면("와! 멋져요! 무슨 피트니스 루틴 쓰세요?") 사람들은 이를 채택하는 경향이 더 커진다.

• 시간과 확산

"숲에서 나무가 쓰러졌을 때 아무도 듣지 못했다면 소리가 난 것인가?"라는 오래된 질문을 들어 보았을 것이다. 혁신의 확산에 대해서도 비슷한 질문을 할 수 있다. 즉, 혁신이 사용가능한데 아무도 채택하지 않으면 영향을 미칠 수 있는가? 대답은 '아니오'다. 혁신이 방금 설명한 5가지 특징을 보여주더라도 궁극적으로 혁신 채택의 성공 또는 실패를 결정하는 것은 사람이다. 커뮤니케이션 미디어가 어떻게 발전하고 성장하는지에 대한 이해에 주는 혁신의 확산이 주는 세 번째 주요 기여는 임계 질량(Critical Mass)에 초점을 맞추는 것이다. 임계 질량은 충분한 수의 사람들이 혁신을 채택하면 혁신의 추가 채택이 자립적으로 되어 미래의 성장을 보장한다는 개념을 말한다(Markus, 1987).

문제는 채택률 또는 개인(또는 그룹 또는 조직)이 혁신을 채택하는 상대적 속도이다. 로저스(Rogers, 2003)는 혁신을 신속하게 수용할 가능성이 가장 높은 사람들부터 혁신을 채택하지 않을 수도 있는 사람들까지 다섯 단계로 분류했다. 그림 10.1은 혁신채택의 의사결정 과정에 있는 사람들의 범주를 보여준다. '혁신자'(Innovators)는 혁신을 채택한 사회 시스템의 첫 번째 그룹이다. 그들은 더 젊고 사회 계층이 높으며 위험을 감수하는 사람들로 다른 혁신수용자들과 세계 각지의 다른 지역에 거주하더라도 사회적으로 연결된 사람들이다. 두 번째 그룹은 '조기 채택자'(early adopters) 그룹이다. 혁신자들과 달리 '조기 채택자'들은 다른 사람들과 더 지역적으로 연결되는 경향이 있다. 그러나 그들은 의견 선도자로 사회 시스템 안의 다른 구성원들에게 더 큰 영향을 미친다. 그렇기 때문에 '조기 채택자'들은 의견에 존중을 받아 혁신의 확산에 주요한 역할을 수행하고 혁신의 불확실성에 대해 다른 사람들을 돕는다. 세 번째 그룹은 '조기 다수자'(early majority) 그룹이다. 이들은 롤 모델이나 의견 선도자로 역할하지는 않지만 혁신의 채택에 신중하며 혁신의 확산이 임계 질량을 도달하게 하는 채택 결정은 이들이 한다. 네 번째 그룹은 '후기 다수자'(late majority)그룹이다. 이들이 혁신을 채택하는 이유는 후기 다수자(peer pressure) 때문이다. 이들은 혁신에 회의적이며 위험을 감수하려고 하지 않는다. 마지막 그룹은 '지체자'(laggards)그룹으로 이들은 거의, 또는 아예 혁신을 채택하지 않는다. 일반적으로 '지체자'는 나이가 있고 더 보수적이며 새로운 아이디어, 제품, 서비스에 대해 불신할 뿐 아니라 '혁신자'와 '조기 채택자'들을 경계한다.

임계 질량이라는 개념으로 돌아가서, 사람들이 쌍방형 미디어를 채택하는 과정은 다른 유형의 혁신을 채택하는 것과는 다르다(Markus, 1987). 전화, 문자 메시지 또는 페이스북과 같은 대화형 매체는 상호 의존성을 수반한다. 즉, '혁신자'나 '조기 채택자'가 기술을 가지고 있더라도 최대한의 이익을 얻으려면 다른 사람이 기술을 채택해야 한다.

생각해보자. 다른 사람들이 당신의 문자를 받을 수 있다면 전화에 문자 기능이 있는 것이 무슨 소용이 있겠는가? 따라서 '조기 채택자'는 다른 사람들이 기술을 채택하도록 적극적으로 설득해야 하고, 그에 따라 채택률이 급격히 증가한다. 그림 10.1을 다시 보면 종 곡선의 전반부는 채택률이 직선이 아니라 약간 평평한 'S' 곡선과 비슷하다는 것을 알 수 있다.

혁신 확산 이론은 새로운 미디어 기술이 사회에서 채택되는 과정을 설명한다. 이 이론은 개인이 채택 과정에서 사용하는 혁신의 결정과정과 혁신의 채택가능성을 높이는 특징을 자세히 설명한다. 마지막으로, 이 이론은 사람들이 혁신을 채택할 가능성을 기준으로 분류하며, '조기 채택자'는 다른 사람들이 혁신을 채택하도록 설득하는 데 중요한 역할을 한다.

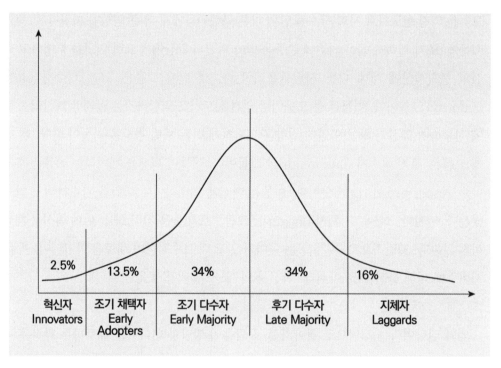

〈그림 10.1〉 혁신을 채택하는 사람들의 유형

소셜 네트워크 분석(Social Network Analysis)

9장에서 우리는 사람들이 전체를 형성하기 위해 어떻게 상호 연관되는지에 초점을 맞춘 시스템 관점을 소개했다. 시스템 관점은 조직의 커뮤니케이션을 이해하는 데 가장 자주 사용되지만 커뮤니케이션을 위한 다양한 맥락을 이해하는 데 사용된다. 마찬가지로 네트워크 분석은 역사적으로 조직적 맥락과 관련이 있었지만 소셜 미디어의 성장으로 많은 학자들이 소셜 미디어 사용자의 관계 패턴을 이해하기 위해 네트워크 분석을 도입하였다.

1980년대에 헤더 로클리어(Heather Locklear)가 등장하는 파버제 오가닉스 샴푸(Fabergé Organics Shampoo)의 광고는 큰 인기를 끌었는데, 광고에서 헤더 로클리어는 샴푸 사용에 매우 만족해서 두 친구에게 얘기했고… 그 친구들이 또 두 친구에게 얘기했고… 이것이 친구에게 샴푸에 대해 들은 사람들이 화면에 꽉 찰 때까지 반복됐다. 2012년에 안전한 성관계에 초점을 맞춘 포스퀘어(Foursquar)e의 공익 광고를 개발한 에이즈 대책 위원회(AIDS Council)에서도 동일한 개념을 사용했다. 누군가와 성관계를 가질 때, 그 사람과 성관계를 가질 뿐만 아니라 그 사람과 성관계를 한 다른 사람들과도 성관계를 맺는 것이고 이것이 반복된다는 것이다(포스퀘어가 '당신이 있었던 곳'으로 표현했기 때문에 광고는 얼마나 많은 사람들이 '이미 거기에 있었는지'에 대해 이야기했다). 이 두 광고는 모두 소셜 네트워크 분석의 중심 개념 중 하나를 특징으로 한다. 우리 모두는 타인과 연결되어 있고, 타인은 다른 사람과 연결되어 있어 전 세계의 모든 사람과 '6단계 분리 법칙'으로 연결되어 있다는 것이다(페이스북의 인기를 통해 이제는 4단계 분리의 법칙이 되었다; Barnett, 2011 참조).

몬지와 컨트랙터(Monge and Contractor, 2001)에 따르면, "커뮤니케이션 네트워크는 시간과 공간을 통해 메시지를 전송하고 교환하여 생성되는 커뮤니케이션 파트너 간의 접촉 패턴이다."(p.440). 네트워크 분석에는 구성원 간의 링크 유형, 네트워크에서 구성원이 수행하는 역할, 메시지가 교환되는 모드 또는 채널 및 메시지 내용에 특별히 초점을 맞춘 이러한 패턴을 구상하는 것이 포함된다. 가장 기본적인 수준에서 자신의 페이스북 네트워크를 생각해보자. 페이스북에서 친구는 몇 명이나 있는가? 그 친구들 중 당신의 친구와도 친구인 사람이 얼마나 있는가? 친구 목록에 있는 사람들과 각각 얼마나 자주 메시지를 보내고 답장하는가? 당신은 개인적인 정보, 전문적인 정보, 또는 둘 다 공유하는가? 다른 커뮤니케이션 채널로도 대화를 나누는 친구는 몇 명인가? 소셜 네트워크 분석은 개인, 그룹 및 조직이 서로 어떻게 연결되어 있는지에 대한 그림을 만들어 영향력 구조와 아이디어 확산을 더 잘 이해할 수 있도록 한다.

• 네트워크 속성

소셜 네트워크 분석에서 네트워크의 네 가지 속성이 고려된다(Miller, 2003). 첫 번째는 네트워크 모드이다. 간단히 말해서 네트워크 모드는 네트워크 구성원이 사용하는 하나 또는 여러 개의 채널을 포함한다. 같은 회사에서 일하지만 다른 두 장소에 있는 사람들을 생각해보자. 그들은 전화와 이메일을 통한 연락은 했겠지만 실제로 면대면으로 만난 적은 없을 수 있다. 각 채널에는 장단점이 있기 때문에 네트워크에서 어떠한 채널이 사용되는가에 대한 이해는 중요하다(매체풍부성이론을 다룰 때 얘기할 것이다). 두 번째는 메시지의 내용이다. 예를 들어 길핀(Gilpin, 2010)은 슈퍼마켓 체인 홀푸드(Whole Foods)가 게시한 소셜 미디어 콘텐츠의 네트워크 분석을 수행했다. 그녀는 콘텐츠가 회사의 핵심 정체성 또는 고객의 안녕에 초점을 맞춘 것으로 분류될 수 있음을 발견했다. 세 번째 네트워크 속성은 네트워크 구성원의 밀도 또는 상호 간의 연결 수이다. 고밀도 네트워크는 대학 친구 간의 연결과 같이 네트워크 구성원 간의 많은 연결이 있는 반면, 밀도가 낮은 네트워크는 구성원 간의 연결이 적다. 예를 들어, 동료 간의 비공식적 또는 사회적 관계를 고려해보면 업무 관련 의사소통에서는 동료들 사이에 상당한 연결이 있을 수 있지만, 사회적인 연결은 많지 않아 소셜 네트워크를 저밀도 네트워크로 만든다. 믿거나 말거나 동료들 사이에 소셜 네트워크가 부족하면 생산성을 부정적으로 예측할 수 있으므로 네트워크 밀도를 이해하는 것이 매우 중요하다(Litterst & Eyo, 1982). 마지막 고려 사항은 분석 수준이다. 소셜 네트워크 분석을 수행 할 때 초점이 네트워크의 개인에 있는가, 특정 조직 구성원 그룹(예: 조직의 부서 또는 친구 그룹의 파벌)에 있는 가, 아니면 조직 간의 연결에 있는가?

• 네트워크 연계 속성

네트워크 자체의 속성을 고려하는 것 외에도 소셜 네트워크 분석에는 네트워크 구성원 간의 연결 특성도 밝혀야 한다(Monge & Contractor, 2001). 7개의 잠재적 연결을 파악할 수 있다: 강도(연결의 빈도, 친밀도 또는 강도), 방향(네트워크 구성원 간 연결이 상호 작용하는 정도), 대칭(연결된 두 사람이 서로 동일한 유형의 관계를 공유하는지 여부), 빈도(두 사람이 서로 커뮤니케이션하는 빈도), 안정성(시간의 흐름에 따른 연결의 존재 여부), 매개(공통 링크로 인해 네트워크 구성원 간의 연결이 존재하는지 여부) 및 다중성(두 네트워크 구성원이 둘 이상의 관계 또는 커뮤니케이션 유형으로 함께 연결되어 있는 범위)이 그것이다.

설명을 위해 그림 10.2에 표시된 단순 네트워크를 보자. 네트워크 구성원 A, B, C, D, E는 강력하고 직접적이며 대칭적이며 빈번하고 안정적이며 다중성을 보이는 조밀한 네트워크를 가지고 있는 것으로 보인다. 아마도 그들은 함께 일하는 동시에 사회적으로 교류하는 사람들일 것이다. 이제 B와 E 사이의 관계를 보자. 같은 조밀한 네트워크에 있음에도 불구하고 A, C, D가 중개자 역할을 하기 때문에 연결되는 관계이다. B와 E가 한 때 직접 연결되었을 수도 있지만 시간이 지남에 따라 연결이 사라졌다는 것을 쉽게 알 수 있을 것이다. 마지막으로 F와 K의 관계를 보자. 화살표는 한 방향으로만 향해 있는데, K의 작업에는 F의 입력이 필요하지만 F는 작업을 수행하기 위해 K의 피드백이 필요하지 않을 것이라는 것을 나타낸다.

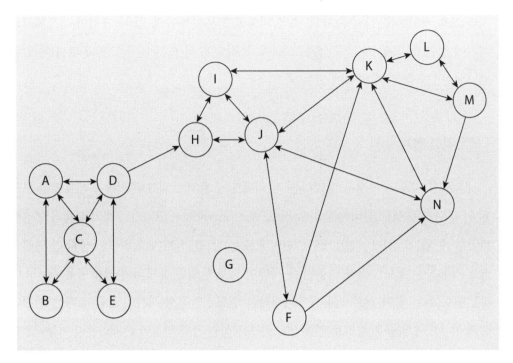

〈그림 10.2〉 소셜 네트워크 그래프 예시

그림 10.2에는 네트워크 구성원 간 하나의 화살표만 포함되어 있지만 총체적인 네트워크 분석에는 네트워크 구성원 간의 다양한 커뮤니케이션 모드를 보여주기 위해 여러 유형의 화살표가 포함될 수 있다. 예를 들어 대면 커뮤니케이션을 나타내는 검은색 화살표, 이메일을 나타내는 파란색 화살표, 페이스북을 나타내는 빨간색 화살표, 전화를 나타내는 녹색 화살표 등이 있을 수 있다. 또한 업무 커뮤니케이션을 위한 링크를 나타내는 직선 화살표와 사회 커뮤니케이션을 위한 링크를 표시하는 점선 화살표가 있을 수 있다. 완전한 소셜 네트워크 분석은 매우 복잡하며 때로는 3D 이미지가 필요하다. 온라인으로 소셜 네트워크 분석 이미지를 검색하여 이러한 작업이 요구하는 복잡성을 찾아보는 것을 권장한다.

• 네트워크의 역할

소셜 네트워크 분석은 또한 네트워크에서 각 구성원이 수행하는 역할을 고려해야 한다. 네트워크가 항상 개인으로 구성되는 것은 아니기 때문에 네트워크 구성원은 노드(node)로 간주된다. 다섯 가지 유형의 역할이 밝혀졌다(Monge & Contractor, 2001). 격리는 네트워크에 속하지만 링크가 없는 노드이다. 그림 10.2에서 G는 격리자이다. 조직에서 일할 수는 있지만 조직의 다른 사람들과 통신하지는 않는다. 불가능해 보이지만 G의 역할은 다른 조직의 구성원과 연결되는 경계 확장자(boundary spanner)일 수 있다. 게이트키퍼는 네트워크의 한 부분과 다른 부분 사이의 정보 흐름을 제어하는 노드이다. 그림 10.2의 D를 보면 그 또는 그녀는 네트워크의 왼쪽에 있는 구성원과 오른쪽에 있는 구성원 사이의 유일한 연결 고리이다. 브리지는 둘 이상의 그룹의 구성원이다. 예를 들어 J는 H-I-J 그룹의 일부이며 J-K-N-F 그룹의 구성원이다. 연락 담당자는 연결되지 않은 둘 이상의 그룹과 연결되어 있다. 그러나 연락 담당자는 이러한 그룹의 노드가 아니다. 예를 들어 H는 A-B-C-D-E 네트워크와 J-K-N-F 네트워크의 연락 담당자이다. 마지막으로 별은 네트워크의 중심에 있는 노드이다. 그림 10.2에서 K를 보면 그녀는 네트워크의 다른 누구보다 많은 6개의 네트워크 링크를 가지고 있다.

단일 조직에서 개인에 대해 이야기하는 경우, 각 역할을 수행하는 개인을 쉽게 고려할 수 있으므로 앞서 설명한 역할이 적용가능하다. 그러나 보다 정교하고 광범위한 소셜 네트워크 분석에서는 노드가 전체 조직일 수 있음을 인지해야 한다. 이 경우 더 큰 네트워크에 내장된 고밀도 네트워크인 허브(hub)도 고려해야 한다. 이 개념을 단순화하려면 인터넷을 네트워크로 생각해보자. 구글, 페이스북, 유튜브와 같이 많이 사용되는 일부 웹사이트는 허브로 간주되는 반면, 매우 전문화된 웹사이트는 격리에 더 가까워 비밀번호로 보호되고 다른 웹사이트에서 하이퍼링크가 적용되지 않을 수 있다.

• 소셜 미디어 이해를 위한 함의

소셜 미디어 이론의 목적은 시스템 내의 연결 패턴을 밝히는 것임을 다시 생각해보자. 소셜 네트워크 분석을 통해 '누가 누구와 대화하는지'를 식별하는 것 이상으로 아이디어와 영향에 대한 대규모 동향을 파악할 수 있다. 예를 들어 켈리(Kelly, 2008)는 블로고스피어를 매핑하여 뉴스(및 가짜 뉴스) 사이트 간의 연결을 밝혀냈다. 세데레비시우트와 발렌티니(Sedereviciute & Valentini, 2011)는 PR 실무자가 소셜 미디어 콘텐츠 매핑을 통해 조직의 이해 관계자를 발견할 수 있는 방법을 개발했다. 마찬가지로 드 누이와 클라이넨하우스(De Nooy & Kleinnijenhuis, 2013)는 정치 커뮤니케이션 분야에서 지지와 공격 패턴을 연구하는 메커니즘을 만들었다.

앞에서 설명한 개념(네트워크 속성, 네트워크 링크 및 네트워크 역할)은 소셜 네트워크의 구조를 조사하는 데 가장 자주 사용된다. 그러나 학자들은 소셜 네트워크 분석을 사용하여 특히 커뮤니케이션 내용에 초점을 맞춘 의미 네트워크를 조사한다(Gilpin, 2010). 이러한 방식으로 연구자들은 네트워크에서 한 사람에게서 다른 사람으로 퍼지는 아이디어, 행동 또는 관행과 같은 밈(meme)의 확산을 이해할 수 있다(Dawkins, 1989). 최근 몇 년 사이 퍼진 ALS 아이스 버킷 챌린지나, '먹거나 입거나(eat it or wear it)' 비디오, 그리고 #saltbae 밈을 생각해보자. 소셜 미디어는 우리 각자를 6(또는 4)단계 분리 법칙으로 연결할 뿐만 아니라 중요한 사회적 트렌드를 생산하고 재생산할 수 있도록 한다.

매체풍부성이론(Media Richness Theory)

테일러 스위프트와 캘빈 해리스의 관계의 쇠퇴와 궁극적 끝은 그들의 트위터를 통해 공개적으로 전시되었다. 그리고 보그의 기사에 따르면 케이티 페리는 러셀 브랜드가 그녀에게 이혼을 원한다고 문자를 보냈다고 주장했다. 아지즈 안사리의 책 **모던 로맨스** (*Modern Romance*)에서 안사리는 다수의 청년들의 관계가 디지털 미디어를 통해 끝나고 최대 20%가 소셜 미디어를 통한다는 통계를 제시했다. 우리 대부분은 이것이 관계를 끊는 최선의 매체 선택이 아닐 수도 있다는 것을 깨닫는 공감을 가지고 있다. 그러나 직업 세계에서는 선택이 덜 분명한 경우가 있다. 예를 들어 이메일을 통해 정리해고를 해도 괜찮은 것인가? 대프트와 렝겔(Daft & Lengel, 1984)이 수립한 매체풍부성이론은 새로운 커뮤니케이션 기술이 발전함에 따라 메시지를 보내는 최선의 방법에 대한 결정이 더욱 복잡해짐을 제시한다.

• 매체 풍부성이란 무엇인가?

매체풍부성이론의 중심 논거는 커뮤니케이션 전문가가 커뮤니케이션 채널을 정보의 내용과 일치시켜야 한다는 것이다(Lengel & Daft, 1988). 매체 풍부성은 미디어의 정보 전달 능력을 나타낸다. 매체 풍부성이란 다음 네 가지 특성을 평가하여 결정한다. 첫째, 피드백의 속도(동기 또는 비동기 용량과 관련한), 둘째, 메시지를 개인화하는 능력, 셋째, 다중 단서의 가용성, 그리고 넷째, 언어 다양성이다(Daft & Lengel, 1986). 대면 상호 작용은 가장 '풍부한' 매체로 여겨진다. 조직 교육 세션을 상상해보자. 대면 강사는 직원이 특정 프로세스를 이해하지 못한다는 것을 알게 되면 세션을 신속하게 조정할 수 있다("좋아요, 그러면 이 새로운 소프트웨어 프로그램이 이전 프로그램과 어떻게 다른지 설명해보겠습니다."). 트레이너는 그룹의 개인을 인식하고 해당 개인에게 메시지를 작성할 수 있다("호세, 당신의 부서는 이 다음 사항을 적용하는 것에 대해 걱정할 필요가 없어요."). 트레이너는 세션에서 단어, 얼굴 표정, 제스처, 말 사이의 쉼, 눈맞춤 및 기타 가능한 비언어적 단서를 사용할 수 있다. 마지막으로 트레이너는 대화하는 사람에 따라 어휘 또는 전문 용어 사용을 변경할 수 있다. 이를 훨씬 덜 풍부한 매체인 디지털 비디오와 대조해볼 수 있다. 방에 앉아 녹화된 교육 세션을 보고 있는 직원 그룹을 상상해보자. 직원이 녹화된 내용을 이해하지 못하면 취할 수 있는 조치는 거의 없다. 녹화된 내용은 청중의 혼란에 대처하기 위해 그 순간에 변경할 수 없다. 게다가 제작 비용을 감안할 때 모든 직원을 위해 비디오가 제작될 가능성이 높아 특정 그룹이나 개인 또는 그들의 배경이나 경험에 맞출 수 없다. 따라서 '빈곤한(lean)' 매체로 간주된다. 표 10.1은 이러한 특성에 따라 최고 수준에서 가장 낮은 수준의 미디어를 구별한다.

표 10.1 매체 풍부성	
풍부한 매체	면대면
↕	화상회의, 소셜 네트워크, 대화형 웹사이트, 전화 이메일 문자, 인스턴트 메시지, 마이크로블로그 비디오 녹화 또는 오디오 녹화 메모, 편지
빈곤한 매체	대량 우편, 브로슈어, 팜플렛, 전단지

• 메시지가 얼마나 모호한가?

물론 이론의 주요 아이디어는 매체가 메시지와 일치해야 한다는 것이다. 따라서 두 번째 주요 고려 사항은 전송해야 하는 메시지의 특성이다. 대프트와 렝겔(Daft & Lengel, 1984, 1986)은 칼 와익(Karl Weick)의 작업(9장 참조)의 영향을 받아 모호성의 개념에 초점을 맞추었다. 모호성은 여러 해석의 가능성을 나타낸다. 커뮤니케이션의 목표가 이해인 경우(대프트와 렝겔이 가정한 것처럼) 모호한 메시지는 오해의 위험이 더 큰 메시지이다. 당신이 금융 위기에 직면한 조직의 직원이라고 상상해보자. 조직의 고위 경영진은 정리해고가 아니라 직원 혜택을 줄일 것이라고 결정했다. 그러한 결정에 대해 많은 질문이 있을 것이다. 이것이 모든 직원에게 영향을 미치는 것인가? 영구적인 결정인가, 아니면 위기가 끝나면 혜택이 반환되는가? 이러한 혜택을 제거하면 재정 문제가 실제로 해결되는 것인가, 아니면 향후 해고가 발생할 수 있는 것인가? 개인이 어떤 혜택을 줄일지 선택 가능한가? 일부 직원에게는 건강 관리가 주요 관심사인 반면 퇴직 혜택은 다른 직원에게는 더 큰 관심사일 수 있다. 요컨대, 제시된 상황은 매우 모호하다. 당연히 매체풍부성이론에 따르면 메시지가 모호할수록 그 메시지를 전달하는 데 있어 매체는 더 풍부해야 한다. 방금 설명한 상황에서 매체풍부성이론은 시청 회의 또는 더 나아가 소그룹 회의를 사용하여 결정을 설명하고 질문에 답할 것을 제안한다. 메모는 적절한 방법이 아니다. 반면에 회의 시간과 날짜는 모호하지 않기 때문에 미팅을 알리는 데 이메일이나 메모를 사용하는 것은 가장 적합한 방법일 수 있다.

앞서 주장한 바와 같이, 커뮤니케이션 효과는 메시지의 모호성과 매체의 풍부함 사이의 일치 정도 때문에 발생한다고 가정된다. 빈곤한 미디어 형식을 사용하여 전달되는 매우 모호한 메시지는 불확실성을 악화시키고 오해를 유발할 수 있다. 반대로 매우 풍부한 매체를 사용하여 매우 간단한 정보를 전달하는 것은 과잉의 한 형태이며 잠재적으로 시간과 돈을 낭비하고 정보 과부하에 기여할 수 있다. 일상적으로 다루는 모든 정보에 대해 개인적인 대화를 나누는 것을 상상할 수 있는가? 피곤할 것이다! 그렇기 때문에 정보 과부하로 일부 이메일과 텍스트를 읽지 않고 삭제할 가능성이 있다.

일부 학자들은 매체풍부성이론에 이의를 제기했다. 매체풍부성이론은 특정 미디어에 개인이나 조직의 변화에 따라 달라지지 않는 객관적인 풍부함이 있음을 의미하기 때문이다. 결국 우리 모두는 가장 간단한 질문에도 전화를 통하는 사람들을 알고 있는 반면 다른 사람들은 이메일 교환을 선호한다. 마찬가지로 조직은 선호하는 의사소통 방법과 관련하여 서로 다른 문화를 가지고 있다. 그러나 학자들은 이러한 다양성을 넘어서 특정 유형의 메시지를 전달하는 다양한 커뮤니케이션 채널의 능력에 객관적인 차이가 있음을 발견했다(Trevino, Lengel, Daft, 1987). 따라서 숙련된 커뮤니케이터는 커뮤니케이션 과정에서 매체의 풍부함을 의식적으로 고려해야 한다.

이용과 충족이론(Uses and Gratifications Theory)

이용과 충족이론(UGT, Uses and Gratifications Theory)은 매개 커뮤니케이션의 사용을 분석하고 설명하는 다소 다른 수단을 나타낸다. 메시지 발신자가 선택한 미디어를 보는 대신 이용과 충족이론은 수용자가 특정 미디어 형식을 사용하는 *이유*에 중점을 둔다. 특히 이용과 충족이론은 인간에게 선택권과 자유 의지가 있기 때문에 개인이 어떤 미디어를 언제 사용할 것인지에 대해 구체적인 결정을 내릴 것이라고 주장한다(Katz, Blumler, Gurevitch, 1973). 당신이 내리는 선택과 결정은 당신이 성취하고자 하는 개인적인 필요와 가치를 기반으로 한다. 따라서 개인의 요구를 충족시키기 위해 다양한 미디어 중에서 선택할 수 있다.

세 가지 기본 가정이 이용과 충족이론에 대한 논의를 주도한다. 첫째, 카츠 등(Katz et al., 1973)은 청중이 특정 요구 또는 목표를 달성하기 위해 다양한 미디어를 적극적으로 사용한다고 믿었다. 따라서 미디어 사용은 수동적이거나 비자발적이거나 강압적이지 않다. 대신 미디어 기술은 개인의 사회적 또는 심리적 요구와 가치를 충족하는 데 사용할 수 있는 다양한 옵션을 나타낸다. 실제로 21세기에 사람들이 이용 가능한 커뮤니케이션 기술의 증가는 선택 개념의 실행 가능성을 높일 뿐이다(Ruggiero, 2000). 그렇기 때문에 이용과 충족이론은 미디어 사용이 개인의 필요에 기반하여 적극적이고 목표 지향적이라고 제시한다.

둘째, 매스 커뮤니케이션은 당신에게 발생하는 일이 아니며, 미디어도 당신에게 아무 것도 하지 않는다. 미디어 소유자가 자신의 프로그램을 시청하도록 유도하는 마법 주문은 없다. 대신 이용과 충족이론은 개인이 자신의 필요를 확인하고 미디어 선택을 해야 한다고 주장한다(Katz et al., 1973). 개인은 인터넷 서핑, 트윗 또는 핀터레스트 보드 구성을 하기로 **선택**한다. 이와 관련하여 *미디어 효과*라는 용어는 오해의 소지가 있다. 카츠 등(Katz et al., 1973)은 주어진 매체가 사람들을 다르게 생각하거나 행동하게 만드는

'직선 효과'를 믿지 않았다. 카츠 등(Katz et al., 1973)에 따르면 청중 구성원은 매체를 선택하고 자신이 흔들리고, 변화하고, 영향을 받도록, 또는 그렇지 않도록 한다. 당신이 유튜브 동영상을 보기로 선택하고 시청하는 것이지, 유튜브가 스스로 켜지고 당신을 시청하는 것이 아니다.

셋째, 매스컴은 개인의 필요를 충족시키는 다른 수단과 경쟁한다(Katz et al., 1973). 다르게 말하면 개인의 필요를 충족시키는 방법은 여러 가지가 있다. 바쁜 하루 일과를 마치고 기진맥진했다면 시트콤(대중 매체)을 보거나 영화를 보며 긴장을 풀 수 있다. 다르게는 공원에서 달리기를 하거나 요가 연습 또는 와인 한 잔과 함께 따뜻하게 목욕을 하는 것으로 필요를 충족시킬 수 있다. 따라서 대중 매체는 당신이 이용할 수 있는 몇 가지 대안만을 제안한다. 다음으로 개인이 미디어를 사용하는 이유와 미디어 노출이 다양한 사회적, 심리적 요구를 충족시킬 수 있는 방법을 제시할 것이다.

• 우리는 왜 우리가 보는 것을 보는가?

맥퀘일(McQuail, 1987)은 여러 하위 범주를 포함하는 네 가지 광범위한 동기 부여 단계를 밝혔다. 예를 들어 엔터테인먼트 목적으로 미디어를 사용할 수 있다. **엔터테인먼트**의 포괄적인 용어에는 몇 가지 특정 하위 유형이 있다. 개인은 휴식을 취하고, 일상적인 문제에서 벗어나고, 어떤 형태의 흥분이나 정서적 카타르시스를 느끼고, 시간을 보내거나, 단순히 예술적 즐거움을 누릴 수 있다. 사무실에서 긴 하루를 보낸 후 퇴근하는 동안 위성 라디오를 들으며 휴식을 취할 수 있다. 당신은 오싹한 스릴을 경험하기 위해 링(*The Ring*)을 보거나 낭만적인 비극을 경험하기 위해 **카사블랑카**(*Casablanca*)를 본 적이 있을 것이다. 당신의 자녀는 지루하지 않기 위해 차 뒷좌석에서 DVD로 **도라 디 익스플로러**(*Dora The Explorer*)를 볼 수 있다. 유사하게, 당신은 일상의 쳇바퀴에서 벗어나는 의미로 TV 시트콤을 켤 수도 있다. 표 10.2는 충족에 대한 개요를 제공한다.

둘째, 정보를 제공하기 위해 매스컴과 콘텐츠가 사용된다(McQuail, 1987). 이 미디어 기능은 개인에게 현재 및 역사적 사건에 대해 배우고, 조언을 얻고, 일반적인 지식을 습득하여 안정감을 느끼거나 호기심을 충족시킬 수 있는 기회를 제공한다. 따라서 날씨, 교통 정보 업데이트 및 지역 스포츠 성적에 대한 뉴스 라디오를 켜게 된다. 지역적, 국가적, 세계적 뉴스를 보거나 읽어 이웃과 전 세계에 무슨 일이 일어나는지 알 수 있다. 투자 전략이나 예의, 예절에 대한 조언 칼럼을 읽을 수도 있고 인터넷을 사용하여 부동산 웹 페이지를 뒤져서 꿈의 집의 규모를 조사할 수도 있다.

셋째, 사람들은 자신의 개인 정체성을 반영, 강화 또는 대조하기 위해 미디어를 사용한다(McQuail, 1987). 즉, 개인은 다양한 미디어 및 미디어 콘텐츠 중에서 선택하여 자신의 태도나 믿음에 대한 통찰력을 얻거나 개발할 수 있다. 예를 들어, 다른 사람들이 관계 문제로 어떤 어려움을 겪는지 듣기 위해 닥터 필(Dr. Phil) 토크쇼를 볼 수 있다. 마찬가지로, 사람은 종종 자신을 다양한 매체에 묘사된 인물과 비교하거나 대조함으로써 더 깊은 자아 감각을 얻는다. 예를 들어, 당신은 아마 대히트를 친 쇼 빅뱅이론(The Big Bang Theory)에 익숙할 것이다. 당신은 쉘든, 레너드, 라지, 하워드와 같은 캐릭터들이 사회성이 부족한 부분 때문에 웃는 동시에 자신의 경험과 태도를 그들의 것과 비교해볼 것이다. 당신은 그 정도로 자기중심적인가? 그 정도로 신경과민한가? 그 정도로 철이 없는가? 그 정도로 자신감이 없는가? 그렇지는 않을 것이다! 하지만 이것이 바로 쇼의 요점이다. 시청자들이 그들의 하찮음에 웃는 동시에 공감할 수 있는 극단적인 성격을 제시하는 것이다.

네 번째이자 마지막 이유는 사람들이 개인적인 관계와 사회적 상호 작용을 위해 다양한 매체를 사용하기 때문이다(McQuail, 1987). 미디어 노출은 개인이 대인 관계 및 사회적 상황을 비교하여 다른 사람에 대해 배우거나 그들과 연결되는 데 도움을 줄 수 있다. 심지어 특정 미디어는 동지애를 제공함으로써 현실의 관계를 대신할 수도 있다. 수요일 아침 정수기 앞에서 더보이스(The Voice) 최신 방영분의 반전에 대해 나누는 수다는 공동체 의식을 만든다. 블랙키시(Black-ish)에 나오는(때로는 무모한) 양육 결정에 따라 시청자는 자신의 가족과 비교하고 공감할 수 있다. '그가 정말로 당신에게 빠져있는지 확인하는 방법'이라는 제목의 잡지 기사를 읽거나 틴더에서 '오른쪽으로 스와이프'하여 관계를 성공적으로 발전시킨 사람과의 신문 인터뷰를 읽으면 독자들에게 자신의 데이트 실패에 대해 생각해 볼 기회를 제공하기도 한다.

충족	예시
엔터테인먼트	로맨틱한 분위기를 위해 배리 화이트의 CD를 듣는 것 스릴을 경험하기 위해 **싸이코**를 보는 것 아무 것도 할 일이 없어 유튜브 동영상을 보는 것
정보	칠면조를 요리하는 방법(Food Network)과 같이 실용적 문제에 답을 구하는 것 직장에 입고 갈 옷을 고르기 위해 날씨를 파악하는 것
개인의 정체성	옷 입는 방법을 배우고 스타일리시해 보이기 위해 **보그**나 **에스콰이어**를 읽는 것 자신의 열정을 나누기 위해 핀터레스트 보드를 구성하는 것
개인적 관계와 사회적 교류	동료들과 얘기하기 위해 출근하는 차 안에서 스포츠 라디오 방송을 듣는 것 가족과 유대감을 나누기 위해 매주 **아메리카 갓 탤렌트**를 보는 것

표 10.2 충족

이용과 충족이론은 사람들이 개인적 필요를 충족시키기 위해 의도적으로 선택할 수 있는 많은 옵션을 가지고 있다고 주장한다. 그렇다면 문제는 미디어가 우리에게 어떤 영향을 미치는지가 아니라, 사람들이 미디어 형식을 선택하는 이유와 선택에서 어떠한 충족감을 얻는가이다.

요약 및 연구 적용

이 장에서 우리는 매개 커뮤니케이션의 네 가지 이론에 대한 개요를 제시했다. 먼저, 우리는 혁신 확산 이론에 대해 설명했다. 사람들이 새로운 미디어 기술을 채택하기로 결정하는 과정, 새로운 미디어 기술을 더 매력적으로 만드는 특징, 새로운 기술을 채택할 가능성이 가장 높은 사람들과 가장 적은 사람들의 범주를 다루었다. 예를 들어 올리베이라, 토마스, 바티스타, 캄포스(Oliveira, Thomas, Baptista, Campos, 2016)는 적합성, 기술 보안에 대한 인식, 성능에 대한 기대, 혁신성 및 사회적 영향이 모바일 결제 기술 사용 결정과 기술 추천 의도에 직간접적 영향을 미친다는 사실을 발견했다. 또한 글루어, 프론제티 콜라돈, 그리파, 자코멜리(Gloor, Fronzetti Colladon, Grippa, Giacomelli, 2017)는 소셜 네트워크 분석을 사용하여 5개월 동안 진행된 코스에서 자발적으로 그만 둔 관리자와 남기로 결정한 관리자의 이메일을 비교했다. 그들은 그만 둔 관리자가 네트워크 중심성이 적고 이메일 내용에서 남기로 결정한 관리자보다 참여도가 낮은 점을 보이는 것을 발견했다. 셋째, 매체풍부성이론은 다양한 유형의 메시지를 보내기 위해 특정 미디어를 선택하는 데 도움이 되며, 상사와 부하 간의 의사소통 선호도와 같은 조직 내 미디어 선택을 이해하는 데 도움이 된다(Salmon & Joiner, 2005; Shepherd & Martz, 2006). 파조스, 청, 미카리(Pazos, Chung, Micari, 2013)는 매체풍부성이론을 성공적으로 사용하여 직원들이 보다 복잡한 작업(예: 문제 해결 또는 갈등 해결)보다 간단한 작업(예: 정보 요청 또는 제공)에 인스턴트 메시지를 사용할 가능성이 더 높을 것이라고 예측했다. 마지막으로 이용과 충족이론은 수용자의 선택에 중점을 둔다. 이용과 충족이론은 수용자가 적극적이고 그들이 추구하는 개인적인 충족을 제공하는 미디어 유형을 사용한다고 주장한다. 예를 들어, 연구자들은 온라인에서 사진을 공유할 때의 네 가지 충족을 발견했다. 경험을 찾고 전시하기, 기술적 행동 유도성, 사회적 연결, 그리고 연락이다(Oeldorf-Hirsch & Sundar, 2016). 그들은 온라인 사진 공유에 대한 이용과 충족은 사진을 게시하는 것과 보는 것으로 구분할 수 없으며 대신 이러한 활동이 결합되어 조성하는 경험에 의해 분류할 수 있다고 결론지었다.

사례 연구 10 : 카지노 논쟁

펜실베니아도박규제위원회가 필라델피아 시 행정구역 내에 두 개의 카지노를 개발하는 신청서를 승인하자 즉시 논란이 이어졌다. 주정부가 승인된 카지노 위치를 공개하기도 전에 누구나 신문을 집어 들거나 뉴스 방송을 통해 오랫동안 기다려온 카지노 제안서에 대한 내용을 볼 수 있었다. 이러한 이야기들은 카지노가 도시에 일자리와 관광을 가져다줄 것이라고 강조했다. 준 존슨(June Johnson)과 같은 교외 거주자들은 카지노 수익이 (적어도 이론적으로는) 주에서 상승하는 재산세를 낮추는 데 도움이 될 것이며, 시의 노동조합 계약자들은 개발 계약에 입찰하기를 열망했다.

그러나 이러한 초기 뉴스는 교통 혼잡 및 범죄와 같은 지역 문제가 부상할 것을 고려하지 않았다. 카지노가 주거 지역 옆에 지어질 것이라는 발표가 나자, 지역 주택 소유자와 중소기업 대표들은 분노했다.

52세의 카렌 모이어(Karen Moyer)는 카지노가 계획된 인근 지역의 오랜 거주자이자 주택 소유자였다. 주택 가치 하락과 이웃의 질에 대한 우려로 카렌은 카지노!필리(CasiNO! Philly, 카지노 없는 필라델피아)라는 정치 활동 그룹을 조직했다. 카렌은 모든 네트워크를 사용하여 사람들을 그룹에 참여시킬 수 있도록 노력했다. 그녀는 자신의 페이스북 페이지에 글을 올렸을 뿐만 아니라 지역 기업, 지역 학교 및 기타 지역 비영리 단체의 페이지에도 글을 올렸다. 그녀는 웹사이트를 만들어 카지노 제안서에 대한 신문 기사와 함께 계획에 찬성한 정치인들과 그들의 연락처를 게시했다. 또한 이 웹사이트에는 등록된 사용자가 댓글을 달고 회의를 구성할 수 있는 전자 게시판이 있었다. 그녀는 지역 정치인과 도박규제위원회 회원의 트위터 계정을 팔로우하기 시작했으며 해시 태그 #CasiNO!Philly로 트윗을 올렸다. 그룹의 회원 수가 증가함에 따라 카지노!필리는 독립기념관과 국립헌법센터와 같은 역사적인 관광 명소 주변에서 잠재적인 시위와 집회에 대해 트윗하기 시작했다. 목표는 가능한 한 많은 언론의 관심을 끌어 카지노 제안에 대한 부정적인 선전을 만드는 것이었다.

카지노!필리의 소셜 미디어 홍보는 강력했지만 그룹의 구성원 중 한 명이 카렌에게 아이디어를 제공하기 전까지는 실제로 성공하지 못했다. 워렌 트렘블리(Warren Trembly)는 새로운 미디어 기술에 중점을 둔 사이버 차터 스쿨에 다녔던 16세 스케이트 보더였다. 워렌은 카렌에게 로크(Loke)라는 애플리케이션을 소개했다. 이 애플리케이션은 스마트폰을 통해 사용자에게 실시간 위치 정보를 제공하고 다른 네트워크 구성원이 언제 어디에 있는지도 식별한다. 이 앱을 통해 네트워크 구성원은 사용자의 현재 위치 근처의 모든 현재 카지노!필리 활동과 다른 모든 구성원의 현재 위치를 볼 수 있었다. 워렌은 핵심 활동가들을 설득하여 그들의 노력을 조직화하도록 설득했으며 곧 그 노력을 확인한 사람들의 거의 1/3이 앱을 다운로드하여 사용했다.

조직화된 노력이 효과가 있었다. 로크에서 제공하는 정보 덕분에 필라델피아 신문, 뉴스 라디오 방송국 및 TV 뉴스 방송국은 거의 모든 시위에 대해 보도했다. 블로거들은 글을 썼고 TV 뉴스 방송국은 시위를 생중계했다. *필라델피아 타임즈(The Philadelphia Times)*는 강도, 기물 파손 및 매춘의 증가로 인한 인근 애틀랜틱 시티와 지역 일대의 쇠퇴를 조사하는 일련의 특집기사를 발행했다. 인기있는 지역 라디오 토크쇼는 주정부 제안에 대한 주민들의 의견에 초점을 맞춘 여러 프로그램을 진행했다. 해시태그 #CasiNO!Philly는 필라델피아의 소셜 미디어 통계에서 거의 매일 검색 순위에 들었다. 이러한 모멘텀에 힘입어 카지노!필리 회원들은 이러한 상황을 시의회로 가져가 성공적으로 로비하여 시의 시장 선거 투표에 함께 주민 투표를 실시했다. 주민 투표는 필라델피아 유권자들에게 자신의 지역에서 카지노를 원했는지 여부에 대한 발언권을 줄 것이었다. 주민 투표가 통과되면 가정, 예배당, 시민 센터, 공공 공원, 놀이터, 수영장 또는 도서관에서 1,500 피트 이내에 슬롯머신과 도박 영업장이 건설되는 것을 막을 수 있었다.

선거가 다가오자 카렌 모이어의 시의원 채드 드마리오(Chad DeMario)는 문제에 대한 입장을 바꾸었다. 처음 주정부가 필라델피아에서 카지노 개발을 제안했을 때 Chad는 이 법안을 지지했으나 여러 번의 시위 방송 후 그는 입장을 바꾸고 주민 투표 통과를 도왔다.

허를 찔리지 않기 위해 카지노 투자자 그룹은 11월 선거 직전 일요일 **필라델피아타임즈**에 전면 광고를 게재했다. 광고는 그들의 조직이 관광지로서의 도시의 위상을 높이면서 기존 이웃의 결합을 유지하기 위해 노력할 것이라고 약속했다. 선거일이 되었고 모든 표가 집계된 후 주민 투표는 약간의 득표 차로 통과되었다. 펜실베니아 카지노의 '완벽한' 위치를 찾는 문제는 주 의회에 다시 던져졌다. 카렌 모이어는 카지노!필리의 웹사이트를 업데이트하여 '카지노!필리가 미디어 잭팟에서 승리했습니다! 필라델피아에는 카지노가 없습니다!'를 게시했다.

고려해야할 질문들

1. 혁신 확산 이론의 접근법을 사용하여 로크의 채택을 논의해보자. 혁신의 어떤 특성이 채택 가능성을 높였는가? 채택 프로세스의 개인의 자질 측면에서 카지노!필리의 멤버들은 어떻게 순위가 매겨질 것인가? 그룹은 어떻게 임계 질량을 충족하였는가?
2. 카렌과 카지노!필리가 입증한 네트워크 및 네트워크 연결의 속성을 설명해보자.
3. 카지노!필리 그룹과 카지노 투자자 그룹 간의 매체 풍부성의 차이를 설명해보자. 메시지를 덜 모호하게 만들기 위해서 카지노 투자자들에게 어떠한 조언을 할 것인가?
4. 이용과 충족이론에 따르면 개인은 다양한 요구 사항을 충족하기 위해 어떻게 다양한 미디어를 사용할 것인지 선택한다. 카지노!필리는 어떤 선택을 했는가? 카지노 투자자 그룹은 어떠했는가?
5. 이 시나리오에서 어떤 윤리적 문제가 발생하는가? 이러한 윤리적 문제를 처리하는 방법을 제시하는 이론이 있는가?
6. 이론 중 다른 것보다 더 나은 것으로 나타나는 이론이 있는가? 왜 제시한 이론이 그렇다고 생각하는가? 다른 하나 또는 여러 개의 이론이 현상을 더 잘 설명할 수 있게 만드는 상황은 무엇인가?

CHAPTER ELEVEN

매스 커뮤니케이션
(Mass Communication)

학습목표

이 장을 읽은 후 다음을 수행 할 수 있다.

1. 매스 커뮤니케이션/대중 매체 5가지 특성 토론할 수 있다.
2. 프레이밍의 요소를 현재 뉴스 스토리에 적용하고 설명할 수 있다.
3. 메인스트림(주류화), 공명, 상징적 이중 위협을 통한 구축과정 설명할 수 있다.
4. 관찰 학습 및 모델링 과정을 미디어 폭력과 연관시킬 수 있다.
5. 선호 코드, 협상 코드 또는 반항 코드를 사용하여 메시지를 읽는 세 가지 방법 구분할 수 있다.
6. 대중 매체의 주요 이론적 접근법을 비교 및 대조할 수 있다.
7. 매스 커뮤니케이션 이론을 적용하여 전문적 상황에 대한 체계적인 이해 제공할 수 있다.

"지난 수십 년 동안 미디어의 인지, 감정, 태도, 행동 등이 어린이와 성인에 미치는 영향에 대한 수천 건의 경험적 연구를 목격했다."(Valkenburg & Peter, 2013, p. 221). 결과들은 TV, 영화, 음악 및 기타 미디어 형태에 노출되는 것이 소아 비만, 성 활동, 담배 제품 사용, 약물 및 알코올 사용, 낮은 학업 성취도, 주의력 결핍/초과활동 장애와 관련이 있음을 시사한다(St. George, 2008). 휴! 이런 부정적인 결과들이 있는데, 왜 우리는 미디어를 우리 삶에 계속 허용할까? 어쩌면 그런 암울한 시각이 우리의 복잡한 언론과의 관계를 지나치게 단순화시키고 있기 때문일 것이다. 우리 중 많은 사람들에게, 미디어는 발전을 위한 개인적인 기회와 직업적인 기회를 제공한다. 결국, *세서미 스트리트 (Sesame Street)*는 정말 우리 아이들을 가르칠 수 있고, 웹 서핑을 할 수 있는 기회는 우리의 정보 탐구를 단순화할 수 있다. 게다가, 일반적으로 부정적인 미디어 효과에 대한 견해에도 불구하고, 학술 연구는 종종 대중적인 믿음과 충돌하고 심지어 다른 학자들의 연구와 모순된다. **누가** 가장 큰 영향을 받았는지, 이 개인들이 **어느 정도** 영향을 받았는지, 그리고 **왜** 어떤 사람들이 다른 사람들보다 더 영향을 많이 받는지에 대해서는 지적이고 정치적인 논쟁이 남아 있다. 이 장에서는 미디어 이용과 미디어 효과를 설명하고 예측하려는 가장 영향력 있고 자주 논란이 되는 네 가지 이론, 즉 의제설정이론, 배양이론, 매스 미디어의 사회인지이론, 인코딩·디코딩 이론을 제시한다. 그러나 우선, 대중매체에서 우리가 의미하는 바를 정확히 논하고자 한다.

매스 미디어의 특성

매스 커뮤니케이션과 대중 매체는 매개 커뮤니케이션과 소셜 미디어와는 확연히 다르다. 매개 커뮤니케이션에는 송신자와 수신자 사이의 소통을 용이하게 하는 장치, 제3자 또는 전자 메커니즘이 있는 모든 메시지가 포함된다. 이와는 대조적으로, 매스 커뮤니케이션은 "전문적 커뮤니케이션자들이 기술을 사용하여 먼 거리에 걸쳐 메시지를 공유하여 많은 청중에게 영향을 미치는 과정"이다(Pearson, Nelson, Titsworth, Harter, 2008, p. 3). 그 출처는 아나운서, 리포터, 작가 등이 될 수 있는 반면, 매스 메시지를 중재하는 데 사용되는 기술은 광섬유, 위성, 케이블, 전파, 인쇄기 등을 포함할 수 있다는 점에 주목하라. 결국, 대중 매체는 대중에게 대중 메시지를 보내기 위해 기술을 사용하는 것을 책임지는 조직들을 포함한다. 매스 커뮤니케이션과 매스 미디어는 서로 얽혀 있다; 메시지 콘텐츠를 만들고 생산하고 전송할 조직과 기관이 없다면, 대중에게 도달하는 것은 어려울 것이다. 만약 이 모든 것을 구별하는 것이 혼란스럽다면, 기억하라: 모든 매스 커뮤니케이션은 매개되지만 모든 매개 메시지가 매스 커뮤니케이션은 아니다.

McQuail (2010)은 기술의 진보와 일부 매체들의 감소에도 불구하고, 대중 매체의 5가지 주요 특성을 파악했다. 첫째로, 10장에서도 언급했던 대중 매체는 정보, 오락 또는 의견으로 즉시 또는 거의 즉각적으로 엄청난 양의 사람들에게 도달할 수 있다. 그러나 매스 커뮤니케이션 송신자는 많은 청중에게 즉시 도달할 수 있지만, 이러한 수신자들로부터 자원으로의 피드백은 일반적으로 훨씬, 훨씬 더 느리다. 예를 들어, 만약 여러분이 여러분의 지역 인쇄 신문이나 좋아하는 잡지에 쓰여진 기사에 코멘트를 하고 싶다면, 여러분은 편지를 쓰거나 편집자에게 이메일을 보내야 한다. 편지를 받은 시장은 열람과 출판을 하지 않을 수도 있고, 또는 기타 인정을 받을 수 없을 수도 있다. 마찬가지로 가족 친화적인 TV 쇼의 '선정적인' 콘텐츠에 대해 불평하고 싶다면 글을 쓰거나 이메일을 보내거나 전화를 시도해야 한다. 다시 말하지만, 쇼의 제작자는 여러분의 메시지를 받거나, 읽지 않거나, 혹은 다른 방법으로 인정하지 않을 수도 있다. 새롭게 부상하는 대화형 미디어 기술들과 함께, 이 느린 피드백 과정이 항상 그런 것은 아니다(**아메리카 갓 탤런트**나 **더 보이스**로 투표 메시지를 보내는 것을 생각해 보기). 그럼에도 불구하고, 청중들이 제공할 수 있는 피드백의 질은 대인관계 커뮤니케이션에서보다 훨씬 덜 풍부하다.

McQuail (2010)이 제시한 두 번째 특징은 미디어가 보편적인 매력에 계속 영감을 주고 있다고 주장한다. 다시 말하지만 인기 있는 기술은 (Abbott와 Costello를 들으며 라디오에 둘러앉는 것에서부터 넷플릭스를 통해 스트리밍 비디오를 보는 것으로) 바뀔 수 있지만, 공유된 이야기에 대한 사람들의 선점은 계속되고 있다. 마찬가지로, 대중 매체의 세 번째 특징은 대중 매체가 관객들에게 평등하게 희망과 공포를 불러일으킬 수 있다는 것이다. 2016년 미국 대통령 선거를 생각해 보면 미국의 거의 모든 사람들이 TV로 끝없는 뉴스 보도를 보고, 페이스북에 글을 올리고, 후보들에 대한 그들의 감정을 트위터에 올리는 것 같다-일부는 트럼프 대통령의 승리를 축하했고, 다른 이들은 그가 대통령직에 오르는 것을 절망적으로 지켜보았다.

McQuail (2010)이 주목한 대중 매체의 네 번째 속성은 미디어와 사회적 힘의 다른 원천 사이의 관계에 관한 것이다. 이 책에서 언급된 대중 매체는 다른 유형의 커뮤니케이션과는 달리, Mann (2012)이 식별한 4가지 사회적 힘의 원천인 경제, 이념, 군사, 정치력에 영향을 받고 있다. 대부분의 대중 매체는 광고에 의해 자금을 조달 받는다. 광고를 통해 직접 또는 간접적으로 소비자주의를 강조하거나, 전국적인 스포츠 행사를 후원하거나, 등장인물의 드레스, 헤어스타일, 가정에 관심을 끌면 미디어는 우리의 쇼핑과 소비 습관을 장려할 수 있다. 예를 들어, 연구에 따르면, 젊은 성인들이 유명인 문화와 생활양식에 대해 더 많이 보거나 읽을수록, 그들은 더 물질주의적이라고 한다(Lewallen, Miller, Behm-Morawitz, 2016).

이념적 힘의 측면에서 보면, 2016년 미국 대선과 관련된 핵심 용어가 '가짜 뉴스'였다는 데 대다수 미국인이 동의할 수 있다. 흥미로운 것은 사람들이 가짜 뉴스라고 여기는 것이다. 누군가의 정치적 이념이 사람들이 '가짜'라고 보는 것에 영향을 미치는 것 같다. Garrett,

Weeks와 Neo (2016)는 선거에 앞서서, 편향된 뉴스 사이트 사용이 부정확한 믿음을 조장해 당파적 믿음의 괴리를 초래한다는 사실을 발견했다. 간단히 말해서, 한 사람이 시청하기로 선택한 언론 매체는 정치 세계에 대한 매우 다른 믿음으로 이어질 수 있다.

사실, 정치적 선거 운동 중에 언론의 역할을 고려해보라. CBS 뉴스에 따르면 2016년 대선 후보들은 선거 승리를 위해 68억 달러를 썼는데 이는 미국인들이 시리얼에 쓰는 연간 60억 달러, 애완동물 미용에 쓰는 54억 달러, 합법적인 마리화나에 쓰는 54억 달러보다 더 많다(Berr, 2016). 흥미롭게도, 이 수치는 2012년 선거 때보다 감소했지만, 그렇다고 해서 미디어가 줄어든 역할을 했다는 뜻은 아니다. 트럼프는 예상보다 적은 수의 텔레비전 광고를 구입했는데, 이는 부분적으로 그가 "대량의 자유 언론으로부터 이익을 얻었다."는 이유 때문이다(Berr, 2016, ¶3). 우리는 우리의 황금시간대 TV 시청이나 페이스북 피드에 나오는 뉴스(진짜 또는 가짜) 사이에 끼어드는 부정적인 공격 광고들을 좋아하지 않을 수도 있지만, 분명히 그것은 영향력이 있다.

경제력도 미디어에 영향을 주고 영향을 받는다. Boomgaarden, van Spanje, Vliegenthart와 De Vreese (2010)는 언론 보도가 국가 경제에 대한 대중의 인식에 강하게 영향을 미친다는 것을 발견했다. 게다가 상업적 기자들이 비우량 주택담보대출과 미국의 주택 상승과 하락에 대해 보도한 정밀조사의 부재가, 주택대출의 안전성에 대한 여론과 거품이 꺼졌을 때의 후속 공황에 영향을 미쳐 시장 붕괴에 기여했다고 생각된다 (Longobardi, 2009).

마지막으로, McQuail의 (2010) 다섯 번째 특성은 매체가 엄청난 힘과 영향력의 원천이라는 가정이다. 예를 들어, 미디어는 우리가 사실로 인식하는 사회적 현실에 영향을 미친다. 저녁 6시 뉴스는 시청자들에게 정보를 제공하지만, 그 정보는 편집되고, 다른 이야기들은 생략된다. 제시된 뉴스 기사는 완전, 정확, 신뢰를 할 수 있을 수도 없을 수도 있다. 2013년 보스턴 마라톤 폭탄 테러 이후 FBI는 사우디 용의자가 체포되기 훨씬 전에 체포됐다는 사실을 성급하고 부정확하게 보도한 AP통신(the Associated Press),

Boston Globe, BBC, CNN, 폭스뉴스 등 언론기관을 비판했다(Williams, 2013). 속보를 먼저 접하려고 서두를 때, 부정확하거나 오해하거나 또는 잘못된 이야기를 하게 되면서 의도하지 않은 결과를 초래할 수 있다. '사우디 용의자'로 추정되는 이 용의자는 부상당한 목격자로 밝혀졌는데, 허위 신고로 협박성 이메일이 접수돼 결국 자택을 떠나게 됐다(Chaudary, 2013). 여기서 요점은 뉴스 조직을 악마로 만드는 것이 아니라 미디어가 가진 힘을 부각시키는 것이다.

이 장에 수록된 이론들은 미디어의 힘과 영향력, 즉 다양한 미디어가 수신자에게 영향을 미치는 방식과 범위에 초점을 맞춘다. 다시 말하지만, 네 가지 이론은 의제설정이론, 배양이론, 매스 커뮤니케이션의 사회인지이론, 인코딩·디코딩 이론이다. 매스커뮤니케이션에 영향을 미친다는 이론에 따르면, 대중매체는 우리를 시청하거나, 읽거나, 듣도록 만들 수는 없지만, 우리가 청중으로 참여할 때, 우리를 어떤 식으로든 변하게 한다.

의제설정 이론(Agenda-Setting Theory)

McCombs와 Shaw (1972; McCombs, Shaw, Weaver, 2014)는 정치적 뉴스의 영역 내에서 미디어 영향력에 대한 그들의 생각을 시험하고 지지한 최초의 커뮤니케이션 학자들에 속한다. 1968년 대통령 선거 운동에 대한 그들의 연구 이전에, 뉴스 미디어는 시청자들이 이미 알고 있거나 더 자세히 이해하고 싶어하는 문제에 대해 다루면서, 대중의 관심을 단순히 반영하는 것으로 널리 개최되었다. 이런 식으로, 많은 사람들은 뉴스 미디어가 단지 대중의 관심의 거울 역할을 한다고 추측했다. 이런 시각에 따르면 트럼프 대통령의 집회에 모인 군중들의 규모를 광범위하게 보도한 것은 미국 시청자들이 이 사실을 알고 싶어했기 때문이다.

그러나 McCombs와 Shaw (1972)는 '사회의 반영으로서 뉴스 미디어' 이론에 뭔가 잘못되었다는 예감이 들었다. 대신에, 그들은 여론은 부분적으로 언론 보도에 **의해** 형성 되다고 주장했다 – 특히 정치 뉴스와 캠페인에 관해. 뉴스 미디어가 단순히 대중의 이익 에 대한 반영을 제공하기는커녕, McCombs와 Shaw는 역방정식을 내세웠다 – 즉, 대중 은 뉴스 미디어가 제시하는 것을 거울로 삼는다는 것이다. 다시 말하자면, McCombs와 Shaw는 뉴스 미디어가 청중들에게 대중이 어떤 사건을 중요하게 고려해야 하는지에 대 한 의제를 제시했다 – 이 관점은 1단계(또는 1차적) 의제 설정이라고 알려져 있다.

McCombs와 Shaw (1972)는 두 가지 주요 가정에 의존하여 뉴스 미디어의 이 1단계 의제설정 기능을 시험했다. 첫째, 그들은 뉴스 미디어가 의제를 가지고 있다고 주장했다. 즉, 뉴스 매체는 청중들에게 어떤 '뉴스'를 중요하게 고려해야 하는지 알려준다. 그러나 언론의 의제는 다소 제한적이다. 즉, 주요 의제 설정 기능은 뉴스 미디어가 "**무엇을** 생각 하는 가가 아니라… 무엇에 *대해* 생각할 것인가."를 제공할 것을 제안한다(강조 추가; Cohen, 1963, p. 13).

둘째, McCombs와 Shaw (1972; McCombs 외, 2014)는 사람들의 오리엔테이션 (이하 방향성)에 대한 욕구가 대중의 생각을 형성하는 의제 설정 기능의 정도에 영향을 미친다고 주장했다. 방향성에 대한 이러한 필요는 주제의 관련성뿐만 아니라 주어진 문 제에 대한 개인의 불확실성에도 달려 있다. McCombs와 Shaw는 복잡한 정치의 세계를 이해하고 평가하려고 할 때, 대부분의 사람들이 그러한 도움이 필요하다고 주장했다. 결 과적으로, 정치적 현실을 결정하는 데 도움이 필요한 시청자들은 중요한 주제를 지적하 기 위해 뉴스 미디어에 의존하게 된다. 예를 들어, 2017년, 미국의 도시 필라델피아는 도 시의 유아 교육 계획, 공공 도서관 개조, 도시 공원 정비에 자금을 대기 위한 수익 증대의 수단으로서 쥬스에서 스포츠 음료에 이르기까지 모든 달달한 음료에 음료세를 부과했다 ('탄산음료 소비세'로 알려져 있음) (Aubrey, 2017). 이 법안이 도입되고, 논의되고, 통 과됨에 따라 도시 주민, 상인, 음료 종사자들은 방향성에 대한 요구가 높았을 것으로 보 인다. 이 세금으로 우리 가족의 식료품비가 얼마나 늘어날까? 아니면 대학생의 식사 계 획? 이 세금은 소비자 지출, 계약자 수입, 그리고 제조업에 어떤 영향을 미칠 것인가? 세

금의 이익은 어떻게 쓰일 것인가? 그런 세금은 합법적인가? 반면에, 도시 바로 외곽에 살고 있고, 일을 하지 않거나 정기적으로 도시를 방문하는 사람들은 방향성이 필요하지 않을 것이다. 그들은 그 문제가 정말로 그들에게 영향을 미치지 않기 때문에 별로 신경쓰지 않는다.

McCombs와 Shaw (1972)로 돌아와서, 이들은 이러한 가정을 도출하고 1968년 대선의 언론 보도를 의제설정이론을 연구하는 기회로 삼았다. 그들은 뉴스 미디어의 후보들에 대한 보도(Richard Nixon and Hubert Humphrey)와 그 이후의 유권자들의 인식 사이에 인과관계를 예측했다. 즉, McCombs와 Shaw는 Nixon과 Humphrey에 대한 유권자의 인식과 그들의 선거 이슈들이 다양한 언론매체에 *제시된* 선거 보도 내용에 *근거하여* 형성될 것이라는 가설을 세웠다.

그들의 예측을 시험하기 위해, McCombs와 Shaw (1972)는 뉴스의 길이와 위치라는 두 언론 의제를 측정하는 데 두 가지 중심 기준을 사용했다. 신문 및 방송 뉴스 미디어(TV 또는 라디오 등)에는 주어진 이야기를 보도할 수 있는 공간이나 시간이 한정되어 있다. 게다가 TV와 라디오에서 시간은 돈이다. 마찬가지로, 신문이나 뉴스 잡지의 경우 공간은 돈이다; TV나 라디오와 같이, 광고주와 구독자들은 모든 뉴스 스토리가 하나의 출판물에 보도될 수 없을 정도로 출판물을 지지한다.

McCombs와 Shaw (1972)가 찾아낸 것, 그리고 그 주제에 대한 수많은 연구를 통해 다른 연구자들이 계속 지원해 온 것(McCombs 외 2014)은, 청중들에게 시사하는 뉴스 매체가 무엇이며, 보도된 이슈에 대해 청중들이 무엇을 인지하고 있는가를 명확히 연결시켜 준다. 비록 그들의 초기 연구는 인과관계가 아닌 상관관계만을 찾을 수 있었지만(인과관계의 논의는 2장 참조), 후속 연구자들은 실험 연구(예: Iyengar, Peters, Kinder, 1982)를 통해 인과관계를 뒷받침할 수 있었다. 즉, 이러한 연구자들은 뉴스 미디어가 중요하게 제시하는 것이 대중에게 중요하게 인식된다는 것을 발견했다. 의제 설정에 대한 이러한 인과적 개념은 프레이밍을 통해 더욱 발전된다.

• 뉴스 '프레이밍' 및 2단계 의제 설정

뉴스 미디어가 시청자와 독자들에게 '생각해야 할 것'을 말하는데 성공하는 것은 매체가 어떻게 이슈를 프레이밍 하는가에 비롯된다(McCombs와 Shaw, 1972). 미술관 감독이 어떤 프레임을 특정 그림에 둘 것인지 선택하는 것과 마찬가지로, 언론은 뉴스 사건을 프레임 하는 것을 보여주었다. 갤러리 디렉터는 그림의 특정한 특징, 아마도 물체의 색이나 각진 형상의 뉘앙스를 강조한다고 생각되는 프레임을 선택하는 것처럼, 뉴스 미디어의 게이트키퍼, 즉 의제를 정하는 소수의 뉴스 편집자들 역시 그러하다. 뉴스 이야기나 뉴스 이야기의 일부를 선택(select), 강조(emphasize), 정교(elaborate), 배제(exclude)하여 시청자들에게 특정한 효과를 만들어 준다. Griffin (2003)이 보도한 대로 "뉴스데스크와 마주치는 이야기의 75%는 결코 인쇄되거나 방송되지 않는다."(p. 394). 이것은 아마도 좋은 일일 것이다. 왜냐하면 보통 사람들은 한 번에 3개에서 5개의 뉴스 기사를 따라갈 수 있을 것으로 추정되기 때문이다. 그러나 편집실 바닥에 남겨진 수많은 뉴스 기사, 또는 뉴스의 일부를 고려할 때, 무엇이 **누락되었는지** 궁금해서 우리를 잠시 멈추게 할 수도 있다. 관심이 있다면, 미디어 리터러시 단체인 미디어 프리덤 재단과 관련된 프로젝트 검열관은 매년 '뉴스가 되지 못한 뉴스'를 확인한다. 어떤 이야기나 이야기의 부분이 배제됐는지 알기는 어렵지만, 잘 아는 독자나 시청자는 제시된 뉴스 사건에 대해 비판적인 심사를 할 수 있다. 표 11.1은 선택, 강조, 정교, 배제 등의 과정을 통한 프레이밍의 개요를 제공한다.

의제 설정이 언론의 게이트키핑 능력에 초점을 맞추지만 언론인, 편집인, 방송인 외에 다른 사람들이 미디어 의제에 영향을 미칠 수 있다는 점에 주목해야 한다. 홍보 전문가, 로비스트, 광고주, 그리고 심지어 미국의 대통령까지도 언론이 뉴스로 다루는 것에 영향을 미칠 수 있다(Eshbaugh-Soha, 2013; Huckins, 1999; Peake, 2001). 따라서 매체 전문가들은 의식적이든 무의식적이든 간에 뉴스 보도를 프레이밍 할 수도 있지만, 그것은 다른 당사자들에 의해 의도적으로 조작될 수도 있다.

또한 프레이밍은 2단계 의제 설정 또는 속성 의제 설정의 확장 및 추가를 통해 이론의 성장에 이르게 한다(Ghanem, 1997; McCombs & Evatt, 1995; McCombs 외, 2014). 1단계 의제설정은 선택된 이야기의 길이와 위치를 통해 무엇을 생각해야 하는지 대중에게 알리는 매체에 초점이 맞춰져 있는 반면, 이론의 확대는 2단계 의제 설정의 연구로 이어졌다. 2단계 의제 설정은 스토리가 프레이밍되는 방식이 청중의 태도와 다루는 이슈에 대해 어떻게 생각하는지에 영향을 미친다는 것을 제안한다(Ghanem, 1997). 프레임을 준비하는 방식, 즉 이야기의 어떤 특징을 어떻게 선택, 강조, 정교, 배제하느냐가 그 문제에 대한 여론을 좌우한다는 것이다. 정치 광고의 태도적 효과(Golan, Kiousis, McDaniel, 2007), 오로라 콜로라도주 총기난사 사건(Holody & Daniel, 2017), BP 기름 유출 사건(Kleinnijenhuis, Schultz, Utz, & Oegema, 2015)의 취재 및 프레이밍에 이르기까지 2단계 의제 설정의 영향에 대한 광범위한 연구가 이루어졌다. 의제설정 이론에 대한 새로운 연구도 3차원으로 조사되고 있다: 소셜 네트워크(수평적 매체)와 전통적인 (수직적) 미디어가 어떻게 상호 작용하여 여론에 영향을 미치는가에 대한 상호 작용이다(McCombs 외, 2014).

분명 뉴스 미디어는 모든 이슈나 모든 시청자에게 영향을 미치는 것은 아니며, 영향을 받는 사람들이 반드시 같은 방식으로 영향을 받는 것은 아닐 것이다. McCombs와 Bell (1974)의 주장처럼 언론의 영향력 있는 능력에도 불구하고 우리의 생각과 의견, 행동이 뉴스 매체의 의제로 미리 정해진 것은 아니다. 어떤 이슈는 청중의 생각에 더 영향을 미칠 가능성이 높고, 어떤 개인은 이러한 이슈에 더 영향을 받을 가능성이 있다. McCombs와 Shaw의 방향성의 필요에 대한 가정(1972; McCombs 외, 2014)에 맞추어, 언론은 후보들에 대한 이야기와 그들의 선거 전략과 같은 정치적 이슈에 대한 대중의 관심을 조성하는데 특히 효과적이다. 마찬가지로 인권침해, 만성질환, 10대 폭력 등과 같은 사회적 이슈도 방향성의 높은 필요를 창출하는 것으로 보인다.

의제설정이론은 게이트키퍼들이 뉴스의 의제를 선택적으로 결정한다고 말한다. 뉴스의 특정 측면을 선택, 배제, 강조, 정교화 함으로써 여론은 형성과 영향을 받을 수밖에 없다. 따라서, 뉴스 매체는 청중들이 어떤 관점에서 선택된 이슈에 대해 생각하도록 영향을 준다.

표 11.1 뉴스 프레이밍

과정	실행 예제
선택 : 어떤 이야기들이 선택되는가?	"2001년 미국에 대한 테러 공격 이후, 알카에다와 이슬람국가(IS)에서 영감을 받은 폭력 유형을 취재하는 것은 언론 레퍼토리의 주요 요소가 되었다. 종합적으로, 이 보고는 대중의 취약성을 증가시킨다: 악은 저 밖에 있고, 예측불허고 흉포하여, 반드시 다시 공격할 것이다."(Seib, 2017, ¶2)
강조 : 어떤 초점이나 어조가 취해지는가?	"소리 지르는 피해자들의 휴대전화 영상, 최초 대응자들이 정신없이 노력하는 내용, '테러였나?' 하는 추측 작업, 가해자에 대한 추측"(Seib, 2017, ¶1)
정교 : 그 이야기를 정리하기 위해 어떤 세부 사항이 포함되었는가?	"서양에서 거의 항상 명시적으로나 암묵적으로 보도하는 것은 IS에서 영감을 받은 테러 공격에 대해 이슬람과의 연관성에 주목한다."(Seib, 2017, ¶6) "뉴스 매체는 모든 테러리스트의 공격을 같은 방식으로 다루지 않는다. 오히려 이슬람교도들, 특히 외국 태생의 이슬람교도들에 의한 공격에 훨씬 더 많은 취재권을 주는데, 이러한 공격들이 다른 종류의 테러 공격보다 훨씬 덜 흔하다."(Kearns, Betus, Lemiux, ¶4)
배제 : 상황의 어떤 측면이 보고되지 않는가?	"테러와 이슬람의 복잡성. 이렇게 무일푼으로 살인을 저지르는 사람들은 누구지? 누가 하는 거야? 그리고, 가장 중요한 것은, 어떻게 그러한 공격이 중단될 수 있는가?"(Seib, 2017년, ¶4) "이슬람교도의 약 80%가 인도네시아, 파키스탄, 나이지리아와 같이 중요성이 높아지고 있는 아랍권 국가 밖에서 살고 있음에도 불구하고, 이슬람교는 보통 뉴스에서 다음 비극까지 사라진다."(Seib, 2017, ¶8) "보도는 또한 국가가 후원하는 극단주의, 특히 사우디아라비아가 자금을 잘 지원하여 와합비스트 이슬람 사상을 장려한 것에 대해서도 다루어야 한다. 이 근본주의 교리는 본질적으로 분리주의적이며 스스로 군사주의에 의존한다. 그것은 온건한 이슬람교도들뿐만 아니라 비무슬림교도들을 적으로 취급하는 것으로 알려진 신학적 근거를 제공한다."(Seib, 2017, ¶9)

배양이론(Cultivation theory)

의제 설정처럼 배양이론도 미디어 효과를 강조한다. 다양한 매체 내에서 뉴스의 프레이밍을 연구하기 위해 사용되어 온 의제설정이론과 달리 배양이론의 기원은 TV에 거의 독점적으로 초점을 맞추고 있다(Gerbner, 1998; Gerbner, Gross, Morgan, Signorelli, 1980; Signorelli, Gerbner, Morgan, 1955). 구체적으로, George Gerbner와 동료들은 거의 50년 동안 TV에서의 폭력 묘사를 구체적으로 검토했다. 이 연구원들은 피할 수 없는 TV 프로그램 폭력적인 콘텐츠가 시청자의 사회 현실에 대한 관점에 영향을 미친다고 주장한다. 구체적으로 배양이론은 TV를 많이 보는 시청자들이 실제 폭력 발생을 과대평가해 세상을 '비열하고 무서운 곳'으로 인식하게 될 것으로 예측하고 있다. 배양이론의 인과논문을 좀 더 자세히 설명하기 전에 몇 가지 가정을 설명한다.

첫째, 배양이론은 TV가 미국 생활과 문화의 중심이 되었다고 가정한다(Gerbner, 1998). 거의 99%의 미국인들이 집에 최소한 한 대의 TV를 가지고 있고 매일 평균 5시간 동안 TV를 시청한다. 넷플릭스나 훌루와 같은 스트리밍 서비스도 50%가 보유하고 있으며, 그 결과 매일 10시간 이상의 미디어 콘텐츠를 소비하고 있다(Koblin, 2016). Gerbner는 TV가 편재성 때문에 미국에서 이야기와 스토리텔링의 주요 원천이 되었다고 믿는다. 이웃과 가족 구성원들이 저녁 식탁에 모여 앉거나 현관에 앉거나, 길모퉁이에 서서 낮에 있었던 일에 대한 이야기를 나누거나 지역 가십거리를 이야기하곤 했던 반면, 개인과 가족들은 이제 경찰의 절차를 끝도 없이 지켜보며, 누가 리얼리티 쇼 듀쥬르에서 쫓겨났는지를 중심으로 수냉 가십에 집중하고 있다. 따라서 Gerbner는 TV가 개인적인 대화, 책, 종교, 그리고 다른 매체들을 스토리텔링의 주요 원천으로 삼았으며, 전해지는 이야기들은 "말할 만한 것을 가진 어떤 사람으로부터가 아니라, 먼 대기업집단의 작은 모임에서 팔 것이 있는 사람들"이라고 주장한다(Gerbner, 1998, p. 176).

둘째로, 배양이론은 TV가 사회적 현실에 대한 시청자의 인식에 영향을 미친다고 가정하고, 이에 따라 개인이 타인을 어떻게 추론하고 관계하는지에 대한 관점에서 미국 문화를 형성한다(Gerbner, 1998). 즉, TV가 시사, 스토리, 드라마, 코미디 등을 선별적이고 대량으로 묘사함으로써 사회생활의 일정한 면만 제시한다는 것이다. Gerbner는 TV 프로그램이 시청자들에게 특정한 방식으로 생각하거나 행동하도록 설득하는 것을 제안하지 않는다; 대신에 그는 상업화된 사회생활의 반복적인 표현은 시청자들이 다소 규범적으로 기대하게 되고 믿게 되는 것이라고 주장한다.

최종적인 가정은 TV의 효과가 제한적이라는 것이다(Gerbner, 1998). 이는 TV가 개인의 사회 현실에 대한 관점에 영향을 미치는 유일한 요소 또는 반드시 가장 큰 요소는 아니라는 것을 의미한다. 비록 이 '제한된 효과'라는 말이 뒷걸음질 치듯 들리지만, Gerbner 외 연구진(1980)은 TV 효과의 일관성이 그 규모보다 더 두드러진다고 주장했다. 즉, TV의 효과는 크지 않을 수 있지만, 그것들은 꾸준히 존재하고 사람들이 생각하고 느끼고 상호 작용하는 방식에 큰 차이를 만들어 낸다.

• 폭력으로 시작

지금은 배양이론이 폭력 이외의 이슈에 초점이 맞춰져 있지만, Gerbner와 동료들은 원래 TV가 폭력 프로그래밍의 빈도수 덕분에 어느 정도 '미치고 무서운 세상'을 육성했는지에 관심이 있었다. 첫째, Gerbner와 동료들(Gerbner 외, 1980; Signorelli 외, 1995)은 폭력을 "음모의 일부로서 상처를 입거나 죽거나 또는 그렇게 희생될 수 있는 고통에 대한 자신의 의지에 반하는 물리적인 힘(무기가 있든 없든 없든, 자기 자신 또는 타인에 대한 반대든)의 강력한 표현"으로 정의했다(p. 280). 이 정의에는 만화 폭력, 희극적 또는 유머러스한 폭력, 이른바 우발적 폭력 등이 포함된다. 특히 이 정의에는 언어폭행, 협박, 혀를 내밀거나 누군가에게 손가락질을 하는 등 하찮게 보이는 제스처 등 더 모호한 메시지가 배제돼 있다.

그리고 나서 Gerbner와 그의 동료들(Gerbner 외, 1980; Signorelli 외, 1995)은 이 폭력의 정의를 이용하여 TV 폭력에 관련된 인물들의 유행, 빈도, 역할을 측정하기 위해 콘텐츠 분석을 사용하는 객관적인 연구 도구인 폭력 지수를 만들었다(개요는 2장 참조). 연구원들은 매년 폭력을 평가하고 TV 프로그램을 50년 이상 연구해왔다. 해마다, 이들은 낮 시간(오전 8시~오후 2시)과 황금시간대 프로그램(오후 8시~오후 11시) 동안 TV 폭력의 유행, 빈도, 역할 등이 거의 다르지 않다는 사실을 거듭 밝혀냈다. 실제로 황금시간대 프로그램의 절반 이상이 폭력적인 내용을 담고 있는데, 회당 5건 정도의 폭력행위가 있고, 어린이 프로그램은 시간당 평균 20건의 폭력행위가 더 심하다. 영웅과 악당은 똑같이 많은 양의 폭력을 행사한다.

연구는 TV 쇼가 현저하게 폭력적이라는 것을 나타낼 뿐만 아니라, 배양 연구는 누가 희생되는지에 관한 불균형을 보여준다(Gerbner, 1998). 특히, TV 폭력의 희생자들은 불균형적으로 소수민족 배경을 가지고 있다; 아프리카계 미국인, 라틴계인, 소외계층, 노인, 장애인, 여성 TV 등장인물들은 백인 중산층 남성 등장인물들보다 더 폭력의 희생 자가 될 가능성이 높다. 게다가 Gerbner의 30년 이상의 연구는 이 같은 소수 집단들이 황금시간대에 매우 적게 표현된다는 것을 보여준다. 예를 들어, Tukachinsky, Mastro, and Yarchi (2015)는 20년 동안 가장 많이 본 텔레비전 쇼에 대한 콘텐츠 분석을 실시 했다. 그들은 라틴 아메리카인, 아시아계 미국인, 그리고 아메리카 원주민들에 대한 심 각한 과소표현이 있다고 결론지었다. 게다가, 이러한 집단의 미디어 묘사는 정형화되었 다. 즉, 실제 생활보다 TV에서 소수민족이 현저하게 덜 보이는 상징적 이중위협이 존재 하며, 이러한 소수민족 TV 캐릭터가 폭력의 희생자로 그려질 가능성이 훨씬 높다는 것 이다. 그렇게 되면 놀랄 것도 없이, 소수의 시청자들은 TV 시청의 결과로 희생되는 것에 대해 가장 많이 걱정한다.

• 누구에게 어떤 효과인가

미디어는 모든 사람들에게 영향을 주지 않는다; 배양이론은 TV 시청이 증가함에 따라 개인의 사회적 태도가 변화할 것이라고 예측한다. 즉 TV를 많이 볼수록 TV 현실과 일치 하는 방식으로 세상을 볼 가능성이 높다는 것이다. Gerbner 외 연구진 (1980)은 heavy viewers(이하 헤비 시청자), 즉 '텔레비전 유형'을 light viwers(이하 라이트 시청자)와 구분했다. 텔레비전 유형은 매일 평균 4시간 이상 TV 시청을 하는 반면, 라이트 시청자 들은 매일 2시간 이하의 TV 시청을 하고 있다. 예측한 대로, 텔레비전 유형은 그들이 폭 력에 연루될 가능성이 범죄 통계에서 암시하는 것보다 1,000배나 더 크다고 잘못 믿었 다; 이 시청자들은 범죄와 경찰의 활동을 과대평가했고 '가능한 경우 대부분의 사람들이 여러분을 이용할 것'과 같은 진술에 동의할 가능성이 더 높았다(Gerbner 외, 1980). Gerbner는 이런 현상을 '잔인한 세계 증후군'이라고 불렀는데, 이 증후군에 관해 헤비 시청자들은 현실의 위험을 상당히 과대평가하고 있다. 그림 11.1은 헤비 TV 시청자와 라이트 TV 시청자의 차이를 묘사하고 있다. TV로 중계되는 현실은 실제 현실과 맞지 않고, 무거운 시청자들은 TV 현실의 영향을 부분적으로 받는 반면, 가벼운 시청자들은 그렇지 않다. 흥미롭게도 연구에 따르면, 라이트 시청자들은 시청할 특정 프로그램을 선택하고 TV를 끄는 반면, 헤비 시청자들은 그들의 관심을 끄는 모든 프로그램을 보면서 풀을 뜯는 경향이 있다(Gerbner, 1998).

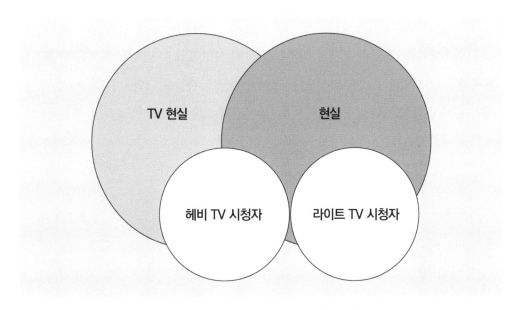

〈그림 11.1〉 헤비(Heavy) TV 시청자의 태도 VS 라이트(Light) TV 시청자의 태도

• 그 외 어떤 현실이 왜곡되어 있는가

폭력에 초점을 맞춘 것 외에도, 배양이론을 이용한 최근의 연구는 TV 시청의 결과로 다른 사회 문제에 대한 다른 인식에 초점을 맞추고 있다. 예를 들어, 점점 더 많은 수의 연구들이 여성의 미디어 이미지와 미디어가 '건강한' 혹은 정상적인 신체 이미지에 대한 개인의 인식에 어떻게 영향을 미치는지에 초점을 맞추고 있다. Nabi (2009)는 신체 변장 프로

그램을 보는 빈도를 평가한 결과, 이런 프로그램의 헤비 시청자들이 이런 유형의 프로그램을 보는 라이트 시청자들보다 외모에 더 불만족스러워하고 성형수술을 받을 가능성이 더 높다는 것을 발견했다. 다른 사람들은 미디어 이미지와 비만에 대한 일반적인 믿음과 비정상적인 식습관의 관계를 살펴보았다(Gentles & Harrison, 2006; Hesse-Biber, Leavy, Quinn, Zoino, 2006).

TV의 영향를 뛰어넘어, 여전히 다른 연구자들은 배양 효과를 위해 다른 미디어 형태를 성공적으로 조사했다. 예를 들어, Park (2008)은 우울증을 치료하기 위한 약물에 대한 인쇄 광고에 자주 노출되는 것은 개인이 임상적 우울증에 걸릴 가능성에 대한 왜곡된 감각과 관련이 있다는 것을 발견했다. Vergeer, Lubbers, and Scheepers (2000)는 인종 범죄에 대한 심각한 문제를 다루는 신문의 시청이 소수 민족들에 의한 더 큰 인식 위협과 관련이 있다는 것을 발견했다. 그러나 다른 학자들은 영화, 비디오 게임, 그리고 심지어 가상 현실 체험을 통해 배양이 이루어질 수 있는지에 대한 조사에 착수했다.

• 배양은 어떻게 나타타고 효과는 어떠한가

마지막으로, 배양이론 연구는 시청자의 태도가 다음과 같은 두 가지 방법으로 배양된다는 것을 시사한다. 주류화와 공명(Gerbner, 1998). 주류화(mainstreaming)란 시청자들, 특히 헤비 시청자들이 TV에서 묘사되는 반복적이고 지배적인 이미지, 이야기, 메시지에 자주 노출되는 것을 바탕으로 사회적 현실에 대한 유사한 경향성과 시각, 의미를 공유하는 현상으로 사고방식의 공통성을 창출하는 과정을 의미한다. 그러므로 이러한 텔레비전 유형은 TV와 평행하면서 연극적인 인생 묘사로 세상을 보다 부패하고, 범죄를 더 많이 저지르고, 더 매력적이고, 더 성적인 것으로서 인식하기 쉽다.

공명(resonance)은 배양이 일어나는 두 번째 방법이다(Gerbner, 1998). 공명은 '헤비 시청자'가 현실에서 일부 겪었던 경험을 TV를 시청하면서 유사한 장면이 나올 때마다 반복 재생하도록 만드는 것을 말한다. 공명은 시청자의 폭력적인 경험과 TV에서 보는 경험 사이의 조화를 포함한다. 텔레비전에서 본 것과 현실 환경의 일치가 서로 공명하고 증폭되어 배양이라는 패턴으로 나타나는 것이다. 다시 말해 실제로 자신의 삶에서 폭력행위에 직면했던 개인들이 폭력적인 TV프로그램을 시청할 때, 그들은 자신의 삶의 상황을 반복해서 재생할 수밖에 없게 된다. TV 폭력은 그들의 개인적인 경험을 강화하거나 반향을 불러일으키며, 그러한 공격성이 없는 삶의 비전을 거부하면서 비열하고 무서운 세계에 대한 의심을 증폭시키는 역할을 할 뿐이다. 마찬가지로 어떤 사람이 다른 방식으로(성관계, 외모, 애정 선호 등으로 차별을 받는 것 등) 희생당한 것처럼 느낀다면, TV에서 그런 행동을 보는 것은 그러한 행동이 표준이라는 느낌을 증폭시킨다.

배양이론은 TV의 힘이 어디에나 있고, TV의 주요 메시지(폭력)가 어떤 일관된 방식으로도 현실을 반영하지 못한다고 가정한다. 게다가, TV 프로그램은 사람들과 세상에 대해 왜곡된 태도를 만들어냄으로써 헤비 시청자들에게 부정적인 영향을 끼친다. 이 이론의 주안점은 TV 폭력을 강조해 왔지만, 동성애에 대한 젊은 성인의 인식에 대한 미디어의 영향(Calzo & Ward, 2009), 인종적 고정관념에 대한 영상물학자들의 수용 관계(Behm-Morawitz & Ta, 2014), 초기 청소년들의 미디어 이용과 성에 대한 태도(Malacane & Martins, 2017), 신체 이미지 이상향 등 동일한 배양 원칙이 다른 영역으로 확대되었다.

매스 커뮤니케이션의 사회인지이론

Bandura (1977, 1986, 1994, 2001)의 매스커뮤니케이션의 사회인지이론은 원래 사회학습이론의 연장선상으로 개발되었으며, 특히 미디어 이용과 폭력적 행동의 관계를 이해하기 위해 미디어의 행동에 대한 영향력을 연구하는 데 널리 사용되어 왔다. 헤비 TV 시청이 사회 현실에 대한 사람들의 태도와 인식을 왜곡한다는 배양이론의 예측과 달리, 사회인지이론은 미디어가 관찰 학습을 통한 행동에 영향을 미치는 데 상당한 역할을 한다는 것을 단언한다. 우리는 다음으로 사회인지이론에 대한 몇 가지 가정을 논한다.

첫째, 사회 학습 이론은 낭만적인 파트너와의 결별을 배우는 것에서부터 심폐소생술을 수행하는 방법을 배우는 것까지 꽤 광범위하게 적용될 수 있는 반면에, Bandura의 사회인지이론의 발전은 대중 매체가 문화 이념에 미치는 영향과 관련된 특정한 관심을 보여준다. Gerbner와 마찬가지로 Bandura (2001)도 대중 매체의 편재성과 현실의 사회구조에 특히 신경을 썼으며, "'텔레비전'의 상징적 세계에 대한 과도한 노출은 결국 텔레비전으로 방영된 이미지가 인간 정세의 진실한 상태로 보이게 할 수도 있다."고 주장했다(p. 282). 즉, 대중 매체, 특히 TV는 '정상적인 것'에 대한 우리의 시각을 형성하는 데 엄청난 영향력을 행사하고 있다.

사회인지이론의 두 번째 가정은 자기성찰 능력이다(Bandura, 2001). 다르게 말하면 인간은 배우일 뿐만 아니라 자신의 행동을 스스로 관찰하는 사람이다. 이 인식적 활동은 정당할 뿐만 아니라 잘못될 수도 있다. 회사 휴일 파티에서 자신의 행동이 적절했는지에 대한 정확한 자기 성찰을 할 수 있다. 마치 심하게 왜곡된 행동을 할 수 있는 것처럼 말이다. 자기 성찰의 질은 부분적으로 연역적 추론 과정, 평가에 사용되는 정보, 그리고 자신의 편견에 따라 달라진다.

대중 매체와 인간의 자기성찰 능력을 배양하는 것 외에도, Bandura (1977)의 가장 중심적인 주장은 "대부분의 인간 행동은 모델링을 통해 관찰적으로 학습된다: 다른 사람을 관찰하는 것으로부터 새로운 행동이 어떻게 수행되는지에 대한 생각을 형성하고, 나중에 이 암호화된 정보가 행동의 지침 역할을 한다."는 것이다(p. 22). 다시 말해서, 특정 상황에서 여러분은 단지 다른 사람이 하는 것(그리고 그 결과에 대한 것)을 메모하는 것만으로 관계, 사회규범, 그리고 용인할 수 있는 행동에 대해 많은 것을 배울 수 있다. Bandura는 또한 대리적이고 관찰적인 모델링을 통해 배우는 것은 행동의 시행착오적 접근법을 사용하는 것으로부터 개인의 시간과 당혹감을 덜어준다고 주장했다. "만약 사람들이 무엇을 해야 하는지 알려주기 위해 그들 자신의 행동의 효과에만 의존해야 한다면, 학습은 위험은 말할 것도 없고, 극도로 힘든 일일 것이다."(p. 22).

대리 관찰을 통한 이러한 학습 개념은 고전적인 학습 이론과 대비된다. 고전적 학습에 따르면 인간은 주로 관찰적 모델링이 아닌 자신의 행동을 개선함으로써 시행착오를 통해 배운다. 그러나 직관적으로 관찰을 통해 배우는 Bandura(1977, 1986)의 생각은 일리가 있다. 예를 들어, 여러분이 지금 부모가 아니더라도, 여러분 부모들의 양육 방법에 대한 반성과 친구, 형제자매, 그리고 TV에 나오는 부모들이 그들의 자녀들과 상호작용을 하는 것을 보는 것으로부터 여러분은, 아마도 관찰을 하면서 아이들을 기르는 것에 대해 꽤 많이 배웠을 것이다. 따라서 사회인지이론가들은 다른 사람들이 하는 것 (그리고 하지 않는 것)을 보고, 자신의 행동에 대한 다른 사람들의 반응을 주목함으로써 꽤 많이 배울 수 있다고 믿는다. 그런 다음 어떤 행동을 모방하고 간과할지를 결정할 수 있다.

• 관찰 학습의 네 가지 프로세스

물론, **루니 툰**이나 **스폰지밥**을 보는 모든 아이들이 다른 아이들의 머리를 때리고 채찍질 하는 것은 아니다. '*빅 리틀 라이*'이나 '*스캔들*'을 보는 모든 어른들이 바람을 피우는 것은 아닌 것처럼 말이다. 다른 요소들이 작용한다. 네 가지 과정 또는 '보조 기능'에 의해 인도된 사회인지이론은, 관찰 학습이 원숭이가 보는 것, 하는 것보다 더 많다는 것을 유지한다(Bandura, 2001). 오히려, 모델링은 주의집중(Attentional), 유지(Retention), 행동재생(Motor Reproduction), 동기화(Motivational)과정에 기초한다. 그림 11.2 가 개요를 제공한다.

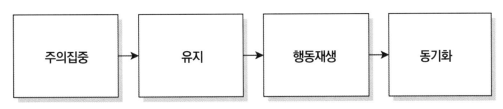

〈그림 11.2〉 관찰 학습 과정

주의집중 프로세스(Attention Processes). 사회인지이론을 이용할 때, 실제로 특정한 행동을 관찰하고 주의를 기울이지 않으면 많은 것을 배울 수 없다. 따라서 주어진 상황에 대한 선택적 주의는 매우 중요하다. Bandura (1977, 2001)는 주목 과정은 관찰자의 특성과 의도된 행동의 배열 둘 다에 의해 결정된다고 지적했다. 즉 관찰자는 주의를 기울여야 하고, 문제의 행동은 주목할 만한 가치가 있어야 한다는 것이다. 분명히, TV 방송국과 다른 대중 매체들은 돈을 벌기를 원한다. 그러기 위해서는 관객이 필요하다. 프로그래머, 각본가, 광고주, 심지어 배우까지 시청자들의 관심이 필요하다. 밝은 색채, 빠른 편집, 대중가요의 사용, 눈부신 특수효과, 폭력, 섹스는 미디어가 우리의 관심을 얻기 위해 추구하는 몇 가지 방법일 뿐이다.

유지 프로세스(Retention Processes). 관찰 모델링을 통한 학습은 본질적으로 부정적인 과정이 아니다. 사실 관찰을 통한 학습은 많은 긍정적인 측면이 있다. 예를 들어, 여러분은 ABC의 *The Chew*를 보면서 요리하는 법을 배울 수 있다. 사회인지이론은 인간이 자신과 연관된 이미지를 시각적, 언어적으로 저장할 수 있다면 특정한 행동을 실제로 하지 않고도 배울 수 있다는 것을 실증한다(Bandura, 1977, 2001). 즉, 보유 과정은 관찰된 행동을 통해 배우는 것을 가능케 한다.

그렇기는 하지만 모델링 프로세스는 단순히 보고 모방하는 것보다 더 복잡하다. 대신에 관찰학습은 개인이 행동을 관찰하고, 조직하고, 기억하고, 정신적으로 예행연습하는 인지과정이다(Bandura, 1977). "모델링된 활동을 단어, 간결한 레이블 또는 생생한 이미지로 코드화하는 관찰자는 단순히 관찰하거나 정신적으로 다른 문제에 몰두하는 사람보다 행동을 더 잘 배우고 유지한다."(p. 26).

행동재생 프로세스(Behavioral Reproduction Processes). 모델링된 행동에 참여하기 위해서는 문제의 활동을 재현하는 데 필요한 운동 기술을 갖추어야 한다. 닭을 굽기 전에 닭을 묶는 방법에 주의하고 기억할 수도 있지만, 필요한 힘, 조정력, 운동 능력이 없다면, 그 행동을 크게 성공하여 재현할 수 없을 것이다. Bandura (1977)가 지적했듯이, 복제

과정에서 개인은 모델링을 통해 새로운 행동에 대한 상당히 정확한 설명을 전형적으로 실행할 수 있다. 그런 다음 부분적으로만 학습한 행동 일부의 피드백과 집중적인 설명을 기반으로 하는 자기 만족 조정을 통해 행동을 개선한다. 게다가, 사회인지이론은 "모델링은 일반적으로 잘못 해석된 것처럼 단순히 행동 모방 과정만은 아니다… 서브 스킬은 다양한 상황에 맞게 즉흥적으로 개조해야 한다."(Bandura, 2001, p. 275). 평행 주차하는 법을 배우는 것에 대해 생각해보자. 여러분은 빈 주차장에서 자동차 대신 오렌지색 콘을 표지로 삼아 성공적으로 연습했을 것이다. 이제 러시아워에 혼잡한 시내에서 실제 차들 사이에 평행주차를 하거나 뒷좌석에 울고 있는 아기를 데리고 움직이는 것을 생각해 보라. 기본적인 주차의 원칙과 행동의 기술은 사실상 동일하지만, 행동이 발생하는 조건은 임무를 완수하는 능력에 영향을 미칠 수 있다. 따라서 상황에 따라 행동을 평가하고 조정해야 한다.

동기화 프로세스(Motivational Processes). 사회인지이론과 관련된 관찰 학습의 마지막 부분 이론은 동기화이다(Bandura, 1977, 2001). 관찰에서 행동으로 옮겨가려면 학습된 행동을 사용할 욕구, 동기뿐만 아니라 행동을 재생할 수 있는 능력뿐만 아니라 학습된 행동을 사용할 수 있는 욕망, 또는 동기도 필요하다. 동기화 과정은 직접, 대리, 자기생산의 세 가지 유형의 인센티브에서 영감을 얻는다(Bandura, 2001). 직접적 동기화는 관찰된 행동을 모델링한 결과로 보상받을 것이라고 인식할 때 더 가능성이 높다. 하지만, 그 결과로 벌을 받을 것이라고 생각한다면, 그 행동을 사용하려는 동기는 줄어들 것이다. 간접적 동기화는 개인이 '자신과 비슷한 다른 사람의 성공에 의해 동기 부여'될 때 발생한다(p. 274). 반대로, 일반적으로 사람들은 그들의 동료에게 부정적인 결과를 볼 때 단념한다. 마지막으로, 자기생산 동기화를 통해 개인은 자신의 개인적 기준에 의존하며, 개인적으로 가치 있다고 생각하는 관찰된 활동에 참여하고 자신이 승인하지 않는 활동에 참여하기를 거부한다.

• 영향의 이중 경로

지금까지 우리는 Bandura (2001)가 말하는 영향력의 직접적인 경로에 초점을 맞췄다. 즉, 미디어는 시청자들에게 관심을 끄는 메시지를 만드는 것에서부터 행동을 가능하게 하는 것, 시청자의 행동을 변화시킬 수 있는 동기를 제공하는 것에 이르기까지 직접적으로 영향을 미친다. 두 번째 경로인 사회적으로 매개되는 영향의 길은 소셜 네트워크를 통해 대중 매체를 행동과 연결시킬 수도 있다. 사회적으로 매개되는 경로에서, "미디어 영향력은 참여자들을 소셜 네트워크와 커뮤니티 환경에 연결하는데 사용된다."(p. 285). 이러한 사회적 연계를 통해 개인은 지도와 인센티브, 사회적 지원을 받게 되어 행동 변화의 가능성이 더욱 높아진다. 예를 들어, 종교적으로 **필 박사**를 지켜보는 것은 여러분이 막다른 직업을 바꾸거나 착취적인 친척과 맞서야 할 충분한 동기를 제공하지 않을 수도 있다. 하지만, **필 박사**는 또한 이 쇼의 웹사이트에 자원, 뉴스레터, 전략을 가지고 있다. 여기서 사람들은 비슷한 문제를 가진 사람들의 공동체와 연결될 수 있고, 전문가의 조언을 받을 수 있으며, 치료사에게 의뢰를 받을 수 있으며, 궁극적으로 그들의 삶을 바꾸는 데 필요한 동기를 제공할 수 있다. 이 경우, 관련 소셜 네트워크에 참여함으로써 미디어의 영향력이 촉진된다.

• 모델링 및 미디어 폭력

이론적 구성으로서 관찰 학습은 공정한 과정을 나타낸다; 그것은 본질적으로 부정적이거나 긍정적인 것이 아니다. Bandura (1977)의 주장처럼, 관찰학습은 인간이 배우는 일차적인 수단일 뿐이다. 그러나 매스 커뮤니케이션 영역 내에 적용되었을 때, 그런 모델링된 학습은 연구 결과에 따르면 특히 미디어 폭력의 시청자들에게 위험할 수 있다 (Bandura, 1986). 텔레비전은 폭력적인 행동이 흔하고 자주 보상되는 하나의 대중매체다. 결국 슈퍼맨은 연좌농성을 한다고 해서 Lex Luther로부터 주요도시를 구하지는 못한다.

관찰 학습이 일어나기 위해서 첫 번째 단계가 주의를 끄는 것이라는 것을 기억하라. 폭력적인 콘텐츠는 예능 프로그램이나 TV 뉴스에서 쉽게 찾아볼 수 있다. 두 경우 모두 Bandura (1986)는 폭력 행위가 시청자들의 관심을 끌었다고 주장했다. 발차기, 주먹질, 찌르기, 사격, 물기 등의 공격적인 행동도 모델링 과정의 두 번째, 세 번째 단계인 기억과 복제에 쉽다. 마지막으로, 긍정적인 자극은 실제 영웅들뿐만 아니라 가상의 등장인물들이 그들의 공격성에 대해 보상을 받을 때 (또는 벌을 받지 않을 때) 쉽게 도입된다.

사회인지이론에 따르면 시청자들이 무언가를 하는 방법을 안다면, 특히 15분간의 명성을 얻거나 또래들의 관심과 존중을 받는 것과 같은 긍정적인 인센티브가 있을 때, 그들은 그것을 할 가능성이 더 높다. 그러나 관찰과 자극 사이의 관계는 모델링 프로세스에서 중요한 결정 요인이다. 단순히 폭력적인 행동을 하도록 이끄는 것은 폭력의 관찰이 아니다; 그것은 관찰된 행동을 모형화 하도록 사람을 유혹하는 공격적인 행동과 연관된 긍정적인 보상이다(Bandura, 1977, 1986; Bandura, Ross, Ross, 1963; Huesmann, Moise-Titus, Podolski, Eron, 2003). 폭력적인 행동이 비난 받으면, 시청자들은 공격성을 모방할 가능성이 적다. '나쁜 남자'가 텔레비전에서 처벌받는 것만으로는 충분하지 않다는 것에 주목하라. 많은 '좋은 남자'들은 나쁜 남자들을 이기기 위해 폭력을 사용한 것에 대해 보상을 받는다. 실제로 Bandura (1986)의 주장처럼 "공격적인 생활양식이 만연하고, 사회적으로 용인되며, 기능성이 높은 것으로 묘사되는 것을 볼 때, 공격적인 행동에 폭력을 보는 것이 도움이 된다는 것은 놀라운 일이 아니다."(p. 292).

사회인지이론은 인간이 주의집중, 유지, 행동재생, 동기화라는 4단계 과정을 통해 관찰적으로 학습하기 때문에 대중매체가 상당한 영향력을 가지고 있다고 예측한다. 통신학자, 미디어 프로듀서, 부모, 시청자들에게 사회인지이론은 TV와 미디어에 새로운 차원의 복잡성을 더한다. 즉, 개인이 쉽게 복제할 수 있고 사회적으로 보람이 있는 미디어의 공격성에 노출되면 시청자들, 특히 젊은 시청자들은 스스로 그러한 폭력에 눈을 돌리기 쉽다. 배양이론과 마찬가지로 사회인지이론도 미디어 폭력의 영향을 강조해 왔다. 그러나 최근의 연구는 소셜 미디어를 사용하여 피트니스와 날씬함의 이상을 혼합한 '적합성'을 장려하는 것과 같은 다른 분야에 이 이론을 적용했다. 이 목표는 말 그대로 이러한 얇고 적합한 가치를 모델링하는 것이다(Simpson & Mazzeo, 2017).

인코딩·디코딩 이론(Encoding/Decoding Theory)

미국 학자들이 대중매체가 청중에게 미치는 영향의 정도에 초점을 맞추고 있던 시기에, 세계 다른 지역의 학자들은 같은 문제를 조사하면서도 다른 것에 초점을 맞추고 있었다. 2장에서 우리가 커뮤니케이션을 이해하기 위한 사회 과학적이고 인문주의적 접근법을 설명했다는 것을 기억할 것이다. 우리는 또한 비판적 접근이라고 불리는 제3의 관점을 언급했다. 비판적 관점을 취하는 이론들은 커뮤니케이션 프로세스가 힘의 차이를 만들고 반영하는 정도를 밝혀내려고 한다(Craig, 1999). 그러한 이론의 목표는 불평등에 대한 경각심을 높이는 것이다. 미디어 효과를 다루는 한 가지 비판적 접근법은 영국의 사회학자 Stuart Hall에 의해 만들어졌다. 가장 흔히 인코딩·디코딩 이론이라고 하는 것은 문화 연구, 선호 판독 이론, 수용 이론이라고도 한다.

• 인코딩·디코딩 이론의 가정

네 가지 가정은 인코딩·디코딩 이론을 이해하기 위한 기초가 된다(Hall, 1973). 첫째로, Hall은 미디어가 단순히 문화 이데올로기의 발전과 보급을 위한 하나의 메커니즘이라고 믿기 때문에, 미디어 연구보다는 문화 연구를 업무의 초점으로 본다. 이데올로기는 세상을 이해하는데 사용되는 정신적 틀이다; 그것은 언어, 개념, 범주, 그리고 우리의 경험을 이해시키기 위해 우리가 사용하는 이미지들을 포함한다(Hall, 1986). 전형적으로 이데올로기는 낮은 수준의 의식에서 작용한다. 우리가 특정한 문화에 살고 있기 때문에, 우리는 문화적 이데올로기를 알아차리지 못하는 경향이 있다. 이것은 물고기에게 물을 묘사하도록 요구하는 것과 비슷하다. 물고기에게 물은 그냥 그 자체이다. 이데올로기도 마찬가지다. 이데올로기도 그 자체로 받아들여지는 진리이다. Hall은 언론이 지배적인 이념을 지지하는 메시지를 내는 경향이 있다고 믿고 있는데, 이는 현상을 지지하는 세계의 관점을 의미한다. 예를 들어 미국의 본질적인 이념은 개인의 힘이다. 미국인들은 한 사람이 세상을 변화시킬 수 있다고 믿는다. 이제 **헝거게임**과 **다이버전트**와 같은 성공적인 미국 소설과 영화를 생각해 보자. 표면적으로는 두 시리즈 모두 여성 권한 부여 작용이다. 하지만, 표면 아래에서는 '다이버전트'와 '헝거게임'은 기본적으로 판타지나 공상과학 소설로 위장한 선전 작품이다. 그들은 좌파나 우파를 대표하여 선전하는 것이 아니며, 정확히는 그렇지 않으며 적어도 우리가 미국에서 일반적으로 사용하는 방식으로는 그렇지 않다.

그들은 소비자 자본주의의 중심 이념인 개인주의 정신에 대한 선전이며, 이는 또한 주요 정당과 거의 모든 미국의 공공 담론을 약화시킨다. 좌파, 우파를 초월한 이데올로기로 공기 중에 산소가 자연스러워 보이는 것으로 대기 전체에 스며든다(O'Hehir, 2014, ¶2).

O'Hehir (2014, ¶5)는 두 영화 모두 "불특정하고 전혀 모호한 자유를 누릴 수 있는 '우리 자신'이 될 수 있는 사회에서 우리가 얼마나 감사해야 하는지 일깨워주기 위해 기획됐다."고 결론짓는다.

Hall은 대중 매체 메시지가 문화적 이념을 창조, 도전, 재생산 또는 변화시킬 수 있는 수단을 제공하기 때문에 문화 생산이라고 주장한다. Hall (1986)에 따르면, 우리의 문화적 이데올로기가 강화되는 과정을 연계성이라고 한다.

인코딩·디코딩 이론의 두 번째 가정은 메시지의 의미가 발신인에 의해 고정되거나 전적으로 결정되지 않는다는 것이다(Hall, 1973). 메시지를 인코딩하거나 만드는 과정에서 발신인은 일반적으로 문화 이데올로기의 부호와 상징을 이용하여 메시지를 개발한다. 그러나 Hall은 메시지의 해석이나 해독은 보장되지 않는다고 제안한다. Kendall Jenner가 시위 운동에 참여하여 경찰관에게 펩시를 건네는 2017년도 펩시 광고를 생각해 보자. 많은 시청자들은 이 광고가 Black Lives Matter 운동을 경시한다고 믿었다. 이 광고는 빠르게 삭제되었고, 회사는 "펩시는 화합, 평화, 이해의 글로벌 메시지를 투영하려고 노력했다. 분명히 우리는 목표를 놓쳤고 이에 대해 사과한다."고 올렸다(Victor, 2017, #2). 여기 디코딩에 있어서의 변동이 분명한 사례가 있다.

셋째, 인코딩·디코딩 이론은 모든 메시지가 이념을 사용하여 암호화된다고 가정한다(Hall, 1973). 즉, '가치 없는' 커뮤니케이션은 없다는 것이다. 비록 우리가 텔레비전 쇼, 노래 또는 영화에 내재된 의미 체계를 즉각적으로 인식하지 못할 수도 있지만, Hall은 우리에게 "모든 언어, 모든 상징은 이념과 연관된다."고 보장한다(Becker, 1984, p. 72). 그러나 우리가 지지하는 이데올로기의 존재를 볼 것 같지 않기 때문에, 우리는 종종 메시지에 내재된 힘을 인정하지 않는다.

마지막으로, 인코딩·디코딩 이론은 활발한 청중들에 대한 믿음에 기초한다. Hall은 청중들이 그들이 받는 메시지에 내재된 이념에 도전할 수 있다고 믿는다(Hall, 1973). 이런 믿음에 내재된 낙관주의의 수준에도 불구하고, Hall은 이념을 인정하고 논쟁하는 것이 쉽다고 믿지 않는다. 결국, 미디어 콘텐츠의 무분별한 수신자가 되는 것은 누가 특징한 믿음으로부터 이익을 얻고 누가 손해를 보는가에 대한 비판적인 대립보다 훨씬 더 쉽다. 하지만 그는 비판적인 전통에서 왔기 때문에 사람들에게 그렇게 하도록 권장한다.

• 메시지 해석

우리가 미디어에서 접하는 것에 대한 비판적 분석을 장려하기 위해서, 인코딩·디코딩 이론의 중심 개념은 미디어가 지배적인 이데올로기를 지지하는 메시지를 우리에게 제시하더라도 미디어 소비자들은 이러한 방식으로 메시지를 해석할 필요가 없다는 것이다(Hall, 1973). Hall은 메시지를 해석하거나 읽는 세 가지 방법을 설명한다. 이런 메시지 해석 방식을 설명하기 위해 도널드 트럼프 대통령의 선거 슬로건인 '미국을 다시 위대하게!'를 생각해보자. 이 슬로건은 1980년 대선 당시 로널드 레이건이 처음 사용한 것이다. 트럼프는 버락 오바마가 재선에 성공한 직후인 2012년 11월부터 이를 사용하기 시작했다. 당시 그는 미국 특허상표청에 정치적 목적을 위한 슬로건 독점권을 신청했다. 이 슬로건은 모자, 텔레비전 광고, 그리고 그의 웹사이트에 새겨졌다. 슬로건을 명심한 채로, 메시지를 해석하는 방법에 대한 고려로 돌아가자.

인코딩·디코딩 이론은 청중이 메시지를 해석할 수 있는 첫 번째 방법은 선호 판독에 참여하는 것이라고 말한다(Hall, 1973). 이 경우 메시지의 수신자는 메시지의 내용을 해석하기 위해 지배적 코드(즉, 지배적 이념)를 사용한다. 즉, 수신자는 메시지에 내재된 가치와 믿음을 이해하고 받아들인다. 이러한 유형의 판독은 쉽고 자연스러운 것으로 여겨진다. '미국을 다시 위대하게!'라는 슬로건의 경우, 대부분의 미국 시민들은 그 정서를 쉽게 이해한다. 미국 이데올로기의 한 가지 본질적인 측면은 미국의 예외주의인데, 이는 미국의 역사와 제도들이 다른 나라 특히, 유럽에 우위에 있음을 시사한다(Tyrrell, 2016). 이 슬로건은 미국의 현주소를 명확하고 분명하게 연결시켜 준다. '위대한' 것이 국가의 자연 상태라는 것을 동시에 암시하는 우월성의 개념이지만, 현재 이 나라는 잠재력에 부응하지 못하고 있다.

대조적으로, 일부 수신자는 협상된 코드를 사용한다. 협상된 코드를 사용할 때, 수신자는 일반적으로 지배적인 이데올로기를 받아들이지만, 자신의 세계관에 더 잘 맞기 위해 어떤 선택적 해석에 관여한다(Hall, 1973). "본질적으로 수신자는 자신이 받아들이고자 하는 선호된 의미만을 받아들이는 한편, 자신의 라이프스타일과 양립할 수 없는 의미를 '잘못 이해'한다."(Platt, 2004, p. 4). 협상 코드에서 이 슬로건을 읽은 사람들은 미국이 결코 우월성을 잃지 않았다고 믿을 수 있다; 그들은 2008-2010년 경제 침체기에 살아남고 심지어 번성했던 인구의 일부일 수도 있다. 그런 만큼 남들이 겪었던 경제적 어려움을 고려하지 않고 미국의 예외주의를 사들일 수도 있다. 그 대신에, 어떤 사람들은 미국이 위대하다는 것을 암시하는 의미를 협상할 수도 있지만, 다른 나라들도 마찬가지다. 이탈리아에서 먹거나, 아이슬란드의 풍경을 보고 궁금해하거나, 도쿄에서 쇼핑을 한 사람이라면, 다른 곳에는 꽤 훌륭한 면이 있다는 것을 증명할 수 있다.

마지막으로, 수신자는 메시지에서 이념적 편향성을 인식하는 반항 코드를 사용할 수 있다(Hall, 1973). 반항 코드를 사용하는 개인은 선호하는 판독치를 식별하지만, 메시지를 해체하고 다른 관점에서 재구성한다. 많은 미국인들은 트럼프 대통령의 슬로건과 관련된 향수에 의문을 제기했다. "트럼프가 대학 학위가 없는 백인 노동자 계층 남성들의 근거지에 대해 이 메시지는 다음과 같은 반향을 불러일으킨다. 이곳은 그들에게 훌륭한 나라였고, 지금은 그들이 상처를 주고 있다. 그러나 대부분의 미국인들에게 좋은 시절은 사실 그렇게 좋지는 않았고, 트럼프가 말하는 '위대한'은 미국 대중들의 큰 자취를 등에 업고 전달됐다. 트럼프가 '미국을 다시 위대하게 만들겠다'고 약속할 때 우리는 '누가 위대한가?' 확실히 여성이나 유색인종 미국인, 아이들, 동성애자 남성, 종교적 소수자를 위한 것은 아니다. 트럼프가 되뇌이는 지난 시절은, 스트레이트 백인 기독교 남성 이외에는 대단한 것이 아니었다."(Filipovic, 2016, ¶1-2). 이 경우, 슬로건의 독자들은 기껏해야 순진하고 최악의 경우 해로울 가능성이 있다고 해석한다.

• 중심 프로세스(Central Process)로서 디코딩

Hall의 이론을 인코딩·디코딩 이론이라고 하지만, 이 이론의 주된 추력은 디코딩 과정에 초점을 맞춘다. Hall에 따르면 매개된 메시지가 해독될 때에만 의미가 있으며, 우리는 가능한 미디어 효과를 고려할 수 있다(Hall, 1973). Hall은 대부분의 매스 커뮤니케이션 이론들이 디코딩 과정을 무시한다고 주장한다. 왜냐하면 디코딩은 매우 낮은 수준의 의식에서 일어나는 경향이 있기 때문이다. 그는 또한 대부분의 사람들이 지시적 의미와 함축적 의미를 혼동하는 경향이 있기 때문에 해독에 대한 완전한 이해가 어렵다고 지적한다. 지시적 의미는 문자 그대로의 의미를 가리킨다; 여러분은 그것을 사전적 정의로 생각할지도 모른다. 함축적 의미는 모든 연관적 의미를 가리킨다. 예를 들어, 테러리스트라는 단어의 의미를 생각해 보자. Procter (2004)가 지적하듯이 대부분의 사람들은 이 용어를 순수하게 객관적으로 해석하고 있다고 생각할 수 있지만, 개념에 대한 느낌, 그에 관련된 이전의 경험, 그에 대한 가치판단을 구분하는 것은 사실상 불가능하다. 이와 같이 이념을 구성하는 것은 함축적인 의미다. Hall에 따르면 미디어 효과는 음흉한데, 이는 미디어가 현 상태를 지지하는 메시지를 암호화하기 때문만이 아니라, 메시지를 반복해서 읽을 때 지배적인 코드를 사용하는 청중들이 결국 지배적인 이념을 '단순히 그럴듯하고 보편적인 것이 아니라 상식적인 것'이라고 믿게 되기 때문이다(Procter, 2004, p. 67). 여러 관점에서 미디어 메시지를 읽을 수 있도록 지원하려면 아무 텍스트(예: 뉴스캐스트, 잡지 광고, 시트콤)를 선택하고 그림 11.3의 각각의 세 가지 코드와 관련된 작업을 수행해 보자.

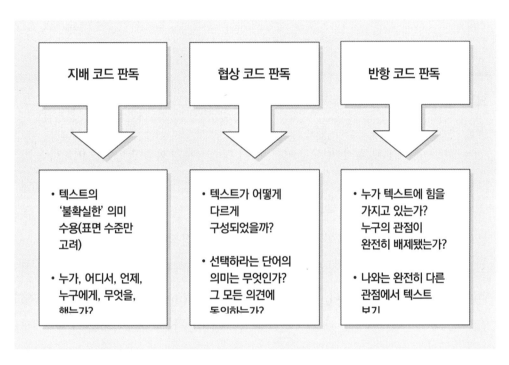

〈그림 11.3〉 각 코드를 사용하여 답변해야 할 질문

• 반대의견은 대항을 의미하지 않는다

인코딩·디코딩 이론에 대한 우리의 섹션을 끝내기 전에, *대항*이라는 용어가 누군가가 지배적인 가치나 믿음에 반대한다는 것을 의미하지는 않는다는 것을 분명히 하는 것이 중요하다; 그것은 단지 메시지를 반대적으로 읽는 개인이 지배적인 이념을 이해하지만 메시지를 다르게 해석하는 것을 의미할 뿐이다. 메시지가 출처가 의도하지 않은 방식으

로 재해석되면, 새로운 이념이 형성되어 뿌리를 내릴 수 있다(Pillai, 1992). 마찬가지로 Hall은 개인적 또는 고립된 반항 판독에 관심이 없다; 그는 사회적으로 반항 코드를 사용하는 것에 관심이 있다. 소수 집단에 특히 초점을 맞춘 집단은 권력 증대를 위한 수단이다(Procter, 2004). 반항 코드 사용은 지배적인 이데올로기를 지지하는 사람들에 의해 일탈된 것으로 간주될 가능성이 높지만, Hall은 정치적 힘을 실어줄 수 있는 어떠한 문화적 저항도 중요한 접근법으로 지지하고 있다.

요약 및 연구 적용

이 장에서는 대중매체의 네 가지 이론, 특히 대중매체의 힘과 영향력을 이해하는 방법에 대한 이론을 논의하였다. 첫째, 의제설정이론은 뉴스 미디어가 우리에게 무엇을 생각하라고 말하는 것이 아니라, 우리에게 무엇에 대해 생각하라고 말해준다고 말한다. 의제설정이론은 정치 문제뿐만 아니라 사회 문제에도 적용되어 왔다. Jarlenski와 Barry (2013)는 트랜스 지방의 건강 위험에 대한 대중의 인식에서 미디어가 중요한 의제 설정 역할을 했다는 것을 발견했다. 다른 영역에서, Marchionni (2012)는 인신매매에 대한 언론 보도는 이 문제에 대한 대중의 인식에 영향을 미쳤다는 것을 발견했다. 미국에서는 언론 보도가 주로 인신매매에 초점을 맞추고 있으며, 다른 노동 및 서비스 직책에 강요되는 많은 어린이와 성인을 무시했다. 따라서 미국인들은 인신매매와 관련된 광범위한 문제들을 덜 인식할 것이다. 우리의 두 번째 대중매체 이론인 배양 접근법은 TV를 대량으로 보는 개개인의 사회적 인식이 TV에 제시된 현실로 치우쳐 있음을 시사한다. TV시청과 여성에 대한 성폭력에 대한 태도의 상관관계를 조사한 연구에서, 연구자들은 일일 텔레비전 시청자들이 강간 신화를 훨씬 더 많이 받아들일 가능성이 있다는 것을 발견했다. 즉, 피해자는 문란하거나, 섹시한 옷을 입음으로써 '그것에 대한 유혹'을 하거나, 여성들이 자신의 잘못된 행동을 후회한 후에 범행을 조작한다는 것이다(Kahlor & Eastin, 2011). 헤비 시청자들 또한 강간 고발이 거짓이라고 믿을 가능성이 더 높았다. 예를 들어, "응답자 4명 중 1명은 강간 혐의의 30% 이상이 허위라고 지적했고, 8명 중 1명만이 허위 혐의의 수를 5%로 정확하게 추정했다."(p. 222)고 밝혔다. 의제설정이론이 정치적 뉴스를 넘어서는 것처럼, 배양이론도 미디어 폭력의 범위를 넘어선다. 배양 연구는 헤비 시청자들이 이민자에 대해 더 부정적인 태도를 가지고 있다는 것을 발견했다(Atwell Seate & Mastro, 2016). 마찬가지로 의학 드라마를 자주 시청하는 사람들은 암이나 심혈관 질환과 같은 만성 질환의 중력을 과소평가한다(Chung, 2014).

세 번째로 논의된 사회인지이론은 학습 이론, 특히 개인이 인지적으로 인식하고, 동기를 부여하고, 신체적으로 능력이 있을 때, 미디어에서 보여지는 사람이나 인물 등 타인을 존경한 후에 자신의 행동을 본떠서 행동할 것이라는 생각에 바탕을 두고 있다. Kapidzic와 Martins (2015)는 잡지에서 거의 옷을 입지 않은 모델에 노출된 개인이, 노출 옷을 입은 자신의 몸을 보여주는 프로필 사진을 선택할 가능성이 높다고 밝혔다. 마찬가지로 Martins와 Wilson (2012)은 TV에서 동료에 대한 험담을 퍼뜨리거나 하는 등의 사회적 공격성을 보는 소녀들이 스스로 이러한 공격적인 행동에 가담할 가능성이 높다는 사실을 발견했다. 마침내, Golden과 Jacoby (2017)는 디즈니 프린세스와 관련된 미디어를 많이 소비한 소녀들이 더 정형적이고 성적인 놀이에 참여하는 경향이 있다는 것을 발견했다.

마지막으로 Hall의 인코딩·디코딩 이론은 미디어가 문화적 이데올로기를 발전시키고, 전파하고, 강화한다고 주장하면서 미디어의 힘과 영향력에 대해서도 관계가 있다고 주장한다. 그렇게 함으로써, 메시지를 해석하기 위해 지배적인 코드를 사용하는 청중들은, 사실 다른 해석이 존재할 때, 이 지배적인 이데올로기로 세상을 보는 것이 '올바른' 혹은 '정상적인' 방법이라고 가정한다. 인종차이에 암묵적으로 재미를 붙이는 풍자적이고 아이러니한 코미디에 대한 Perks (2012)의 연구는, 실제로 인종적 고정관념의 지배적 이념에 도전할 수 있다. 그녀는 아이러니한 코미디에 대한 비판적인 시험이 미디어 리터러시를 촉진하는데 사용될 수 있다고 주장한다. 왜냐하면 시청자들은 이러한 아이디어에 비판적으로 도전하는 사람들이 있다는 것을 배울 수 있기 때문이다.

Molina-Guzman (2016)도 비슷한 맥락에서 2014-2015년 #OscarsSoWhite의 언론 보도에서 선호되고 협상되고 반항하는 판독치를 조사했다.

사례 연구 11 : 새로운 (미디어) 문화 전쟁

Evelyn과 Doug는 은퇴에 적극적이었다. 그들은 둘 다 지역 연극 그룹을 위해 일하며 모금 행사를 조직하고, 세트를 만들고, 티켓을 파는 데 많은 시간을 보냈다. 그들의 삶이 충만했던 만큼, 그들은 주가 조금 떨어진 곳에 살고 있는 여섯 명의 손주들을 그리워했다. 그들이 페이스북에 가입하면서 그들의 세계는 바뀌었다; 이제 그들은 Ella의 주니어 무도회와 Kyle의 티볼에서의 첫 번째 노력의 사진을 볼 수 있었다. 그들은 Andy의 재미 있는 글에 '좋아요'를 누를 수 있었고, Alison이 위 바이러스에 걸렸을 때 동정을 표할 수 있었다.

Evelyn과 Doug 모두 소셜 미디어 사이트를 이용했지만, 특히 Evelyn은 매우 적극적인 사용자였다. 사실, 만약 그렇다면, 그녀는 '좋아요 중독자' 였을지도 모른다. 자신이 좋아하는 상인이나 상품을 언급하는 글을 볼 때마다 그녀는 좋아했다. 친척이나 전 직장 동료에게서 온 게시물을 볼 때마다 무슨 내용인지 상관없이 그녀는 좋아요를 눌렀다. 그리고 그녀가 가장 좋아하는 연극이나 배우, 노래 중 하나에 관한 것을 볼 때도 좋아요를 눌렀다.

사실, 그녀는 '좋아요'를 사용할수록 페이스북을 더 좋아했다. 그녀의 뉴스 피드는 그녀에게 정말 흥미로운 게시물로 가득 차 있었고, 그녀의 소셜 네트워크는 그녀가 실제로 만난 적은 없지만 많은 공통의 관심사를 가진 사람들을 포함하도록 확장되었다. 하지만, 그녀의 네트워크 확장에도 불구하고, Evelyn은 이 사이트를 완벽히 사용하는 것에 대해 여전히 긴장하고 있었다. 그녀는 물론 게시물에 댓글을 달고 친구 요청을 받아들이는 방법을 알고 있었지만, 메신저 기능이나 이야기를 나누는 방법에 대해 여전히 긴장하고 있었고, 사진이나 동영상을 올리는 방법을 전혀 모르고 있었다. 몇 번인가 이런 일을 했을 때, 그녀는 손자들 중 한 명을 옆에 앉혀 어떻게 하는지 그녀에게 보여 주게 했었다. 주의를 기울이려는 그녀의 최선의 노력에도 불구하고, 모든 일은 그녀에게 너무 긴장되어서 그녀는 그런 일들 중 어떤 것도 하지 않기로 선택했다.

어느 날, 그녀의 새로운 페이스북 친구 중 한 명인 Rose가 예술에 대한 모든 자금 지원을 없앤다고 묘사되어 제안된 연방 예산에 대한 이야기를 게시했다. Rose는 이런 가능성에 소름이 끼쳤고, Evelyn은 재빨리 Rose의 평가를 지지하는 댓글을 올렸다.

그 첫 번째 이야기가 끝난 후, 그녀의 친구들은 매일 예술에 예산 삭감에 대한 새로운 이야기를 게시하는 것 같았다. 각각의 이야기는 삭감에 대한 더 자세한 내용을 제공했고, 그것이 예술의 모든 측면에 미칠 영향에 대한 엄격한 추정치를 제공했다. 이번 삭감 조치로 예술진흥기금이 없어질 뿐만 아니라, 모든 계층의 예술교육에도 영향을 끼쳤다는 내용이었다. 이 이야기들은 심지어 유치원생들도 더 이상 핑거 페인트나 풀을 이용하는 예술을 못할뿐더러, 예술과 관련된 비영리 단체들은 그들의 비영리적인 지위를 잃게 될 것이라고 시사했다.

Evelyn은 격분했다! 더욱 충격적이었던 것은 주류 언론들이 이와 관련된 것들은 하나도 보도하지 않고 있다는 점이었다. "일반적이네."라고 Evelyn은 생각했다. "스포츠나 날씨, 사람을 죽이는 게 아니라면 굳이 취재할 이유가 있겠어?"

어느 날, 그녀의 친구 중 한 명이 온라인 청원에 대한 정보를 올렸다. 청원에 참여하기 위해, 가입자들은 웹 링크로 향했다; 링크를 클릭하면, 그들은 그들의 이름, 주소, 전화번호, 그리고 이메일 주소를 제공하도록 요청 받았다. Evelyn은 그것을 완성하고 '보내기'를 누르면서, 무의미한 삭감에 대해 목소리를 더할 수 있다는 것에 감사했다.

나중에, 그녀는 자신의 컴퓨터가 잘 작동하지 않는다는 것을 알아차렸다. 그것은 매우 느리게 진행되고 있었고, 그녀는 더 이상 그녀가 좋아하는 몇몇 사이트들에 접속할 수 없었다. 사실, 그녀는 페이스북에 접속하는 데 어려움을 겪고 있었다!

그녀의 세계는 한동안 훨씬 작아졌다. 그녀는 더 이상 온라인 친구들을 따라다니며 응대할 수 없었기 때문에 직접 만나는 친구들에게 붙들려 있었다. 그녀는 매일 신문을 읽고 밤 뉴스를 보면서 꼼짝도 하지 못했는데, 물론 이 뉴스는 제안된 연방 예산의 긍정적인 부분에만 초점을 맞추었다. 그녀가 그녀의 장남인 Andy를 보기 두 달 전이었다. Andy는 '소셜 미디어 휴식'을 취하는 것에 대해 그녀를 놀리기 시작했다.

"할머니, 제 아주 재치 있는 글에 'LOL'을 쓰지 않으셔서 기분이 좀 상합니다."라고 Andy는 말했다. "음, 인스타그램이나 스냅챗으로 옮겨간 거니? 아니면 노인을 위한 새로운 소셜미디어 플랫폼이 생긴 거야?"

"평소처럼 웃겼을 거야, Andy. 하지만 내 컴퓨터가 너무 오래된 것 같단다. 웃지 마, 내가 아니라 내 컴퓨터라고 했잖니!" Evelyn은 "어쩐지 정말 느리게 운영되고 있고, 내가 좋아하는 많은 사이트에 접속할 수 없다."고 설명했다.

"아무래도 악성코드가 있는 것 같아요, 할머니. 컴퓨터에 문제가 발생하기 직전에 무언가를 클릭했던 걸 기억해요?" Evelyn은 그것에 대해 생각했다. 그녀는 자신이 예술 자금에 관한 이야기를 적극적으로 읽어온 것을 알고 있었지만 무엇이 문제가 될지 확신하지 못했다.

"그렇지 않아, Andy." Evelyn은 "그 바보 같은 대통령의 예술 예산 삭감에 대해 많은 독서를 해왔지만 내가 읽고 있던 모든 것은 친구가 나에게 보내준 것이기 때문에 거기서 잘못된 것이 있을 거라고 생각하지는 않는다."고 답했다.
"와! 저는 할머니가 대통령을 좋아하는 줄 알았는데. 무엇이 마음을 바꾸게 했어요?"

Andy가 물었다.

"그는 예술에 대한 모든 자금을 없앨 거야! 학교에서 미술 수업을 이제 그만한대! 그리고 우리 지역 연극 그룹은 비영리적인 지위를 잃게 될 거야!" Evelyn은 화가 치밀었다.

"잠깐, 뭐라고요? 어디서 그런 소리를 들었어요?"

"페이스북에 다 이런 사연을 올리는 뉴스 기관들이 있어! 너는 이런 것들이 신문이나 TV에서 다뤄질 것이라고 생각하겠지만, 그들은 이 삭감이 얼마나 파괴적인지를 완전히 무시하고 있다고!"라고 그녀가 소리쳤다.

"음, 할머니, 아마 가짜 뉴스를 많이 읽으셨나 봐요." Andy가 대답했다. 그는 "대통령은 자신이 원해도 학교에서 미술 수업을 위한 기금을 삭감할 수 없어요. 그리고 나는 그가 세법을 그렇게 쉽게 바꿀 수 있다고 생각하지 않아요. 악성코드를 없애고 나면 미디어 리터러시(literacy)에 대한 약간의 교훈이 우리에게 필요하다고 생각해요."

고려해야할 질문들

1. 주류 언론들이 예산 삭감을 프레임한 방법과 Evelyn이 읽은 페이스북 이야기가 예산 삭감을 프레임한 방법을 비교해 보라. Evelyn이 왜 그렇게 페이스북 이야기에 열중했는지 의제 설정과 관련해 어떻게 설명할 것인가?

2. Evelyn의 묘사에 근거하여, 페이스북의 이야기에 의해 그녀의 태도는 어떻게 길러졌을까? 대답에 메인스트림(주류화)과 공명을 반드시 쓰도록 하라.

3. 사회인지이론을 케이스에 적용하라. 페이스북에 대해 제한된 Evelyn의 능력을 어떻게 설명할 수 있을까? 온라인 청원을 지지하기로 한 그녀의 결정을 어떻게 설명할 수 있을까?

4. 예술에 대한 예산 삭감에 대한 지배, 협상, 반항 코드 판독은 무엇인가? Evelyn은 어느 쪽을 택하고, 왜 이런 경우를 믿는가?

5. 이 사건에서 어떤 윤리적 문제가 대두되는가? 대중 매체 이론 중 어느 것이 이러한 윤리적 과제를 해결하는 데 통찰력을 제공하는가?

6. 매스 미디어 이론 중 다른 이론보다 더 나은 설명을 제공하는 것이 있는가? 이것이 사례가 된다고 생각하는가? 상황을 더 잘 설명하기 위해 다른 이론이나 이론의 조합을 더 잘 만들기 위해 어떤 추가 요소가 포함될 수 있는가?

Applying Communication Theory for Professional Life

커뮤니케이터는 무엇을 해야 하나
(What Should a Communicator Do?)

이 장을 읽은 후 다음을 수행할 수 있다.

1. 연구된 이론과 일관되게 관련된 영향과 효과를 설명할 수 있다.
2. 연구된 이론들 간의 공통점을 설명할 수 있다.
3. 연구된 이론이 전문적 커뮤니케이션 방식을 강화하는데 어떻게 도움이 되는지 설명하라.
4. 커뮤니케이션 이론을 이해하는 것이 어떻게 자신의 커뮤니케이션 능력에 도움이 될 수 있는지를 명확히 한다.
5. 개별 이론을 전문적 맥락에 적용할 수 있다.

제1장에서, 우리는 가장 유능한 의사소통자는 다음 사항을 이해한다고 단언했다. 커뮤니케이션의 기본 원칙 우리는 학문적 이론이 그러한 이해를 얻을 수 있는 수단을 제공한다고 제안했다. 그리고 나서 우리는 당신에게 36개의 뚜렷한 이론들을 주입시켰는데, 각각의 이론들은 몇 가지 새로운 개념을 도입했고, 각각의 이론들은 커뮤니케이션 과정의 다소 다른 측면을 조명했다. 12장은 당신이 모든 것을 이해하도록 도와준다. 다음 페이지에서는 이 이론을 사용하여 연구에서 일관되게 확인된 영향과 영향을 식별한다. 결국, 우리는 진정으로 개별 이론의 적용뿐만 아니라 이론에 걸친 공통점의 합성이 전문가

들의 커뮤니케이션 능력을 향상시키는데 도움을 줄 수 있다고 믿는다.

어떤 결론을 도출하기 전에 유능한 커뮤니케이션은 자신의 목표를 달성한다는 의미인 효과적이고 적절하며, 커뮤니케이션에 대한 사회적 기대를 따르는 것을 의미한다는 것을 기억하라(Spitzberg & Cupach, 1989년). 연구는 커뮤니케이션 능력이 직업적 성공에 지대한 영향을 미친다는 것을 보여준다. 커뮤니케이션 능력이 뛰어난 관리자일수록 직원들이 해당 관리자에 더 만족한다는 것은 놀라운 일이 아니다.(Berman & Hellweg, 1989; Steel & Fully, 2015). 더 흥미로운 것은 감독자의 커뮤니케이션 역량과 직원 직무 만족도(Madlock, 2008; Mikkelson, York, Arritola, 2015; Steel & Fulous, 2015)와 조직 동일시(Myers & Kassing, 1998) 사이에 강한 관계가 존재한다는 점이다. 사실, 커뮤니케이션 능력은 리더십 스타일보다 직업의 만족도를 더 잘 예측할 수 있다(매드록, 2008). 매드록 (2008)이 결론지은 대로, 전문직의 커뮤니케이션 능력수준을 개발하는 것이 결근과 이직률을 줄이면서 직원들의 만족도와 실적을 높이는 최선의 방법일 수 있다.

이 책에서 논의된 이론들은 전문적인 환경에서 커뮤니케이션 능력을 달성하는 것에 대한 단서를 제공한다. 이 장에서는 커뮤니케이션과 개인·인지적 및 개인·사회적 접근 방식에서 도출된 커뮤니케이션에 대한 영향, 대인관계, 문화간, 집단간, 조직간, 설득 및 중재적 커뮤니케이션, 집단간 커뮤니케이션 이론에 대해 우리가 얻을 수 있는 몇 가지 결론을 강조한다. 우리는 당신이 당신의 전문적 커뮤니케이션에서 효과적이고 적절하다는 이론들이 말하는 것에 주의를 기울이기를 권한다.

커뮤니케이션에 대한 결론

추상적인 개념으로서, 이론들은 종종 커뮤니케이션 조언을 구하는 사람들을 위한 표준 구문을 제공하는 특정한 템플릿을 제공하지 않는다. A지점에서 B지점으로 무작정 따라갈 수 있는 지형도가 아니다. 대신에 이론은 세부사항을 채우기 위해 실무자들에 의존하면서 일반적인 종류의 방향을 제공하는 경향이 있다. 비유하자면, 이론을 GPS가 아닌 나침반으로 생각하라. GPS와는 달리, 베들레헴 파이크를 따라 4개의 조명을 받고 BMW 딜러점에서 다거 로드를 좌회전한 다음, 첫 번째 좌회전 후 휴스턴 로드로 가라는 이론은 없을 것이다. 오히려, 어떤 이론은 당신이 북쪽으로 가야 한다고 말해줄 것이다; 북쪽으로 가는 가장 좋은 방법을 알아내는 데 자신의 창의력을 사용하는 것은 운전자에게 달려 있다. 그럼에도 불구하고, 3장에서 11장까지를 검토할 때, 당신은 그 이론들이 커뮤니케이션이 직간접적이어야 하는지(또는 그 사이의 어느 지점)와 커뮤니케이션이 이전의 커뮤니케이션과 비슷해야 하는지 또는 달라야 하는지의 두 가지 일반적인 결정점에 수렴되는 것처럼 보인다는 것을 알게 될 것이다.

• 직접(Direct) 혹은 간접(Indirect)

첫 번째 결정 포인트는 커뮤니케이션자들이 그들이 생각하고 있는 것 또는 그들이 필요로 하는 것을 직접적으로 주장해야 하는지의 여부다. 확실히 직접적이 되는 것은 오해의 여지가 적기 때문에 효과적인 선택이 될 가능성이 높다(예: '기록에 기록되어 있음'). 그러나 이 책에서 논의된 커뮤니케이션 이론은 직접적인 전략 또한 적절한지에 대한 수많은 영향을 시사한다. 첫째, 제6장을 읽고 분명히 해야 할 일이지만, 문화마다 명확성과 개방성에 대한 가치관이 다르다. 이는 국제 문화뿐만 아니라 좀 더 직접적인 커뮤니케이션을 (그리고 필요한) 경향이 있는(제4장 참조) X세대의 사람들과 밀레니얼 세대 사람들에게도 해당된다. 이에 따라 커뮤니케이션 능력을 극대화하기 위해서는 직접성에 대한 문화적 선호도를 인식하고 적응해야 한다. 둘째, 직접성의 적절성에 대한 상황적 영향이 있다. 예를 들어, 공손이론(PT)은 권력자들이 직접적이 될 가능성이 더 높고, 힘이 적은 사람들은 간접적인 전략을 더 많이 사용하는 경향이 있음을 시사한다. 또한 직접성을 위한 시간과 장소가 있다; 기대위반이론은 맥락이 커뮤니케이션에 대한 우리의 기대치에 역할을 한다는 것을 암시한다. 따라서 여러분은 동료가 의사 결정 중에 직접적인 질문에 직접 대답하기를 기대할 수 있다(예: "어젯밤 공장이 생산을 끝냈는가?"). 노사 협상 중에는 직접적인 대답을 기대하지 않을 수도 있다(예: "적용할 수 있는 최소 증가량은 얼마인가?"). 마지막으로, 직접적이 되는 것에 대한 개인의 선호도가 있다. 4장의 메시지디자인논리(MDL)에 대한 논의를 상기하라. 표현적 메시지디자인논리를 사용하는 개인은 직접적 커뮤니케이션을 중요시하는 반면 관습적 메시지디자인논리를 사용하는 개인은 적절성에 대한 더 엄격한 기대를 가질 것이다. 유능한 커뮤니케이션자가 되기 위해서는 직접적이 되는 것이 적절한 행동일 수 있다고 생각하는지 여부뿐만 아니라 문화가 기대하는 것, 상황이 요구하는 것, 대화 상대자가 선호하는 것 등을 고려할 필요가 있다.

• 화답(Reciprocate) 또는 보상(Compensate)

이 책에서 제시된 이론들을 재검토하면서 나타나는 두 번째 결정점은 사람이 이전의 메시지와 비슷한 방식으로 커뮤니케이션을 해야 하는지 아니면 그 혹은 그가 다르게 행동해야 하는지에 대한 것이다. 이 문제는 많은 이론의 중심에 있다. 시스템 이론은 커뮤니케이션의 패턴이 대칭(동일) 또는 보완(다름)될 수 있다는 일반적인 점을 지적한다. 기대위반이론은 의사소통자의 보상가와 위반가에 기초하여 개인이 화답 또는 보상을 할 것인지 여부를 예측한다. 불확실성 감소이론(URT)은 불확실성이 높은 시기에는 사람들이 더 많은 반응을 보일 것이라고 예측한다. 그리고 커뮤니케이션 수용이론(CAT)은 통합을 제시하는 것(상대방과 더 비슷한 행동을 하는 것)이 끌릴 수 있는 반면, 분산(다른 방식으로 행동하는 것)은 자신의 힘을 주장하기 위한 수단이 될 수 있다고 제안한다. 확실히, 이러한 요소들은 당신이 비슷한 방식으로 행동하기로 선택했는지 아니면 다른 방식으로 행동하기로 선택했는지에 영향을 미친다. 하지만 만약 문제가 여러분이 어떻게 행동할 것인가가 아니라 다른 사람에게 특정한 방식으로 행동하도록 하는 것이라면 어떻게 될까? 여기에 기술된 이론들이 제시하는 구체적인 충고를 넘어, 풍부한 연구는 강력한 상호주의 효과를 제시한다(Burgraff & Silars, 1987; Cupach, Canary, Spitzberg,2009; Silars, 1980 참조). 이것은 시간이 흐르면서 사람들이 서로의 행동을 거울삼는 경향이 있다는 것을 의미한다. 그러므로 만약 당신이 어떤 사람이 특정한 방식으로 행동하기를 원한다면, 당신은 당신이 원하는 방식으로 행동해야 한다. 그렇게 하면 상대방은 보답할 것 같다.

영향(Influences)과 효과(Effects)에 대한 결론

커뮤니케이션에 관한 구체적인 질문 외에도, 이 책에서 제시된 이론들에 대한 검토는 많은 변수들이 수많은 효과로 커뮤니케이션에 영향을 미친다는 것을 시사한다. 특히 동일한 변수는 영향과 효과가 모두 나타날 수 있다. 자신의 가치관이나 믿음을 고려하라. 이러한 값은 커뮤니케이션 선택에 영향을 미칠 수 있다. 예를 들어 페미니스트가 되면 당신은 성 중립적인 언어를 사용하게 될 수 있다. 동시에, 커뮤니케이션은 당신에게 당신의 가치관이나 믿음이 바뀌는 것에 영감을 줄 수 있다; 누군가 당신을 그가 배제된 것을 사용하는 것이라고 설득할 수 있다. 따라서 언어의 힘에 대한 당신의 믿음을 바꿀 수 있다. 누군가 당신을 설득할 수 있을 것이다. 그는 배제되고, 따라서 언어의 힘에 대한 당신의 믿음을 변화시킨다. 이 책 전반에 걸쳐 14개 변수가 커뮤니케이션 과정에 영향을 미치거나 영향을 받는 영역에 대한 일관된 설명으로 등장한다. 표 12.1은 개요를 제공하지만, 우리는 각 개념과 그 중요성에 대해 간략하게 설명하며, 그 과정에서 조언을 제공한다.

표 12.1 여러 이론에 나타난 개념

영향 또는 효과	관련 이론	
응집성, 연결성 그리고 내부 집단	불안·불확실성 관리이론(6장) 커뮤니케이션 수용이론(6장) 문화적 차원(6장) 변증법(5장) 혁신 확산 이론(10장) 집단사고(8장)	리더-구성원 교환 이론(6장) 네트워크(10장) 조직동화이론(9장) 조직 동일시 및 통제(9장) 상징적 융합 이론(8장) 불확실성 감소이론(3장)
맥락	적응적 구조화 이론(8장) 귀인이론(3장) 불안·불확실성 관리이론(6장) 커뮤니케이션 프라이버시 관리이론(5장)	기대위반이론(3장) 집단 사고(8장) 조직이론(9장)
기대	귀인이론(3장) 문화적 차원(6장) 기대위반이론(3장)	사회교환이론(5장) 사회역할이론(4장) 불확실성 감소이론(3장)
체면과 자아 대 다른 지향점	불안·불확실성 관리이론(6장) 커뮤니케이션 프라이버시 관리이론(5장) 체면협상이론(6장)	상호작용적 관점(4장) 공손이론(5장) 변혁적 리더쉽(4장)
개인의 자질	불안·불확실성 관리이론(6장) 귀인이론(2징) 커뮤니케이션 프라이버시 관리이론(4장) 혁신 확산 이론(10장)	정서 지능(4장) 기대위반이론(3장) 내러티브 패러다임(7장)
관심 및 참여	불안·불확실성 관리이론(6장) 적응적 구조화화이론(9장) 인지부조화 이론(3장)	혁신확산(10장) 정교화 가능성 모델(7장) 사회인지이론(11장)
욕구 혹은 필요	불안·불확실성 관리이론(6장) 혁신확산(10장) 기능 그룹 결정(8장)	공손이론(5장) 상징적 융합 이론(8장) 이용과 충족이론(10장)
권력과 통제	적응적 구조화 이론(8장) 커뮤니케이션 수용이론(6장) 문화적 차원(6장) 인코딩·디코딩(11장) 상호작용적 관점(4장)	네트워크(10장) 조직 동일시 및 통제이론(9장) 공손이론(5장) 계획적 행동이론(7장)

관계	적응적 구조화이론(8장) 혁신확산(10장) 기대위반이론(3장)		상호작용적 관점(4장) 네트워크(10장)
보상	커뮤니케이션 프라이버시 관리이론(5장) 기대위반이론(3장) 사회교환이론(5장)		사회인지이론(11장) 변혁적 리더십(4장) 불확실성 감소이론(3장)
규칙	적응적 구조화이론(8장) 커뮤니케이션 수용이론(6장) 커뮤니케이션 프라이버시 관리이론(5장) 변증법(5장)		상호작용적 관점(4장) 메시지디자인논리(4장) 조직 동일시 및 통제이론(9장) 조직이론(9장)
소셜 네트워크	의제설정이론(11장) 변증법(5장) 혁신확산(10장) 리더-구성원 교환(6장)		네트워크(10장) 조직 동일시 및 통제이론(9장) 사회인지이론(11장)
불확실성과 모호성	의제설정이론(11장) 불안·불확실성 관리이론(6장) 문화적 차원(6장) 변증법(5장)		매체풍부성이론(10장) 조직동화이론(9장) 불확실성 감소이론(3장)
가치와 믿음	불안·불확실성 관리이론(6장) 인지 부조화(3장) 배양이론(11장) 혁신확산(10장) 인코딩/디코딩(11장)		상호작용적 관점(4장) 메시지디자인논리(4장) 내러티브 패러다임(7장) 조직 동일시 및 통제이론(9장) 조직문화(9장) 변혁적 리더십(4장) 계획적 행동이론(7장)

Note: AST = adaptive structuration theory; AUM = anxiety/uncertainty management theory; CAT = communication accommodation theory; CPM = communication privacy management theory; DOI = diffusion of innovations; EI = emotional intelligence; ELM = elaboration likelihood model; EVT = expectancy violations theory; FGDM = functional group decision making; FNT = face negotia-tion theory; LMX = leader-member exchange; MDL = message design logics; NP = narrative paradigm; OAT = organizational assimilation theory; OIC = organizational identiАcation and control theory; PT = politeness theory; SCT = symbolic convergence theory; SET = social exchange theory; SRT = social role theory; TL = transformational leadership; TPB = theory of planned behavior; UGT = uses and grati-Аcations theory; URT = uncertainty reduction theory.

• 응집성, 연결성 그리고 내부 집단

개인이 타인과 연결되는 정도는 그 개인이 경험한 커뮤니케이션의 기능이다. 예를 들어, 상징적 수렴이론(SCT)은 판타지 체인이라 불리는 특정한 커뮤니케이션 관행이 집단 결속을 만들어낸다. 조직동화이론(OAT)은 커뮤니케이션 관행이 직원들을 조직 내 구성원으로 사회화시킬 것을 제안한다. 반대로, 많은 이론들은 역과정에 초점을 맞추는데, 그룹 내에서의 연결은 그 개인의 커뮤니케이션에 영향을 미칠 것이라고 제안한다. 예를 들어, 불확실성 감소이론(URT)은 공유 소셜 네트워크가 불확실성을 감소시켜 불확실성 감소 메시지를 감소시킬 것을 제안한다. 리더-구성원 교환(LMX)은 관리자와의 그룹 내 상태가 해당 관리자로부터 지원 커뮤니케이션을 증가시킬 수 있다고 제안한다. 그리고 불안·불확실성 관리이론(AUM)은 그룹 내 구성원들이 자신들이 힘을 가지고 있다고 인식할 때 문화적 이방인과의 커뮤니케이션에 대한 불안감이 줄어든다는 것을 시사한다.

반면에, 불안·불확실 관리 이론은 또한 단체 회원 가입에 너무 많이 의존하면 단체 회원들이 문화적 낯선 사람들과 커뮤니케이션을 할 때 비판적인 생각보다는 고정관념에 의존하는 것과 같은, 실제로 그들의 사고방식을 줄일 수 있을 것이라고 예측한다. 마찬가지로, 조직 동일시 및 통제 이론(OIC)은 응집력이 직원들을 통제하는 수단으로 기능할 수 있음을 시사한다. 연결은 통신을 통해 이루어지지만 일단 이루어지면 긍정적인 결과와 부정적인 결과를 동시에 얻을 수 있다.

이러한 인식의 실질적인 의미는 팀 구성 활동이 적절한 때와 그렇지 않은 때를 평가하는 것이다. 예를 들어, 그룹 상호 작용의 초기 단계에서 팀 구성의 어느 정도는 중요한 경우가 많다. 그러나 그룹이 높은 스트레스를 받는 결정에 직면할 경우 팀 구성을 피할 수 있다. 그러한 노력은 집단사고로 이어질 수 있다. 게다가, 너무 많은 응집력은 직장에서 두 그룹 사이의 긴장을 악화시킬 수 있다.

• 맥락

여러 이론이 커뮤니케이션에 대한 문맥적 영향을 식별했다. 예를 들어, 기대위반이론 (EVT)은 문맥이 상호작용의 발생 방식에 대한 기대치에 영향을 미친다고 기술한다. 조직이론은 조직이 직면하고 있는 중심적 과제가 모호한 정보 환경을 이해시키고 있다고 제안한다. 집단사고는 형편없는 결정을 내릴 가능성에서 상황적 맥락의 역할에 대해 이야기한다. 그러면 그 맥락은 우리의 커뮤니케이션의 본질뿐만 아니라 커뮤니케이션에 대한 우리의 기대와 이해에도 영향을 미칠 수 있다. 따라서 전문가들은 같은 메시지가 다른 맥락에서 매우 다르게 이해될 수 있기 때문에 커뮤니케이션이 일어나는 상황에 대해 생각하고 멈춰야 한다. 예를 들어, 미디어 스토리가 '문맥에서 벗어난' 인용이기 때문에 미디어 스토리가 그들을 부정적인 시각으로 나타낸다고 개인이 얼마나 자주 주장하는지 생각해 보라.

• 기대

몇 가지 이론은 개인의 기대를 특별히 메모하여 이러한 기대치가 커뮤니케이션 사건에 대한 당신의 평가에 역할을 한다는 것을 암시한다. 예를 들어, 호프스테데의 문화적 차원 이론과 사회적 역할이론 모두 한 사람의 생물학적 성이 적절한 행동에 대한 기대와 연관되어 있음을 시사한다. 귀인이론은 다른 사람들에 대한 우리의 기대가 우리의 귀인에 영향을 미친다는 것을 나타낸다. 예를 들어, 한 남자가 사회적으로 규정되지 않은 방식으로 행동할 때 말이다(따라서 예상됨). 기대위반이론(EVT)과 사회교환이론(SET) 모두 여러분의 기대가 다른 사람들과의 상호작용을 어떻게 평가하는지를 결정한다는 것을 제안한다. 전문 의사소통자에게 실질적인 조언은 자신의 기대에 도전하는 것이다. 당신이 왜 특정한 기대를 가지고 있는지를 알고 현실적인 기대를 유지하도록 하는 것은 상관 관계와 상호작용적 만족감에 대한 인식을 높일 수 있다. 한편, 전문 커뮤니케이션자는 또한 메시지의 수신자에게 적절한 기대를 갖게 해야 한다. 접종이론에서 알 수 있듯이, 잠재적으로 피해를 줄 수 있는 반침습적인 노력을 예방하고 싶다면, 당신이 할 수 있는 최선의 방법은 수신자들이 설득력 있는 노력을 기대하도록 미리 주의를 주는 것이다.

• 체면과 자아의 다른 지향점

몇몇 이론들은 개개인이 원하는 이미지를 유지하는 것의 중요성을 암묵적으로 인정한다. 자기 자신의 욕구를 보호하는 것이 정당화될 뿐만 아니라 공손이론(PT)이나 체면협상이론(FNT) 같은 이론들은 상호 작용하면서 타인의 안면 욕구를 고려해야 한다. 그러한 노력은 조직의 성공으로 이어질 가능성이 높다; 결국 변혁적 지도자들은 자신과 다른 사람들을 이해하는 데 숙련된 사람들이다. 따라서 이러한 이론에서 얻은 조언은 자신의 이미지를 보호하려는 다른 사람들의 욕구를 인정하는 것이다.

• 개인 자질들

앞서 지적했듯이 효과적인 커뮤니케이션을 위해서는 자기 자신과 타인을 이해하는 것이 중요하다. 몇몇 이론들은 개인의 자질이 커뮤니케이션 과정에 어떻게 영향을 미칠 수 있는지를 명시적으로 다루고 있다. 예를 들어, 기대위반이론(EVT)은 커뮤니케이션자의 특성(나이, 성별 등)이 커뮤니케이션에 대한 당신의 기대에 영향을 미친다는 것을 제시한다. 귀인이론에서 당신이 '왜?'라는 질문에 대답하는 방법 중 하나는 커뮤니케이션자의 안정적인 내부적 기질을 찾는 것이라고 제안한다. 마지막으로, 커뮤니케이션 프라이버시 관리이론(CPM)은 반면에 한 개인의 가치와 믿음이 그 혹은 그녀가 만든 프라이버시 규칙을 결정할 것이라고 제안한다. 여기서 도출된 결론은 모든 사람이 동일한 메시지나 상황에 동일한 방식으로 반응할 것이라고 가정할 수 없다는 것이다; 당신은 상호작용자의 자질에 맞게 커뮤니케이션을 조정할 필요가 있다.

• 관심 및 관여

설득과 관련하여, 중심 경로를 유지하는 정교화 가능성 모델(ELM)은 동기부여가 되는 사람들 즉, 흥미와 관여가 있는 사람들에 의해 이용된다고 주장한다. 매스 미디어 이론으로 눈을 돌리면, 의제설정이론은 개인의 성향에 대한 필요성과 정보의 관련성이 뉴스 미디어가 그 개인에게 의제를 설정했는지 여부를 결정한다고 말한다. 사회인지이론은 미디어가 우리가 보는 것을 모형화 하는데 영향을 미치기 위해 우리의 관심을 얻어야 한다고 제안한다. 성공적인 커뮤니케이션자는 상호작용 파트너라고 가정할 수 없다. 그렇지 않으면 청중들은 자연스럽게 주어진 주제에 관여하게 될 것이다.

• 욕구

커뮤니케이션 파트너를 참여시키는 한 가지 방법은 그들의 요구를 인식하고 충족시키려 하는 것이다. 예를 들어 공손이론(PT)은 모든 사람이 긍정적 체면욕구(예: 좋아하고 인정받고자 하는 욕구)와 부정적 체면 욕구(예: 인상으로부터 자유로워지고자 하는 욕구)를 가지고 있음을 시사한다. 사람들이 특정한 요구에 부응하기 위해 특정한 미디어 형태를 선택한다는 것을 기술하는 이용과 충족이론(UGT)에 의해 욕구에 대한 다른 관점이 제안된다. 상징적 융합이론(SCT)은 판타지 테마와 판타지 체인이 그룹의 심리적 욕구를 충족시킨다는 것을 단적으로 보여준다. 마지막으로, 기능 그룹의 의사결정은 그룹 내 커뮤니케이션에서 효과적인 결정을 내리기 위해서는 네 가지 기능을 충족해야 한다고 주장한다. 그렇다면 전문 커뮤니케이션자들은 그들이 소통하고 있는 사람들의 요구에 특정한 메시지를 맞춰야 한다. 이는 수신자에 초점을 맞춘다는 점에 유의해야 한다. 확실하게 자신의 요구를 충족시키는 것도 중요하지만, 유능한 통신은 수신자의 요구를 인식하는 것이다.

• 권력과 통제

이 책에서 논의된 이론들 사이에서 반복되는 주제는 커뮤니케이션이 권력(power)을 행사하는 중심 수단이라는 것이다; 권력은 커뮤니케이션의 유형에 영향을 미친다. 커뮤니케이션과 권력 사이의 관련성은 거시적(큰 그림)이나 미시적 초점(개별 상호 작용)을 가질 수 있다. 대규모로, 호프스테데의 문화적 차원은 어떤 문화는 권력의 큰 차이를 받아들이는 반면, 다른 문화는 그렇지 않다는 것을 인식했다. 문화가 높은 권력 거리를 허용하는 범위는 특정 커뮤니케이션 전략의 적절성에 영향을 미친다. 또한 거시적인 관점에서, 인코딩·디코딩 이론은 메시지를 인코딩(해석)하는 데 있어서 미디어가 지배적인 이데올로기를 사용하는 것이 우리를 사회화하여 그 이데올로기를 채택하게 한다는 것을 암시한다. 커뮤니케이션과 권력에 대한 거시적 시각은 조직 내 통제의 숨겨진 형태를 중심으로 하는 조직 동일시 및 통제 이론(OIC)에 의해 약간 다르게 취해진다. 조직 동일시 및 통제 이론(OIC)은 조직생활에서 눈에 띄지 않는(공유하는 중요성)것과 연합적인 통제(지켜보는 압박)의 역할에 초점을 맞춘다.

다른 이론들은 좀 더 미시적인 환경에서 힘의 역할에 초점을 맞춘다. 공손이론(PT)과 커뮤니케이션 수용이론(CAT)은 모두 사람들이 상호작용하는 파트너보다 힘이 덜 들면 행동을 조정할 가능성이 더 높다고 시사하는 바이다. 따라서 당신은 당신의 파트너가 당신보다 더 많은 권력을 가지고 있다고 인식한다면 더 많은 예의를 갖추거나 그 사람과 관계를 맺고 싶어 할 것이다. 마지막으로, 상황이 그 또는 그녀가 특정 방식으로 행동하도록 설득할 것인지 결정하는 것을 통해 계획적 행동이론(TPB)은 사람의 인지 능력을 의미한다.

이 섹션의 시작 부분에서, 우리는 이 책에서 제시된 많은 이론들은 커뮤니케이션이 권력을 발휘하는 수단이라는 것을 말했다. 지금쯤 누가 어떤 말을 하게 되는지, 어떤 말을 하는지, 어떤 말을 어떻게 하는지(혹은 말하지 않고 왜 말하지 않는지)가 권력이 어떻게 이해되고 어떤 상호 작용에서도 수행되는지를 알아내는 중요한 질문이라는 것을 인식해야 한다. 유능한 커뮤니케이션자들은 권력 제정의 명백한 사례뿐만 아니라 덜 명백한 사례도 인정하고 있다.

• 관계

　서로 다른 맥락에서 서로 다른 유형의 커뮤니케이션을 요구하는 것처럼, 다양한 관계도 다양한 유형의 커뮤니케이션을 요구한다. 예를 들어, 기대위반이론(EVT)은 상호작용 파트너와의 관계가 상호작용이 어떻게 진행되어야 하는지에 대한 당신의 기대를 형성한다고 주장한다. 더욱이 외부 관찰자는 관계적 파트너와 마찬가지로 주어진 관계를 이해할 가능성이 있다. 상호작용적 관점은 모든 커뮤니케이션이 커뮤니케이션자 사이의 관계의 본질에 대한 단서를 제공하는 관계 수준을 포함한다는 것을 시사한다. 실질적인 조언으로서, 통신 전문가들은 기존의 관계(받아들이든 그렇지 않든)를 염두에 두고 메시지의 관계 수준을 모니터링 하여 상호 작용이 어떻게 진행되고 있는지 측정해야 한다.

• 보상

　호프스테데의 문화적 차원을 이용하여 개인주의 문화를 이해하는 한 가지 방법은 개인주의 문화 구성원들이 '내게 무엇이 있을까?'라고 묻는다는 것을 인정하는 것이다. 이 본문에서 논의된 많은 이론들은 커뮤니케이션 상호작용을 하는 데 있어서 보상의 힘을 명시적으로 인정하고 있다. 예를 들어, 불확실성 감소이론(URT)은 상호작용 파트너의 인센티브 가치가 그 또는 그녀에 대한 당신의 불확실성을 증가시킬 수 있다고 말한다; 그 사람이 더 보람 있을수록, 당신은 불확실성을 줄이려고 더 많이 노력할 것이다. 몇 가지 다른 예견은 보상과 관련이 있다. 기대위반이론(EVT)은 위반자의 보상가치가 사람이 보답할지 보상할지 여부를 부분적으로 결정한다는 것을 시사한다. 커뮤니케이션 프라이버시 관리이론(CPM)은 개인이 그렇게 하는 것에 대한 잠재적 보상을 바탕으로 위험한 행동을 드러내거나 숨길 것이라고 주장한다. 사회교환이론(SET)은 사람들이 관계에서 보상을 최대화하고 비용을 최소화하려고 노력한다고 예측한다. 따라서 보상 부족은 불만족이나 관계 종료를 초래할 수 있다. 따라서 사람들은 인식된 보상 능력에 기초하여 선택을 한다; 보상 능력을 가진 사람들은 더 많은 불확실성 감소의 대상이 될 것이고, 다른 사람들은 인식된 부정적인 행동에 대해 보상하도록 할 것이고, 더 많은 사적인 정보에 노출될 것이고, 상관관계에 있는 파트너들에게 더 매력적으로 인식될 것이고, 더 자주 모방될 것이다.

• 규칙

이 책에서 논의된 몇 가지 이론은 커뮤니케이션 관행을 지도하는 데 사용되는 규칙을 참조한다. 예를 들어 커뮤니케이션 프라이버시 관리이론(CPM)은 정보 공유를 위한 규칙 개발에 대해 명시적으로 논의한다. 메시지디자인논리(MDL)는 규칙에 대한 다양한 관점에 대해 이야기한다. 전통적인 메시지디자인논리(MDL)을 사용하는 개인은 지배를 받는 경향이 있고, 표현적 메시지디자인논리를 사용하는 개인은 규범적인 규칙을 회피하는 경향이 있으며, 수사적 메시지디자인논리(MDL)을 사용하는 개인은 자신의 목표를 달성하기 위해 규칙을 굽히는 법을 배운다. 마찬가지로, 상호작용적 관점은 다른 세대를 가진 개인들이 서로 다른 규칙의 관점을 갖는 경향이 있음을 시사한다. 예를 들어, 퇴역군인들은 규칙을 엄격하게 따르는 경향이 있는 반면, X세대의 구성원들은 규칙을 거부하는 경향이 있고 밀레니얼 세대의 구성원들은 그들이 하고 싶은 것을 침해하는 어떤 규칙도 무시하는 경향이 있다.

조직 커뮤니케이션의 두 이론은 규칙에 대한 더 큰 관점을 가지고 현대 조직들이 규칙에 대한 의존을 어떻게 재고할 것인가에 초점을 맞추고 있다. 조직 동일시 및 통제 이론(OIC)은 어떻게 정교한 통제 형태가 관료적인 통제 형태보다 더 암묵적이고 미묘한 규칙에 의존하는지를 논한다. 또한 조직이론은 공식적인 규칙을 무시하며, 창의적인 해결책보다 규칙에 의존하는 것이 조직의 죽음의 덫이 될 수도 있다고 제안한다.

• 소셜 네트워크

많은 이론들은 우리가 다른 사람들과 가지고 있는 특정한 관계뿐만 아니라 우리의 삶에 내재되어 있는 관계의 패턴에 초점을 맞춘다. 가장 분명한 것은, 네트워크 접근법은 우리가 다른 사람들과의 관계 분석을 통해 소셜 미디어를 어떻게 이해할 수 있는지에 초점을 맞춘다는 것이다. 혁신확산(DOI)은 또한 소셜 네트워크에 초점을 맞춘다. 이 이론은 얼리 어답터들이 그들의 네트워크의 다른 사람들에게 새로운 혁신적인 것을 사용도록 영향을 미친다는 것을 시사한다. 마찬가지로, 사회인지이론은 미디어가 사회적으로 매개되는 과정을 통해 시청자에게 간접적인 효과의 경로를 가질 수 있음을 시사하고 있으며, 의제설정이론은 소셜 네트워크를 통한 수평적 미디어가 뉴스 미디어의 의제 설정 기능에 영향을 미치는 방법을 연구하고 있다.

• 불확실성과 모호성

불확실성의 개념은 인간 커뮤니케이션의 중심 동기로서 자주 제안된다. 불확실성 감소이론(URT)은 불확실성이 불편하다고 제안하기 때문에 우리는 그것을 줄이기 위해 커뮤니케이션을 이용한다. 실제로 이 개념은 조직동화이론(OAT)에서 특정한 맥락 안에서 사용된다. 의제설정이론은 방향성에 대한 개인의 요구인데 여기서 방향성은 문제에 대한 불확실성을 포함하여 의제 설정 효과의 범위를 결정한다. 매체풍부성이론은 메시지가 모호할 때 더 풍부한 미디어 형태가 요구된다는 것을 시사한다. 반면에, 몇몇 이론들은 불확실성과 커뮤니케이션 사이의 더 복잡한 관계를 제안한다; 변증법은 개인이 확실성과 불확실성에 대한 상반된 욕구를 가지고 있다고 주장한다. 호프스테데의 문화적 차원은 문화는 불확실성 회피에 따라 다르며, 어떤 문화는 불확실성에 대해 다른 문화보다 더 관대하다는 것을 암시한다. 그럼에도 불구하고 불확실성은 종종 문제로 여겨지고 특정한 메시지를 보내거나 찾기 위해 사람을 몰아갈 수 있다는 것은 분명해 보인다.

• 가치와 믿음

마지막으로, 이론의 제시를 통해 일관되게 나타나는 주제는 또 다른 인지적 변수인 사람들의 가치와 믿음이다. 이 장의 앞부분에서 제시된 가치와 믿음은 커뮤니케이션과 복잡한 관계를 갖는다. 한편으로, 한 개인의 가치관과 믿음은 그 개인을 특정한 방식으로 커뮤니케이션하도록 이끈다. 반면에, 커뮤니케이션은 여러분이 여러분의 가치와 믿음을 강화하거나 수정하거나 바꾸는 수단이 될지도 모른다. 이 책에서 논의된 이론 중 적어도 14개는 가치관과 믿음을 다룬다. 이론은 개인주의적 접근법(소통에 대한 사람들의 믿음이 커뮤니케이션 방식에 영향을 미친다는 메시지디자인논리 포스), 설득력 있는 설정(내러티브 패러다임은 어떤 이야기가 타당하다고 생각하는지를 부분적으로 개인의 가치가 결정한다는 것을 암시한다), 그룹 설정(군집화 상태를 나타내는 상징적 융합)에 초점을 맞춘 것부터 다양하다. 엠버는 수사적 비전을 구성하며, 이것은 세상이 어떻게 돌아가는 지에 대한 가치나 믿음의 체계다.) 조직적 환경(Schein의 조직 문화 모델은 가치와 가정을 조직 내에서 어떻게 운영해야 하는지를 이해하는 추상적인 방법으로 구별한다), 대량으로 조정된 환경(문화 이론에 따르면 무거운 텔레비전 시청자들이 텔레비전 현실을 믿도록 '주동'된다), 문화적 맥락(다른 문화의 구성원들은 사람들이 그 문화의 구성원과 어떻게 소통해야 하는지에 영향을 미치는 다른 가치와 믿음을 가지고 있다). 모든 경우에 있어서 커뮤니케이션 전문가들에게 조언은 타인의 가치와 믿음을 이해하고, 그것을 바꾸라고 사람들에게 요구하는 것이 어렵다는 것을 인식하라는 것이다.

커뮤니케이션 역량으로 회귀

이 장의 시작 부분에서, 우리는 유능한 커뮤니케이션은 서로 효과적이면서 적절한 것을 요구하는 것이라고 주장했다. 우리가 확인한 14가지 공통 개념을 검토한 후, 여러분의 목표를 달성하는 것은 종종 수신자가 적절하다고 볼 수 있는 것을 고려하는 것을 의미한다는 것을 분명히 해야 한다. 만약 우리가 이 책에서 논의된 모든 이론에서 도식화된 가장 큰 조언 하나를 요약한다면, 유능한 커뮤니케이션자들은 커뮤니케이션에 대한 수신자 방향을 택하는 사람들일 것이다; 그들 자신의 목표를 추구하면서 그들은 다른 사람들이 들을 필요가 있는 것(그리고 그들이 그것을 어떻게 들을 수 있는지)을 고려해서 그

목표를 성취할 수 있을 것이다.

스피츠버그와 큐파흐 (1984, 1989)에 따르면, 커뮤니케이션 능력의 발달은 동기부여, 지식, 기술 등 세 가지 요소에 의해 좌우된다. 동기는 일을 하는 당신의 이유를 언급한다; 당신이 원하는 것을 아는 것은 유능한 커뮤니케이션자가 되기 위한 기초가 된다. 당신이 이 수업을 듣고 이 책을 읽었다는 것은 당신의 커뮤니케이션 능력을 향상시키기 위한 동기부여를 제공한다. **지식**은 행동하는 법을 아는 것을 말한다. 좋은 의도를 갖는 것만으로는 충분하지 않다. 커뮤니케이션에서 효과적이고 적절한 방법을 이해해야 한다. 우리는 이 책에서 논의된 이론들이 이 분야에 대한 당신의 지식을 늘렸기를 바란다.

능력의 마지막 요소는 기술이다. 실력은 실제 행동이다. 최고의 의도와 풍부한 지식에도 불구하고, 우리는 항상 능숙하게 행동하지는 않는다. 그러나 어떤 기술이라도 그렇듯이 커뮤니케이션 기술도 발전되고 향상될 수 있다. 기술 개발은 연습, 평가 후 조정, 건설적인 비판에 열려 있어야 한다. 전문적인 커뮤니케이션자로서 여러분이 직면하게 될 도전은 여러분의 동기부여와 지식을 기술 향상을 위한 기초로 사용되기 위함이다.

요약 및 연구 적용

이 장은 본문 전체에 걸쳐 제시된 이론의 종합을 제공하였다. 첫째, 커뮤니케이션자가 직면하고 있는 두 가지 의사결정 지점, 즉 직접적이든 간접적이든 다른 커뮤니케이션자와 비교해서 유사하거나 다른 방식으로 행동해야 하는지를 확인했다. 이러한 결정들은 유능한 커뮤니케이션자가 되기 위해 필요한 효과와 적합성의 균형에서 틀이 잡혔다. 그리고 나서 우리는 커뮤니케이션 과정에 영향을 미치는 14가지 중요한 변수에 관심을 돌렸다: 응집, 연결 및 그룹 내 상황, 기대, 얼굴 및 자기 만족 기타 방향, 개인의 자질, 관심과 참여, 요구, 힘과 통제, 관계, 보상, 규칙, 사회 네트워크, 불확실성과 모호성, 가치관과 믿음, 전문 통신업자에 대한 구체적인 조언은 이러한 변수에 대한 논의 내내 여러 가지로 제시되었다.

사례 연구 12 : 놀라운 모험에 대한 논쟁

셀레나 프레이밍햄(Selena Framingham)은 남부에서 온 24세 여성이다. 가족 중 처음으로 대학에 입학한 그녀는 자신이 장학금을 받고 여름을 테마파크 '어메이징 어드벤처스'에서 일하며 교육비를 전액 마련했다는 사실에 매우 자랑스러웠다. 테마파크의 시간은 길었지만 그녀와 다른 노동자들은 억압적으로 더운 날씨와 짜증을 내는 아이들, 그리고 불쾌한 부모들에도 불구하고 즐거운 시간을 보냈다. 게다가 그녀는 많은 돈을 벌었고, 수많은 장학금과 보조금 덕분에 빚이 없어졌다.

셀레나는 학부 학위를 받은 후 비영리 기업에서 홍보 활동을 하며 전임으로 일했다. 그녀는 빠르게 그 일에 환멸을 느끼게 되었고, 1년이 조금 넘는 시간 동안 일을 한 후, 그녀는 홍보도, 비영리 세계도 그녀에게 잘 맞지 않는다고 결심했다. 그녀는 대학원 학위를 따기로 결심했고, 명문 프로그램에 합격하게 되어 흥분했다. 하지만 대학원을 풀타임으로 다니는 것은 그녀의 학부 학위를 따는 것보다 훨씬 더 비쌌다. 그녀는 학비의 일부를 지불하는 보조금을 받았으나, 그녀는 학비와 생활비를 감당하기 위해 학기 중 아르바이트와 여름 동안 정규직으로 일해야 한다는 것을 알았다. 셀레나는 어메이징 어드벤처의 오랜 친구 중 한 명인 보니(Bonnie)에게 연락해서 여름 동안 상급자 직위에 취직할 수 있을지 물었다. "셀레나, 경영진 수준의 일자리가 열려 있지 않을 것 같고, 설사 열려 있다 하더라도 계절적인 일자리일 것 같지는 않아. 하지만 주위를 둘러보고 내가 무엇을 할 수 있는지 볼게."라고 보니가 대답했다. 보니는 18세 나이 때 셀레나와 함께 어메이징 어드벤처스 사다리까지 올라갔다가 둘 다 승차권 운영자로 승진했다. 보니는 셀레나가 홍보 직을 맡을 때 그 회사에 머물렀고, 지금은 사업소의 외상매입부서에서 일한다. 다음날 보니는 셀레나에게 전화를 걸었다. "이봐, 이번 여름에 매표소에서 일해도 될까? 경영진이 아닌 건 알지만, 연공서열이 급여 등급을 계산하는 데 쓰이도록 할 수 있어. 게다가 매표소는 냉방장치가 되어 있고, 무엇보다도 청소는 전혀 관여하지 않고 있어!" 셀레나는 여름을 맞아 괜찮은 월급을 버는 것이 좋겠다고 생각하고 그것을 선택하기로 했다.

복귀 첫날, 그녀는 오랜 시간 그곳에 있었던 감독관들을 포함해 많은 원래의 경영진들이 떠났다는 것을 발견했다. 다행히도, 셀레나는 그녀가 공원에서 좋았던 옛날의 놀이 기사로 알고 있던 샘과 함께 일할 것이라는 말을 들었다. 샘은 항상 쉽게 갔었고, 그녀는 그가 과거에 같이 어울렸던 것과 같은 느긋한 남자일 것이라고 생각했다. 직장에 있는 동안 셀레나는 좋은 직원이 되기 위해 할 수 있는 모든 것을 했다. 그녀는 권위를 존중하기 때문에 보통 상사가 시키는 대로 했다. 그리고, 모범적인 직원이라고 감독관이 인정해주면 여름의 끝자락에 보너스가 있다는 것을 알았다. 셀레나와 샘은 금방 버릇이 생겼다. 그가 그녀의 매표소 옆을 지날 때마다 그는 그녀에게 다른 할 일을 주곤 했는데, 그것은 주로 지루한 바쁜 일이었다. 어느 날, 그는 "지도들을 똑바로 세우고 그 중 일부를 다른 매표소에 배포하라."고 명령했다. 셀레나는 승낙하고 즉시 그렇게 했다. 또 다른 날 샘은 "이 부스의 유리잔에는 온통 지문이 묻어 있다. 유리 세정제 가져와, 청소해." 그는 계속해서 명령을 내렸다. 그는 지나갈 때 그녀에게 소리질렀다. 다시 한 번 그녀는 그의 요청에 재빨리 응했다. 이런 패턴은 일주일 넘게 계속되었고, 셀레나는 그의 행동에 대해 조용히 분개하기 시작했다. "젠장 그는 자기가 도대체 누구라고 생각하는 거야?"라고 그녀는 아무 말 없이 생각했다. "나는 그를 5년 넘게 알고 지냈고, 대학 학위를 가지고 석사 학위를 따고 있는 사람이야. 나는 조금 더 존경받을 자격이 있어!"라고 그녀는 생각했다. 그러나 그녀는 아무 말도 하지 않고 시키는 대로 했다.

3주째 일을 하는 동안, 그녀는 변화가 더 필요했기 때문에 샘을 부스로 불러들였다. 그는 요구대로 변화한 그녀의 근무상태를 살펴보기 위해 왔다. 그 때, 그는 여러 장의 홍보카드가 등기부 한쪽에 쌓여 있는 것을 보았다. 홍보카드는 현지 업체들이 나눠줬고, 공원할인 등의 역할을 했다. 샘은 셀레나에게 "이것들이 여기서 뭘 하는 거지?"라고 이의를 제기했다. 셀레나는 그 질문에 혼란스러워했다. "때때로 사람들은 티켓을 산후에 그들이 돌아오기를 원해. 몇 개를 쌓아 두었다가 나중에 버린다."며 대답했다. 샘은 눈을 굴리며 깊은 한숨을 내쉬었다. "셀레나, 이 카드들을 새 카드와 혼동하지 않도록 버리도록 해." 셀레나는 그의 요청에 당황했다. 그녀는 "옛 카드를 새 카드로 혼동한 적이 없다."고 반발했다. 그는 "어쨌든 그것들을 버려라."라고 반박했다. 셀레나는 아무 생각 없이 "결국 그들을 버려졌을 것이고, 어쨌든 곧 버릴 생각이었다. 어떤 사람들은 그들이 돌아오기를 원하기 때문에 나는 그것들을 보관하고 있을 뿐이다."라고 언성을 높였다. 샘은 "그것들이 그렇게 쌓일 때까지 기다리면 안 되고, 그들이 쌓아놓고 앉아 있기 때문에 너는 아무에게도 카드를 돌려받지 못한거야."라고 비꼬는 반응을 보였다. 셀레나에게 그것은 결정타였다. 그녀는 샘이 그렇게 사소한 일로 골똘히 생각하는 것을 믿을 수가 없었다! "내 일을 어떻게 하라고 말하지 마, 샘. 내가 뭘 하고 있는지 알아. 내가 너보다 여기 더 오래 있었어." 그녀는 화가 치밀어 오르자 비명을 질렀다.

샘은 그녀를 바라보며 웃고는 등기부 밑의 쓰레기통에 카드를 던졌다. 걸어가면서 그는 어떤 식으로든 셀레나를 인정하지 않았다. 셀레나는 그곳에 서서 샘의 감독관에게 불평할 것이라고 생각하며 침을 뱉었다. 그러나 미처 그렇게 하기도 전에 인사 담당자가 다가와서 그녀에게 양매점으로 재배치되고 있다고 말했다.

고려해야할 질문들

1. 이 장에서는 각 전달자가 결정해야 할 두 가지 결정을 제안한다. 즉, 직접적이든 간접적이든, 보상적이든 아니면 보답적이든 말이다. 셀레나와 샘의 행동을 이 두 가지 결정의 관점에서 토론하고, 각 경우에 여러분이 도출한 결론을 명확히 하시오.

2. 당신은 셀레나 샘이 유능한 통신원이라고 믿는가? 왜, 아니면 왜? 그들이 커뮤니케이션 능력을 향상시키기 위해 무엇을 할 수 있을까?

3. 무능한 커뮤니케이션이 어떤 윤리적 도전들을 가져오는가? 커뮤니케이션 역량이 수반하는 것에 대한 더 큰 이해는 어떻게 더 윤리적 상호작용으로 이어질 수 있는가?

4. 셀레나 및 샘의 행동에 다음 각 항목이 어떤 영향을 미치는지 논의하라.

    1) 응집성·연결성·내부 집단

    2) 기대

    3) 체면

    4) 권력·통제

    5) 관계

    6) 보상

    7) 불확실성

Adler, N. J. (1997). International dimensions of organizational behavior (3rd ed). Cincinnati, OH: South-Western College.

Ajzen, I. (1988). Attitudes, personality, and behavior. Chicago, IL: Dorsey Press.

Ajzen, I. (1991). The theory of planned behavior. Organizational Behavior and Human Decision Processes, 50, 179–.211.

Alsop, R. (2008). The trophy kids grow up: How the millennial generation is shaking up the workplace. San Francisco, CA: Jossey-Bass.

American Academy of Pediatrics. (2017). Media and children communication toolkit. Retrieved from. https://www.aap.org/en-us/advocacy-and-policy/aap-healthinitiatives/pages/media-and-children.aspx

An, C., & Pfau, M. (2004). The efficacy of inoculation in televised political debates. Journal of Communication, 54, 421–.436.

Andersen, J., Nussbaum, J., Pecchioni, L., & Grant, J. A. (1999). Interactional skills in instructional settings. In A. L. Vangelisti, J. A. Daly, & G. W. Friedrich (Eds.), Teaching communication (2nd ed., pp. 359–.374). Mahwah, NJ: LEA.

Anderson, K. (1998, February). Pop-psychology as science and infomerical as journalism: ABC News sponsors John Gray's interplanetary sexism. Sojourner: The Women's Forum, 23, 1–, 14–5, 44.

Ansari, A. (2015). Modern romance. New York, NY: Penguin Press.

Ashby, W. R. (1962). Principles of the self-organizing system. In H. von Foerster & G. Zopf (Eds.), Principles of self-organization (pp. 255–78). New York, NY:

Pergamon,.402.

Atwell Seate, A., & Mastro, D. (2016). Media's influence on immigration attitudes: An intergroup threat theory approach. Communication Monographs, 83(2), 194-213. doi:10.1080/03637751. 2015.1068433

Aubrey, A. (2017, April 5). Judge takes up big soda's suit to abolish Philadelphia's soda tax. NPR. Retrieved from
http://www.npr.org/sections/thesalt/2017/04/05/522626223/judges-take-up- big-sodassuit- to-abolish-philadelphias-sugar-tax

Avery, E., Lariscy, R., & Sweetser, K. D. (2010). Social media and shared—r divergent— uses? A coorientation analysis of public relations practitioners and journalists. International Journal of Strategic Communication, 4, 189–05.

Axley, S. R. (1984). Managerial and organizational communication in terms of the conduit metaphor. Academy of Management Review, 9, 428–37.

Aylor, B., & Dainton, M. (2001). Antecedents in romantic jealousy experience, expression, and goals. Western Journal of Communication, 64, 370–91.

Aylor, B., & Dainton, M. (2004). Biological sex and psychological gender as predictors of routine and strategic relational maintenance. Sex Roles, 50, 689–97.

Bales, R. F. (1970). Personality and interpersonal behavior. New York, NY: Holt, Rinehart & Winston.

Banas, J. A., & Miller, G. (2013). Inducing resistance to conspiracy theory propaganda: Testing inoculation and metainoculation strategies. Human Communication Research, 39(2), 184–07. doi:10.1111/hcre.12000

Banas, J., & Rains, S. (2008, November). Testing inoculation theory: A meta-analysis. Paper presented at the annual meeting of the NCA 94th Annual Convention, San Diego, CA. Retrieved from
http://www.allacademic.com/meta/p261402_index.html.

Bandura, A. (1977). Social learning theory. Upper Saddle River, NJ: Prentice Hall.

Bandura, A. (1986). Social foundations of thought and action: A social cognitive theory. Englewood Cliffs, NJ: Prentice Hall.

Bandura, A. (1994). Social cognitive theory of mass communication. In J. Bryant & D. Zillmann (Eds.), Media effects: Advances in theory and research (pp. 61–0). Hillsdale, NJ: Lawrence Erlbaum.

Bandura, A. (2001). Social cognitive theory of mass communication. Media Psychology, 3(3), 265–99. doi:10.1207/S1532785XMEP0303_03

Bandura, A., Ross, D., & Ross, S. (1963). Imitations of aggressive film-mediated models. Journal of Abnormal Psychology, 66, 3–1.

Barge, J. K. (1994). Leadership. New York, NY: St. Martin's Press.

Barker, J. R. (1999). The discipline of teamwork: Participation and concertive control. Thousand Oaks, CA: Sage.

Barker, R. T., Rimler, G., Moreno, E., & Kaplan, T. E. (2004). Family business narrative perceptions: Values, succession, and commitment. Journal of Technical Writing and Communication, 34(4), 291–20.

Barker, R., & Gower, K. (2010). Strategic application of storytelling in organizations: Toward effective communication in a diverse world. Journal of Business Communication, 47(3), 295–12. doi:10.1177/0021943610369782

Barnett, E. (2011, November 22). Facebook cuts six degrees of separation to four. Telegraph. Retrieved from http://www.telegraph.co.uk/technology/facebook/8906693/Facebook-cuts-six-degreesof-separation- to-four.html

Bar-On, R. (2006). The Bar-On model of emotional-social intelligence (ESI). Psicothema, 18(Suppl), 13–5.

Barrett, A. K., & Stephens, K. K. (2017). The pivotal role of change appropriation in the implementation of health care technology. Management Communication Quarterly, 31, 163-193. doi:10.1177/0893318916682872

Bass, B. M. (1985). Leadership and performance beyond expectations. New York, NY: Free Press.

Bass, B. M. (1997). Does the transactional–ransformational leadership paradigm transcend organizational and national boundaries? American Psychologist, 52, 130–39.

Bass, B. M. (1998). Transformational leadership: Industrial, military, and educational impact. Mahwah, NJ: Erlbaum.

Baumgartner, R. J. (2009). Organizational culture and leadership: Preconditions for the development of a sustainable corporation. Sustainable Development, 17,

102–13.

Baxter, L. A. (1988). A dialectical perspective on communication strategies in relationship development. In S. Duck (Ed.), Handbook of personal relationships: Theory, research, and interventions (pp. 257–73). Chichester, UK: Wiley.

Baxter, L. A., & Montgomery, B. M. (1996). Relating: Dialogues and dialectics. New York, NY: Guilford Press.

Beaton. (January 6, 2017). Top employers say millennials need these four skills in 2017. Forbes Online. Retrieved from https://www.forbes.com/sites/carolinebeaton/2017/01/06/top-employers-saymillennials-need-these-4-skills-in- 2017/#66eae9167fe4

Beatty, M. J., & McCroskey, J. C. (2001). The biology of communication: A communibiological perspective. Creskill, NJ: Hampton Press.

Becker, E. F. (2012, August 6). Tip sheet: Three tips to fix cross-cultural miscommunications. PR News [online]. Retrieved from http://www.prnewsonline.com/tip-sheet-three-tips-to-fix-cross- cultural- 405miscommunications/

Becker, S. L. (1984). Marxist approaches to media studies: The British experience. Critical Studies in Mass Communication, 1(1), 66–0.

Behm-Morawitz, E., & Ta, D. (2014). Cultivating virtual stereotypes? The impact of video game play on racial/ethnic stereotypes. Howard Journal of Communications, 25, 1–5. doi:10.1080/10646175. 2013.835600

Belluz, J. (June 8, 2017). The U.S. had no soda taxes in 2013. Now nearly 9 million Americans live with them.Vox. Retrieved from https://www.vox.com/science-andhealth/2017/6/6/15745908/soda-tax-seattle-philadelphia-sugar-drinks

Berger, C. R. (1979). Beyond initial interaction: Uncertainty, understanding, and the development of interpersonal relationships. In H. Giles & R. St. Clair (Eds.), Language and social psychology (pp. 122–44). Oxford, UK: Basil Blackwell.

Berger, C. R. (1995). Inscrutable goals, uncertain plans, and the production of communicative action. In C. R. Berger & M. Burgoon (Eds.), Communication and social processes (pp. 1–8). East Lansing: Michigan State University Press.

Berger, C. R. (1997). Planning strategic interaction: Attaining goals through communicative action. Mahwah, NJ: Erlbaum.

Berger, C. R., & Bradac, J. J. (1982). Language and social knowledge: Uncertainty in interpersonal relations. London, UK: Arnold.

Berger, C. R., & Calabrese, R. J. (1975). Some explorations in initial interaction and beyond: Toward a developmental theory of interpersonal communication. Human Communication Research, 1, 99–12.

Berman, S. J., & Hellweg, S. A. (1989). Perceived supervisor communication competence and supervisor satisfaction as a function of quality circle participation. Journal of Business Communication, 26, 103–22.

Berr, J. (November 8, 2016). Election 2016's price tag: $6.8 billion. CBS Moneywatch, Retrieved from
http://www.cbsnews.com/news/election-2016s-price-tag-6-8-billion

Blossom, J. (2009). Content nation: Surviving and thriving as social media changes our work, our lives, and our future. Indianapolis, IN: Wiley.

Bonito, J. A., & Wolski, S. L. (2002). The adaptation of complaints to participation frameworks. Communication Studies, 53, 252–68.

Boomgaarden, H., van Spanje, J., Vliegenthart, R., & De Vreese, C. (June, 2010). Covering the crisis: Economic news and economic expectations. Paper presented at the annual conference of the International Communication Association, Singapore.

Bormann, E. G. (1982). The symbolic convergence theory of communication: Applications and implications for teachers and consultants. Journal of Applied Communication Research, 10, 50–1.

Bormann, E. G. (1996). Symbolic convergence theory and communication in group decision making. In R. Y. Hirokawa & M. S. Poole (Eds.), Communication and group decision making (2nd ed., pp. 81–13). Thousand Oaks, CA: Sage.

Bormann, E. G., Cragan, J. E., & Shields, D. C. (1994). In defense of symbolic convergence theory: A look at the theory and its criticisms after two decades. Communication Theory, 4, 259–94.

Brands, R. (2015, July 15). 'Think manager, think man' stops us seeing woman as leaders. The Guardian (U.S. Edition). Retrieved from https://www.theguardian.

com/women-inleadership/2015/jul/15/think-manager-think-man-women-l
eaders-biase-workplace

Brown, A., & Patton, E. (2017, April 3). The narrowing, but persistent, gender gap in pay. Pew Research Center. Retrieved from http://www.pewresearch.org/facttank/ 2017/04/03/gender-pay-gap-facts

Brown, P., & Levinson, S. (1978). Universals in language usage: Politeness phenomenon. In E. Goody (Ed.), Questions and politeness (pp. 56–9). Cambridge, UK: Cambridge University Press.

Brown, P., & Levinson, S. (1987). Politeness: Some universals in language use. Cambridge, UK: Cambridge University Press.

Bruni, F. (2012, December 8). Bin Laden, torture, and Hollywood. New York Times. Retrieved June 19, 2013, from http://www.nytimes.com/2012/12/09/opinion/sunday/bruni-binladen-tortu re-andhollywood. html? pagewanted= all&_r=0

Bryant, S. E. (2003). The role of transformational and transactional leadership in creating, sharing and exploiting organizational knowledge. Journal of Leadership and Organizational Studies, 9, 32–3.

Burgoon, J. K. (1978). A communication model of personal space violations: Explication and an initial test. Human Communication Research, 4, 129–42.

Burgoon, J. K. (1994). Nonverbal signals. In M. L. Knapp & G. R. Miller (Eds.), Handbook of interpersonal communication (pp. 229–85). Thousand Oaks, CA: Sage.

Burgoon, M., Pfau, M., & Birk, T. S. (1995). An inoculation theory explanation for the effects of corporate issue/advocacy advertising campaigns. Communication Research, 22, 485–05.

Burgraff, C. S., & Sillars, A. L. (1987). A critical examination of sex differences in marriage. Communication Monographs, 54, 276–94.

Burns, M. E. (2015). Recruiting prospective students with stories: How personal stories influence the process of choosing a university. Communication Quarterly, 63(1), 99–18. doi:10.1080/ 01463373.2014.965838

Busch, P., Venkitachalam, K., & Richards, D. (2008). Generational differences in soft knowledge situations: Status, need for recognition, workplace commitment and idealism. Knowledge & Process Management, 15(1), 45–8.

Calhoun, L. (2008). One cannot not communicate (unless you are the US and Iran): An interactionist perspective on the foreign policy dilemmas between the US and Iran. Paper presented at the meeting of the National Communication Association, San Diego, CA.

Calzo, J. P., & Ward, L. M. (2009). Media exposure and viewers' attitudes toward homosexuality: Evidence for mainstreaming or resonance? Journal of Broadcasting & Electronic Media, 53, 280–99. doi:10.1080/0883815090290 8049

Canary, D. J., & Hause, K. S. (1993). Is there any reason to research sex differences in communication? Communication Quarterly, 41, 129–44. Canary, D. J., & Zelley, E. D. (2000). Current research programs on relational maintenance behaviors. In M. E. Roloff (Ed.), Communication Yearbook 23, (pp. 305–39). Thousand Oaks, CA: Sage.

Canary, D. J., Cody, M. J., & Manusov, V. L. (2008). Interpersonal communication: A goals-based approach (4th ed.). Boston, MA: Bedford/St. Martin's.

Canary, D. J., Emmers-Sommer, T. M., & Faulkner, S. (1997). Sex and gender differences in personal relationships. New York, NY: Guilford Press.

Caruso, D. R., Mayer, J. D., & Salovey, P. (2002). Relation of an ability measure of emotional intelligence to personality. Journal of Personality Assessment, 79(2), 306–20. doi:10.1207/ S15327752JPA7902_12

Catano, V. M., & Morrow Hines, H. (2016). The influence of corporate social responsibility, psychologically healthy workplaces, and individual values in attracting Millennial job applicants. Canadian Journal of Behavioural Science/Revue Canadienne des Sciences du Comportement, 48, 142–54. doi:10.1037/cbs0000036

Cavallaro, F., Seilhamer, M. F., Chee, Y. F., & Ng, B. C. (2016). Overaccommodation in a Singapore eldercare facility. Journal of Multilingual & Multicultural Development, 37, 817-831. doi:10.1080/01434632.2016.1142553

Chaudary, A. (2013, May 21). Boston Marathon Saudi "suspect" speaks out. The Islamic Monthly [online]. Retrieved from http://www.theislamicmonthly.com/exclusiveinterview-with-the-saudi-man -from-boston

Chefneux, G. (2015). Humour at work. Language & Dialogue, 5(3), 381–07. doi:10.1075/ld.5.3.02che

Chen, B. X. (2013, February 10). Samsung emerges as potent rival to Apple's cool. New York Times. Retrieved from http://www.nytimes.com/2013/02/11/technology/samsungchallenges-apples-cool- factor. html?pagewanted=all&_r=0

Chudzicka-Czupa ł a, A., Grabowski, D., Mello, A. L., Kuntz, J., Zaharia, D. V., Hapon, N., & . . . Böü D. (2016). Application of the theory of planned behavior in academic cheating research–ross-cultural comparison. Ethics & Behavior, 26(8), 638–59. doi:10.1080/10508422.2015.1112745

Chung, J. E. (2014). Medical dramas and viewer perception of health: Testing cultivation effects. Human Communication Research, 40, 333–49. doi:10.1111/hcre.12026

Cialdini, R. B. (1993). Influence: Science and practice (3rd ed.). New York, NY: HarperCollins.

Cialdini, R. B. (1994). Interpersonal influence. In S. Shavitt & T. C. Brock (Eds.), Persuasion: Psychological insights and perspectives (pp. 195–18). Boston, MA: Allyn & Bacon.

Cohen, B. C. (1963). The press and foreign policy. Princeton, NJ: Princeton University Press.

Collier, M. J. (1989). Cultural and intercultural communication competence: Current approaches and directions for future research. International Journal of Intercultural Relations, 13, 287–02.

Compton, J. A., & Pfau, M. (2004). Use of inoculation to foster resistance to credit card marketing targeting college students. Journal of Applied Communication Research, 32(4), 343–64.

Costanzo, L. A., & Di Domenico, M. (2015). A multi-level dialectical–aradox lens for top management team strategic decision-making in a corporate venture. British Journal of Management, 26(3), 484–06. doi:10.1111/1467-8551.12073

Craig, R. T. (1999). Communication theory as a field. Communication Theory, 9, 119–61.

Craig, R. T., Tracy, K., & Spisak, F. (1993). The discourse of requests: Assessment of a politeness approach. In S. Petronio, J. K. Alberts, M. L. Hecht, & J. Buley (Eds.), Contemporary perspectives on interpersonal communication (pp. 264–83). Madison, WI: Brown & Benchmark.

Crawford, M. (2004). Mars and Venus collide: A discursive analysis of marital self-help psychology. Feminism & Psychology, 14, 63–9. doi:10.1177/0959-353504040305

Cullen, K. L., Edwards, B. D., Casper, W. C., & Gue, K. R. (2014). Employees' adaptability and perceptions of change-related uncertainty: Implications for perceived organizational support, job satisfaction, and performance. Journal of Business and Psychology, 29(2), 269–80. doi:10.1007/s10869-013-9312-y

Cupach, W. R., & Canary, D. J. (1997). Competence in interpersonal conflict. New York, NY: McGraw-Hill.

Cupach, W. R., & Imahori, T. T. (1993). Identity management theory: Communication competence in intercultural episodes and relationships. In R. L. Wiseman & J. Koester (Eds.), Intercultural communication competence (pp. 112–31). Newbury Park, CA: Sage.

Cupach, W. R., & Metts, S. (1994). Facework. Thousand Oaks, CA: Sage.

Cupach, W. R., Canary, D. J., & Spitzberg, B. H. (2009). Competence in interpersonal conflict (2nd ed.). Long Grove, IL: Waveland Press.

Daft, R. L., & Lengel, R. H. (1984). Information richness: A new approach to managerial behavior and organizational design. In L. L. Cummings & B. M. Staw (Eds.), Research in organizational behavior 6 (pp. 191–33). Homewood, IL: JAI Press.

Daft, R. L., & Lengel, R. H. (1986). Organizational information requirements, media richness and structural design. Management Science, 32, 554–71.

Dainton, M., Aylor, B., & Zelley, E. D. (2002, November). General and relationshipspecific social support, willingness to communicate, and loneliness in long-distance versus geographically close friendships. Paper presented at the National Communication Association annual conference, New Orleans, LA.

Dance, F. E. X. (1970). The "concept" of communication. Journal of Communication, 20, 201–10.

Dance, F. E. X., & Larson, C. E. (1976). The functions of communication: A theoretical approach. New York, NY: Holt, Rinehart & Winston.

Dansereau, F., Graen, G., & Haga, W. J. (1975). A vertical dyad approach to leadership within formal organizations. Organizational Behavior and Human Performance, 12, 46–8.

Dawkins, R. (1989). The selfish gene (2nd ed.). Oxford, UK: Oxford University Press.

De Nooy, W., & Kleinnijenhuis, J. (2013). Polarization in the media during an election campaign: A dynamic network model predicting support and attack among political actors. Political Communication, 30(1), 117–38. doi:10.1080/1058 4609.2012.737417

Deal, T. E., & Kennedy, A. A. (1982). Corporate cultures: The rites and rituals of corporate life. Reading, MA: Addison-Wesley.

Deal, T. E., & Kennedy, A. A. (2000). Corporate cultures: The rites and rituals of corporate life (2nd ed.). New York, NY: Basic Books.

Deetz, S. A. (1994). Future of the discipline: The challenges, the research, and the social contribution. In S. A. Deetz (Ed.), Communication yearbook 17 (pp. 565–00). Thousand Oaks, CA: Sage.

Deetz, S. A., Tracy, S. J., & Simpson, J. L. (2000). Leading organizations through transition. Thousand Oaks, CA: Sage.

DePaulo, B. M., Stone, J. I., & Lassiter, G. D. (1985). Deceiving and detecting deceit. In B. Schlenker (Ed.), The self and social life (pp. 323–70). New York, NY: McGraw- Hill.

Dervin, B. (1993). Verbing communication: Mandate for disciplinary intervention. Journal of Communication, 43, 45–4.

DeSanctis, G., & Poole, M. S. (1994). Capturing the complexity in advanced technology use: Adaptive structuration theory. Organization Science, 5(2), 121–21. Retrieved from http://pubsonline. informs.org/journal/orsc

Dieker, N. (July 26, 2016). Infographic: The absolutely ridiculous amount of content consumed every minute. Contently.com. Retrieved from https://contently.com/ strategist/ 2016/07/26/ infographic-content-consumed -everyminute- absolutely-ridiculous

Dimmock, J. A., Gagné M., Proud, L., Howle, T. C., Rebar, A. L., & Jackson, B. (2016). An exercise in resistance: Inoculation messaging as a strategy for protecting motivation during a monotonous and controlling exercise class. Journal of Sport & Exercise Psychology, 38, 567–78. doi:10.1123/jsep.2016-0146

Dion, K. K., & Dion, K. L. (1993). Individualistic and collectivistic perspectives on gender and the cultural context of love and intimacy. Journal of Social Issues, 49, 53–9.

Dockery, T. M., & Steiner, D. D. (1990). The role of initial interaction in leader–ember exchange. Group and Organizational Studies, 15, 395–13.

Dong, Z. (2015). How to persuade adolescents to use nutrition labels: Effects of health consciousness, argument quality, and source credibility. Asian Journal of Communication, 25(1), 84–01. doi:10.1080/01292986.2014.989241

Driscoll, C., & McKee, M. (2007). Restorying a culture of ethical and spiritual values: A role for leader storytelling. Journal of Business Ethics, 73(2), 205–17. doi:10.1007/s10551–06–191–

Duarte, N. T., Goodson, J. R., & Klich, N. R. (1993). How do I like thee? Let me appraise the ways. Journal of Organizational Behavior, 14, 239–49.

Dunegan, K. J., Uhl-Bien, M., & Duchon, D. (2002). LMX and subordinate performance: The moderating effects of task characteristics. Journal of Business and Psychology, 17(2), 275-285. doi:10.1023/A:1019641700724

Dunleavy, K. N., & Zelley, E. D. (2013, November). The face of adult female friendships: Examining the relationships between interpersonal competition and facework. Paper presented at the National Communication Association's annual conference, Washington, DC. Retrieved from http://citation.allacademic.com

Dutihl, D. (November 29, 2012). Divorce causes: Five communication habits that lead to divorce. Huffington Post. Retrieved from http://www.huffingtonpost.com/2012/11/29/divorce-5-communicationh_n_2159531.html

Dyer, W. G. (1987). Team building: Issues and alternatives (2nd ed.). Reading, MA: Addison-Wesley.

Eagly, A. H. (1987). Sex differences in social behavior: A social-role interpretation. Hillsdale, NJ: Erlbaum.

Eagly, A. H., & Karau, S. J. (2002). Role congruity theory of prejudice toward female leaders. Psychological Review, 109(3), 573–98. doi:10.1037/0033–95X.109.3.573

Easton, S. S., & Bommelje, R. K. (2011). Interpersonal communication consequences of email non-response. Florida Communication Journal, 39(2), 45–3.

Edwards, R. (1981). The social relations of production at the point of production. In M. Zey-Ferrell & M. Aiken (Eds.), Complex organizations: Critical perspectives (pp. 156–82). Glenview, IL: Scott, Foresman.

Ellis, D. G. (1999). Crafting society: Ethnicity, class, and communication theory. Mahwah, NJ: Erlbaum.

Elsesser, K. M., & Lever, J. (2011). Does gender bias against female leaders persist? Quantitative and qualitative data from a large-scale survey. Human Relations, 64(12), 1555–578. doi:10.1177/ 0018726711424323

Eshbaugh-Soha, M. (2013). Presidential influence of the news media: The case of the press conference. Political Communication, 30, 548-564. doi:10.1080/1058 4609.2012.737438

Ezzedeen, S. R., Budworth, M., & Baker, S. D. (2015). The glass ceiling and executive careers: Still an issue for pre-career women. Journal of Career Development, 42, 355–69. doi:10.1177/ 0894845314566943

Feldner, S., & D'Urso, S. C. (2010). Threads of intersection and distinction: Joining an ongoing conversation within organizational communication research. Communication Research Trends, 29(1), 4–8.

Festinger, L. (1957). A theory of cognitive dissonance. Stanford, CA: Stanford University Press.

Festinger, L. (1962). A theory of cognitive dissonance. Stanford, CA: Stanford University Press.

Filipovic, J. (March 16, 2016). The major problem with "Make America Great Again." Cosmopolitan Magazine. Retrieved from http://www.cosmopolitan.com/politics/a55305/ make-america-great-again-donald-trump

Fishbein, M., & Ajzen, I. (1975). Belief, attitude, intention and behavior: An introduction to theory and research. Reading, MA: Addison-Wesley.

Fisher, B. A. (1978). Perspectives on human communication. New York, NY:

Macmillan. Fisher, W. R. (1984). Narration as a human communication paradigm: The case of public moral argument. Communication Monographs, 51, 1–2.

Fisher, W. R. (1987). Human communication as narration: Toward a philosophy of reason, value, and action. Columbia: University of South Carolina Press.

Folkenflik, D. (May 6, 2016). Beyond 'Sesame Street': A new Sesame Studios channel on YouTube. NPR. Retrieved from http://www.npr.org/2016/05/06/476913166/beyondsesame-street-a-new-sesame-studios-channel-on-youtube

Forman, J. (1998). Mickey Mouse and the French press. Technical Communication Quarterly, 3, 247–58.

Forrest, S. (2004). Learning and teaching: The reciprocal link. The Journal of Continuing Education in Nursing, 35, 74–0.

Frey, L. R., Botan, C. H., & Kreps, G. L. (2002). Investigating communication: An introduction to research methods (2nd ed.). Boston, MA: Allyn & Bacon.

Frommer's. (2013). Introduction to Disneyland Paris. Retrieved from http://www.frommers.com/ destinations/disneylandparis/0796010001.html

Gabrenya Jr., W. K. (2003). Theories and models in psychology [online]. Retrieved from http://my.fit.edu/~gabrenya/IntroMethods/eBook/theories.pdf

Gallois, C., Ogay, T., & Giles, H. (2005). Communication accommodation theory: A look back and a look ahead. In W. Gudykunst (Ed.), Theorizing about intercultural communication (pp. 121–48). Thousand Oaks, CA: Sage.

Garcia-Retamero, R., & Lóez-Zafra, E. (2006). Prejudice against women in malecongenial environments: Perceptions of gender role congruity in leadership. Sex Roles, 55(1–), 51–1. doi:10.1007/s11199–06–068–

Gardner, L., & Stough, C. (2002). Examining the relationship between leadership and emotional intelligence in senior level managers. Leadership & Organization Development Journal, 23, 68–8.

Garrett, R. K., Weeks, B. E., & Neo, R. L. (2016). Driving a wedge between evidence and beliefs: How online ideological news exposure promotes political misperceptions. Journal of Computer-Mediated Communication, 21(5), 331–48. doi:10.1111/jcc4.12164

Gass, R. H., & Seiter, J. S. (2003). Persuasion, social influence, and compliance gaining (2nd ed.). Boston, MA: Allyn & Bacon.

Gaussorgues, F. (2014, May 12). Why Taobao succeeds unlike eBay [Blog post]. Retrieved from https://www.saos.biz/procurement-in-china/why-taobao-succeeds-in-chin a-unlikeebay Gender equality in Sweden. (2013). Swedish Institute [online]. Retrieved from http://sweden. se/society/gender-equality-in-sweden

Gentles, K. A., & Harrison, K. (2006). Television and perceived peer expectations of body size among African American adolescent girls. Howard Journal of Communications, 17(1), 39–5.

Gerbner, G. (1998). Cultivation analysis: An overview. Mass Communication & Society, 1, 175–94.

Gerbner, G., Gross, L., Morgan, M., & Signorelli, N. (1980). The "mainstreaming" of America: Violence profile no. 11. Journal of Communication, 30, 10–9.

Ghanem, S. (1997). Filling in the tapestry: The second level of agenda setting. In M. McCombs, D. L. Shaw, & D. Weaver (Eds.), Communication and democracy: Exploring the intellectual frontiers of agenda-setting theory (pp. 3–4). New York, NY: Routledge.

Giannetti, L. (1982). Understanding movies (3rd ed.). Englewood Cliffs, NJ: Prentice Hall.

Giddens, A. (1979). Central problems in social theory: Action, structure, and contradiction in social analysis. Berkeley: University of California Press.

Giles, H., & Coupland, N. (1991). Language: Contexts and consequences. Pacific Grove, CA: Wadsworth.

Giles, H., & Gasiorek, J. (2014). Parameters of nonaccommodation: Refining and elaborating communication accommodation theory. In J. P. Forgas, O. Vincze, & J. Lázló(Eds.), Social Cognition and Communication (pp. 155–72). New York, NY: Psychology Press.

Giles, H., Linz, D., Bonilla, D., & Gomez, M. L. (2012). Police stops of and interactions with Latino and white (non-Latino) drivers: Extensive policing and communication accommodation. Communication Monographs, 79(4), 407–27. doi:10.1080/03637751.2012.723815

Giles, H., Mulac, A., Bradac, J. J., & Johnson, P. (1987). Ethnolinguistic identity theory: A social psychological approach to language maintenance. International Journal of the Sociology of Language, 68, 66–9.

Giles, H., Willemyn, M. Gallois, C., & Anderson, M. C. (2007). Accommodating a new frontier: The context of law enforcement. In K. Fiedler (Ed.), Social Communication (pp. 129–62). New York, NY: Psychology Press.

Gilpin, D. (2010). Organizational image construction in a fragmented online media environment. Journal of Public Relations Research, 22(3), 265–87. doi:10.1080/10627261003614393

Gilstrap, C. M., & White, Z. M. (2015). Interactional communication challenges in endof- life care: Dialectical tensions and management strategies experienced by home hospice nurses. Health Communication, 30(6), 525–35. doi: 10.1080/10410236.2013.868966

Glaser, B. G., & Strauss, A. L. (1967). The discovery of grounded theory: Strategies for qualitative research. Chicago, IL: Aldine.

Gloor, P. A., Fronzetti Colladon, A., Grippa, F., & Giacomelli, G. (2017). Forecasting managerial turnover through e-mail based social network analysis. Computers in Human Behavior, 71, 343–52. doi:10.1016/j.chb.2017.02.017

Godbold, L. C., & Pfau, M. (2000). Conferring resistance of peer pressure among adolescents: Using inoculation theory to discourage alcohol use. Communication Research, 27, 411–37.

Goffman E. (1959). The presentation of self in everyday life. New York, NY: Doubleday. Goffman, E. (1967). Interaction ritual: Essays on face-to-face behavior. New York, NY: Pantheon Books.

Golan, G. J., Kiousis, S. K., & McDaniel, M. L. (2007). Second-level agenda setting and political advertising. Journalism Studies, 8, 432–43. doi:10.1080/1461670 0701276190

Golden, J. C., & Jacoby, J. W. (2017). Playing princess: Preschool girls' interpretations of gender stereotypes in Disney princess media. Sex Roles, doi:10.1007/s11199-017-0773-8

Goldfarb, R. S., & Ratner, J. (2008). "Theories" and "models": Terminology through the looking glass. Econ Journal Watch, 5(1), 91–08.

Goleman, D. (1995). Emotional intelligence. New York, NY: Bantam Books. Gordon, C. S., Howard, S. J., Jones, S. C., & Kervin, L. K. (2016). Evaluation of an Australian alcohol media literacy program. Journal of Studies on Alcohol and Drugs, 77, 950–57. doi:10.15288/jsad.2016.77.950

Gouran, D. S. (2010). Overcoming sources of irrationality that complicate working in decision-making groups. In S. Schuman (Ed.), The handbook of working with difficult groups: How they are difficult, why they are difficult, and what you can do about it (pp. 137–52). San Francisco, CA: Jossey-Bass.

Gouran, D. S. (2011). Leadership as reasoned argument in decision-making and problemsolving groups. Conference Proceedings. National Communication Association/American Forensic Association (Alta Conference on Argumentation), pp. 104–12.

Gouran, D. S., & Hirokawa, R. Y. (1983). The role of communication in decision-making groups: A functional perspective. In M. Mander (Ed.), Communications in transition(pp. 168–85). New York, NY: Praeger.

Gouran, D. S., & Hirokawa, R. Y. (1986). Counteractive functions of communication in effective group decision-making. In R. Y. Hirokawa & M. S. Poole (Eds.), Communication and group decision making (pp. 81–2). Beverly Hills, CA: Sage.

Gouran, D. S., & Hirokawa, R. Y. (1996). Functional theory and communication in decision-making and problem-solving groups: An expanded view. In R. Y. Hirokawa &

M. S. Poole (Eds.), Communication and group decision making (pp. 55–0). Thousand Oaks, CA: Sage.

Graen, G., & Uhl-Bien, M. (1995). Development of leader-member exchange theory of leadership over 25 years: Applying a multilevel perspective. Leadership Quarterly, 6, 219–47.

Gray, J. (1992). Men are from Mars, women are from Venus: A practical guide to improving communication and getting what you want in your relationships. New York, NY: HarperCollins.

Gray, J. (1997, 2005). Mars and Venus on a date: A guide for navigating the 5 stages of dating to create a loving and lasting relationship. New York, NY: Harper Collins.

Greenberg, P. (2013). The narrative is the thing: the art of corporate storytelling. Social CRM: The Conversation [online]. Retrieved from http://www.zdnet.com/the-narrativeis-the-thing-the -art-of-corporate-storytelling-7000024315

Griffin, E. (2003). A first look at communication theory (5th ed.). New York, NY: McGraw-Hill.

Griffin, E. (2006). A first look at communication theory (6th ed.). New York, NY: McGraw-Hill.

Griffin, E., Ledbetter, A., & Sparks, G. (2015). A first look at communication theory, 9th ed. New York, NY: McGraw Hill.

Gudykunst, W. B. (1985). A model of uncertainty reduction in intercultural encounters. Journal of Language and Social Psychology, 4(2), 79–8. doi:10.1177/026 1927X8500400201

Gudykunst, W. B. (1993). Toward a theory of effective interpersonal and intergroup communication: An anxiety/uncertainty management (AUM) perspective. In R. L. Wiseman & J. Koester (Eds.), Intercultural communication competence (pp. 33–1). Newbury Park, CA: Sage.

Gudykunst, W. B. (1995). Anxiety/uncertainty management (AUM) theory: Current status. In R. L. Wiseman (Ed.), Intercultural communication theory (pp. 8–8). Thousand Oaks, CA: Sage.

Gudykunst, W. B. (2005). An anxiety/uncertainty management (AUM) theory of strangers' intercultural adjustment. In W. B. Gudykunst (Ed.), Theorizing about intercultural communication (pp. 419–58). Thousand Oaks, CA: Sage.

Gudykunst, W. B., & Hammer, M. R. (1988). Strangers and hosts: An uncertainty reduction based theory of intercultural adaptation. In Y. Y. Kim & W. B. Gudykunst (Eds.), Cross-cultural adaptation: Current approaches (pp. 106–39). Newbury Park, CA: Sage.

Guerrero, L. K., & Burgoon, J. K. (1996). Attachment styles and reactions to nonverbal involvement change in romantic dyads: Patterns of reciprocity and compensation. Human Communication Research, 22, 335–36.

Guerrero, L. K., Jones, S. M., & Burgoon, J. K. (2000). Responses to nonverbal intimacy change in romantic dyads: Effects of behavioral valence and degree of behavioral change on nonverbal and verbal reactions. Communication Monographs, 67, 325–46.

Haigh, M., & Pfau, M. (2006). Bolstering organizational identity, commitment, and citizenship behaviors through the process of inoculation. International Journal of Organizational Analysis, 14, 295–16.

Hall, A. D., & Fagen, R. E. (1968). Definition of a system. In W. Buckley (Ed.), Modern systems research for the behavioral scientist (pp. 81–2). Chicago, IL: Aldine.

Hall, E. T. (1976). Beyond culture. Garden City, NY: Doubleday. Hall, S. (1973). Encoding and decoding in the television discourse. Birmingham, UK: Centre for Cultural Studies.

Hall, S. (1986). Gramsci's relevance for the study of race and ethnicity. Journal of Communication Inquiry, 10(2), 5–7.

Handfield-Jones R., Nasmith L., Steinert Y., & Lawn, N. (1993). Creativity in medical education: The use of innovative techniques in clinical teaching. Med Teacher, 15, 3–0.

Hartsock, N. (1983). The feminist standpoint: Developing the ground for a specifically feminist historical materialism. In S. Harding & M. B. Hintikka (Eds.), Discovering reality (pp. 283–10). Boston, MA: Riedel.

Heath, R., Brandt, D., & Nairn, A. (2006). Brand relationships: Strengthened by emotion, weakened by attention. Journal of Advertising Research, 46(4), 410–19.

Hecht, M. L., Collier, M. J., & Ribeau, S. A. (1993). African American communication: Ethnic identity and interpretation. Newbury Park, CA: Sage.

Hegel, G. W. F. (1966). The phenomenology of mind (2nd ed., J. B. Braillie, Trans.). New York, NY: Humanities Press. (Original work published 1807)

Heider, F. (1958). The psychology of interpersonal relations. New York, NY: Wiley.

Heintz, K. E., & Wartella, E. A. (2012). Young children's learning from screen media. Communication Research Trends, 31(3), 22–9.

Hesse-Biber, S., Leavy, P., Quinn, C. E., & Zoino, J. (2006). The mass marketing of disordered eating and eating disorders: The social psychology of women, thinness and culture. Women's Studies International Forum, 29, 208–24.

Hickson, M., & Neiva, E. (2002). Toward a taxonomy of universals in the biology of communication. Journal of Intercultural Communication Research, 31(3), 149.

Hirokawa, R. Y. (1994). Functional approaches to the study of group discussion: Even good notions have their problems. Small Group Research, 25, 542–50.

Hirokawa, R. Y., & Salazar, A. J. (1999). Task-group communication and decision-making performance. In L. R. Frey, D. S. Gouran, & M. S. Poole (Eds.), The handbook of group communication theory and research (pp. 167–91). Thousand Oaks, CA: Sage.

Hofstede, G. (1980). Culture's consequences. Beverly Hills, CA: Sage.

Hofstede, G. (1986). Cultural differences in teaching and learning. International Journal of Intercultural Relations, 10, 301–19.

Hofstede, G. (1991). Cultures and organizations: Software of the mind. London, UK: McGraw-Hill.

Hofstede, G. (2001). Culture's consequences: International differences in work-related values (2nd ed.). Thousand Oaks, CA: Sage.

Hofstede, G., & Bond, M. H. (1984). Hofstede's culture dimensions: An independent validation using Rokeach's value survey. Journal of Cross Cultural Psychology, 15, 417–33.

Hogan, S. J., & Coote, L. V. (2014). Organizational culture, innovation, and performance: A test of Schein's model. Journal of Business Research, 67, 1609–621. doi:10.1016/ j.jbusres. 2013.09.007

Holody, K. J., & Daniel, E. S. (2017). Attributes and frames of the Aurora shootings. Journalism Practice, 11, 80–00. doi:10.1080/17512786.2015.1121786

Holstein, W. J. (2007, July 27). Why Wal-Mart can't find happiness in Japan. Fortune. Retrieved from http://archive.fortune.com/magazines/fortune/fortune_archive/2007/08/06/100141311/index.htm

Huckins, K. (1999). Interest-group influence on the media agenda: A case study. Journalism and Mass Communication Quarterly, 76, 76–6.

Huesmann, L. R., Moise-Titus, J., Podolski, C. L., & Eron, L. D. (2003). Longitudinal relations between children's exposure to TV violence and their aggressive and violent behavior in young adulthood 1977–992. Developmental Psychology, 39, 201–21.

Iyengar, S., Peters, M., & Kinder, D. (1982). Experimental demonstrations of the "not-sominimal" consequences of television news programs. American Political Science Review, 76, 848–58.

Jablin, F. M. (1987). Organizational entry, assimilation, and exit. In F. M. Jablin, L. L. Putnam, K. H. Roberts, & L. W. Porter (Eds.), Handbook of organizational communication: An interdisciplinary perspective (pp. 679–40). Newbury Park, CA: Sage.

Jablin, F. M. (2001). Organizational entry, assimilation, and disengagement/ exit. In F. M. Jablin & L. L. Putnam (Eds.), The new handbook of organizational communication (pp. 732–18). Thousand Oaks, CA: Sage.

Jandt, F. E. (2004). An introduction to intercultural communication: Identities in a global community. Thousand Oaks, CA: Sage. Janis, I. L. (1972). Victims of groupthink: A psychological study of foreign-policy decisions and fiascoes. Boston, MA: Houghton Mifflin.

Janis, I. L. (1982). Groupthink: Psychological studies of policy decisions and fiascoes. Boston, MA: Houghton Mifflin.

Jarlenski, M., & Barry, C. L. (2013). News media coverage of trans fat: Health risks and policy responses. Health Communication, 28(3), 209-216. doi:10.1080/10410 236.2012.669670

Jarvis, C. E. (2016). The impact of communication style on organizational assimilation: A qualitative inquiry exploring generation Y employees during their first year of employment with an organization (Order No. 10108827). Available from ProQuest Dissertations & Theses Global. (1793669189).

Jimenez, M. (2017). A quantitative study: The relationship between managers' emotional intelligence awareness and demographics and leadership styles. Dissertation Abstracts International, 77, 8-A(E).

Jones, E. E., & Davis, K. E. (1965). From acts to dispositions: The attribution process in person perception. In L. Berkowitz (Ed.), Advances in experimental social psychology(Vol. 2, pp. 220–66). Orlando, FL: Academic Press.

Kahlor, L., & Eastin, M. S. (2011). Television's role in the culture of violence towards women: Study of television viewing and the cultivation of rape myth acceptance. Journal of Broadcast and Electronic Media, 55(2), 215–31. doi:10.1080/08838151.2011.566085

Kapidzic, S., & Martins, N. (2015). Mirroring the media: The relationship between media consumption, media internalization, and profile picture characteristics on Facebook. Journal of Broadcasting & Electronic Media, 59(2), 278–97. doi:10.1080/08838151.2015.1029127

Kaplan, A. (1964). The conduct of inquiry. San Francisco, CA: Chandler.

Kates, D. (August 23, 2016). Kids are getting too much screen time—nd it is affecting their development. National Post [online]. Retrieved from http://news.nationalpost.com/health/kids-are-getting -too-much-screen-time-and-itsaffecting-their-development

Katz, E., Blumler, J. G., & Gurevitch, M. (1973). Uses and gratifications research. Public Opinion Quarterly, 37, 509–23.

Kearns, E.M., Betus, A., & Lemieux, A. (March 13, 2017). Yes, the media do underreport some terrorist acts. Just not the ones most people think of. Washington Post [online]. Retrieved from https://www.washingtonpost.com/news/monkeycage/wp/2017/03/13/yes-the-media-do-underreport-some-terrorist-attacks-just-not-theones-most-people-think-of/?utm_term=.88493239a8c9

Kelley, H. H. (1967). Attribution theory in social psychology. Nebraska Symposium on Motivation, 15, 192–38.

Kelley, H. H. (1973). The processes of causal attribution. American Psychologist, 28, 107–28.

Kelly, J. (2008). Mapping the blogosphere: Offering a guide to journalism's future. Nieman Reports, 62(4), 37–9.

Kelman, S., Sanders, R., & Pandit, G. (2016). "I won't back down?" Complexity and courage in government executive decision making. Public Administration Review, 76, 465–71. doi:10.1111/puar.12476

Kerssen-Griep, J., Hess, J. A., & Trees, A. R. (2003). Sustaining the desire to learn: Dimensions of perceived instructional facework related to student involvement and motivation to learn. Western Journal of Communication, 67, 357–81.

Kilmann, R. H., & Thomas, K. W. (1977). Developing a forced-choice measure of conflict-handling behavior. The MODE instrument. Educational and Psychological Measurement, 37, 309–25.

Kim, E. Y. (2001). The yin and the yang of American culture: A paradox. Yarmouth, ME: Intercultural Press.

Kim, E., Lee, J., Sung, Y., & Choi, S. M. (2016). Predicting selfie-posting behavior on social networking sites: An extension of theory of planned behavior. Computers in Human Behavior, 62, 116–23. doi:10.1016/j.chb.2016.03.078

Kim, S. (2013). Does corporate advertising work in a crisis? An examination of inoculation theory. Journal of Marketing Communications, 19(4), 293–05. doi:10.1080/13527266.2011.634430

Kim, S. (2014). The role of prior expectancies and relational satisfaction in crisis. Journalism & Mass Communication Quarterly, 91(1), 139–58. doi:10.1177/1077699013514413

Kim, S., & Kuo, M. (2015). Examining the relationships among coaching, trustworthiness, and role behaviors: A social exchange perspective. Journal of Applied Behavioral Science, 51(2), 152–76. doi:10.1177/0021886315574884

Kleinnijenhuis, J., Schultz, F., Utz, S., & Oegema, D. (2015). The mediating role of the news in the BP oil spill crisis 2010: How U.S. news is influenced by public relations and in turn influences public awareness, foreign news, and the share price. Communication Research, 42, 408–28. doi:10.1177/0093650213510940

Klotz, A. C., & Bolino, M. C. (2016). Saying goodbye: The nature, causes, and consequences of employee resignation styles. Journal of Applied Psychology, 101(10), 1386–404. doi:10.1037/apl0000135

Koblin, J. (June 30, 2016). How much do we love TV? Let us count the ways. The New York Times. Retrieved from https://www.nytimes.com/2016/07/01/business/media/nielsen-survey-medi aviewing. html?mcubz=2&_r=0

Koenig, A. M., Eagly, A. H., Mitchell, A. A., & Ristikari, T. (2011). Are leader stereotypes masculine? A meta-analysis of three research paradigms. Psychological Bulletin, 137, 616–42. doi:10.1037/a0023557

Lam, C., & O'Higgins, E. E. (2012). Enhancing employee outcomes: The interrelated influences of managers' emotional intelligence and leadership style. Leadership & Organization Development Journal, 33(2), 149–74. doi:10.1108/01437731211203465

Lamke, L. K., Sollie, D. L., Durbin, R. G., & Fitzpatrick, J. A. (1994). Masculinity, femininity, and relationship satisfaction: The mediating role of interpersonal competence. Journal of Social and Personal Relationships, 11, 535–54.

Läsä A.-M., & Sintonen, T. (2006). A narrative approach for organizational learning in a diverse organisation. Journal of Workplace Learning, 18(1/2), 106–20. Retrieved from http://www.emeraldinsight.com/journal/jwl

Larkey, L. K. (1996). Toward a theory of communicative interactions in culturally diverse workgroups. Academy of Management Review, 21, 463–91.

Lederman, L. C., & Menegatos, L. M. (2011). Sustainable recovery: The selftransformative power of storytelling in Alcoholics Anonymous. Journal of Groups in Addiction & Recovery, 6, 206–227. doi:10.1080/1556035X.2011.597195

Ledford, C. W., Saperstein, A. K., Cafferty, L. A., McClintick, S. H., & Bernstein, E. M.(2015). Any questions? An application of Weick's model of organizing to increase student involvement in the large-lecture classroom. Communication Teacher, 29, 116–28. doi:10.1080/17404622.2014.1003309

Leeds-Hurwitz, W. (1992). Forum introduction: Social approaches to interpersonal communication. Communication Theory, 2(2), 131–39.

Lemay, E. J., O'Brien, K. M., Kearney, M. S., Sauber, E. W., & Venaglia, R. B. (2017). Using conformity to enhance willingness to intervene in dating violence: A theory of planned behavior analysis. Psychology of Violence, doi:10.1037/vio0000114

Lengel, R. H., & Daft, R. L. (1988). The selection of communication media as an executive skill. Academy of Management Executive, 2(3), 225–32.

Lewallen, J., Miller, B., & Behm-Morawitz, E. (2016). Lifestyles of the rich and famous: Celebrity media diet and the cultivation of emerging adults' materialism. Mass Communication & Society, 19(3), 253–74. doi:10.1080/15205436.2015.1096945

Lewin, K. (1951). Field theory in social science: Selected theoretical papers. New York, NY: Harper & Row.

Lewis, B.K. (2010). Social media and strategic communication: Attitudes and perceptions among college students. Public Relations Journal, 4, 1–3

Lewis, R. D. (2000). When cultures collide: Managing successfully across cultures.

London, UK: Nicholas Brealey.

Light, T. (2002). Thinking ahead about buyer's remorse. RealEstate ABC. Retrieved from http://www.realestateabc.com/homeguide/remorse.htm

Litterst, J. K., & Eyo, B. (1982). Gauging the effectiveness of formal communication programs: The search for the communication-productivity link. Journal of Business Communication, 19(2), 15–6.

Littlejohn, S. W. (1989). Theories of human communication (3rd ed.). Belmont, CA: Wadsworth.

Littlejohn, S. W. (2002). Theories of human communication (7th ed.). Belmont, CA: Wadsworth.

Lo, K. D., Waters, R. D., & Christensen, N. (2017). Assessing the applicability of Hofstede's cultural dimensions for Global 500 corporations' Facebook profiles and content. Journal of Communication Management, 21(1), 51–7. doi:10.1108/JCOM-04-2016-0021

Longobardi, E. (2009). How "subprime" killed "predatory." Columbia Journalism Review, 48(3), 45–9.

Maccoby, E. E. (1990). Gender and relationships: A developmental account. American Psychologist, 45, 513–20.

Madlock, P. E. (2008). The link between leadership style, communicator competence, and employee satisfaction. Journal of Business Communication, 45(1), 61–8.

Mael, F., & Ashforth, B. E. (1992). Alumni and their alma mater: A partial test of the reformulated model of organizational identification. Journal of Organizational Behavior, 13, 103–23.

Malacane, M., & Martins, N. (2017). Sexual socialization messages in television programming produced for adolescents. Mass Communication & Society, 20, 23–6. doi:10.1080/15205436. 2016.1203436

Mann, M. (2012). The sources of social power: Globalizations, 1945–011 (Vol. 4). New York, NY: Cambridge University Press.

Manzoni, J. F., & Barsoux, J. L. (2002). The set-up-to-fail syndrome: How good managers cause great people to fail. Boston, MA: Harvard Business School.

Marchionni, D. M. (2012). International human trafficking: An agenda-building analysis of the U.S. and British press. International Communication Gazette,

74(2), 145–58. doi:10.1177/1748048511432600

Markus, M. L. (1987). Toward a "critical mass" theory of interactive media: Universal access, interdependence and diffusion. Communication Research, 14, 491–11.

Marshall, R. (September 10, 2015). How many ads do you see in one day? Red Crow Marketing. Retrieved from http://www.redcrowmarketing.com/2015/09/10/many-adssee- one-day

Martins, N. and Wilson, B. J. (2012). Social aggression on television and its relationship to children's aggression in the classroom. Human Communication Research, 38, 48–1. doi:10.1111/j.1468-2958.2011.01417.x

Mayer, J. D., & Salovey, P. (1997). What is emotional intelligence?. In P. Salovey & D. J. Sluyter (Eds.), Emotional development and emotional intelligence: Educational implications (pp. 3–4). New York, NY: Basic Books.

Mayer, J. D., Caruso, D. R., & Salovey, P. (1999). Emotional intelligence meets traditional standards for an intelligence. Intelligence, 27(4), 267–98. doi:10.1016/S0160-2896(99)00016–

Mayer, J. D., Salovey, P., & Caruso, D. R. (2008). Emotional intelligence: New ability or eclectic traits? American Psychologist, 63(6), 503–17. doi:10.1037/0003-066X.63.6.503

McCombs, M., & Bell, T. (1974). The agenda-setting role of mass communication. In M. Salwen & D. Stacks (Eds.), An integrated approach to communication theory and research (p. 100). Hillsdale, NJ: Erlbaum.

McCombs M., & Evatt, D. (1995). Issues and attributes: Exploring a new dimension in agenda setting. Comunicació Y Sociedad, 8, 1-20.

McCombs, M., & Shaw, D. (1972). The agenda-setting function of the mass media. Public Opinion Quarterly, 36, 176–87.

McCombs, M. E., Shaw, D. L., & Weaver, D. H. (2014). New directions in agenda setting theory and research. Mass Communication & Society, 17, 781-802. doi:10.1080/15205436.2014.964871

McCroskey, J. C. (2006). The role of culture in a communibiological approach to communication. Human Communication, 9(1), 31–5.

McGuire, D., Todnem By, R., & Hutchings, K. (2007). Towards a model of human resource solutions for achieving intergenerational interaction in organizations. Journal of European Industrial Training, 31(8), 592–08.

McGuire, W. J. (1961). Resistance to persuasion conferred by active and passive prior refutation of the same and alternative counterarguments. Journal of Abnormal and Social Psychology, 63, 326–32.

McGuire, W. J. (1962). Persistence of the resistance to persuasion induced by various types of prior belief defenses. Journal of Abnormal and Social Psychology, 64, 241–48.

McGuire, W. J. (1964). Inducing resistance to persuasion: Some contemporary approaches. In L. Berkowitz (Ed.), Advances in experimental social psychology (Vol. 1, pp.191–29). New York, NY: Academic Press.

McGuire, W. J., & Papageorgis, D. (1961). The relative efficacy of various types of prior belief-defense in producing immunity against persuasion. Public Opinion Quarterly, 26, 24–4.

McLellan, H. (2006). Corporate storytelling perspectives. Journal for Quality and Participation, 29(1), 17–0.

McMullin, L. (2001). 1969: First broadcast of Sesame Street. In D. Schugurensky (Ed.), History of education: Selected moments of the 20th century [online]. Retrieved from http://schugurensky.faculty.asu.edu/moments/1969sesamestreet.html

McPhee, R. D. (1985). Formal structure and organizational communication. In R. D. McPhee & P. K. Tompkins (Eds.), Organizational communication: Traditional themes and new directions (pp. 149–78). Beverly Hills, CA: Sage.

McQuail, D. (1987). Mass communication theory: An introduction (2nd ed.). Newbury Park, CA: Sage.

McQuail, D. (2010). McQuail's mass communication theory (6th ed.). Thousand Oaks, CA: Sage.

Mieder, W. W. (1986). Encyclopedia of world proverbs: A treasury of wit and wisdom through the ages. Englewood Cliffs, NJ: Prentice Hall.

Mikkelson, A. C., York, J. A., & Arritola, J. (2015). Communication competence, leadership behaviors, and employee outcomes in supervisor-employee relationships. Business & Professional Communication Quarterly, 78, 336–54. doi:10.1177/2329490615588542

Millar, F. E., & Rogers, L. E. (1976). A relational approach to interpersonal communication. In G. R. Miller (Ed.), Explorations in interpersonal communication(pp. 87–03). Beverly Hills, CA: Sage.

Miller, A. N., & Samp, J. A. (2007). Planning intercultural interaction: Extending anxiety/uncertainty management theory. Communication Research Reports, 24(2), 87–5. doi:10.1080/08824090701304717

Miller, G. R. (1978). The current status of theory and research in interpersonal communication. Human Communication Research, 4, 164–78.

Miller, K. (2002). Communication theories: Perspectives, processes, and contexts. New York, NY: McGraw-Hill.

Miller, K. (2003). Organizational communication: Approaches and processes (3rd ed.). Belmont, CA: Wadsworth.

Mishel, L., & Davis, A. (2015). Top CEOs make 300 times more than typical workers. Economic Policy Institute, Issue Brief, 399, 1-14. Retrieved from http://www.epi.org/ files/2015/top -ceos-make-300-times-more-than-typical-workers.pdf

Molina-Guzmá, I. (2016). #OscarsSoWhite: How Stuart Hall explains why nothing changes in Hollywood and everything is changing. Critical Studies in Media Communication, 33(5), 438–54. doi:10.1080/15295036.2016.1227864

Monge, P. R., & Contractor, N.S. (2001). Emergence of communication networks. In F. M. Jablin & L. L. Putnam (Eds.), Handbook of organizational communication: Advances in theory, research, and methods (pp. 440–02). Thousand Oaks, CA: Sage.

Montgomery, B. M. (1993). Relationship maintenance versus relationship change: Dialectical dilemma. Journal of Social and Personal Relationships, 10, 205–24.

Morley, D. D., & Shockley-Zalabak, P. (1991). Setting the rules: An examination of organizational founders' values. Management Communication Quarterly, 4, 422–49.

Myers, S. A., & Kassing, J. W. (1998). The relationship between perceived supervisory communication behaviors and subordinate organizational identification. Communication Research Reports, 15, 71–1.

Nabi, R. L. (2009). Cosmetic surgery makeover programs and intentions to undergo cosmetic enhancements: A consideration of three models of media effects.

Communication Research, 35(1), 1–7.

Neisser, U. (1967). Cognitive psychology. New York, NY: Appleton-Century-Crofts.

Ni, L., & Wang, Q. (2011). Anxiety and uncertainty management in an intercultural setting: The impact on organization-public relationships. Journal of Public Relations Research, 23(3), 269–01. doi:10.1080/1062726X.2011.582205

Nystrom, P. C. (1990). Vertical exchanges and organizational commitments of American business managers. Group and Organizational Studies, 15, 296–12.

O'Hehir, A. (March 22, 2014), 'Divergent" and "Hunger Games as capitalist agitprop. Salon [online]. Retrieved from http://www.salon.com/2014/03/22/divergent_and_hunger_games_as_capitalist_agitprop

O'Keefe, B. J., & Delia, J. G. (1982). Impression formation and message production. In M. E. Roloff & C. R. Berger (Eds.). Social cognition and communication (pp. 33–2). Beverly Hills, CA: Sage.

O'Keefe, B. J., & Shepherd, G. J. (1987). The pursuit of multiple objectives in face-to-face persuasive interaction: Effects of construct differentiation on message organization. Communication Monographs, 54, 396–19. doi: 10.1080/03637758709390241

O'Keefe, B. J. (1988). The logic of message design: Individual differences in reasoning about communication. Communication Monographs, 55, 80–03.

O'Keefe, B. J. (1997). Variation, adaptation, and functional explanation in the study of message design. In G. Philipsen & T. L. Albrecht (Eds.), Developing communication theories (pp. 85–18). Albany: State University of New York Press.

O'Keefe, B. J., & Delia, J. G. (1988). Communicative tasks and communicative practices: The development of audience-centered message production. In B. Rafoth & D. Rubin(Eds.), The social construction of written communication (pp. 70–8). Norwood, NJ: Ablex.

O'Keefe, B. J., Lambert, B. L., & Lambert, C. A. (1997). Conflict and communication in a research and development unit. In B. D. Sypher (Ed.), Case studies in organizational communication 2 (pp. 31–2). New York, NY: Guilford Press.

O'Keefe, D. J. (1990). Persuasion: Theory and research. Newbury Park, CA: Sage.

Oeldorf-Hirsch, A., & Sundar, S. S. (2016). Social and technological motivations for online photo sharing. Journal of Broadcasting & Electronic Media, 60(4), 624–42. doi: 10.1080/08838151.2016.1234478

Oetzel, J. G., & Ting-Toomey, S. (2003). Face concerns in interpersonal conflict: A crosscultural empirical test of the face negotiation theory. Communication Research, 30, 599–24.

Offor, E. E. (2012). Analysis of sex stereotyping on women's positive evaluation and promotion to executive leadership roles. Dissertation Abstracts International Section A, 73, 260.

Oliveira, T., Thomas, M., Baptista, G., & Campos, F. (2016). Mobile payment: Understanding the determinants of customer adoption and intention to recommend the technology. Computers in Human Behavior, 61, 404–14. doi:10.1016/j.chb.2016.03.030

Palmer, B., Walls, M., Burgess, Z., & Stough, C. (2001). Emotional intelligence and effective leadership. Leadership & Organization Development Journal, 22, 5–1.

Park, J. S. (2008). The social reality of depression: DTC advertising of antidepressants and perceptions of the prevalence and lifetime risk of depression. Journal of Business Ethics, 79(4), 379–93.

Parks, M. R., & Adelman, M. B. (1983). Communication networks and the development of romantic relationships: An expansion of uncertainty reduction theory. Human Communication Research, 10, 55–9.

Pattee, H. H. (Ed.). (1973). Hierarchy theory: The challenge of complex systems. New York, NY: Braziller.

Paustian-Underdahl, S. C., Walker, L. S., & Woehr, D. J. (2014). Gender and perceptions of leadership effectiveness: A meta-analysis of contextual moderators. Journal of Applied Psychology, 99, 1129–145. doi:10.1037/a0036751

Pazos, P., Chung, J. M., & Micari, M. (2013). Instant messaging as a task-support tool in information technology organizations. Journal of Business Communication, 50(1), 68–6. doi:10.1177/0021943612465181

Peake, J. S. (2001). Presidential agenda setting in foreign policy. Political Research Quarterly, 54, 69–6.

Pearson, J., Nelson, P., Titsworth, S., & Harter, L. (2008). Human communication (3rd ed.). New York, NY: McGraw-Hill.

Perks, L. (2012). Three satiric television decoding positions. Communication Studies, 63(3), 290–08. doi:10.1080/10510974.2012.678925

Peters, R. S. (1974). Personal understanding and personal relationships. In T. Mischel (Ed.), Understanding other persons. Oxford, UK: Rowman & Littlefield.

Petronio, S. (2002). Boundaries of privacy: Dialectics of disclosure. Albany, NY: SUNY Press.

Petronio, S., & Durham, W. T. (2008). Communication privacy management theory: Significance for interpersonal communication. In L. A. Baxter & D. O. Braithwaite (Eds.), Engaging theories in interpersonal communication: Multiple perspectives (pp.309–22). Thousand Oaks, CA: Sage.

Petty, R. E., & Cacioppo, J. T. (1986). Communication and persuasion: Central and peripheral routes to attitude change. New York, NY: Springer-Verlag. Pfau, M. (1997). The inoculation model of resistance to influence. In F. J. Boster & G. Barnett (Eds.), Progress in communication sciences (Vol. 13, pp. 133–71). Norwood, NJ: Ablex.

Pillai, P. (1992). Rereading Stuart Hall's encoding/decoding model. Communication Theory, 2(3), 221–33.

Platt, C. (2004). A culture of thinness: Negotiated and oppositional decoding of eating disorder discourse by anorectics. Paper presented at the meeting of the International Communication Association, New Orleans, LA.

Poole, M. S. (1985). Communication and organizational climates: Review, critique, and a new perspective. In R. D. McPhee & P. K. Tompkins (Eds.), Organizational communication: Traditional themes and new directions (pp. 79–08). Beverly Hills, CA: Sage.

Poole, M. S. (1988). Communication and the structuring of organizations. Unpublished manuscript, University of Minnesota, Minneapolis.

Poole, M. S. (1999). Group communication theory. In L. R. Frey, D. S. Gouran, & M. S. Poole (Eds.), The handbook of group communication theory and research (pp. 37–0). Thousand Oaks, CA: Sage.

Poole, M. S., & McPhee, R. D. (1983). A structurational approach to organizational climate. In L. L. Putnam & M. E. Pacanowsky (Eds.), Communication and organizations: An interpretive approach (pp. 195–20). Beverly Hills, CA: Sage.

Poole, M. S., & Roth, J. (1989). Decision and development in small groups IV: A typology of group decision paths. Human Communication Research, 15, 323–56.

Poole, M. S., Seibold, D. R., & McPhee, R. D. (1985). Group decision-making as a structurational process. Quarterly Journal of Speech, 71, 74–02.

Poole, M. S., Seibold, D. R., & McPhee, R. D. (1986). A structurational approach to theory-building in group decision-making research. In R. Y. Hirokawa & M. S. Poole (Eds.), Communication and group decision-making (pp. 237–64). Beverly Hills, CA: Sage.

Prada, P., & Orwall, B. (2002, March 12). Parlez-vous Disney? Oui, ja, yes—ickey's bosses learn from past mistakes in opening new park in France. The Wall Street Journal, p. A12. Retrieved from ProQuest Central. (Document ID: 110371846).

Procter, J. (2004). Stuart Hall. New York, NY: Routledge.

Putnam, L. L. (1983). The interpretive perspective: An alternative to functionalism. In L. L. Putnam & M. E. Pacanowsky (Eds.), Communication and organizations: An interpretive approach (pp. 13–0). Beverly Hills, CA: Sage.

Putnam, V. L., & Paulus, P. B. (2009). Brainstorming, brainstorming rules and decision making. The Journal of Creative Behavior, 43(1), 23–9.

Rahim, M. A. (1986). Managing conflict in organizations. New York, NY: Praeger. Randazzo, S. (2006). Subaru: The emotional myths behind the brand's growth. Journal of Advertising Research, 46(1), 11–7. doi:10.2501/S002184990606003X

Rapoport, A. (1968). The promises and pitfalls of information theory. In W. Buckley(Ed.), Modern systems research for the behavioral scientist (pp. 137–42). Chicago, IL: Aldine.

Reinard, J. (1998). Introduction to communication research (2nd ed.). New York, NY: McGraw-Hill.

Reynolds, P. D. (1971). A primer on theory construction. New York, NY: Bobbs Merrill. Ritter, B. A., & Yoder, J. D. (2004). Gender differences in leader emergence persist even for dominant women: An updated confirmation of role congruity theory. Psychology of Women Quarterly, 28(3), 187–93. doi:10.1111/j.1471–

402.2004.00135.x

Rodriguez, E., Joseph, D., Dedmon, J., & Steinberg, H. (2016). Economic customer service, cultural differences, & the big 5 in Canada, China, India, & the United States. Allied Academies International Conference: Proceedings of the Academy for Economics & Economic Education (AEEE), 19(2), 18–2.

Rogers, E. M. (2003). Diffusion of innovations (5th ed.). New York, NY: Free Press. Romo, L. K., Thompson, C. M., & Donovan, E. E. (2017). College drinkers' privacy management of alcohol content on Social-Networking Sites. Communication Studies, 68(2), 173-189. doi:10.1080/ 10510974.2017.1280067

Rothwell, J. D. (1998). In mixed company: Small group communication (3rd ed.). New York, NY: Harcourt Brace.

Rubin, R. B. (1999). Evaluating the product. In A. L. Vangelisti, J. A. Daly, & G. W.

Friedrich (Eds.), Teaching communication (2nd ed., pp. 425–46). Mahwah, NJ: LEA.

Ruggiero, T. E. (2000). Uses and gratifications theory in the 21st century. Mass Communication and Society, 3(1), 3–7.

Rui, J. R., & Wang, H. (2015). Social network sites and international students' crosscultural adaptation. Computers in Human Behavior, 49, 400–11. doi:10.1016/j.chb.2015.03.041

Runes, D. D. (Ed.). (1984). Dictionary of philosophy. Totowa, NJ: Rowman & Allanheld.

Rusbult, C. E. (1980). Commitment and satisfaction in romantic associations: A test of the investment model. Journal of Experimental Social Psychology, 16, 172–86.

Salant, P., & Dillman, D. A. (1994). How to conduct your own survey. New York, NY: Wiley.

Salazar, A. J. (1995). Understanding the synergistic effects of communication in small groups: Making the most out of group member abilities. Small Group Research, 26, 169–99.

Salmon, S., & Joiner, T. A. (2005). Toward an understanding of communication channel preferences for the receipt of management information. Journal of American Academy of Business, 7, 56–2.

Salovey, P., & Mayer, J. D. (1989). Emotional intelligence. Imagination, Cognition and Personality, 9(3), 185–11.

Salovey, P., Caruso, D., & Mayer, J. D. (2004). Emotional intelligence in practice. In P.

Linley & S. Joseph (Eds.), Positive psychology in practice (pp. 447–63). Hoboken, NJ: 440

John Wiley & Sons. Schein, E. (2010). Organizational culture and leadership (4th ed.). San Francisco, CA: Jossey-Bass.

Schein, E. H. (1985). Organizational culture and leadership. San Francisco, CA: Jossey-Bass.

Schein, E. H. (1992). Organizational culture and leadership (2nd ed.). San Francisco, CA: Jossey-Bass.

Schiller, S. Z., & Mandviwalla, M. (2007). Virtual team research: An analysis of theory use and a framework for theory appropriation. Small Group Research, 38(1), 12–9. doi:10.1177/1046496406297035

Sedereviciute, K., & Valentini, C. (2011). Towards a more holistic stakeholder analysis approach. Mapping known and undiscovered stakeholders from social media. International Journal of Strategic Communication, 5(4), 221–39. doi:10.1080/1553118X.2011.592170

Seib, P. (June 3, 2017). Mainstream media fails in terrorism coverage. Newsweek [online]. Retrieved from: http://www.newsweek.com/mainstream-media-fails-terrorism-coverage-619883

Seifert, J. W. (2007, January 18). Data mining and homeland security: An overview. Congressional Research Service Report for Congress, order code RL31798. Retrieved from http:// www.fas.org/sgp/crs/intel/RL31798.pdf

Shaw, H. (2013). Sticking points: How to get 4 generations working together in the 12 places they come apart. Carol Stream, IL: Tyndale House.

Shepherd, M. M., & Martz W. B. (2006). Media richness theory and the distance education environment. Journal of Computer Information Systems, 47, 114–22.

Sherry, J. L. (2004). Media effects theory and the nature/nurture debate: A historical overview and directions for future research. Media Psychology, 6(1), 83–09.

Signorelli, N., Gerbner, G., & Morgan, M. (1995). Violence on television: The cultural indicators project. Journal of Broadcasting and Electronic Media, 39, 278–83.

Sillars, A. L. (1980). Attributions and communication in roommate conflict. Communication Monographs, 47(3), 180–00. doi:10.1080/03637758009376031

Simons, H. W. (1976). Persuasion: Understanding, practice, and analysis. Reading, MA: Addison-Wesley.

Simpson, C. C., & Mazzeo, S. E. (2017). Skinny is not enough: A content analysis of fitspiration on Pinterest. Health Communication, 32, 560–67. doi:10.1080/10410236.2016.1140273

Sivanathan, N., & Fekken, G. C. (2002). Emotional intelligence, moral reasoning, and transformational leadership. Leadership & Organization Development Journal, 23, 198–04.

Smircich, L. (1983). Concepts of culture and organizational analysis. Administrative Science Quarterly, 28, 339–58.

Smith, E. B., & Kuntz, P. (2013, April 30). CEO pay 1,795-to-1 multiple of wages skirts U.S. law. Bloomberg [online]. Retrieved from http://www.bloomberg.com/news/2013-04-0/ceo-pay-1-95-to-1-multiple-of-workers-skirts-law-as-sec-delays

Smola, K. W., & Sutton, C. D. (2002). Generational differences: Revisiting generational work values for the new millennium. Journal of Organizational Behavior, 23, 363–82.

Speer, R. B., Giles, H., & Denes, A. (2013). Investigating stepparent-stepchild interactions: The role of communication accommodation. Journal of Family Communication, 13, 218–41. doi:10.1080/15267431.2013.768248

Spitzberg, B. H., & Cupach, W. R. (1984). Interpersonal communication competence. Beverly Hills, CA: Sage.

Spitzberg, B. H., & Cupach, W. R. (1989). Handbook of interpersonal competence research. New York, NY: Springer-Verlag.

St. George, D. (2008, December 2). Media bombardment is linked to ill effects during childhood. The 2008/12/01/AR2008120102920.html

Staton, A. Q. (1999). An ecological perspective on college/university teaching: The teaching/learning environment and socialization. In A. L. Vangelisti, J. A. Daly, & G.

W. Friedrich (Eds.), Teaching communication (2nd ed., pp. 31–7). Mahwah, NJ: LEA. Steele, G. A., & Plenty, D. (2015). Supervisor–ubordinate communication competence and job and communication satisfaction. International Journal of

Business Communication, 52, 294-318. doi:10.1177/2329488414525450

Steiner, S., & Cox, K. (2014). Aligning organizational and individual culture and values. In R. A. Bean, S. D. Davis, M. P. Davey, R. A. Bean, S. D. Davis, M. P. Davey (Eds.), Clinical supervision activities for increasing competence and self-awareness (pp. 127–33). Hoboken, NJ: John Wiley & Sons.

Stoverink, A. C., Umphress, E. E., Gardner, R. G., & Miner, K. N. (2014). Misery loves company: Team dissonance and the influence of supervisor-focused interpersonal justice climate on team cohesiveness. Journal of Applied Psychology, 99(6), 1059-1073. doi:10.1037/a0037915

Strekalova, Y. A. Krieger, J. L., Neil, J., Caughlin, J. P., Kleinheksel, A. J., & Kotranza, A.(2016). I understand how you feel. Journal of Language and Social Psychology, 36, 61-79. doi: 10.1177/ 0261927X16663255

Summers, J. (August 28, 2014). Kids and screen time: What does the research say? NPR. Retrieved from:
http://www.npr.org/sections/ed/2014/08/28/343735856/kids-and- 443 screen-time- what-does-the-research-say

Tang, L., & Peng, W. (2015). Culture and health reporting: A comparative content analysis of newspapers in the United States and China. Journal of Health Communication, 20(2), 187-195. doi:10.1080/10810730.2014.920060

Tannen, D. (1990). You just don't understand: Women and men in conversation. New York, NY: Morrow.

Taylor, K. (March 10, 2014). Millennials spend 18 hours a day consuming media—nd it's mostly content created by peers. Entrepreneur Magazine. Retrieved from https://www. entrepreneur. com/article/232062

Tennert, F. (2014). An attributional analysis of corporate reporting in crisis situations: The 2010 Toyota recall. Journal of Communication Management, 18(4), 422–35. doi:10.1108/JCOM- 09-2012-0074

Ter Hoeven, C. L., Miller, V. D., Peper, B., & Den Dulk, L. (2017). "The Work Must Go On": The role of employee and managerial communication in the use of work-ife policies. Management Communication Quarterly, 31, 194–29. doi:10.1177/0893318916684980

Texter, L. A. (1995). Attribution theory. In R. L. Hartman & L. A. Texter (Eds.), Advanced interpersonal communication (pp. 53–8). Dubuque, IA: Kendall Hunt.

Thibaut, J. W., & Kelley, H. H. (1959). The social psychology of groups. New Brunswick, NJ: Transaction Books.

Thomas, K. W., & Kilmann, R. H. (1974). Thomas-Kilmann conflict mode instrument. Tuxedo, NY: Xicom.

Thory, K. (2016). To reveal or conceal? Managers' disclosures of private information during emotional intelligence training. Human Resource Development Quarterly, 27(1), 41-66. doi:10.1002/hrdq.21222

Ting-Toomey, S. (1988). Intercultural conflicts: A face-negotiation theory. In Y. Kim & W. Gudykunst (Eds.), Theories in intercultural communication (pp. 213–38). Newbury Park, CA: Sage.

Ting-Toomey, S. (1991a). Cross-cultural communication: An introduction. In S. Ting-Toomey & F. Korzenny (Eds.), Cross-cultural interpersonal communication (pp. 1–). Newbury Park, CA: Sage.

Ting-Toomey, S. (1991b). Intimacy expression in three cultures: France, Japan, and the United States. International Journal of Intercultural Relations, 15, 29–6.

Ting-Toomey, S. (1992, April). Cross-cultural face-negotiation: An analytical overview. Paper presented at the meeting of the Pacific Region Forum on Business and Management Communication, Vancouver, British Columbia.

Ting-Toomey, S. (1994). Managing intercultural conflicts effectively. In L. Samovar & R. Porter (Eds.), Intercultural communication (7th ed., pp. 360–72). Belmont, CA: Wadsworth.

Ting-Toomey, S. (2005). The matrix of face: An updated face-negotiation theory. In W. B. Gudykunst (Ed.), Theorizing about intercultural communication (pp. 71–2). Thousand Oaks, CA: Sage.

Ting-Toomey, S. (2017). Conflict face negotiation theory: Tracking its evolutionary journey. In X. Dai & G. M. Chen (Eds.), Conflict management and intercultural communication: The art of intercultural harmony (pp. 123–43). New York, NY: Routledge.

Ting-Toomey, S., & Oetzel, J. G. (2001). Managing intercultural conflict effectively. Thousand Oaks, CA: Sage.

Ting-Toomey, S., & Oetzel, J. (2002). Cross-cultural face concerns and conflict styles:

Current status and future directions. In W. Gudykunst & B. Mody (Eds.), Handbook of international and intercultural communication (2nd ed., pp. 143–64). Thousand Oaks, CA: Sage.

Ting-Toomey, S., Yee-Jung, K. K., Shapiro, R. B., Garcia, W., Wright, T. J., & Oetzel, J. G. (2000). Ethnic/cultural identity salience and conflict styles in four US ethnic groups. International Journal of Intercultural Relations, 24, 47-81. doi: 10.1016/S0147- 1767(99)00023-1

Tomkiewicz, J., & Bass, K. (2008). Attitudes of business students toward management generation cohorts. North American Journal of Psychology, 10(2), 435–44.

Tompkins, P. K., & Cheney, G. E. (1985). Communication and unobtrusive control in contemporary organizations. In R. D. McPhee & P. K. Tompkins (Eds.), Organizational communication: Traditional themes and new directions (pp. 179–10). Beverly Hills, CA: Sage.

Trevino, L. K., Lengel, R. H., & Daft, R. L. (1987). Media symbolism, media richness, and media choice in organizations. Communication Research, 14(5), 553–74.

Triandis, H. C. (1995). Individualism and collectivism. Boulder, CO: Westview Press. Tukachinsky, R., Mastro, D., & Yarchi, M. (2015). Documenting portrayals of race/ethnicity on primetime television over a 20-year span and their association with national-level racial/ethnic attitudes." Journal of Social Issues, 71, 17–8. doi:10.1111/josi.12094.

Turnage, A. K., & Goodboy, A. K. (2016). E-Mail and face-to-face organizational dissent as a function of leader-member exchange status. International Journal of Business Communication, 53, 271-285. doi:10.1177/2329488414525456

Twenge, J. (2014). Generation me: Revised and updated. Why today's young Americans are more confident, assertive, entitled—nd more miserable than ever before. New York, NY: Atria.

Twenge, J. M., & Campbell, S. M. (2008). Generational differences in psychological traitsand their impact on the workplace. Journal of Managerial Psychology, 23(8), 862–77.

Twenge, J. M., Campbell, S. M., Hoffman, B. J., & Lance, C. E. (2010). Generational differences in work values: Leisure and extrinsic values increasing, social and intrinsic values decreasing. Journal of Management, 36(5), 1117–142.

doi:10.1177/0149206309352246

Tyrrell, I. (October 21, 2016). What, exactly, is "American exceptionalism?" Aeon [online]. Retrieved from http://theweek.com/articles/654508/ what-exactly-americanexceptionalism

Valde, K. S., & Miller Henningsen, M. L. (2015). Facework in responding to unethical communication. International Journal of Business Communication, 52(4), 369–03. doi:10.1177/2329488414525445

Valkenburg, P. M., & Peter, J. (2013). The differential susceptibility to media effects model. Journal of Communication, 63(2), 221–43. doi:10.1111/jcom.12024

Van Vonderen, K. E., & Kinnally, W. (2012). Media effects on body image: Examining media exposure in the broader context of internal and other social factors. American Communication Journal, 14(2), 41–7.

Vecchio, R. P., Griffeth, R. W., & Hom, P. W. (1986). The predictive utility of the vertical dyad linkage approach. Journal of Social Psychology, 126, 617–25.

Vergeer, M., Lubbers, M., & Scheepers, P. (2000). Exposure to newspapers and attitudes toward ethnic minorities: A longitudinal analysis. Howard Journal of Communications, 11(2), 127–43.

Victor, D. (April 5, 2017). Pepsi pulls ad accused of trivializing Black Lives Matter. New York Times online. Retrieved June from https://www.nytimes.com/2017/04/05/business/kendall-jenner-pepsi-ad.html?mcubz=2

Vivero, V. N., & Jenkins, S. R. (1999). Existential hazards of the multicultural individual: Defining and understanding "cultural homelessness." Cultural Diversity and Ethnic Minority Psychology, 5, 6–6.

von Bertalanffy, L. (1968). General system theory: Foundations, development, applications (Rev. ed.). New York, NY: Braziller.

Vorvoreanu, M. (2009). Perceptions of corporations on Facebook: An analysis of Facebook social norms. Journal of New Communications Research, 4, 67–6.

Wadsworth, A., Patterson, P., Kaid, L., Cullers, G., Malcomb, D., & Lamirand, L. (1987). "Masculine" vs. "feminine" strategies in political ads: Implications for female candidates. Journal of Applied Communication Research, 15(1/2), 77.

Wallen, A. S., Mor, S., & Devine, B. A. (2014). It's about respect: Gender–rofessional identity integration affects male nurses' job attitudes. Psychology of Men & Masculinity, 15, 305-312. doi:10.1037/a0033714

Wang, Y., & Huang, T. (2009). The relationship of transformational leadership with group cohesiveness and emotional intelligence. Social Behavior and Personality, 37, 379–92.

Watzlawick, P., Bavelas, J. B., & Jackson, D. D. (1967). Pragmatics of human communication: A study of interactional patterns, pathologies, and paradoxes. New York, NY: Norton.

Watzlawick, P., Weakland, J., & Fisch, R. (1974). Change: Principles of problem formulation and problem resolution. New York, NY: Norton.

Weick, K. E. (1969). The social psychology of organizing. Reading, MA: Addison-Wesley.

West, R., & Turner, L.H. (2017). Introducing communication theory: Analysis and application, 6th ed. New York, NY: McGraw Hill.

Westerman, C. K., Miller, L. E., Reno, K. M., & Spates, S. A. (2015). Sharing personal health information at work: What is appropriate and expected in organizations? Communication Studies, 66(3), 378-397. doi:10.1080/10510 974.2015.1019157

Westermann, J. W., & Yamamura, J. H. (2007). Generational preferences for work environment fit: Effects on employee outcomes. Career Development International, 12(2), 150–61.

Williams, M. (2013, April 17). FBI urges media to "exercise caution" after inaccurate arrest reports. The Guardian [online]. Retrieved from http://www.guardian. co.uk/world/2013/apr/17/ fbi-media-exercise-caution-bombings

Willis, J. (2017). Moving toward extremism: Group polarization in the laboratory and the world. In S. C. Cloninger, S. A. Leibo, S. C. Cloninger, S. A. Leibo (Eds.), Understanding angry groups: Multidisciplinary perspectives on their motivations and effects on society (pp. 53–6). Santa Barbara, CA, US: Praeger/ABC-CLIO.

Wong, N. H. (2016). "Vaccinations are safe and effective": Inoculating positive HPV vaccine attitudes against antivaccination attack messages. Communication Reports, 29(3), 127–38. doi:10.1080/08934215.2015.1083599

Wood, J. T. (1993). Gender and moral voice: From woman's nature to standpoint theory. Women's Studies in Communication, 15, 1–4.

Wood, J. T. (2015). Gendered lives: Communication, gender, and culture (11th ed.). Stamford, CT: Cengage Learning.

Wood, J. T., & Dindia, K. (1998). What's the difference? A dialogue about differences and similarities between women and men. In D. J. Canary & K. Dindia (Eds.), Sex differences and similarities in communication: Critical essays and empirical investigations of sex and gender in interaction (pp. 19–9). Mahwah, NJ: Erlbaum.

Zanin, A. C., Hoelscher, C. S., & Kramer, M. W. (2016). Extending symbolic convergence theory. Small Group Research, 47, 438-472. doi:10.1177/1046496416658554

Zemke, R., Raines, C., & Filipczak, B. (2013). Generations at Work: Managing the Clash of Boomers, Gen Xers, and Gen Yers in the Workplace (2nd ed.). New York, NY: American Management Association.

Zhang, Q., Ting-Toomey, S., & Oetzel, J. G. (2014). Linking emotion to the conflict facenegotiation theory: A U.S.–China investigation of the mediating effects of anger, compassion, and guilt in interpersonal conflict. Human Communication Research, 40, 373–95. doi:10.1111/hcre.12029

Zimbardo, P. G., Ebbesen, E. B., & Maslach, C. (1977). Influencing attitudes and changing behavior. New York, NY: Random House.

Brown, Levinson(1978). Politeness. Some universals in language usage. Cambridge: Cambridge University Press.

Gerald Stone, Michael Singletray, Virginia P. Richmond(1999). 『Clarifying Communication Theories: A Hands-on Approach』. Wiley.

Marianne Dainton Elaine D. Zelley(2010). 『Applying Communication Theory for Professional Life: A Practical Introduction』. SAGE Publications, Inc.

Robert A. Bell, Jonathan G. Healey(1992). Idomatic Communication and interpersonal solidarity in friends' relational cultures. Human Communication Research 18(3):307-335.

Spencer-Oatey, H(2000). Rapport management: A framework for analysis. In H. Spencer-Oatey (Ed.). Culturally speaking: Managing rapport through talk across cultures. (11-46). London, England: Continuum.

Ashby, W. R. (1962). Principles of the self-organizing system. In H. von Foerster & G. Zopf (Eds.), Principles of self-organization (pp. 255-278). New York, NY: Pergamon.

Barker, J. R. (1999). The discipline of teamwork: Participation and concertive control. Thousand Oaks, CA: Sage.

Baumgartner, R. J. (2009). Organizational culture and leadership: Preconditions for the development of a sustainable corporation. Sustainable Development, 17, 102-113.

Deal, T. E., & Kennedy, A. A. (1982). Corporate cultures: The rites and rituals of corporate life. Reading, MA: Addison-Wesley.

Deal, T. E., & Kennedy, A. A. (2000). Corporate cultures: The rites and rituals of corporate life (2nd ed.). New York, NY: Basic Books.

Deetz, S. A., Tracy, S. J., & Simpson, J. L. (2000). Leading organizations through transition. Thousand Oaks, CA: Sage.

Edwards, R. (1981). The social relations of production at the point of production. In M. Zey-Ferrell & M. Aiken (Eds.), Complex organizations: Critical perspectives (pp.156-182). Glenview, IL: Scott, Foresman.

Feldner, S., & D'Urso, S. C. (2010). Threads of intersection and distinction: Joining an ongoing conversation within organizational communication research. Communication Research Trends, 29(1), 4-28.

Fisher, B. A. (1978). Perspectives on human communication. New York, NY: Macmillan.

Hall, A. D., & Fagen, R. E. (1968). Definition of a system. In W. Buckley (Ed.), Modern systems research for the behavioral scientist (pp. 81-92). Chicago, IL: Aldine.

Hogan, S. J., & Coote, L. V. (2014). Organizational culture, innovation, and performance: A test of Schein's model. Journal of Business Research, 67, 1609-1621. doi:10.1016/j.jbusres.2013.09.007

Jablin, F. M. (1987). Organizational entry, assimilation, and exit. In F. M. Jablin, L. L. Putnam, K. H. Roberts, & L. W. Porter (Eds.), Handbook of organizational communication: An interdisciplinary perspective (pp. 679-740). Newbury Park, CA: Sage.

Jablin, F. M. (2001). Organizational entry, assimilation, and disengagement/exit. In F. M. Jablin & L. L. Putnam (Eds.), The new handbook of organizational communication (pp.732-818). Thousand Oaks, CA: Sage.

Jarvis, C. E. (2016). The impact of communication style on organizational assimilation: A qualitative inquiry exploring generation Y employees during their first year of employment with an organization (Order No. 10108827). Available from ProQuest Dissertations & Theses Global. (1793669189).

Ledford, C. W., Saperstein, A. K., Cafferty, L. A., McClintick, S. H., & Bernstein, E. M. (2015). Any questions? An application of Weick's model of organizing to increase student involvement in the large-lecture classroom. Communication Teacher, 29, 116-128. doi:10.1080/17404622.2014.1003309

Mael, F., & Ashforth, B. E. (1992). Alumni and their alma mater: A partial test of the reformulated model of organizational identification. Journal of Organizational Behavior, 13, 103-123.

Miller, K. (2003). Organizational communication: Approaches and processes (3rd ed.). Belmont, CA: Wadsworth.

Morley, D. D., & Shockley-Zalabak, P. (1991). Setting the rules: An examination of organizational founders' values. Management Communication Quarterly, 4, 422-449.

Pattee, H. H. (Ed.). (1973). Hierarchy theory: The challenge of complex systems. New York, NY: Braziller

Rapoport, A. (1968). The promises and pitfalls of information theory. In W. Buckley (Ed.), Modern systems research for the behavioral scientist (pp. 137-142). Chicago, IL: Aldine.

Salazar, A. J. (1995). Understanding the synergistic effects of communication in small groups: Making the most out of group member abilities. Small Group Research, 26, 169-199.

Schein, E. (2010). Organizational culture and leadership (4th ed.). San Francisco, CA: Jossey-Bass.

Schein, E. H. (1985). Organizational culture and leadership. San Francisco, CA: JosseyBass.

Schein, E. H. (1992). Organizational culture and leadership (2nd ed.). San Francisco,

CA: Jossey-Bass.

Smircich, L. (1983). Concepts of culture and organizational analysis. Administrative Science Quarterly, 28, 339-358.

Steiner, S., & Cox, K. (2014). Aligning organizational and individual culture and values. In R. A. Bean, S. D. Davis, M. P. Davey, R. A. Bean, S. D. Davis, M. P. Davey (Eds.), Clinical supervision activities for increasing competence and self-awareness (pp.127-133). Hoboken, NJ: John Wiley & Sons

Ter Hoeven, C. L., Miller, V. D., Peper, B., & Den Dulk, L. (2017). "The Work Must Go On": The role of employee and managerial communication in the use of work-life policies. Management Communication Quarterly, 31, 194-229. doi:10.1177/0893318916684980

Tompkins, P. K., & Cheney, G. E. (1985). Communication and unobtrusive control in contemporary organizations. In R. D. McPhee & P. K. Tompkins (Eds.), Organizational communication: Traditional themes and new directions (pp. 179-210). Beverly Hills, CA: Sage.

von Bertalanffy, L. (1968). General system theory: Foundations, development, applications (Rev. ed.). New York, NY: Braziller.

Weick, K. E. (1969). The social psychology of organizing. Reading, MA: Addison-Wesley.

INDEX

찾아보기

커뮤니케이션 이론
Applying Communication Theory for Professional Life
© 글로벌콘텐츠, 2021

1판 1쇄 인쇄__2021년 9월 10일
1판 1쇄 발행__2021년 9월 15일

지은이__Marianne Dainton, Elaine Dawn Zelley
옮긴이__권상희 차현주
펴낸이__홍정표
펴낸곳__컴원미디어
　　　　등록__제25100-2007-000015호

공급처__(주)글로벌콘텐츠출판그룹
　　　　대표_홍정표 이사_김미미 편집_하선연 최한나 홍명지 권군오 기획·마케팅_김수경 홍민지 이종훈
　　　　주소__서울특별시 강동구 풍성로 87-6, 201호
　　　　전화__02) 488-3280 팩스__02) 488-3281
　　　　홈페이지__http://www.gcbook.co.kr
　　　　이메일__edit@gcbook.co.kr

값 35,000원
ISBN 979-11-90444-32-3 93300